中国现当代社会文化学论丛
第八辑

社会生活探索

性别视角下的中国历史

SHEHUI SHENGHUO TANSUO

梁景和 主　编
秦　方 副主编

首都师范大学历史学院中国近现代社会文化史研究中心　主办
"首都师范大学史学丛书"出版资助

首都师范大学出版社
CAPITAL NORMAL UNIVERSITY PRESS

图书在版编目（CIP）数据

社会生活探索. 性别视角下的中国历史 / 梁景和主编. —北京：首都师范大学出版社，2019.10
ISBN 978-7-5656-5279-0

Ⅰ.①社… Ⅱ.①梁… Ⅲ.①社会生活—研究—中国 Ⅳ.①D669

中国版本图书馆 CIP 数据核字（2019）第 212706 号

中国现当代社会文化学论丛 第八辑
SHEHUI SHENGHUO TANSUO
社会生活探索
——性别视角下的中国历史
梁景和 主 编
秦 方 副主编

责任编辑	陈娇娇

首都师范大学出版社出版发行
地 址 北京西三环北路 105 号
邮 编 100048
电 话 68418523（总编室） 68982468（发行部）
网 址 http://cnupn.cnu.edu.cn
印 刷 北京虎彩文化传播有限公司
经 销 全国新华书店
版 次 2019 年 10 月第 1 版
印 次 2019 年 10 月第 1 次印刷
开 本 710mm×1000mm 1/16
印 张 20.25
字 数 381 千
定 价 43.00 元

版权所有 违者必究
如有质量问题 请与出版社联系退换

编 委 会

顾 问
（按姓氏笔画排序）

刘志琴　郑师渠

耿云志　戴　逸

学术委员会主任

梁景和

学术委员会委员

（按姓氏笔画排序）

王淑芹　左玉河　朱汉国　孙燕京　闵　杰

李长莉　迟云飞　杨念群　夏明方　徐永志

梁景和　黄兴涛　魏光奇

主 编

梁景和

副主编

秦　方

序　言

　　改革开放以后，中国近现代史研究开始突破革命史的研究范式，向着更加广泛的领域拓展，经济史、政治史、思想史、国际关系史、军事史、环境史等都有了长足的发展。特别是在20世纪80年代初兴起了文化史，在80年代中期兴起了社会史，在80年代末又兴起了社会文化史。文化史、社会史和社会文化史成为中国近现代历史学科的显学。

　　20世纪80年代初我在攻读硕士学位的时候，开始对文化史产生兴趣。90年代初，我在做博士学位论文的时候，是以婚姻、家庭、妇女、性伦作为切入点来研究近代中国陋俗文化的演变问题，我觉得这实际是社会文化史的一个研究课题。2000年我申请了一个国家社会科学基金项目，主要研究现代中国（1919—1949年）婚姻、家庭、妇女、性伦等文化问题。在这之后，我开始考虑研究中华人民共和国成立以后的社会文化问题。新中国成立至今已60余年，从历史学的角度来研究这段历史已经显得非常重要。这段社会文化历史从宏观的角度可以划分为三个大的阶段：新中国初期（1949—1966年）、"文革"与徘徊时期（1966—1978年）、改革开放时期（1978年至今）。当然每个大的时期内还可以划分为几个小的阶段。这些年我的硕士研究生已经开始探索新中国初期婚姻、家庭、妇女、性伦、娱乐等文化问题。我的博士生和博士后也已经开始探索"文革"时期的婚姻和家庭文化问题。我也正在思考着如何把社会文化史的研究工作推进到改革开放至今的这一时期。

　　当我在思考研究改革开放以来的社会文化问题的时候，我发现这一时期的社会文化是诸多学科共同关注的学术和现实问题。社会文化问题相当广泛，仅就婚姻、家庭、妇女、性伦等问题而言，就是历史学、伦理学、宗教学、经济学、社会学、政治学、法学、民族学、文学、教育学、心理学、生物学、医学等多学科所共同关注的。用多学科的理论和方法来研究当代的社会文化将有助于问题的深入探究，所以组织一个多学科的科研队伍共同研究社会文化问题势在必行。

　　这实质涉及学科交叉和交叉学科的问题。学科分类是人类根据以往的探索所创造的对自然与社会认识的系统知识的类别划分。它反映了知识系统的性质，也反映了人类认识自然和社会的程度。中国从传统的"四部之学"到"七科之学"，再到今天的十几个学科门类、一百多个一级学科、几百个二级学科，都反映了以往知识系统和人类认识自然和社会程度的变化。人类探索自然和社会的奥秘是无尽的，所以学科的调整也不会完结。由于学科分类的束缚和产生的惯性，各学科之间的边缘地带，往往成为被人忽视之领地，此处也就容易成为知识的贫瘠之地或知识的盲点之域。所以相关学科关注和探索这块边缘地带就显得格外重要，这个知识的贫瘠之地或盲点之域可能就会成为新知识系统的起点和未来学科发展的增长点，甚至成为新知识系统的亮点之处。可见，进行学科交叉或促进交叉学科的建设具有特殊的重要意义。

近些年来国家和各省市都非常重视交叉学科的建设，就是为开拓新的科研和学术领地，为人类社会的发展创造新的知识系统和学术平台。首都师范大学自2007年以来也开始注重学科交叉和交叉学科的建设。我负责申报的"中国现当代社会文化学"，就是在以往思考、研究和大环境具备的基础上，通过专家的评审被选为学校的重点交叉学科的。

"中国现当代社会文化学"是因知识发展需要而力求建设的一门新交叉学科。本学科是研究中国现当代社会生活与其内在观念形态之间相互关系及其形成新知识体系的学科。本学科涉及哲学、经济学、法学、文学、历史学、教育学等人文社会科学的六大学科门类，涉及伦理学、应用经济学、政治学、社会学、中国现当代文学、中国近现代史、教育学、心理学、生物学等一级或二级学科，所以是典型的交叉学科，有非常重要的建设意义。

中国社会发展至今天，与世界先进国家一样，关注和改善人们的社会生活成为国家文明进步的一个标志。追求文明进步的社会生活既是人类与国人生命历程的一个向往，也是当今世界和中华民族发展的一个重要目标。我们能够清醒地体会到，无论是当今建设和谐社会，还是实现小康的发展目标，无论是提倡"以人为本"，还是关注当代民生问题，其实质都是要真正改善和提高人们的社会生活水平，提高国人的生活质量。从历史学的演进看，当今西方新社会史和新文化史的发展以及国内社会文化史的兴起，都反映了历史学从关注政治史、精英史和上层社会史的同时，也开始关注民众史、个体史及社会生活史，把真正的民众个体关怀变为史学的一个重要功能，进而体现史学的致用态度和实用价值。关注社会生活不是历史学独家的学术志趣，人文社会学科的诸多领域都具有这样的关怀。从这个视阈看，我们研究中国现当代社会生活与其内在观念形态之间相互关系及其形成的新知识体系，就具有了重要的现实意义。那么中国现当代以来，民众的社会生活状态如何，为什么会是这样，决定这种生活状态的主要因素和相关因素是什么，有哪些经验和教训，今天的社会生活有哪些发展和新的内容，有哪些具体的实际问题，人们需要反思什么，要做些什么，要发扬什么，要控制什么，对中国未来的社会生活我们有哪些期盼、有什么创意的设计和预测，如何推动社会生活向文明健康的方向发展等。这些问题是中国现当代社会文化学需要思考和关注的，也是建设中国现当代社会文化学学科理论与现实意义的体现。

本学科的理论与方法主要包括三个方面：一为传统的史学理论与方法；二为借鉴其他人文社会科学及自然科学等学科的理论与方法；三为创新的理论与方法。可以说本学科所采用的是以历史学理论方法为纵向，以其他人文社会科学和自然科学理论方法为横向的纵横交错的综合性的理论与方法的协调统一。

本学科是研究和探索20世纪以来，特别是改革开放和21世纪以来的中国现当代社会生活与其内在观念形态之间相互关系及其形成系统知识体系的学科。本学科的问题意识是历史的，涉及的具体问题是历史、现实与未来所共同拥有的。它是在扎实的历史研究的基础上，来深入思考社会生活的历史与现实、现实与未来的走向问题。

社会生活的很多问题是伦理问题，需要从伦理学的哲学高度去诠释。社会生活的具体样法又是经济的一种反映，需要从经济学的角度去研究。社会生活还是社会学的研究对象，可以直接运用社会学的理论和方法进行社会生活的探索。文学作品是从文学的视阈揭示社会生活的本质，从这个问题本身看，它与历史学是相通的。社会生活又反映着社会政治，政治影响着社会生活。社会生活与教育和心理也存在着互动的关系，所以政治学、教育学和心理学的理论方法也同样可以用来探讨社会生活问题。社会生活研究是运用多学科理论、方法综合探讨历史与现实问题的领域。

本学科不但涉及理论方法的建构和创新，也涉及本学科知识体系的架构，所涉及的内容宽泛复杂，主要包括衣食住行、婚丧嫁娶、两性伦理、休闲娱乐、流行时尚、装饰美容、强身健体、休养生息、医疗救治、心理卫生、生老病死、福利保障、民俗风情、节日旅游、日常消费、宗教信仰、迷信祭祀、求职就业等，并随着我们认识的扩展和社会的发展而不断增加新的内容。

梁景和

2017年1月6日，于首都师范大学

目录

1	**理论卷**
3	妇女史书写的未来旨向
	——读汤尼·白露《中国女性主义思想史中的妇女问题》
	一书 …………………………………………… 畅引婷
25	制造吕碧城：晚清女性公共形象的生成与传播 ………… 秦 方
41	**婚姻卷**
43	在立法与现实之间：新中国建立以来《婚姻法》的制定及其修改
	…………………………………………………………… 刘维芳
59	改革开放以来婚约的订立与解除(1978—2000) ………… 董怀良
73	**家庭卷**
75	独立与贤良：论民国女性对职业与家事的两难抉择 …… 余华林
90	从民国北平郊区的"留守""空巢"现象看城乡经济流动 … 李二苓
102	1957年勤俭持家运动中的女性角色塑造
	——以山西为中心的考察 ………… 韩晓莉 张广丽
115	塑造和表彰
	——对20世纪五六十年代"五好"活动的历史考察
	……………………………………………………… 周 蕾

125	**性别卷**
127	宗法政治下嫡妻的地位和权利……………………………王小健
134	《戒溺女文》释读……………………………………郭海文　贾琳珂
147	以家族伦理重释性别文化
	——严歌苓《妈阁是座城》与张翎《阵痛》之比较………王红旗
159	服刑人员生育权论要………………………………………李玉娥
175	身体政治的维度
	——中国女艺术家的行为艺术…………………………佟玉洁
185	**性伦卷**
187	试论19世纪中国出洋人员对欧美婚俗的观感
	——以《走向世界丛书》为分析蓝本……………………王栋亮
205	"我们夫妇关系为什么破裂"读者大讨论
	——20世纪50年代性伦文化一瞥………………………廖熹晨
213	中国"性伦文化"研究述评…………………………梁景和　冯　峰
227	**综合卷**
229	北平市整顿粪业研究
	——以1936年为核心的考察……………………………曾德刚
243	广播频率专业化与当代北京居民生活质量研究
	——以北京人民广播电台为中心（1990—2009）………徐畅冬
295	炽盛与深化
	——中国社会文化史研究的五年历程（2010—2014）
	………………………………………………梁景和　武　婵
308	社会文化史研究的新起点
	——第四届中国近现代社会文化史国际学术研讨会综述
	……………………………………………………………敖　凯

【理论卷】

【第六章】

妇女史书写的未来旨向

——读汤尼·白露《中国女性主义思想史中的妇女问题》一书

畅引婷[①]

有学者指出,追溯 20 世纪中国女性主义的思维线索并挖掘其中的思想资源,"是中国学者早该做却至今没有开始的工作"。[②] 可以说美国莱斯大学历史系教授汤尼·白露(Tani E. Barlow)的著作《中国女性主义思想史中的妇女问题》的出版[③],不仅具有填补空白的意义,而且有着极其重要的学术理论价值。我对这部书的兴趣不只在于著者在书中具体都说了些什么,更多是想知道一个美国的女性主义史学家是怎样看待 20 世纪中国女性主义思想史中所涉及的"妇女问题"的?她持续关注了哪些与妇女相关的问题?书中材料取舍所依据的理论和价值标准是什么?她为什么说发生在男女两性或同性之间的事件,"既是社会事件,也是理论事件"?[④]"中国"或"中国的"在白露的"字典"里是怎样与世界契合的?中国女性主义与跨国女性主义有着怎样的区别与关联?进而关注:妇女史或女性主义史学研究的目的和意义是什么?女性写作对传统史学形成了怎样的挑战?史学家应怎样书写妇女史和书写怎样的妇女史?等等。带着这些"先入"之见,本文试图挖掘该书在妇女史研究或书写中的理论价值,在对相关理论进行复述的过程中,尝试回答下列问题。

一、为什么书写妇女史?——坚持"过去的未来(future anterior)"的价值取向

任何一种"书写"都具有一定的价值取向,不管作者或研究者是否明确表述过,它都是客观存在的,包括妇女史的书写。如有的是为了还妇女历史的本来面目,探讨妇女曾经是什么;有的是为了寻找妇女在历史上受压迫的根源,为现实改造提供事实依据;有的是为了确立妇女在历史上的主体地位,强调妇女可以而

---

① 畅引婷:《山西师大学报》(社会科学版)原主编、编审。
② 李小江:《对话白露:关于 1980 年代"妇女研究运动"——由〈中国女性主义思想史中的妇女问题〉说开去》,《山西师大学报》(社会科学版),2012 年第 6 期。
③ 该书 2003 年在美国出版,2012 年由世纪出版集团·上海人民出版社引进中国出版,全书 43 万余字。
④ [美]汤尼·白露著,沈齐齐译:《中国女性主义思想史中的妇女问题》,上海:上海人民出版社,2012 年,第 1 页。

且有能力创造或建构自己乃至人类的历史。尽管有的仅仅是为了职称评定的功利性需求而复述前人或他人的研究结论,但许多历史资料也借此得以保存。在白露看来,任何一个严谨的妇女史研究学者,绝不仅仅是为历史而历史,书写中所依据的事实或材料虽然是"过去"的,但其落脚点一定是"未来"的。所以,所有的历史书写都是"当下"的,它不只是由当下的人所书写,而且是为了当下的人而书写。从历史哲学的意义上讲,"当下"既是对过去的延续,也是对未来的再建构。任何一个历史书写者,都必须正视如下问题:

(一)探究历史是怎样被"书写"出来的

在《中国女性主义思想史中的妇女问题》一书中,汤尼·白露开宗明义:"历史不是自然延续而是历代日积月累起来的。过去的记录保存了下来,供后续的世世代代去研读或不研读、焚烧或抹煞、无视其存在或对其细细梳理以便认真地从中寻找带向未来的迹象。记忆被抹掉了,创伤戳进了无意识的深处,在那里每一个承续的后代都定位在新的位置上,对照多半已被忘却的历史背景,重新思考其关注的问题。进步的历史就这样被回溯性地书写了下来。"[①]可以这样理解,历史不是自然而然地生成的,而是被书写者"书写"出来的。"书写"对历史而言,一般有两种表现方式,一是作者或研究者用"纸笔"或"电脑"所书写的文本历史;二是读者——包括研究者和非研究者用"思想"和"行动"所书写的社会历史。

作者用"笔"所书写的文本历史,主要是指历史学家利用各种文献档案资料和其他历史材料,对过往无数与论述"主题"相关的历史事实重新进行捡拾和安放,进而说明在过去的岁月里曾经发生了什么?当事人是怎么想的、又是怎么做的?做了之后产生了怎样的实际效果?事件与事件、思想与思想之间是怎样联系并发挥作用的?经验或教训给后来人的"继续做"留下了怎样的启示?对史学家来说,更多时候是以文字为载体、以叙述为手段、以出版为目的,对过往的事实进行呈现和传播。这种"被书写"的历史具有一定的主观性,其价值判断始终存在着,包括对不会说话的事实材料的选择和利用。

读者用"行动"所书写的社会历史,主要是指读者在阅读(文本历史)的过程中,书本里的人事和理论对自己日后的思想和行为所产生的直接或间接的影响。这种"书写"与历史学家经过加工而建构或生成的"文本历史"完全不同,它的落脚点是当代人在(文本)历史启迪下"想"和"做"的具体行为,以及由此而产生的实际社会效果,或者说对社会发展所产生的实际作用和影响。这种行为所建构起来的历史,不管它是否被自己和他人用文字得以记录,或者是否以文本的形式得以呈现,它都实实在在地存在着,具有一定的客观性。

---

① [美]汤尼·白露著,沈齐齐译:《中国女性主义思想史中的妇女问题》,上海:上海人民出版社,2012年,第1页。

事实上，客观存在的历史只有被研究者发现并书写，其意义才能被展现出来，否则将会永远被历史尘封而不为后人所知——不管该人、该事件在当时有着多么重要的作用或意义。因此，研究者用"笔"和"纸"所书写的文本历史，不仅具有记录历史的价值，而且书写者选取或舍弃材料的价值取向也一并隐含在了历史文本之中。可以想象，没有任何一本史书能够记载所有的历史事实，所有的历史事实也不会被所有的发现者同时记录下来，所以，研究者的"价值判断"和思想动机以及分析框架在文本书写中就有了特别重要的意义。某一事件也许对一些人来说是非常重要的，对另外一些人来说却是无足轻重的。比如，历史上的"妇女"，在不同书写者的笔下会呈现出不同的面相，而不同的面相对不同的读者又会产生不同的影响。这不同的影响——日常生活中不同人的不同作为——被书写者在一定的价值判断下再发现、再记录，人类历史就这样"日积月累"起来了。

（二）关注"持续被关注"的问题

历史是纷繁复杂的，不同的研究者在不同的历史时段有不同的研究领域和关注对象，但不管哪个领域或学科，又都有一些"持续被关注"的共同问题。白露正是从近代以来中国女性主义思想史中的"妇女问题"入手，在对"过去的未来"进行理论建构的同时，试图赋"妇女"以新的历史含义。

为了使人们对"过去的未来"有一个更加明确的理解，白露将"过去未来时"和"现在/一般过去时"进行了比较，她认为采用"现在/一般过去时"进行历史著述，会经常将某一特定的主体——如妇女作为一个具有共同本质的统一体，把研究者的主张"建立在妇女真实的基础上"，跨越时间、地点、生产方式、社会生产关系、认知谱系、意识形态环境等，对"妇女是什么"进行抽象的定义，然后在经过挑选的（一般都是支持自己立论的）证据基础上，重申自己的某一主张。这样，就在过去的人们那里展示和体现了他们自己的现在[①]。她同时认为，历史书写者还试图走进历史，理解历史中的人和事，并由此来进一步定义妇女具体"是什么"。汤尼·白露的"过去未来时"，其实并不关心妇女以前一直应该是什么，以及已知妇女实际上是什么（例如，人类繁衍的主体），也不关心一旦父权制被废除，作为整体的妇女将会是什么，而是"把注意力从理想的典范或有代表性的妇女本身转移到书写和思考上，这些书写和思考的重点是译解妇女及其被建议的未来角色。它不太看重普遍主张的内容而更多看重提出主张的政治"，即文本历史的书写者是在怎样的立场和视角下选择材料和结构文本的。她认为，那些具有"发明创造的行动"，以及"思想注入到政治事件中并确实完全地构成了一个事件的方式"更

---

① ［美］汤尼·白露著，沈齐齐译：《中国女性主义思想史中的妇女问题》，上海：上海人民出版社，2012年，第21页。

应受到关注。① 在"过去的未来"的框架内言说妇女的历史,其特别的意义在于:
"**'对妇女将是什么'的强调,实际上动摇了文献证据中对妇女的所指**(黑体为原著所加——笔者注)。它置换了我们看妇女的方式,从看其现状转换到看其潜力。在一个特定的过去中重新开辟未来,会导致史学家动摇其做出——有关过去、现在和未来——的设想,流入无穷无尽的变迁中。"进而,使过去认为不可能的东西变成可能。就其目的而言,就是"从现在向未来输送信息。思考和书写的过程,可能或不可能深刻地改变已知的环境,但它们总是成为现实世界的组成部分。历史叙述中的过去未来时鼓励这种压抑不住的思考力量。"② 这种明确地针对"现在的未来"所做的研究,以及由研究而指导的行动,"过去的未来"就会日渐清晰起来。③

按照我个人的理解,汤尼·白露的"过去未来时"主要是对(历史)研究者而言的,其核心要义在于:一是从对历史事实本身的清理转移到对当下和未来持续被关注的一些历史问题的思考上来;二是将思考的结果即新的文本建构投射到对现在和未来环境所具有的真实影响上面;三是从对具体历史事实的关注转移到对历史学家书写历史本身(即选取史料或所思考问题)的关注;四是强调由研究重心转化而生成的社会变革力量,以及这种力量所产生的辐射效应——无论结果是正向的还是反向的,它都无可辩驳地成了未来历史的重要组成部分。

在"过去的未来"框架内探讨妇女与性别,在我看来,以下几个方面不容忽视:其一,生活在20世纪中后期的妇女研究者和身处21世纪初期的"我们"都"持续关注"了哪些与妇女有关的议题?其二,这些持续被关注的问题(如妇女与种族的关系,妇女与阶级的关系,妇女与国家的关系,妇女与男人的关系,妇女与妇女的关系,妇女与世界的关系,等等)对现在和未来的环境生成具有怎样的影响和作用?其三,将历史事实重新书写之后,它的当下意义和未来意义是怎样蕴含其中的?强调上述几个方面,并不是说实证历史不重要,也不是用"断章取义"的历史事实为现实变革作注脚,更不是在"以论带史"中随意附会,借用本雅明的话说,研究历史就是"把一个特定的人的生平事迹从一个时代中爆破出来,把一件特定的事情从他的整个生平事迹中爆破出来"。④ 具体来讲,就是将原来

---

① [美]汤尼·白露著,沈齐齐译:《中国女性主义思想史中的妇女问题》,上海:上海人民出版社,2012年,第22页。

② [美]汤尼·白露著,沈齐齐译:《中国女性主义思想史中的妇女问题》,上海:上海人民出版社,2012年,第23页。

③ [美]汤尼·白露著,沈齐齐译:《中国女性主义思想史中的妇女问题》,上海:上海人民出版社,2012年,第25页。

④ [美]汤尼·白露著,沈齐齐译:《中国女性主义思想史中的妇女问题》,上海:上海人民出版社,2012年,第43页。

静止的文本历史激活，使其回到现实中来与今人对话。由此观之，我们今天研究妇女的历史，就是试图立足当下，通过对一些被"持续关注"的问题的深入思考，将目光投放到未来历史的建构上面。正如汤尼·白露所说："今天绝不是昨天的重复和延伸，我们总是面向未来探索过去我们无法充分理解的东西。"①

在白露看来，过去未来时态是非常有益的，因为它引起了人们对人类思考标准的注意。整部书里，她都在尝试挖掘和描述社会对象（如"妇女"），以及20世纪的知识分子和理论家在其书写女性主义理论时所创建的一系列分析范畴，她特别感兴趣的是理论家们在过去的当下"所思考的有关未来的妇女会是什么"的问题，她认为，"由于没有必要再现或模仿，历史书写中的过去未来模式对于理论家们更好地了解正在发生的事情特别有帮助，尤其是在他们提出启蒙主张时。"②总之，按照白露的见解，考察过往文本的意义不在于还原历史，而在于"未来"：首先，历史学家通过对某一事实的"重复"，会进一步激发人们对未来的各种期望和想象；其次，人们对未来的期盼，不是重复过往的历史，其重点是通过"思想"对未来的意识形态发生作用，更多关注的是人的创造性；再次，研究者或书写者通过对五花八门的事实与思想的梳理，使混乱变为有序；最后，任何理论都是历史性的，研究者需要在许多看似互相矛盾或不连贯的理论中，挖掘理论家干预政治的意识形态资源，以及所表现的时代特征，历史中的名人之所以一再被提起，主要是因为"她们对妇女美好未来的期望尚未实现"。③ 关于历史与未来的关系，戴锦华与白露也有相似的见解，她说："历史始终不是关注过去的，历史从来都是关注未来的。只有未来，确定的未来事业，确定的未来想象，确定的未来给我们设定的愿景和目标，才赋予历史以意义。"④

二、怎样书写妇女史？——"词语误用"（catachresis）的方法论意义

"词语误用"是白露在该书里"发明"的一个核心概念，它不仅仅是在语言学意义上，更多时候是作为一种方法论使用的。关于"词语误用"的含义，白露在第二章一开头就引用佳亚特里·C.斯皮瓦克的话说："一个概念—比喻在没有足够的、

---

① ［美］汤尼·白露著，沈齐齐译：《中国女性主义思想史中的妇女问题》，上海：上海人民出版社，2012年，第338页。
② ［美］汤尼·白露著，沈齐齐译：《中国女性主义思想史中的妇女问题》，上海：上海人民出版社，2012年，第468页。
③ ［美］汤尼·白露著，沈齐齐译：《中国女性主义思想史中的妇女问题》，上海：上海人民出版社，2012年，第4页。
④ 戴锦华：《历史的坍塌与想象未来——从电影看社会》，《东方艺术》，2014年第2期。

确实的所指对象的情况下,就是词语误用。"①在白露看来,"词语误用是被掩蔽的(也就是被隐藏、被遮蔽、被压缩到难以读懂的)正常化策略的证据,它常常作为一种主体形式出现。"②本书译者沈齐齐对此进一步解释道,"词语误用"是一种"特殊误用",是恢复词语在极为复杂的社会能指中本该有的价值意义。比如,"妇女""女性"就是两个最具代表性、在中国女性主义思想研究中被高度使用的"历史性的词语误用"的词语。③ 事实上,白露对词语误用的强调是从研究者书写历史的角度提出来的,在她看来,历史性的词语误用"是阐述普遍性和特殊性在普通语言中如何起作用的一种好方法,它可以从简单的术语中分辨出它的历史和理论涵义"。④ 例如,对"妇女""女人"这些经常被误用的词语究竟是指什么的不断追问和重新解释,实际上就是"女人"或"妇女"不断被建构的一个历史过程。不管书写者是否明确地意识到这一点,词语误用在书写中所具有的方法论意义毋庸置疑。因为"词语误用"不仅在时代错置中,将碎片化的、不连贯的历史有机地串联在了一起,而且为人们在不同的时空场域中产生共鸣带来了机遇。所以,白露在对近现代中国女性主义思想史的梳理中,一直把对"妇女"一词的误用作为"本书的重要主题"。⑤

(一)词语误用的历史必然性

任何研究都是一种书写,任何书写都需借助一定的词语来完成。而语言和文字作为思想呈现的重要载体或工具,在书写中有着非同一般的作用和意义。可以想象,历史上绝大部分的"文献""资料"都是以文字或语言(口口相传)的形式得以保存和传承的。但不可否认的一个基本事实是,语言文字符号的有限性与思想文化观念的无限性之间的矛盾,使得"词语误用"成为一种必然,同时也成为一种普遍现象。从书写的角度讲,很多时候使用的是同一词语,但表达的未必就是同一思想或意义,有时甚至风马牛不相及。从阅读的角度讲,未必所有的读者都能根据同一词语生发出与书写者同一的思想或意义。其原因在于,当书写者或言说者对纷繁复杂的社会现象进行描述并为其"命名"的时候,很多情况下会出现"重复"或"重名"的情况,同一词语在不同的历史发展阶段和不同研究者的笔下,以及在

---

① [美]汤尼·白露著,沈齐齐译:《中国女性主义思想史中的妇女问题》,上海:上海人民出版社,2012年,第20页。
② [美]汤尼·白露著,沈齐齐译:《中国女性主义思想史中的妇女问题》,上海:上海人民出版社,2012年,第39页。
③ 曲常明:《接续思想,薪火相传——〈中国女性主义思想史中的妇女问题〉座谈会纪要》,《山西师大学报》,2012年第6期。
④ [美]汤尼·白露著,沈齐齐译:《中国女性主义思想史中的妇女问题》,上海:上海人民出版社,2012年,第41页。
⑤ [美]汤尼·白露著,沈齐齐译:《中国女性主义思想史中的妇女问题》,上海:上海人民出版社,2012年,第20页。

不同学科的理论框架之下，都会表现出不同的意义，犹如同名同姓的许多人并非同一个人一样。不了解这一点，不仅不同的学者之间因为"误读"或"误用"难以顺畅地交流与对话，即便是在普通百姓之间，也常常会因为"词语误用"而产生不必要的误解或误会，乃至矛盾和纷争。因此，辨析不同情境、语境、环境乃至心境下"同一"词语的"不同"意义，不仅可以加强人与人之间的交流与沟通，而且对学术研究来讲也有着重要的方法论意义。正如白露所说："'词语误用'是无处不在的关键词或术语，反复出现在主要原始资料证据中。它们之所以引人注目，就因为它们表现出了一种后来被证明具有排他性甚至是普遍性的（aspecific）稳定涵义。……用词语误用的概念来代替新词，如同未经勘察的历史经验，增加了分析的能力，并扩大了在语言学之外思考这些词语的可能性。"①也就是说，研究者要将千变万化的形势和情势概括并书写出来，在还没有"新词"可以替代，或者有了新词，还没有约定俗成的情况下，书写者就会或不得不通过"词语误用"来表达思想，阐释观点。

词语误用是一种非常普遍的现象，如戴锦华对"历史"一词的"误用"，也可从一个侧面说明"词语误用"的妙处。她说："历史"之于学者只能是一种"书写"，一种获特赦或恩准的"记录"与书写。历史永远在"历史"之外。②"无论是政治亲历的当代，还是已淹没不可考的远古，历史的书写只能是断编残简。书写历史者已先在地被历史书写。"③这里前后多次出现的"历史"一词，其意涵有着很大的不同，其意义也非常丰富，充分说明了书写者与历史之间的复杂关系——历史是由研究者书写出来的，但书写者同时又被历史所型构。所以，如果不懂得"词语误用"的所指与能指，不仅不能准确表达自己的思想，而且也不能深刻理解书写者借用一定词语所要传递的意义或思想——不论政治的和学术的。因此，白露特别强调，"现代词语误用，当它们是意识形态的并因此而根深蒂固、不完全可译的时候（如：'女性'在历史上就与'妇女'或'女人'有区别），同时就成为一体化或普遍化的术语。它们既可以互文性地在差异性的游戏中被解读，也可以被解读成价值编码或意识形态常态化的实体。"④不可否认，不论在学术研究领域，还是在现实生活与政治生活中，"词语误用"都是普遍存在的。正如一些研究者所说，近年来，女性主义特别是跨国女性主义在翻译过程中通过对文本的挪用和重写，产生出了许多新的意义，同时希望承认不同语境下的多种理解，以便在不同时空、不

---

① ［美］汤尼·白露著，沈齐齐译：《中国女性主义思想史中的妇女问题》，上海：上海人民出版社，2012年，第40页。
② 戴锦华：《犹在镜中——戴锦华访谈录》，北京：知识出版社，1999年，第6页。
③ 戴锦华：《犹在镜中——戴锦华访谈录》，北京：知识出版社，1999年，第7页。
④ ［美］汤尼·白露著，沈齐齐译：《中国女性主义思想史中的妇女问题》，上海：上海人民出版社，2012年，第39页。

同身份的作者和读者之间产生富有成效的对话,使一定的词语在"创造性的"翻译转换中创造人类"共享的知识"。①

(二)将"妇女"的理论概念历史化

在学术研究领域,当概念成为理论和方法的时候,一定是高度抽象的,如妇女、女性、女人等。由于概念的抽象性和理论化将概念具体所指的时空场域淹没或抽掉,因此,在没有一定的理论积淀和历史知识的人群那里(包括在不同学科的研究者之间)很难对研究者或言说者在"当下"的所指深刻领会,因此,将抽象的概念还原到一定的历史条件下进行观照,不仅会使一个个鲜活的历史"人""物"呼之欲出,而且能够让读者在其中找到真正的"我自己",甚至与历史产生共鸣。

也许正因为如此,白露在各个章节里,一方面以"妇女"为例,对"词语误用"所具有的方法论意义进行细致的解释或诠释,另一方面又试图将妇女还原到一定的历史场域之中,包括书写者个人和书写者所书写的对象。在白露看来,18世纪到20世纪的中国妇女"代表着儒家家庭教义符号体系中的女性亲属整体"②;20世纪初,"在中国共产党的话语体系中,非传统的、大众化的、政治主体'妇女',最终取代了儒家遵循礼仪的'妇女'和情欲化的主体'女性'"③;在新民主主义革命时期,"妇女"作为政治动员中的一个常设概念,贯穿在毛泽东的个人习语中,不仅是政治话语中的主体,而且是一个道德典范,用丁玲的话说就是一个"正面力量的先进人物"④;1950年代后,在毛泽东思想中心话语中,"'妇女'是指一个国族化的主体,它代表着所有政治上合格或正派的妇女整体"⑤;1980年代后半期,随着妇联的主体性与国家之间的相对疏离,不仅使理论的性别化实践运作得到了改变,而且也改造了妇女主体的言说方式。⑥ 不仅如此,白露还将20世纪的中国"妇女"——主要是精英妇女——还原到了丁玲、李小江、戴锦华等人的身上,一方面将她们的活动作为"历史本身"进行观照,另一方面将她们当时对现实社会的认识和分析的文本作为历史材料,试图对"中国妇女"窥一斑知全豹。可以说,白露著述的一个最大特点,就是把文本里经常出现的一些词语置于历史之

---

① 闵冬潮:《通过翻译创造女性主义共享的知识》,《浙江学刊》,2016年第2期。
② [美]汤尼·白露著,沈齐齐译:《中国女性主义思想史中的妇女问题》,上海:上海人民出版社,2012年,第63页。
③ [美]汤尼·白露著,沈齐齐译:《中国女性主义思想史中的妇女问题》,上海:上海人民出版社,2012年,第64页。
④ [美]汤尼·白露著,沈齐齐译:《中国女性主义思想史中的妇女问题》,上海:上海人民出版社,2012年,第307页。
⑤ [美]汤尼·白露著,沈齐齐译:《中国女性主义思想史中的妇女问题》,上海:上海人民出版社,2012年,第64页。
⑥ [美]汤尼·白露著,沈齐齐译:《中国女性主义思想史中的妇女问题》,上海:上海人民出版社,2012年,第349页。

中，因为，"在其被当作历史性的词语误用重新考虑时，普遍存在的描述性专有名词就成了清晰易读的社会经验的知识库。例如'女性'和'妇女'，在中国女性主义妇女史中就是这样的关键术语。"白露强调，"我不是从文本或文本之间的关联来解读这些词语，而是从历史角度解读它们。"①李小江对此评价道，白露始终"遵从"历史发展线索去探寻历史人物的思维脉络，而不是从理念出发随意"利用"散见各处的文献资料以求证一己之见。"尽管她有非常明确的(女性主义)学术目标和毫不遮掩的"左翼"政治立场，作为史学家，她的底线始终是历史而非任何看似'正确'(PC)的观念。历史是最终的判官。"②

总之，不论白露对20世纪不同历史阶段中国"妇女"的定义是否符合中国妇女的实际，也不论在多大程度上符合或不符合，但可以肯定的是，白露对"词语误用"的解释以及以此为理论基础对20世纪中国女性主义思想史所做的各种论述，不仅为她后面所呈现的诸多观点进行了铺垫，同时为修订文学哲人(人文学者)关于比喻和词语误用的见解找到了破译历史内容的方式。论述中，她始终关注两个基本问题：一是对当今在中国社会理论中普遍使用的"妇女""女人"等词进行历史的界定，进一步明确"什么是妇女史中的主体"；二是把论点加入到一个时代的"材料"历史中，进而加入到妇女自身的命名问题中，以说明这个命名如何变成了一个历史产物。她特别关注一个旧词，如"妇女"一旦被赋予新的意义并成为社会规范中的条目，是如何在社会生活中发挥作用的问题，而有关历史性的词语误用的"写作"，如何才能避开有关性别主体性的时代错置的设想而回归到历史之中？③ 也就是说，作为历史书写者，在谈到性别主体性的时候都存在一个时代错置条件下词语误用的问题。所以在方法论意义上，妇女史的书写就是把同一词语在不同时空场域中所蕴含的不同意义揭示出来，解释清楚。因为理论不是抽象的概念集结，它是从特定的历史环境中产生出来的，包括"我们""你们""她们""他们"乃至"它们"等词语，在不同的时空场域下都有着诸多的不同或差异。所以，将抽象的妇女概念还原到一定的历史情境之中，不仅能使"妇女"变得具体，而且使人的生活因"不同"或"差异"而变得更加丰富多彩。更为重要的是，不同的定义本身作为一种意识形态在人类社会的历史变迁中已经有意无意地发挥了作用。

---

① [美]汤尼·白露著，沈齐齐译：《中国女性主义思想史中的妇女问题》，上海：上海人民出版社，2012年，第1页。
② 李小江：《对话白露：关于1980年代"妇女研究运动"——由〈中国女性主义思想史中的妇女问题〉说开去》，《山西师大学报》(社会科学版)，2012年第6期。
③ [美]汤尼·白露著，沈齐齐译：《中国女性主义思想史中的妇女问题》，上海：上海人民出版社，2012年，第20—21页。

(三)将"妇女"的历史概念理论化

不同词语在不同的语境下有着不同的意涵。可以想象，不论在现实生活中，还是在不同书写者的笔下，如果把"妇女"一词置放到中国历史文化的长廊里，人们就会根据自己的认知水平产生各种不同的想象和比喻，如一提到"妇女"，有的想到的是"女子与小人为难养也""头发长见识短"，有的想到的是"妇女能顶半边天"；有的想到的是女儿、妻子、母亲、媳妇、婆婆等家庭角色，有的想到的是女领导、女经理、女教授、女医生、女律师等社会角色；有的想到的是温柔、贤惠、漂亮等传统气质，有的想到的是女强人、女汉子等现代气质；有的想到的是"相夫教子，夫贵妻荣"，有的想到的是"女人不是月亮，不必借助太阳来发光"；有的想到的是"嫁汉嫁汉，穿衣吃饭"，有的想到的是"独立自强，实现自我"；有的想到的是"女人生孩子天经地义，当母亲享福无比"，有的想到的是"人类繁衍所遭受的苦难为什么单独要让女人来承担"……凡此种种，不一而足。但不可否认的是，各种各样被历史定型化了的性别角色、性别分工和性别气质根深蒂固地印刻在人们的心灵深处，不仅左右着人们的日常行为，而且也左右着研究者对现实的认识和描述。而当不同人群和研究者对"妇女"进行千姿百态的"定义"的时候，"妇女是什么"——包括"事实"是什么和"应该"是什么——实际上是很难确定的。"公说公有理，婆说婆有理"的口舌论争，不仅使人与人之间的对话难以在"同一频道"上产生共鸣，而且理论及其所指导的社会实践也常常由于词语误用的缘故而南辕北辙。

也许正是为了寻找研究者与研究者、书写者与普通百姓之间交流与对话的基础，白露在不同的篇章结构里，不仅对不同时期、不同研究者笔下的"妇女"进行了理论抽象，试图从各种各样的差异中寻找"同一"或"一般"，而且根据自己对各种社会思潮或现象的认识，就20世纪中国的女性主义做出了各种概括，如进步论女性主义、进化论女性主义、优生女性主义、国族女性主义、人格女性主义、共产党女性主义、革命女性主义、文学女性主义、男性女性主义、马克思女性主义、市场女性主义、后结构女性主义、理论女性主义、"女仆"女性主义（看似逆来顺受，实则以退为进）等。暂且不论白露的概括或定义是否准确，至少她借助"妇女""女人"等词语使更多的人不仅看到了作为"树木"的一个个鲜活的女性个体——如丁玲、李小江、戴锦华等，而且透过"树木"看到了中国妇女作为一个整体的一大片"森林"。一方面为人们了解、理解一个世纪以来中国女性主义思想与行为的互动过程提供了思想资源，另一方面为在"妇女"的框架范围内讨论与其相关的各种社会问题奠定了知识论基础。正如李小江在评价白露对具体抽象的事实时所说，白露自造的"新概念"多半是她进入历史的工具，借助它们，她在复杂的资料和断断续续的线索中细细梳理，从中寻找那些可能持续传递、以便将我们

"带进未来"的思想之光。①

细细梳理白露的论述不难发现,她对"妇女""女人""女性"等词语的使用,不是将其视为生物学意义上的自然存在,也不是语言学意义上的符号,而是一个学术术语或政治范畴。在她看来,"历史性的词语误用是一个意识形态的实体","是被高度概念化了的生活经验的组成部分"②。"妇女"在现实生活中不是孤立存在的,她们不仅与国家、民族、家庭、男性紧密联系,而且与其他现代国家普遍范畴中的"工人""青年""无产阶级"等一类词语误用同时并存。③ 所以,"理论家们所面对的条件限制和可能构建其领域的环境,在其思想内容中是以一种提炼的方式呈现出来的。"④历史就是这样,生活在其中的人们一方面借助一定的词语或概念对纷繁复杂的现实生活进行概括或描述,另一方面在记录历史的过程中传播思想和观点,再一方面通过思想观念的传播来证明、界定、解释、理解、稳定现实生活或人类活动本身。对学者而言,把具体事实抽象化,"它将最终有助于说明,对人类社会存在的现代解释如何在中国的中产阶级中变得规范,以及老一套的规范为什么那么经常地(至少是在理论中)是以女性为中心的?"⑤进而理解性别主体性在不同时代的不同内涵,解释历史学家将历史事实抽象后所赋予"妇女"的普遍意义,包括理论的和现实的。

三、谁来书写妇女史?——"女性写作"(ecriture feminine)的革命性意义

妇女史是由妇女自己来书写的,这话听上去没有错,因为妇女作为人的重要组成部分是自古至今都存在着的客观事实,谁也无法否认。但吊诡的是,由于古代妇女"没有文化",所以"她们的"文本历史更多是一部"他者"的历史。尽管透过"他者"的镜像人们仍依稀可见古代的"女人"或"妇女"是什么样子的,但"镜像"毕

---

① 李小江:《对话白露:关于1980年代"妇女研究运动"——由〈中国女性主义思想史中的妇女问题〉说开去》,《山西师大学报》(社会科学版),2012年第6期。
② [美]汤尼·白露著,沈齐齐译:《中国女性主义思想史中的妇女问题》,上海:上海人民出版社,2012年,第2页。
③ [美]汤尼·白露著,沈齐齐译:《中国女性主义思想史中的妇女问题》,上海:上海人民出版社,2012年,第64页。
④ [美]汤尼·白露著,沈齐齐译:《中国女性主义思想史中的妇女问题》,上海:上海人民出版社,2012年,第339页。
⑤ [美]汤尼·白露著,沈齐齐译:《中国女性主义思想史中的妇女问题》,上海:上海人民出版社,2012年,第2页。

竟不能等同于"真实"。因此,"女性写作"①对妇女主体意识的增强和主体地位的确立便有了革命性的意义。

(一)"女性写作"是对女性主体性的确证

不可否认,在近代中国妇女解放史上,许多男性文人和思想家通过各种各样的论述——不论是抬高还是贬低——都真正将"妇女"作为"问题"②或行为主体提上了国家和社会的议事日程。而当在社会生活中占据主导地位的男人们在写作中把妇女从"历史"(包括真实存在的历史和文本记录的历史)中重新捡拾出来的时候,某一个或某一类与"妇女"相关的问题就一定会在当时的"当下"引起人们的广泛注意,不管人们是否认同其中的思想和观念,妇女"主体"地位的彰显都是确定无疑的。

同样不可否认的是,许多男性思想家、理论家,乃至革命家对妇女问题的关注,更多时候是从"社会革命"和"民族解放"的角度进行切入的③,尽管许多研究者也试图"设身处地"对妇女进行言说,但"子非鱼,焉知鱼之乐"的质疑在女权主义那里始终存在着。因此,相对于男性而言,女性对自身命运的关注也许更加符合"女性的"实际,她们的"切肤之痛"在女性写作者的笔下也许更能刺到"问题"的根处或痛处。因此,"女性写作"尽管不能解决所有与女性相关的问题,但至少可以为更多的人了解、理解女性"内心深处"的所思、所想、所需、所要、所作、所为提供重要的途径和论辩的平台,尤其是在妇女"运动"或"革命"的起始阶段,通过"写作"来发出声音就具有了更为重要的启蒙作用和政治意义。

可以肯定地讲,随着近代中国女学的兴起,以及中华人民共和国成立以来,女性受教育程度的普遍提高,"女性写作"在今天已经由可能变成了现实。丁玲、李小江、戴锦华无疑都是"女性写作"的高手,不论数量还是质量,不论思想性还是理论性,她们的作品都有着相当的代表性,由此也奠定了她们在中国学界或文学界"高产作家"的地位,为妇女史研究提供了丰富的第一手材料。不知白露有意

---

① 根据谭兢嫦、信春鹰主编的《英汉妇女与法律词汇释义》(见中国对外翻译出版公司,1995年,第97页),女性写作强调的是"女性主体性和一种特别表达女性被父权压制的女性写作之间的密切关系。……虽然'女性写作'并不一定由作者的性别决定,但它被着重地看作是一种与女性的身体十分接近的写作,尤其是母性和婴孩的身体。但是,由于创作一种提供多元快感和具有开放性的文学是'女性写作'的努力方向,它也被看作是'一个基本的认识论的和历史的形式'。"

② 在当代中国妇女研究领域,有人拒绝使用"妇女问题"一词,认为这样会抹煞妇女在历史上的主体能动作用。事实上,在学术研究领域,"问题意识"是研究得以深入的不二法门。"妇女问题研究"不是说"妇女是有问题的",而是强调当妇女作为"问题"被提出以后,就会引起人们持续而广泛的关注。

③ 对此绝对不能全盘否定,当前许多研究者套用社会性别理论对男性思想家所做的批判,不仅有用理论规制历史事实之嫌,而且在"倒洗澡水的时候也把孩子倒掉了"。

为之还是无意的巧合，书中着重论述的三位中国女性都与"文学"有关①。与其他学科相比，文学的表现形式也许更有利于（女）人的思想阐发和情感表达，一方面，文学创作和文学评论对女人以及女人与男人相互关系（包括各种人际关系和性别权力关系）的持续关注，没有一个学科能与之相比；另一方面，通过细致入微的人物形象描写或内心刻画，能够将妇女大众对婚姻、家庭、爱情、社交、职业等生活的感触，以及她们的理想、信念、追求、忧愤、苦闷、彷徨、困境、困惑、迷茫、遭际、绝望、激情、责任、义务、担当、矛盾、纠结等诸多方面的情感、情绪淋漓尽致地揭露与呈现，许多时候甚至会将自己的生活直接带进作品或评论之中。如李小江谈到她从外国文学研究转向妇女研究的"初始动机"时说道："不是想要别出心裁地创立一门新的学科，而是迫于人生的压力。这种压力在男子是难以体会的。它无声地蛰伏在每个女子的现实生活和心态构造中，呼之不出，弃之不能，因不可名状，愈加苦闷不堪。"②于是，一代觉醒了的知识女性试图通过文学创作和学术研究从女性的生命历程和角色变迁中发掘其精神生活的演变历程。因此，以女性为书写对象的文学创作和评论以及与此相关的各种学术研究，所展现的不只是与男性相对应的"妇女群体"的作为，而且还代表着与其他国家的女性相比照的"中国妇女"的行动。在这里，"个人的"已经实实在在地变成了"政治的"，一代中国妇女试图通过自己手中的笔和自己的实际行动来确立女性在社会生活中的主体地位。如"丁玲利用她不可思议的作家才能，通过自我观察创造客观世界的表现方式，实际创作了一个能代表中国'新女性'的人物"，如莎菲等。③她所写的许多东西虽然不是一个自传式的主题，但她和小说中的许多人物相类似，"因为丁玲和她们一样也把自己看作是女人。"④戴锦华也坦言，她所坚持的女性主义立场首先出自她自己的"女性生命经验，以及一些女人才可能体验到的切肤之痛。"⑤的确，"女性写作"与"男性写作"相比较而言，它更能代表女性来"集体发声"，也更能切中妇女解放的实质和根本。

但不可忽视的一个基本问题是，在女性内部永远都不是铁板一块的，"知识女性或精英女性能否代表所有妇女"的质疑，犹如女性对男性"他者"身份的质疑一样，犹如中国对"西方中心"的反思一样，使得试图代表"中国妇女"发声的女性

---

① 丁玲的文学创作、李小江的外国文学研究、戴锦华的影视评论和大众文化研究等，都在文学界和学术界有着广泛的影响。
② 李小江：《夏娃的探索——妇女研究论稿》，郑州：河南人民出版社，1988年，第3页。
③ ［美］汤尼·白露著，沈齐齐译：《中国女性主义思想史中的妇女问题》，上海：上海人民出版社，2012年，第320页。
④ ［美］汤尼·白露著，沈齐齐译：《中国女性主义思想史中的妇女问题》，上海：上海人民出版社，2012年，第196页。
⑤ 戴锦华：《犹在镜中——戴锦华访谈录》，北京：知识出版社，1999年，第17页。

知识分子或理论家，也同样面临着"她者"身份的挑战，因此，对一些"女性写作"者而言，她们对"自我的言说"也始终保持着或保持了必要的警惕和清醒的认识。如李小江在回应白露所提出的"论争"而对自己曾经提出的"恩赐论"反思道：

> 对"恩赐论"这种说法我有反省，也试图校正。1988年"妇女研究丛书"在北京发布时，我和刘沙（吕正操的妻子）一席长谈。她抗日期间参加革命，同样枪林弹雨……她的故事提醒我关注"女性个人"和"局部利益"的理论价值，在涉及个人或局部的"异质"现象时必须谨慎，任何疏忽都可能酿成认识上的误判。面对她们的人生，我的"恩赐说"是过于草率了：一个草率的判断可能遮蔽无数女人为争取自由和解放做出的牺牲和努力——正是因了这种检讨，我在1990年初始（郑州会议结束后）即告别案头，十余年里全身心投入"20世纪妇女口述史"的征集和妇女文化博物馆的筹建工作，希望能在某种程度上弥补理论抽象所造成的"无情"的缺失。[①]

戴锦华在1993年前后也开始对自己不假思索地使用西方理论进行反思，对自己的精英文化立场进行反省。她说，如果仍关注中国的现实，"就不能无视大众文化"，因为1990年代以来，"大众文化比精英文化更为有力地参与着对中国社会的构造过程。简单地拒绝或否定它，就意味着放弃了你对中国社会文化现实的重要部分的关注。"尽管她"由衷热爱的还是精英的或者叫高雅文化的文本"。[②]

综上，女性写作不仅是社会进步的重要标志，同时也是对自身主体身份的确证，包括对自己精英地位的反思。具体来讲，女性写作不仅仅是对妇女历史的"记录"，也不仅仅是对后人提供"启示"，在更深层的意义上，女性书写本身就是妇女解放的一场伟大的实践。尤其是对女性主义研究者来说，她们始终坚信改变（人与社会）的可能性，相信人的主观能动性。她们在书写女人的时候，实际上一方面在用自己的实践检验过往的妇女理论，同时也用自己曾经的"经验教训"来规劝或启蒙后来的女性，包括"我自己"，以至于她们成为历史事件的当事人而受到后人的关注。如丁玲、李小江、戴锦华等之所以受到白露的关注，一定意义上就是因为她们的行为（写作行为和社会行为）和她们的理论已经成了妇女史不可分割的一部分。就连一些男性学者也不得不承认："女性主义相信书写和对话的力量。当我们书写女性生命故事的时候，不断地与自己对话，我们越来越看到、看清自

[①] 李小江：《对话白露：关于1980年代"妇女研究运动"——由〈中国女性主义思想史中的妇女问题〉说开去》，《山西师大学报》（社会科学版），2012年第6期。

[②] 戴锦华：《犹在镜中——戴锦华访谈录》，北京：知识出版社，1999年，第5—6页。

己。……书写在当代中国女性主义研究中是一个重要的实践。"①

白露关于"女性写作"的意义有许多精辟的论述,首先,女性书写或女性写作,使"女性的"成为可能。因为,每一种经验在新女性的文学传统作品中都是一个真实的事件。"'女性写作'是可以利用的文化表达的最具性别化的形式,……可以帮助读者认识性别差异的不可调和性并利用它。"②尤其是在妇女解放的时代,女性必须为自己创作,也唯有女性才能为自己创作,不论经验还是创伤,抑或是揭露女性自身的"缺陷",终归都是"女性自己的"。其次,女性写作是一个宝贵的武器,只有这种女性的干预才能挖掘出历史中真正的女性经验,并且因此可能缓解中国男性的状况。③在女性作家和学者的手中,女性话语成了改造中国文化和知识传统的有力工具。因为女性只有"用女性的名义来拯救其他女性",才能唤起整个女性主体的真正觉醒。④最后,女性写作是女性主体形成的重要表征。女性的每一次书写,都是对自己的重新定位,建立在对女性以往生活经验反思基础上的各种想象,不论是"雌雄同体"的男性化女性写作,还是"小鸟依人"型的女性化写作,表现的都是女性的主体性。

(二)"女性写作"是对(女)人的主体性的确证

在白露的著作里,丁玲、李小江、戴锦华不仅是"女性写作"的重要代表人物,而且作为"历史人物",她们已经被概念化或符号化了。在白露看来,她们是"各类高度政治化的人",如女性主义者、马克思主义者、社会科学家、思想家、小说家、共产党革命家和其他一些使当代妇女主体在20世纪革命思想、政策和政治运动中普遍化的人。白露试图通过对"这些政治化的知识分子的思考,为妇女确定一个清晰的知识范畴"。⑤ 因为由女性主义思想家的各种复杂理论和批评所开创的有价值的、前所未有的"解释"或"理解",不仅可以改变人们在当下的生活方式,而且通过对过去的分析,人类的未来会日渐清晰起来。

丁玲作为"写女人的女作家",白露把她定义为"党的作家""精英作家""小资

---

① 杨静:《政治理想与现实冲突——女领导干部生命故事研究》,北京:中国社会科学出版社,2012年,古学斌,序二。
② [美]汤尼·白露著,沈齐齐译:《中国女性主义思想史中的妇女问题》,上海:上海人民出版社,2012年,第424页。
③ [美]汤尼·白露著,沈齐齐译:《中国女性主义思想史中的妇女问题》,上海:上海人民出版社,2012年,第428页。
④ [美]汤尼·白露著,沈齐齐译:《中国女性主义思想史中的妇女问题》,上海:上海人民出版社,2012年,第413页。
⑤ [美]汤尼·白露著,沈齐齐译:《中国女性主义思想史中的妇女问题》,上海:上海人民出版社,2012年,第24—25页。

产阶级知识分子",并且在社会主义革命中自觉地将自己作为被改造的对象。①在白露看来,作为作家的丁玲是知识分子的一分子,"是一个睿智的,具备意识形态和政治性的作家。她创造性地引导了书写'左翼'知识分子所关注的民族特有的问题。历经数十年,她的目标始终是为中国女性主义的女性主体所承受的各种不幸的自由而辩争。"②一定程度上,进步论女性主义和马克思主义女性主义是一脉相承的,都是基于中国历史。正是因为"丁玲的早期小说把赌注反复下到一个可能发生的未来上",使得她在文本里和现实中同时创造了女性主义的主体。③不论早期还是晚期的作品,都在以一个共同的特点"召唤未来公正的到来"。④

白露认为李小江是1980年代论辩中的核心人物,是"一个学术妇女运动的历险家","一个面向女性大众的思想传播者或大众化作家",一位"年轻的国际主义理论家"和"哲学政治家","属于新女性主义群体"中的一员。她所做的一系列开创性的工作,把1980年代的思想斗争变得明朗化。在白露看来,"辩论在某种程度上把'文化'作为聚焦点,有悖于当时意识形态的理论关注,但确实又与有广泛基础的女性主义关心的问题交织在一起。"⑤白露还认为,李小江等不能算作是中国"本土的"或"当地的"女性主义理论家,不管她们怎样从中国传统出发,"当它们可能是民族主义的时候,中国的无产阶级和马克思主义传统则是国际主义的。历史的决定因素最终要超越民族的假定把它们全部编织到一起。换言之,革命传统采用了民族形式,但其民族主义却意味着是一个国际主义的发源地。"⑥白露在复述了李小江的有关论述后指出,"除了基本的性别差异外,在李小江的思想中,没有任何东西比民族东西更重要。这种植根于'妇女'的抽象范畴与民族本土意识的辩证法,在她的思想中至关重要。"除以民族性为中心之外,她还将"女性主义启蒙丛书植入普遍的社会科学理论的传播手段中"。⑦因为,在李小江看来,妇

---

① [美]汤尼·白露著,沈齐齐译:《中国女性主义思想史中的妇女问题》,上海:上海人民出版社,2012年,第262—265页。
② [美]汤尼·白露著,沈齐齐译:《中国女性主义思想史中的妇女问题》,上海:上海人民出版社,2012年,第178页。
③ [美]汤尼·白露著,沈齐齐译:《中国女性主义思想史中的妇女问题》,上海:上海人民出版社,2012年,第183页。
④ [美]汤尼·白露著,沈齐齐译:《中国女性主义思想史中的妇女问题》,上海:上海人民出版社,2012年,第464页。
⑤ [美]汤尼·白露著,沈齐齐译:《中国女性主义思想史中的妇女问题》,上海:上海人民出版社,2012年,第354—355页。
⑥ [美]汤尼·白露著,沈齐齐译:《中国女性主义思想史中的妇女问题》,上海:上海人民出版社,2012年,第354页。
⑦ [美]汤尼·白露著,沈齐齐译:《中国女性主义思想史中的妇女问题》,上海:上海人民出版社,2012年,第365页。

女理论和妇女创作"是当代人类自我反思自我认识的重要组成部分,为人类科学系统化建设提供了一个难能可贵的突破口"。①

白露把戴锦华定义为"马克思主义电影评论家、电影史学家、拉康文学评论家;在尖锐的公众论辩中,她是具有中国文化研究精英特点的辩手;在国外,她是亚洲巡回讲学的常客;而在国内,她又是国内影视观众的流行偶像;也许从根本上,戴锦华还是一个女性主义思想家。"戴锦华作为"国内和国际文化名人"和"文化研究的开拓者",她与其他中国学者共同"组成了一个规模虽小却又非常重要的新马克思主义、学术性的先锋派。"②在戴锦华看来,妇女史纯粹是未来的事物,她试图重建理论,以解女性主体性及其社会地位之谜。

不仅如此,"社会主义""马克思主义""中国""民族主义""全人类""全球化""殖民"等词汇在丁玲、李小江、戴锦华文本里的频繁出现,反映的是一代知识女性在社会担当方面的主体自觉。正如美国学者王玲珍在谈到新时期中国的女性主义实践时所指出的:"20世纪40年代(包括20世纪30年代后期)和50年代的女性是在世界上高度性别平等体制和公共语境中成长起来的。她们的自我认知、平等的主体意识以及社会责任感和奉献精神都达到历史的空前高度。"③如果说在20世纪(尤其是前半期)中国妇女解放史上,学人们和政治家大力倡导的增强女性的自立、自主、自强意识,确立女性在社会生活中的主体地位多还停留在文本或理念层面的话,那么,对丁玲、李小江、戴锦华们来说,她们不仅是唤起妇女大众性别觉悟和政治觉悟的"写作者",而且是实实在在的历史建构者乃至历史事件的当事人,同时也成了历史知识的建构者,诚如李小江在《家国女人》中所说:"中国妇女研究新军突起,拉开了女性理性自醒的序幕,它改造着中国妇女翘首期待男性学者证身的心理定势,在'无性'的学界张扬起一面'有性'的旗帜,试图以女性主体身份去审视整个历史和以往所有的学问。"④这里"理论家"和"社会活动家"的名头已经不是男性知识分子的专利,女性身份与理论家身份的合而为一,使得她们的性别身份渐渐"退居二线"(不是不存在),作为大写的"人"她们与男人一样活跃在了20世纪中国的政治历史舞台上。因此,也使得她们成了一个时期思想理论界所关注乃至有"争议"的人物。当女人们通过"女性写作"而不是通过男人的评价来确证自身存在价值的时候,女性作为"人"的主体地位的确立就是实实在在的了。

---

① 李小江:《夏娃的探索——妇女研究论稿》,郑州:河南人民出版社,1988年,第311页。
② [美]汤尼·白露著,沈齐齐译:《中国女性主义思想史中的妇女问题》,上海:上海人民出版社,2012年,第395—397页。
③ [美]王玲珍:《重审新时期中国女性主义实践和性别差异话语——以李小江为例》,《南开学报》,2015年第6期,第103—118页。
④ 李小江:《家国女人》,南京:南京师范大学出版社,2012年,第51页。

总之，当白露将"妇女"或"女人"聚焦到以丁玲、李小江、戴锦华等知识女性为代表的作家和学者身上的时候，人们看到的不仅仅是女性与男性在书写女性生命体验和生活感悟方面的不同，同时也清晰地看到了女人与男人在思想理论建树和社会担当方面的诸多相同。她们不仅通过"写作"挖掘、记录了妇女的历史，而且试图通过著书立说在唤起社会大众政治觉悟和性别觉悟的过程中创造新的人类历史。可以说，在"妙手著文章，铁肩担道义"这一点上，丁玲、李小江、戴锦华们与男性文人没有任何两样。

四、书写怎样的妇女史接续"女性主义"(feminism)的思想

妇女史书写不管是"他者"的镜像还是"她者"的切身体验，站在不同的学术与政治立场上将会撰写出具有不同价值导向的"妇女史"。不可否认，随着女性主义思潮在世界范围内的兴起，它不仅为各类妇女史的书写提供了一定的理论框架和分析范畴，而且为未来妇女历史乃至人类历史的再建构积累了重要的思想资源。

从国内外各类女性主义史学的书写来看，有关"人"的生理性别与社会性别关系的论述始终是一个绕不开的话题。如"女"与"人"在历史上是怎样被分离的？在怎样的历史条件下才能统一？男人和女人在性别意义上有哪些"相同"和"差异"？如何看待两性之间的"同"与"异"？妇女研究和妇女史的书写在价值导向方面是要做"像男人一样的女人"，还是要做"与男人不一样的女人"？"二元对立"的思维背后所折射的是怎样的思想观点和未来旨向？男人、女人与"人"之间，男性、女性与"人性"之间，男权、女权与"人权"之间究竟是一种怎样的关系？"应该"与"事实"在历史上是怎样被错位的？未来历史的发展应如何矫正与复位？……凡此种种，由于研究者或书写者切入点和落脚点的不同，妇女解放道路的选择在百家争鸣中产生了诸多分歧，即便是在女性主义内部，也常常由于立场观点的不同而"争得不可开交"①。再加上"女性写作"——不仅仅是女性写作，同时也包括男性写作——过程中"词语误用"现象的普遍存在，学术界对同一问题的探讨往往会出现多种不同观点和结论。从笔者对李银河《女性主义》一书中有关两性"同"与"异"问题所做的归纳（见表1）可明显看出，有的观点相同，结论未必一样，有的观点不同，但结论却可能一致。但是，不管女性主义与其他社会思潮有着怎样的不同，不管女性主义内部有着怎样的分歧，追求全社会、全人类的公平与正义，包括性别平等是始终不变的"道"与"理"。

---

① 李银河：《女性权力的崛起》，北京：文化艺术出版社，2003年，第8页。

表1 女性主义关于两性"同"与"异"的基本立场①

理论	观点	结论
男权制、父权制	男女相异	男尊女卑
自由主义女权主义	男女相同	男女平等
社会主义女权主义	男女相异	男女平等
激进主义女权主义	男女相异	女尊男卑
后现代女权主义	男女混合	男女界限不清 彼此难分高低

在《中国女性主义思想史中的妇女问题》一书中，白露用各种抽象的概念词语对20世纪中国的妇女研究和妇女解放实践进行"命名"，如梅生、高铦等主张的进步论女性主义中的妇女主体问题(第三章)，丁玲作品中的"女性"与殖民现代性的问题(第四章)，丁玲思想中的"妇女"与毛泽东民族主义的问题(第五章)，李小江与社会主义现代化和市场女性主义的问题(第六章)，戴锦华与全球化和后结构女性主义的问题(第七章)，等等。那么，白露作为一名美国学者对中国女性主义思想史的书写在多大程度上与中国妇女研究和妇女解放的实际相符合？判断结论正确与否的标准是历史事件的当事人，还是研究者从自己所了解、理解的历史事实中所抽象的概念或理论？研究者与被研究者分歧或合一的背后反映了怎样的学术观点与政治立场？尽管对这些问题要做出令人满意的回答是非常困难的，但对它的深入思考不仅关系到研究者内部交流与对话的渠道能否畅通，而且关系到女性内部的姐妹情谊能否持续保持，同时还关系到历史与现实之间能否有效对接与传承。

举例来说，李小江到底是不是一个"市场女性主义者"？当白露用"社会主义现代化：李小江的市场女性主义"作为第六章的标题来定义李小江的时候，无疑认为李小江是一个市场女性主义者；而李小江对此却"不以为然"②；美国布朗大学教授王玲珍则从中国体制在1980年代到1990年代从计划经济向市场经济转型的意义上，认为"白露等学者将李小江的'自然性别差异'同市场商业主义以及市场女性主义挂钩"有一定的道理③；我认为，西方学者对李小江的"定义"还有待进一步商榷，其中涉及了一些问题，但也有"削足适履"之嫌(对此笔者将另文撰

---

① 资料来源：李银河：《女性主义》，济南：山东人民出版社，2005年，第11页。
② 李小江：《对话白露：关于1980年代"妇女研究运动"——由〈中国女性主义思想史中的妇女问题〉说开去》，《山西师大学报》(社会科学版)，2012年第6期。
③ 王玲珍：《重审新时期中国女性主义实践和性别差异话语——以李小江为例》，《南开学报》，2015年第6期。

述)。事实上,借用这个"论争"我想强调的是,李小江"是"或"不是"一个市场女性主义者本身并不重要,围绕"是"与"不是"所展开的争论也没有太大意义,重要的是看言说者各自是在怎样的思维路向和理论框架下进行言说的?相互之间有着怎样的相同与差异?[①] 如何认识不同言说者"说话"时的情境与语境?当事人的言说与后世评论者之间的言说有多大的出入与融合?怎样看待全球化背景下的市场经济与中国改革开放背景下市场经济的相同与差异?在市场中消费商品与"消费"女人是怎样的一种逻辑关联?市场经济条件下精英女性自我解放意识的觉醒与妇女大众性别群体意识觉醒之间是一种怎样的关系?女性的自然属性与女人的社会属性之间分离或融合的"度"怎样把握?后人对历史事实或事件的评说对未来的读者将会产生怎样的影响?等等。这里,如何定义"市场女性主义"这一概念非常关键。因为,对"市场女性主义"这一词语的"误用"是带来分歧的一个重要原因。所以,将认识还原到一定的历史语境和理论框架之下,真正搞清楚李小江和白露们所说的"是什么"或"不是什么"、为什么这样说而不那样说,以及(将来)"怎样做"的事实根据和理论依据,作家和学者就可以说阶段性地完成了自己的学术使命。至于读者是否认同或在多大程度上认同,就不是作家和学者自己的事情了,而由认同或不认同所生成的"新的历史"更不是书写者所能控制得了的,如同早已作古的孔子难以控制当代中国的近代化和现代化进程一样,但这并不能否定在历史的重大转折关头孔子一再被"抬出来",对时代变革的重大意义——不论批判还是肯定,其意义同等重要。尽管历史的发展不会重复,但文字所承载的思想却可以接续。肯定抑或批判,都是思想接续的重要方式。

不可否认,白露用"妇女问题"将中国 20 世纪的"女性主义"和"思想"有机串联起来了,为中国与世界之间、男性与女性之间、女性与女性之间的交流搭建了桥梁。如果说妇女史的书写永远是具体的和情境化的,那么"主义"和"思想"的形成与接续则可以说是穿越时空的。事实上,一篇文章、一个文本、一部经典被后人反复阐释或言说的过程,就是某些词语概念在"误读"中不断被赋予意义的过程,进而形成一种变革现实社会的力量。如白露所说:"真正的女人"这个术语,是一个意识形态概念,绝不可还原到一个人的个人生活经验,但它的确是抓住或

[①] 关于李小江与白露之间的"同"与"异",李小江曾这样总结道:"在学术立场上,我与白露非常接近,我们都对历史和接续历史怀有极大热忱。有分歧,正常,基于我们不同的生活处境和不同的观察角度。相比之下,白露的立场是超然的,旨在'整合'的基础上丰富女性主义的思想资源;我的出发点很现实,学术目标却是超然的——我关注的不尽是女性主体,而是历史哲学中的本体论问题。……白露的理论方向是接续和整合;我的方向相反,分离或剥离——与西方女权主义和社会主义妇女解放理论保持距离,力求从普世主义科学咒语的束缚中解放出来,让女人就是女人,而不尽是被意识形态涵盖或被学科规范的'对象';当然,她也不应该是'被解放'的对象。"见李小江:《对话白露:关于 1980 年代"妇女研究运动"——由〈中国女性主义思想史中的妇女问题〉说开去》,《山西师大学报》(社会科学版),2012 年第 6 期。

稳定了某种独特的历史经验，因此而相当"真实"并服务于历史写作。① 总而言之，妇女、女人、女性，一个言说不尽的话题，包括"她们"与"他们"之间的关系，以及各自的角色定位和性别气质，当人们将其作为学术问题不断进行探讨或追问的时候，其中所承载的思想会随着历史故事的述说一并流传。换句话说，只有承载着思想的妇女史才是真正的妇女史。而"真正站得住的思想，总是在与前人和同时代人的艰苦辩难和反复对话中建立起来的"②，而不是一厢情愿地自说自话。有学者指出，"没有理论就没有历史科学"③，我想把这句话套用过来——没有女性主义理论，就没有真正的妇女史。所以，真正能存留下来的妇女史是思想的接续与传承，而不仅仅是在文本叙述中堆砌的史料。

五、余论

可以说，白露对中国女性主义思想史中妇女问题的探讨，包括该书在中国的翻译出版过程④，以及一些读者对该书的评价已经成了"历史"。"理论性强"是该书的显著特点之一，再加上翻译中中英文难以一一对应的缘故，以及研究者学科差异的存在，难免使人们读起来有些费劲。⑤ 尽管如此，该书在中国的翻译出版，使得其中的思想观点不仅在更大的范围内得到传播⑥，而且对当代中国的妇女研究和妇女史书写也从多个不同的角度提供了重要启示。这里我想强调的是，该书可以解读的"点"非常多，包括一些常识性的错误⑦，但当我将自己的"读后感"聚焦或浓缩到以妇女史书写为主题的"一篇文章"的篇幅里，且加上自己的理解或发挥以后，"误读""误解"以及有意无意的"遮蔽"和"彰显"一定是同时并存的，对书中材料的"引用"既是为笔者的论点提供证据，同时也表明笔者"认同"或"不认同"的一种态度。在这里，学者之间的地域界限、学科界限、性别界限、年龄界限被打破，以该书为平台，学者们相互间的知识交流、碰撞、批判、融合，

---

① [美]汤尼·白露著，沈齐齐译：《中国女性主义思想史中的妇女问题》，上海：上海人民出版社，2012年，第41页。

② 邓晓芒：《让学术成为思想的风骨》，《法制咨讯》，2013年第10期。

③ 于沛：《没有理论就没有历史科学——20世纪我国史学理论研究的回顾与思考》，《史学理论研究》，2000年第3期。

④ 2012年8月，该书出版的联系方——上海大学性别与文化研究中心举办了一次座谈会，邀请本书的作者、译校者、出版者、评论者参加会议。笔者有幸参加了这次会议，并从中了解到了一些鲜为人知的细节。会议综述参见曲常明：《接续思想，薪火相传——〈中国女性主义思想史中的妇女问题〉座谈会纪要》，《山西师大学报》（社会科学版），2012年第6期。

⑤ 我将此书推荐给几位年轻朋友，大多说"读不懂"或"不好读"。

⑥ 如网上有关"三七女生节"和"三八妇女节"的有关讨论，就引用了白露关于"妇女"的定义，暂且不论其应用是否符合"原义"。

⑦ 如把男性的"肖楚女"说成了"她"；把"高彦颐"和"高彦姬"并用，会使读者误认为是两个人等。

以及对研究者日后如何"做研究"和怎样"做(女)人"所产生的影响,都会成为新的历史资料而载入史册,进而通过各种讨论与争鸣,"重新展开对未来的可能性想象"①。也许,这正是妇女史书写的真正意义,即通过历史来阐释思想和观点,通过观点来想象和构建人类的未来。一般说来,用已有的思想理论在历史与现实的文本中寻找证据并不困难,困难的是从无数自相矛盾的事实或事件中提炼出能够说服更多人的理论和思想,并能深刻洞悉各种思想理论背后学术观点和政治立场的差异。如果明白了这一点,不论东方西方,不论男人女人,不论思想观点存在多大的差异,相互之间都会在"九九归一"的基础上打开沟通与对话的渠道,日久天长,人类历史就这样被"日积月累"起来了。

---

① 宋少鹏:《"西洋镜"里的中国女性》,见刘禾主编:《世界秩序与文明等级:全球史研究的新路径》,北京:生活·读书·新知三联书店,2016年,第345页。

制造吕碧城：
晚清女性公共形象的生成与传播

秦 方[①]

1904年，当绝大多数中国女性遵循着传统的为女、为妻、为母的人生轨迹时，年轻的吕碧城（1883—1943年）却与舅父争执，负气离家，孤身一人来到天津。在短短数月间，吕碧城从一位无人知晓的闺中女子，摇身一变而为社交宠儿。她不仅在《大公报》上撰文立说，推崇女权、提倡女学，而且还与英敛之、严复、傅增湘、秋瑾、袁寒云、唐绍仪等人相交往来，一时之间，京津地区出现了"绛帏独拥人争羡，到处咸推吕碧城"的盛况。[②]

吕碧城从无名到知名，确有其偶然性，但是，如果我们不把吕碧城的个人经历看作单独的现象，而将之视为晚清具有原型意义的女性形象塑造范例，那么，吕碧城这种从无名到知名的过程，体现了当时闺阁女性在婚姻、家庭和血缘之外面临的其他可能性和选择，这些可能性和选择，既与晚清政治文化趋势、新式媒体传播有关，也与延续过去而来的才女传统和士人文化密不可分。在本文中，通过对比、分析诗词、论说等不同文体以及报纸和图书等不同传播媒介，我们看到，吕氏及其形象制造者一方面在大众媒体中改革、摒弃才女传统，迎合晚清制造女性典范之时代趋势；另一方面，他们又在小众媒体中坚持闺阁主题书写和才女传统，强调自我与传统的关联。由此，通过"制造"吕碧城，我们得见晚清男女两性精英在传统与现代之间的游离与徘徊。

目前大部分对吕碧城的研究，多以"成就论"范式为主，即强调吕碧城在女学、女权、诗词，以及日后其在佛学、护生思想上的成就，以其功成名就的盖棺定论为基础，来反推其人生一以贯之的特立独行。但是，本文所持方法恰与"成就论"取径相反，不将吕碧城视为特例，而是将其放回具体的历史和文化语境中，分析"吕碧城"这一女性形象的制作和流传过程，以及在这一过程中所体现的时代话语。也就是说，吕碧城的成名不是不言自喻的前提，而恰恰是需要进行解读和分析的问题。因此，与其花费笔墨不断地赞誉吕碧城的特立独行，我们不如逆向

[①] 秦方：首都师范大学历史学院副教授。
[②] 吕碧城：《内廷秘史缪珊如女士素筜诗二首》，见吕碧城：《吕碧城集》第2卷，上海：中华书局，1929年，第6页。

思考这些桂冠是如何被累加地放置在"吕碧城"这个形象上,并最终形成了我们所看到的吕碧城。

一、晚清女性典范制造机制

晚清是一个推崇女性典范、制造英雌的时代。诸如罗兰夫人、若安达克、南丁格尔和批茶夫人等外国女性,以及花木兰、梁红玉、班昭等中国女性,均是英雄制造过程中被树立起来的女性典范。① 但当这些女性被置于典范神坛上时,她们大都是逝去之人。与之形成呼应的,便是当下那些仍然活着、也因此一直处于加工制造过程中的女性典范。在这些女性及其形象的制造和传播过程中,新式媒体起到了至关重要的作用,它得以将这些女性的典范人生片段在更大范围内即时地传播开去。1902年,《大公报》刊发了一则关于张竹君的消息。张竹君生于广州,幼时受病痛之苦,后被传教士治愈后便服膺西方医学,接受西医教育,成为晚清最有影响力的女医师之一。"真正是中国的女豪杰,拿他的说话行事,可以叫起我门[们]中国二万万死睡不醒的妇女,糟烂不堪的柔魂。"② 根据《大公报》记载,当时北京"有某女士向以课读为业,近患时疫,病已垂危,忽有人将第三期女学报与之阅看。昏迷中阅至番禺女士张竹君传,跃身起坐,曰:中国竟有此女丈夫哉,我辈庸庸可以观、可以兴矣。自是病遂霍然。"③

报纸的介入,改变了前近代时期以口耳相传或以列女传及女性文集等形式传播的方式,将女性形象置于一个边界模糊、开放、即时的舆论空间中。既可超越具体的空间界限(如一位北京的女性阅读上海《女学报》刊载的关于张竹君这位广州女性的事迹,以及这则消息被刊登在天津的一份报纸上),亦可超越传统以私交为核心的人际网络。而且,由于大众媒体的介入,近代女性公共形象的展示得以呈现出前所未有的复杂性和多样性。不仅像爱国、兴学、救护、参政、刺杀、侠义等女性气质被凸显出来,而且其文字、照片、言谈、行为,都可以通过大众媒体表现出来,再借由阅读、观看、重复和模仿等方式传播出去,对更多女性施加影响。

这种通过大众媒体即时、多面、广泛地塑造当下女性典范形象的现象,在晚清呈现出一种庸俗化趋势,这与这一时期中国知识分子的焦虑、激进心态有直接关系。罗志田曾指出,晚清知识分子受日益严重的民族危机影响,很有一种"毕

---

① Joan Judge, "Blended Wish Images: Chinese and Western Exemplary Women at the Turn of the Twentieth Century," *Nan Nü*, vol. 6, no. 1 (2004), pp. 102-135.
② 《女士张竹君传》,《大公报》,1902年10月19日,第6版。
③ 《医疫其方》,《大公报》,1902年7月18日,第4版。

其功于一役"的求快、激进心态。① 对中国女性典范之制作，也不脱离此氛围。男女两性精英恨不得通过改良女性为中国设想出一套立竿见影之便捷对策，因此，过于轻易地将典范气质或宏大描述赋予女性身上。比如说，他们经常使用的一个叙述方式便是强调女性形象之反差，以心智愚昧、面目模糊的"二万万"中国女性对比他们认为具有典范特质的女性。像上文将张竹君这位"中国的女豪杰"与"中国二万万死睡不醒的妇女"并置便是一例。但更多的则是一些我称为昙花一现式的女性典范。如1902年《大公报》上刊载了一条《女才可风》的新闻，赞誉"卫辉有候补知县李某，其妻杨氏，自幼精通经史，雅善词赋，可谓二万万同胞女子中特出之才也"②。"精通经史，雅善词赋"大约是最为陈词滥调的形容才女的词汇，但此时报纸编者却毫不吝啬将其冠以"二万万同胞女子中特出之才也"。于是，在晚清报刊媒体中，我们可以看到很多像杨氏这样的女性。书写者们用高度概括甚或极度夸张的方式赞誉她们身上一些相当模糊的特质或一段具体经历，但是，她们也仅仅占据了报纸或期刊的一条新闻或一段论述，在出现一次后，便再无下文。她们被当作新闻来阅读，但是，她们也被当作一次性新闻来消费，读者一扫而过后也就随即忘却，不再记起。

这种女性形象的塑造，甚至庸俗化塑造的过程，无疑酝酿了一个信仰典范的历史情境。它为很多女性提供了一种希望，似乎每一个女性都可以成为典范。这对很多普通女性而言，尤其有吸引力。晚清那些通常被视为"女界伟人"的女性，大约可分为三类：像张竹君这样与西方社会有着密切联系的女性，像薛绍徽、康同璧等主导女性文化趋向的维新派妻女③，以及像秋瑾或者惠兴这样以极端的死亡献身其奋斗的革命或教育事业的女性④。但是，对绝大多数普通女性而言，她们往往没有这些资源或选择，那么，大众传媒无疑为这些女性在公共领域获取声名提供可能。吕碧城正是借助大众传媒成为典范的例子，其经历反映了女性典范启蒙普通女性的循环过程：先是作为"我辈庸庸"之一分子，受到前辈女性典范的影响，继而自己在大众媒体中成为新的女性典范，然后再反过来继续启蒙其他的"庸庸我辈"。可以说，每一位展现在公共空间中的女性，都是一个庞大的网络的个体节点，而每个节点连接起来，便是晚清公共女性之谱系图。

---

① 罗志田：《新的崇拜：西潮冲击下近代中国思想权势的转移》，见罗志田：《权势转移：近代中国的思想、社会与学术》，武汉：湖北人民出版社，1999年，第56—59页。同时可见王奇生：《急迫、急切与急进：中国人的拜年焦虑与应变》，《北华大学学报》，2017年第1期。
② 《女才可风》，《大公报》，1902年12月5日，第3版。
③ Nanxiu Qian, "Revitalizing the Xianyuan (Worthy Ladies) Tradition: Women in the 1898 Reforms", *Modern China*, vol. 29, no. 4(2003), pp. 399-454.
④ 夏晓虹：《晚清女性与近代中国》，北京：北京大学出版社，2004年，第223—256，286—325页。

二、擅旧词华，具新理想

在1904年5月以前，张竹君已经开设了自己的医院，康同璧也早已走出国门，前往印度陪伴父亲康有为，而此时的吕碧城仍然只是一位名不见经传的普通女性。她有着才女的一切特征：出身官绅家庭，从小接受良好的家学，五岁能诗、七岁能画，母亲亦传授其有关女性道德和性别规范的各种知识。① 1895年，吕碧城父亲吕凤岐突然去世，家产因无男丁继承被吕氏族人夺取。此后，碧城被母亲送至塘沽，寄居舅父家中，以期得更好生活。从承欢膝下的娇女一转而为寄人篱下的孤女，吕碧城物质生活或许并不匮乏，但其心情似乎多有波折。1904年5月8日，为去天津探访女学事，吕碧城和舅父闹翻，负气离家。20多年后，吕碧城曾写下一段回忆性的文字，透露出这次离家出走的经过。

> 塘沽距津甚近。某日，舅署中秘书方君之夫人赴津，予约与同往，探访女学。濒行，被舅氏骂阻。予忿甚，决与脱离。翌日逃登火车，车中遇佛照楼主妇，挈往津寓。予不惟无旅费，即行装亦无之，年幼气盛，挺[铤]而走险。知方夫人寓大公报馆，乃驰函畅诉。函为该报总理英君所见，大加叹赏，亲谒邀与方夫人同居，且委襄编辑。②

吕碧城此处行文直接点出日后促其成名的两个重要因素：一为女学，二为结识时任《大公报》经理的英敛之。英敛之是一位颇受维新思想影响的满族天主教文人，前半生坎坷飘零，直到而立之年才得天津天主教徒和地方士绅相助，创办《大公报》。可以说，这份报纸既是英敛之的生活保障，亦是其实践改革思想之志业。③ 在自己的日记中，英敛之也记下了与吕碧城的初次结识。"晡，接得吕兰清女史一柬，予随至同升栈邀其去戏园。候有时，同赴园，予遂回馆。……晚，请吕女史移住馆中，与方夫人同住，予宿楼上。灯下闲谈，十二点，少秋去。碧城女史书曩作满江红词一阕，极佳。"④

两日之后，即1904年5月10日，这首被英敛之誉为"极佳"的《感怀·调寄满江红》发表在《大公报》上，成为吕碧城的初啼之作。

---

① 秦方：《晚清才女的成长历程：以安徽旌德吕氏姊妹为中心》，《近代中国妇女史研究》，2010年第18期。
② 吕碧城：《予之宗教观》，见吕碧城：《吕碧城集》第5卷，上海：中华书局，1929年，第62页。
③ 方豪：《英敛之先生创办〈大公报〉的经过》，见《方豪六十自定稿》下册，台北：学生书局，1969年，第2035—2056页。
④ 方豪辑录：《英敛之先生日记遗稿》，台北：文海出版社，1974年，第818页。

晦黯神州，忻曙光一线遥射。问何人，女权高唱，若安达克。雪浪千寻悲业海，风潮廿纪看东亚。听青闺挥涕发狂言，君休讶。

　　幽与闭，如长夜。羁与绊，无休歇。叩帝阍不见，愤怀难泻。遍地离魂招未得，一腔热血无从洒。叹蛙居井底愿频违，情空惹。①

　　这是一首典型的豪放词，表达了吕碧城对振兴女权之关怀。由于它直接导引了吕氏由"无名"到"成名"之转折，因此，已有很多学者对其进行了分析。如格蕾丝（Grace Fong）认为，吕碧城在词中对重要西方女性形象（若安达克）和新词汇（如女权、东亚）的借用，表明了吕氏对新的文化趋势的熟知以及对进步潮流的跟随。② 此观点确实言之有理。但是，只有将这首词归置于其制作和流通的背景中加以考察，我们才能更好地理解吕碧城是如何被置于公共舞台的探照灯下。

　　对吕碧城而言，《满江红》并非其唯一的词作。事实上，她写过相当数量的传统闺阁主题的婉约作品（详后）。但是，当她和英敛之见面时，她却将这首词呈献给对方，这有其实际的考量：像吕碧城这样身无分文且在天津举目无亲的女性，她必须首先考虑获得资源、生存下去的问题。可以说，吕碧城有意识地认识甚至是迎合英敛之和《大公报》的启蒙倾向，向其递呈这首既具有"新意境""新语句"，又以"古人之风格入之"的词作。③

　　吕碧城这种有意为之的自我呈现，受到了英敛之和《大公报》的赞誉。紧随《感怀·调寄满江红》后，便有洁清女史——英敛之妻子淑仲——写的跋文，推崇吕碧城之趋新，强调其与传统才女之区别。"女史悲中国学术之未兴，女权之不振，亟思从事西学，力挽颓风，且思想极新，志趣颇壮，不徒吟风弄月，摘藻扬芬已也。"④ 次日，《大公报》还专门发表了一篇论说《读碧城女史诗词有感》，更进一步赞誉吕碧城。作者指出，如今欧美和日本国家发达，女权兴盛，而中国女性依然"蠢如鹿豕、智识未开"，由此反衬吕碧城之典范意义。作者采取和洁清女史相同之路径，强调吕碧城对才女传统的叛离。"闻女史年二十余，博极群书，尤好新学，尝悲中国之衰弱而思有以救之。其所志甚大，固不屑以善诗词名，诗词特其绪余耳。并闻女史尝对其女友云：'吾中国古亦多才女，而惟以吟风弄月、消耗其岁月者。盖上无提倡实学之举，故皆以有用之精神耗于无用之地。今国家

---

① 碧城女史：《感怀·调寄满江红》，《大公报》，1904 年 5 月 10 日，第 4 版。
② Grace Fong, "Alternative Modernities, or a Classical Woman of Modern China: The Challenging Trajectory of Lü Bicheng's (1883—1943) Life and Song Lyrics," *Nan Nü*, vol. 6, no. 1 (2004), p. 21.
③ 此语出自梁启超对"诗界革命"之设想，即"欲为诗界之哥伦布玛赛郎，不可不备三长。第一要新意境，第二要新语句，而又须以古人之风格入之，然后成其为诗。任公：《汗漫录》，见《清议报》第 35 册，1900 年，第 4 页。
④ 洁清女史：《跋吕碧城满江红感怀词》，《大公报》，1904 年 5 月 10 日，第 4 版。

如提倡女学,将来女界之人才当必可观。此所谓时势造英雄也。'"①

淑仲之跋文和这篇论说文,都在夯实吕碧城的趋新形象。吕碧城追随当时由梁启超等启蒙知识分子所倡议的对传统才女进行批判的时代话语,并在此基础上试图引入一种实学作为替代。② 这种实学显而易见是一种以西方为模板、以服务国家为取向的新学。由此,吕碧城表现出自己虽出身才女传统,却可自内对这一传统进行批判,由此实现自我革新之姿态。

在此后几个星期内,吕碧城又陆续发表了另外一些具有趋新倾向的诗词。其中,她对日俄战争多有指涉。如1904年5月14日她在"杂俎"栏发表的题为《题虚白女士看剑引杯图·调寄法曲献仙音》的词作。

绿蚁浮春,玉龙飞雪,谁识隐娘微旨?夜雨谈兵,春风说剑,梦绕专诸旧里。把无限忧时恨,都消酒樽里。

君认取,试披图、英姿凛凛,正铁花冷射脸霞新腻。漫把木兰花,错认作等闲红紫。辽海功名,恨不到青闺儿女。剩一腔豪兴,聊写丹青闲寄。③

和《感怀·调寄满江红》引用若安达克这一外国女性形象不同的是,吕碧城在这首词中提及的两个女性形象——聂隐娘和花木兰——都是中国传统的女性豪杰。时至近代,这两位女性都是颇有影响的、代表豪侠气质的女性典范。由此,吕碧城不仅展现了对这些女性形象的熟知,对女性豪侠气质的渴望,而且也表明身为女性对政治危机和当下时事的忧心。

吕碧城对时代话语的熟悉,对新词汇、新形象的操练以及对国家时事的了解,有可能源自其个人的旅行经历(如她在1904年5月11日《舟过渤海偶成》中同样表达了对日俄战争的关注),或者来自与友人的交流(如吕碧城舅父的下属方秘书及其夫人),或者仅仅是《大公报》这份刊行于天津的报纸在塘沽流通的结果。像吕碧城在《感怀·调寄满江红》中提到的"若安达克"这一法国英雌,其灵感极有可能来自于1903年在《大公报》上发表的《法兰西爱国女子若安传》这篇文章。④ 也就是说,当吕碧城在遇到英敛之以前,她已可能通过个人经历、日常交往、报刊阅读等途径,积累了足够的新形象、新词汇、新思想和对当下国家和社会的了解。就此而言,吕碧城是有准备地将自己作为一个自我革新的现代才女呈现在英敛之面前的。

---

① 《读碧城女史诗词有感》,《大公报》,1904年5月11日,第1—2版。
② Hu Ying, "Naming the First New Woman," *Nan Nü*, vol. 3, no. 2 (2001), pp. 199-205.
③ 碧城:《题虚白女士看剑引杯图·调寄法曲献仙音》,《大公报》,1904年5月14日,第5版。
④ 天纵子:《法兰西爱国女子若安传》,《大公报》,1903年3月25—26日,第2版。

吕碧城这样一位本无任何社会资源的年轻女性,仅占领了报纸上的些许空间,但却有力地向公众展示了自己能够驾驭现代、改造传统的能力。因此,包括罗刹庵主人、铁花馆主、寿椿庐主、沈祖宪、东吴姜庵词人在内的男性文人,纷纷发表诗词于"杂俎"栏目,与吕碧城相和往来,并异口同声地赞扬吕碧城的女权思想及对国难之关怀,甚至称其为"三千年彤史中无此英杰"。① 在此,我们有必要厘清这些男性士人的身份以及他们与吕碧城的交往,从而审视吕碧城如何从无到有地建立起自己在天津的社交网络以及这些社会资源在吕碧城成名过程中扮演了怎样的角色。

表1 与吕碧城在《大公报》上诗词往来的男性文人身份

作　者	初识英敛之时间	初识吕碧城时间	社会身份	在《大公报》上发表词作	备　注
罗刹庵主人	不详	不详	其有可能是黄璟(袁世凯幕僚)②或方药雨(《天津日日新闻》经理)	1904年5月11日,《读碧城女史词奉呈一律》	—
铁花馆主(傅增湘)	1904年4月11日	1904年5月16日	袁世凯幕僚,后受命掌天津各女学事宜	1904年5月18日,《昨承碧城女史见过谈次佩其才识明通志气英敏谨赋两律以志钦仰藉以赠行》	吕碧城于1904年5月25日回和《奉和铁花馆主见赠原韵即请教正》
寿椿庐主(杨毓辉)	1903年6月8日	不详	直隶洋务局官员	1904年5月18日,杂俎《读碧城女史诗词即和舟过渤海原韵》	吕碧城《舟过渤海偶成》发表于《大公报》1904年5月11日"杂俎"栏
沈祖宪③	不详	1904年5月23日,由傅增湘介绍给吕碧城	袁世凯文案、内史	1904年5月27日,《奉和吕碧城女史感怀原作即希指政调寄满江红》	此词作于1904年5月24日,由傅增湘送至英敛之处

---

① 东吴姜庵词人:《法曲献仙音》,《大公报》,1904年5月27日,第4版。
② 金竹山:《袁世凯和他的幕僚们》,北京:团结出版社,2013年,第19页。
③ 金竹山:《袁世凯和他的幕僚们》,北京:团结出版社,2013年,第17页。

续表

作　者	初识英敛之时间	初识吕碧城时间	社会身份	在《大公报》上发表词作	备　注
东吴姜庵词人（徐芷生）	不详	不详	直隶洋务局会办	1904年5月27日，《法曲献仙音》	此词作于1904年5月24日，由傅增湘送至英敛之之处
				1904年5月29日，《阅大公报获读碧城女史箸论即次铁华韵率拈二律以识敬服》	应似通过阅读吕碧城在《大公报》上发表词作然后直接和韵

* 本表主要依据《英敛之先生日记遗稿》及《大公报》等推算、制作而成

由表1可以看出，这些身份可以确认的男性文人，或多或少都与以袁世凯为中心的直隶政治格局有着密切联系，是袁世凯在天津推行新政的重要辅佐者。一方面，就大众媒体关系而言，这些男性有意识地操控自己在《大公报》中的形象。他们都只是在该报"杂俎"栏目中以诗词为载体赞誉吕碧城，但却很少撰写当时更具影响力的论说文或者白话文，好像在"杂俎"中的小作是他们在现实政治事业之外的一种文学闲暇。另一方面，这些中下层官员或幕僚在报纸之外，却是推动吕碧城女学事业的主要推手。吕碧城来天津，本为求学故，但是并未找到合适的学校，于是，英敛之、方药雨等人决定为吕碧城创办一所女学。① 当时，女学还未被清政府纳入官方教育体系，因此，获得地方政府的政策和资金支持变得尤为关键。而这些在"杂俎"栏中赞誉吕碧城的中下层官员和幕僚以间接的方式获取高层的支持，最高处甚至可直达直隶总督兼北洋大臣袁世凯。如英敛之将吕碧城介绍给傅增湘后，日后傅增湘便带吕碧城去拜访唐绍仪②，由此获得袁世凯批准的学校启动经费以及每月固定经费③。正是他们的推动，最终成就了天津女子公学这所北方第一所公立女学以及吕碧城作为女学教育者的声名。

---

① 如据英敛之日记记载，1904年四月初六日（5月20日），"方小洲来言，严朗轩已撤任记过，碧城非南归不可。是日早晚，各接碧城一函，晚函记代伊觅学堂，伊颇不欲回乡，寂寞黑暗世界也，情颇怅怏。"初七日（5月21日），"午后，偕内人同碧城车至傅润沅处，为碧城谋读书事。"初十日（5月24日），"晚，润沅来，送到沈昌生、徐芷生和碧城辞，沈辞极佳，并有周缉之、袁芸台等信件，皆为办女学堂事。而无人肯出首。予告以不必大小，但求先有萌芽已大佳，诸事从简，自易成耳。"方豪辑录：《英敛之先生日记遗稿》，台北：文海出版社，1974年，第826—829页。

② 英敛之日记记载，"一点，碧城去傅润沅处，借至海关道署，晤唐少川，商学堂事。"方豪辑录：《英敛之先生日记遗稿》，台北：文海出版社，1974年，第847页。

③ 英敛之日记记载，"晚间润沅来言，袁督允措款千元为学堂开办费，唐道允每月由筹款局提百金作经费。"方豪辑录：《英敛之先生日记遗稿》，台北：文海出版社，1974年，第856页。

三、擅新文体，具新思想

在杂俎诗词以外，另外一种塑造和宣扬吕碧城公共形象的重要方式便是她发表在《大公报》上的长篇论说。从1904年5月至6月间，吕碧城一共发表了四篇论说，涉及性别平等、女性教育与一般意义上的教育等议题。① 论说栏目向来是近代报刊的喉舌所在，最能体现一份报纸的宗旨和立场。对吕碧城而言，从杂俎到论说的转变，不仅是其声名提升的直接表现，而且从中也可见像吕碧城这样一位自我革新式的才女对报界惯例的介入以及对论说文写作传统的介入。

作为北方倡导启蒙思想的综合性报纸之一，《大公报》自刊行起，便对妇女议题颇为关注，基本上涵盖了当时流行的各种主题，如反缠足、兴女学、改良婚姻家庭等。但是，与那些专门的妇女类报刊形成鲜明对比的是，当这些议题在《大公报》论说栏中发表时，作者假想的读者群是一个没有性别指向的群体，甚或可以说，他们没有将女性视为潜在读者。事实上，这种"论说女性议题但并不预设女性为读者"的做法不独是《大公报》，更应该说是当时报界综合性报刊的一贯风格。② 在这样的报界惯例中，当吕碧城在《大公报》上发表数篇论说文时，她或许是第一位占据综合性报纸论说栏、直接面对妇女探讨妇女问题的女性。比如在1904年5月24日，吕碧城发表论说《敬告中国女同胞》。这篇文章从标题来看就直接点明了吕碧城的女权倡导者立场。在文中，作者也直言不讳地号召女同胞们要在"不克与男子平等且卑屈凌辱，置于人类之外"的黑暗时代中打破旧例和积习，以求自立。"此吾率土同胞所当打破迷团，力图自立，拔出黑暗而登于光明。上以雪既往众女子之奇冤，下以造未来众女子之幸福，使之男女平等无偏无颇。"③

论说文是一种按照相对固定的结构，罗列论据、次第展开作者观点的一种文体。它本是一种由男性文人垄断的文体，最有名的例子便是男性文人为参加科举考试而准备的八股文。可想而知，在这样的写作传统中，在19世纪末期以前，几乎没有女性撰写论说文。因此，吕碧城的论说文可以说代表了19世纪末、20世纪初女性文学的一个重要转向，即女性开始在大众媒体中介入论说文这种原本

---

① 碧城女史吕兰清稿：《论提倡女学之宗旨》，《大公报》，1904年5月20—21日，第1—2版；吕碧城：《敬告中国女同胞》，《大公报》，1904年5月24日，第2版；吕碧城：《兴女权贵有坚忍之志》，《大公报》，1904年6月13日，第1—2版；吕碧城：《教育为立国之本》，《大公报》，1904年6月18日，第1—2版。除此之外，还有一篇赋文，用作代论。吕碧城在文中推崇尚武精神，强调武力保国，指涉当时日俄战争。见吕碧城：《远征赋·有序》，《大公报》，1904年5月31日，第1—2版。

② Barbara Mittler, *A Newspaper for China? Power, Identity, and Change in Shanghai's News Media*, 1872—1912, Cambridge: Harvard University Asia Center, 2004, p. 284.

③ 吕碧城：《敬告中国女同胞》，《大公报》，1904年5月24日，第2版。

由男性文人垄断的文体。① 自然，女性操练论说文并不始于吕碧城。早在1898年，当薛绍徽等人创办《女学报》时，这群维新志士的妻女们便开始在该报上发表用文言文和白话文写成的论说。② 到了20世纪初期，随着越来越多的女性期刊和报纸出现，大部分主编——尤其是女性主编，都喜欢刊发号称是女性们自己撰写的论说文。但是，像吕碧城这样在综合性报纸上连续发表数篇长文论说还是少见。

如果仔细阅读吕碧城所撰写的论说文，我们会发现吕碧城在行文中，不管是论点的展开，还是论据的罗列，都相当成熟。比如说，在其到达天津仅半个月后，吕碧城便发表了第一篇论说文《论提倡女学之宗旨》。该文2500多字，于5月20日、21日连载刊出。在文中，吕碧城开门点题，先以排比句引出观点，再分别从国家之公益和个人之权利两个层次推进行文，最后结尾。不仅是结构，吕碧城在行文过程中还经常展现对时代话语和现代知识的熟知。如在5月20日发表的《论提倡女学之宗旨》部分，当吕碧城讨论开女智、兴女权之紧迫性时，她复制了当时最为流行的国民之母的话语来论证女子教育的意义。"盖欲强国者，必以教育人材为首务。岂知生材之权，实握乎女子之手乎？缘儿童教育之入手，必以母教为基。若女学不兴，虽通国遍立学堂，如无根之木，卒鲜实效。"③6月18日，吕碧城在发表《教育为立国之本》一文中，又提及"如培根、笛卡儿、孟德斯鸠、卢梭诸人皆握转移世界之大权，为十九世纪文明之原动力，其关系于世界岂浅鲜哉？"④可以说，吕碧城能够非常熟练地将这些时代话语和现代知识融合起来，然后完成一篇篇立论鲜明、逻辑清晰的论说文。

吕碧城身为《大公报》第一位针对女性读者、连续撰写女性议题的女性作者，熟练使用以前由男性文人所垄断的文体，并书写符合（或者说迎合）主流论述的论说文，在这样一个推崇女性典范的历史时刻，这无疑加快了其成名的节奏。就在吕碧城发表第一篇论说文后，《大公报》主笔刘孟扬⑤发表论说《碧城女史论提倡女学之宗旨书后》，先是感慨中国女权堕落、女学不兴，继而赞扬吕碧城之可贵。

---

① 郭延礼：《20世纪初女性政论作家群体的诞生》，《中国现代文学研究丛刊》，2009年第3期。
② 有关1898年《女学报》，参见 Nanxiu Qian, "The Mother Nü Xuebao versus the Daughter Nü Xuebao: Generational Differences between 1898 and 1902 Women Reformers," in Nanxiu Qian, Grace S. Fong, and Richard J. Smith, eds. *Different Worlds of Discourse: Transformations of Gender and Genre in Late Qing and Early Republican China*, Leiden; Boston: Brill, 2008, pp. 265-273.
③ 碧城女史吕兰清：《论提倡女学之宗旨》，《大公报》，1904年5月20日，第2版。
④ 碧城：《教育为立国之本》，《大公报》，1904年6月18日，第2版。
⑤ 当时大部分报纸论说文都是不署名的，因为一般都默认是报纸主笔所写。此处之所以推断这篇论说文是刘孟扬所作，是因为当这篇文章被收入《吕氏三姊妹集》（第四部分）中时，署名是"津门刘孟扬"。这也与刘孟扬此时正担任《大公报》主笔所吻合。

> 以女子论女学，故亲切有味，耐人深思，至理名言，非同肤泛。最可佩者，以二旬之弱女子，竟能言人之所不能言，发人之所不能发；其词旨之条达，文气之充畅，直如急湍猛浪之奔流；而且不假思索，振笔直书，水到渠成，不事雕琢。此固目所亲见，而绝非假讬（托）者。①

刘孟扬对吕碧城的赞誉虽多是溢美之词，但却有一个不容忽视的核心，即强调吕碧城作为一位女性作者的确真性：吕碧城作为论说文的真实作者，以及吕碧城以女性身份言说女性问题。这两层意涵均有所指。在中国女性文学史中，总是有人对女性作者的确真性有着挥之不去的疑虑：那些作品，究竟真是女性自己所作，还是男性文人假托女性之名所作？因此，当刘孟扬写下"此固目所亲见，而绝非假讬（托）者"，便是向读者保证吕碧城的真实书写能力和作者身份。考虑到吕碧城是在操练一种对女性而言基本是全新的文体，这种确真性对维系其声名可谓重要。同时，刘孟扬也在吕碧城的女性身份以及她因此关注女性教育问题之间建立合理联系。"以女子论女学，故亲切有味，耐人深思，至理名言，非同肤泛。"事实上，这种认为只有女性能够最有效言说女性问题的观念不独这位论说作者有，在整个晚清都颇为流行。《女界钟》作者金一就曾指出，"使百男子破嗓于万众之前，不如一女子呖音于社会之上，以是功效成而势力大也。"②这种"女性代言女性"的社会认知也使得我们理解为什么这些男性精英，不管是报界从业者、教育家还是官员或幕僚都如此热切地推崇吕碧城，毕竟，还有谁比一个有真实能力书写女性问题的女性更能为中国普遍意义上的广大女性代言呢？

其实，如果将吕碧城置于晚清的时代环境中，我们会发现，吕碧城不见得真是达到"言人之所不能言，发人之所不能发"的地步。不管是她的观点陈述、论据引用，还是写作风格、遣词造句，都与当时占据主流的启蒙思想有着高度的相似性。就此，吕碧城之重要性，并不在于很多学者对其冠以的"女权先锋者"或类似的名号，而在于她的写作和成名体现了主流意识形态如何具体而微地形塑个人经历、思想和形象：像吕碧城这样一个在一开始没有任何社会资源的普通闺秀，可以通过个人经历、社会交往、报纸阅读等途径，接收、消化、重复、改写社会主流思想，获取社会认可，不断积累作为个体的社会资源，最终跻身女性典范这一类别，并反过来借助大众媒体等途径，再次影响千千万万像她一样的普通女性，最终将主流思想传至尽可能广泛的社会网络中。也正因此，吕碧城的意义并不在于其特立独行，而恰恰是在她的可模仿性和可循环性。

---

① 《碧城女史论提倡女学之宗旨书后》，《大公报》，1904年5月22日，第2版。
② 金一编译：《自由血》，上海：镜今书局，1904年，第128页，转引自刘慧英：《20世纪初中国女权启蒙中的救国女子形象》，《中国现代文学研究丛刊》，2002年第2期，第157页。

四、擅旧文体，具旧思想

在吕碧城、英敛之和傅增湘等人的共同努力下，《大公报》中所呈现出来的"吕碧城"是一个出身才女传统，但却能改革甚至扬弃这一传统，宣扬现代民族和女权思想的女性。但是，我在本节将会展示，吕碧城这一形象是一种有意为之的结果。如果我们审视吕碧城在其他媒介中的作品，就会发现她不仅没有批评才女传统，反而自觉置身其中。在此，我将以英敛之于1905年编辑出版的《吕氏三姊妹集》为分析对象，审视男女两性精英在大众传媒之外的自我呈现，并展现他们对才女传统或者说更为普遍意义上的传统的暧昧和混杂态度。

在吕碧城到达天津的半年时间里，其长姊惠如、次姊美荪分别从塘沽、上海相继来到天津，并与碧城一起任教于天津女子公学。三姊妹齐聚天津，英敛之夫妇与三人往来频繁，或者听戏、游船、照相、散步，或者在大公报馆见面闲谈。1905年3月14日，英敛之在其日记中首次记录了有关刊行《吕氏三姊妹集》的事情。"两点后至官报局，将淑仲与惠如合照作铜板，以便印惠如梅生碧城三姊妹集稿。"①

在接下来的几个月中，英敛之在繁忙的报纸事务和社交生活之余，将《吕氏三姊妹集》在大公报馆刊行出版。该文集的主体内容自然是吕氏三姊妹的作品。英敛之按长幼之序排列，在每位姊妹作品开端之前置铜版照片一张（其中美荪是独照，惠如和碧城都是与淑仲的合照），并依次收录她们的诗、词和文——这或许是在暗示不同女性文体地位之高下。除了三姊妹自己的作品外，该文集前面还收录了英敛之的题辞、淑仲题辞（事实上是英敛之代作②）、原来发表在《大公报》上的沈祖宪、徐芷生与吕碧城唱和的词作，最后则以英敛之的跋文结束。刘孟扬赞誉吕碧城的那篇论说也被收入其中，置于吕碧城的文集部分结尾处。

在传统士人文化惯例中，由男性文人整理、编辑、出版几位才女的诗词作品虽非罕见，但如果编者与作者既无血缘关系又无婚姻联系，有时则会引发争议。因此，英敛之一直有意识地在尊礼与僭越之间维系平衡。他一方面强调自己和妻子淑仲与三姊妹的私交，试图建立起一种拟家庭关系。如他在序文中指出淑仲与吕惠如的结盟关系，"四月中，其长姊（姐）惠如复由塘沽任所来津，时相过从，与内子淑仲一见即针芥相投，苔岑契合，遂盟为姊（姐）妹，矢以永好。"③另一方面，英敛之则想要超越私谊，在民族危机日重的时代背景下定位《吕氏三姊妹

---

① 方豪辑录：《英敛之先生日记遗稿》，台北：文海出版社，1974年，第973—974页。
② 方豪辑录：《英敛之先生日记遗稿》，台北：文海出版社，1974年，第983—984页，"日前代内作题吕氏三姊妹集七律一章，录后。"
③ 英敛之：《序》，《吕氏三姊妹集》，天津：大公报馆，1905年，序文部分，第1页。

集》,他想要凸显的是忧心国事的男性士人对吕氏三姊妹所代表的那种原型意义上的新女性的推崇。如英敛之在其跋文中,首先老生常谈地论及中国正处在一个"世界大通,群雄角逐,优胜劣败,强存弱亡"的危亡时刻,继而赞誉吕氏三姊妹"承渊源家学,值过渡时代,擅旧词华,具新理想,为吾国女学之先导,树吾国女界之标的"①。

如果说这些非主体文本是为了强化吕氏三姊妹趋新的现代形象,那么吊诡的是,在该集的主体文本中,英敛之和这三位女性则转移了重心,试图保存在大众媒介中饱受诟病的传统才女文化。英敛之为这三位女性一共选择了54首诗、49首词和4篇文章(见表2)。如果我们仔细来看这三位女性的诗、词部分——最能体现传统才女之"才"的文体,我们会发现,在这103首诗词中,只有8首是蕴含新意、新词、新形象的作品,涉及国事危机或两性平权等现代性主题,其他95首均是相当传统的婉约风格的闺阁之作,如咏物、闲情、思亲、念友、观景等。这些作品恰恰是自19世纪末以来梁启超等人所极力批判的"批风抹月,拈花弄草,能为伤春惜别之语"的才女之作。②

表2 《吕氏三姊妹集》诗、词、文三部分数量统计

	诗作/新意诗作(是否发表在《大公报》上)	词作/新意词作(是否发表在《大公报》上)	文作/新意文作(是否发表在《大公报》上)
吕惠如	24/1(是)	26/1(是)	2/0
吕美荪	22/0	8/0	0/0
吕碧城	8/4(其中3首发表在《大公报》上)	15/2(是)	2/2(是)
总数	54/5	49/3	4/2

不仅是数量,就连诗、词部分的内部排列也很有意思。从表2中我们可以看到,8首新意诗、词出自惠如和碧城笔下,美荪一首也没有。英敛之在排惠如、碧城二人诗、词作品时,除了在惠如的诗作部分将一首(且唯一一首新意作品)谈及庚子事变的诗置于中间,在吕惠如的词作、吕碧城的诗作及词作这三部分,英敛之一般都是以新意诗词为每部分的开始和结束,而将传统闺阁作品置于中间,这种"三明治式"的排序方式似乎在暗示,这三位女性尽管外在趋新,但内心仍是传统的。

这种排列策略在吕碧城词选中最为明显。英敛之一共收录了吕碧城15首词

---

① 英敛之:《跋》,见《吕氏三姊妹集》,天津:大公报馆,跋文部分,第1页。
② 梁启超:《变法通议·论女学》,《时务报》,1897年第23期,第2页。

作，其中排列在第一首的是《感怀·调寄满江红》，最后一首是《题虚白女士看剑引杯图·调寄法曲献仙音》。这两首词作正是吕碧城最早发表在《大公报》上的作品，可谓其成名之作。除此之外，其余被置于中间的13首作品均是传统婉约闺秀词作。如下面这首《清平乐》。

> 晚烟新敛，红冷芙蓉院。银汉迢迢清更浅，风动云华微卷。水边处处珠帘，月明时按歌弦。不是一声孤雁，秋声那到人间。①

这首词和前文论及的《感怀·调寄满江红》或《题虚白女士看剑引杯图·调寄法曲献仙音》相比，表现出完全不同的主题和情绪。"红冷""芙蓉院""孤雁"等都是传统闺阁作品再熟悉不过的主题，表现女性之"哀"、之"怨"、之"困"。这些诗词或许反映了吕碧城寄居舅父家中的那种孤单、冷清的孤女心态，但亦可见吕氏与传统闺阁诗词写作一脉相承之紧密。更有意思的是，吕碧城这13首表现传统闺阁主题的诗词，从未在《大公报》上发表过，仿佛在大众媒体与私人文集中，游走着两个不同的碧城，一个是振臂高呼现代思想、摒弃才女传统的碧城，一个是哀怨地困于闺阁之中、以诗词接续才女传统的碧城。不仅碧城如此，惠如的闺阁主题诗词也从未在《大公报》上发表。因此，对比《大公报》与《吕氏三姊妹集》，恰可见作者和编者根据不同读者或不同媒介对文本进行选择的操练，最终便是成功地塑造出一种在传统和现代之间游刃有余的女性形象。

五、结语

本文通过对吕碧城公共形象制造的分析，试图揭示晚清男女两性在传统与现代之间的游走与徘徊。吕碧城之所以成名，主要是在公共媒体中强调自己虽然出身才女，但与才女传统相背离的立场，从而获取参与救亡图存、启蒙女性等现代话语的资格。这种舍弃传统、拥抱现代的自我革新态度，使吕碧城获得了同时代启蒙男性精英的支持。但是，这些男女两性精英不能、也不愿彻底远离传统，完全否定自我之过去。于是，在《吕氏三姊妹集》这样的文集中，他们又对传统有着相当的坚持，反而使得那些忧心国家、关怀女权的现代思想在这样一个小众传媒空间中显得格格不入、无所安置。

从一个更长的时段来看，当中国的现代化进程不断加速、愈加无情地碾杀传统时，很多原本站立在时代潮头的两性精英，反而呈现出一种回归传统的趋势。吕碧城在此又是一个典型的例证。1911年，吕碧城辞去天津女子公学校长职，

---

① 吕碧城：《清平乐》，见《吕氏三姊妹集》，天津：大公报馆，碧城辞稿部分，第2页。

担任袁世凯咨议，出入新华宫。后移居上海，过着奢华的生活。不久又游走欧美，投身佛经翻译和动物保护运动。这样的人生轨迹不可谓不现代、不新潮。但就在这样的人生轨迹中，吕碧城却一直坚持用文言文和传统诗词来描述她的现代经历，这使得她与同时期大部分受新文化运动影响的知识分子展现出截然不同的面貌。后者已然将文言文和传统诗词视为中国之糟粕，并很快以白话文和新诗取而代之。如果说1904年的吕碧城是以"引领"潮流来获取声名，那么后来她却固执地以传统文体来"拒绝屈从于时代的潮流和趋势"，以与时代潮流相逆的方式重塑了自己在公共空间中的形象和声名。[1] 于是，当她站在人生巅峰回望1904年的自己，那个热情赞颂女权、忧心国事的自己，她表现出怀疑甚至否定的态度。最直接的结果，便是那首1904年5月10日发表在《大公报》上的那首以"叩帝阍"的气魄高倡若安达克的词作、那首让自己一夜成名的词作《感怀·调寄满江红》，再也没有出现在吕碧城日后刊行的任何文集中。或许她后悔自己曾"听青闺挥涕发狂言"、选择成为趋新大潮中的一分子，或许她并不满意那首豪放风格之词作，而追求一种更符合女子本色之写作。[2] 但无论如何，吕碧城自己抹去了当年的成名之作，已然表现出一种无言却清晰的态度。

---

[1] Shengqing Wu, "'Old Learning' and the Refeminization of Modern Space in the Lyric Poetry of Lü Bicheng," *Modern Chinese Literature and Culture*, vol. 16, no. 2 (2004), p. 20.

[2] 吕碧城在1920年代时对女性诗词的婉约风格尤为推崇，认为这是女性真性情的自我表现。吕碧城：《女界近况杂谈》，见吕碧城：《吕碧城集》第5卷，上海：中华书局，1929年，第60页。

【婚姻卷】

참고문헌

在立法与现实之间：
新中国建立以来《婚姻法》的制定及其修改[①]

刘维芳[②]

家庭是社会的重要细胞，婚姻家庭关系是最基础、最普遍的社会关系。新中国成立后，婚姻立法的变化在一定程度上也是当代中国社会变迁的缩影。对婚姻法的研究，不仅有助于了解新中国成立后婚姻立法的历史轨迹，认识党和政府在婚姻方面的法律法规，而且有助于认识法制与普通百姓生活的互动关系。新中国成立以来，婚姻立法的内容较为丰富，既包括《中华人民共和国婚姻法》(以下简称《婚姻法》)的制定及历次修改，还包括各个时期围绕婚姻家庭问题出台的一系列法律法规和司法解释。而《婚姻法》的制定和修改则反映了新中国成立以来婚姻立法变化的主线。

目前学术界对《婚姻法》的制定、历次修改的背景及其主要内容研究较多[③]，而系统地对《婚姻法》制定和修改过程中一些规律性和本质性的问题的讨论，并由此去透视新中国成立 60 多年来社会变迁的研究还不多见。为此，笔者在参考前人研究基础上，通过研究《婚姻法》的立法变化，分析法律变迁背后的历史动因，以期对此方面的研究有所裨益。

一

新中国的婚姻立法是在对旧中国婚姻立法，尤其是对革命根据地婚姻立法继承和发展的基础上形成的。中国共产党自建立起，就开始关注妇女的婚姻家庭问

[①] 本文经修改，以《试论〈中华人民共和国婚姻法〉的历史演进》为题发表在《当代中国史研究》2014 年第 1 期上。

[②] 刘维芳，当代中国研究所研究员。

[③] 代表性的有：马忆南：《中国婚姻家庭法的传统与现代化——写在婚姻法修改之际》，《北京大学学报》(哲学社会科学版)，2001 年第 1 期；信春鹰：《〈婚姻法〉修改：情感冲突与理性选择》，《读书》，2001 年第 6 期；巫昌祯主编：《中国婚姻法》，北京：中国政法大学出版社，2001 年；杨大文等：《完善社会主义初级阶段的婚姻家庭制度》，《中国法学》，1989 年第 2 期；张希坡：《中国婚姻立法史》，北京：人民出版社，2004 年；秦燕、李亚娟：《20 世纪 80 年代的婚姻法律与婚姻家庭变迁》，《当代中国史研究》，2003 年第 5 期；萧扬：《婚姻法与婚姻家庭 50 年》，《中国妇运》，2000 年第 5 期；周由强：《当代中国婚姻法治的变迁(1949—2003)》，中共中央党校博士论文，2004 年；李亚娟：《建国以来的婚姻法律与婚姻家庭变迁——从 1950 年婚姻法到 2001 年婚姻法修正案》，西北工业大学硕士学位论文，2003 年，等。

题,并在革命发展的不同历史时期,提出了反对封建买卖包办婚姻、倡导婚姻自由、实行男女平等和一夫一妻制、保护妇女和子女利益等主张。①《中国人民政治协商会议共同纲领》第六条明确规定:"中华人民共和国废除束缚妇女的封建制度。妇女在政治的、经济的、文化教育的、社会的生活各方面,均有与男子平等的权利。实行男女婚姻自由。"②这为1950年《婚姻法》的制定确立了基本原则。

新中国成立以来,《婚姻法》共有过三次比较大的立法变化,分别是1950年《婚姻法》,1980年对1950年《婚姻法》的修改,2001年对1980年《婚姻法》的修正。

1950年《婚姻法》是新中国成立后颁布的第一部重要法律,共分为8章27条。该法在借鉴苏联、朝鲜、民主德国等国婚姻制度,批判地吸收国民政府颁布的"民法亲属编""继承编"等相关内容,总结解放区及根据地改革婚姻家庭经验的基础上,明确规定:废除包办强迫、男尊女卑、漠视子女利益的封建婚姻制度;实行男女婚姻自由、一夫一妻、男女权利平等、保护妇女和子女合法利益的新民主主义婚姻制度;禁止重婚、纳妾;禁止童养媳;禁止干涉寡妇婚姻自由;禁止任何人借婚姻关系问题索取财物。③该法废除了中国延续几千年的包办强迫的封建婚姻制度和男尊女卑的封建伦理秩序,使妇女获得与男子平等的家庭和社会地位,为新中国公民建立新型婚姻关系确立了法律规范。该法也将"五四"以来男女平等、婚姻自由等现代观念以立法形式确定下来,确立了新中国婚姻法的一些基本原则,如:男女平等、婚姻自由的原则,维护子女利益的原则,保护妇女儿童合法权益等。上述原则在以后的历次修改中也都被保留下来。

1980年《婚姻法》是改革开放初期对1950年《婚姻法》的一次修订,该法共计5章37条④。与1950年《婚姻法》相比,该法作了下列修改和补充:一是总则中增加了"保护老人的合法权益""实行计划生育""禁止家庭成员间的虐待和遗弃"等条款。二是对婚姻成立要件的修改,包括法定婚龄和禁止近亲结婚等。三是扩大

---

① 代表性的有:1929年7月闽西革命根据地的《婚姻法》、1931年7月鄂豫皖革命根据地的《婚姻问题决议案》、1931年10月湘赣革命根据地的《婚姻条例》、1931年12月中华苏维埃共和国制定的《中华苏维埃共和国婚姻条例》、1934年4月《中华人民苏维埃共和国婚姻法》、1939年4月《陕甘宁边区婚姻条例》、1946年《陕甘宁边区婚姻条例》等。
② 《中国人民政治协商会议共同纲领》(1949年9月29日中国人民政治协商会议第一届全体会议通过),见中共中央文献研究室编:《建国以来重要文献选编》第1册,北京:中央文献出版社,2011年,第2页。
③ 《中华人民共和国婚姻法》(1950年4月13日中央人民政府委员会第七次会议通过,1950年4月30日中央人民政府主席毛泽东发布命令,自1950年5月1日起公布施行),见中共中央文献研究室编:《建国以来重要文献选编》第1册,北京:中央文献出版社,2011年,第148页。
④ 《中华人民共和国婚姻法》(1980年9月10日第五届全国人民代表大会第三次会议通过),《人民日报》,1980年9月16日。

了对家庭关系的法律调整,将祖孙、兄弟姐妹关系纳入了调整范围。在夫妻财产制上,该法也比 1950 年《婚姻法》更为具体。四是增设了关于离婚法定理由的实体性规定,以夫妻感情确已破裂、调解无效作为判决离婚的法定条件,在离婚的程序,离婚后的子女、财产、生活等问题上,也作了有针对性的修改,一定程度上丰富和发展了我国的婚姻立法。[①] 该法重申了男女平等和婚姻自由的原则,实现了婚姻家庭问题上的"拨乱反正",成为改革开放新时期中国人民婚姻家庭的基本准则。该法既是对 1950 年《婚姻法》的继承与发展,又通过 20 年的立法和司法实践,为 2001 年《婚姻法》修改作了法律上的铺垫。

进入 21 世纪,随着中国经济转型及与世界交往的日益密切,婚姻家庭关系中出现的一系列新情况、新问题急需新的法律规范予以规范和调整。"2001 年修正《婚姻法》"在结构上和条文上对 1980 年《婚姻法》做了 33 项修改。修正后的《婚姻法》共计 6 章 51 条。[②] 该法在重申一些基本原则基础上,增设了夫妻应当互相忠实、互相尊重以及应当维护平等、和睦、文明的婚姻家庭关系等体现立法宗旨的规定,增加了禁止有配偶者与他人同居、禁止家庭暴力等规定,从立法上增强了维护一夫一妻制,保护家庭成员人身权利的力度,同时也为通过其他法律措施防治此类违法行为提供了基本法上的依据。在分则中增设了若干具体制度和具体规定,都在一定程度上填补了过去的立法空白,丰富了婚姻立法的内容,使中国的结婚制度、家庭制度和离婚制度较前更为完善。[③] 新中国《婚姻法》制定和修改的历史进程,体现了一个从塑造民众家庭生活到切实体现婚姻法立法宗旨的质的飞跃。

从 1950 年《婚姻法》的制定,先后历经 1980 年、2001 年两次重要修改和补充,我们可以从中发现,新中国成立以来,在婚姻立法上已经有质的飞跃。新中国成立初期,一切都处于恢复和重建过程中,为了塑造民众对国家政权的认同感和向心力,1950 年《婚姻法》凸显了"强国家、弱社会"的立法特点,[④] 这也是新中国前三十年社会运作体制的内在逻辑。20 世纪 80 年代初,对 1950 年《婚姻法》的修改则是步入改革开放时代的必然结果。改革开放后,中国社会开始由原来的计划经济时代转向市场经济时代,这一宏观体制的变革,要求对于曾经依附于国家的社会个体给予充分的自由生活空间,公民个体需要更加完备的法律来确保自身婚姻家庭生活。而且,随着社会主义市场经济体制步伐的日益加快,人们生活方

---

① 杨大文:《完善婚姻家庭法制的重要步骤——纪念〈婚姻法〉修正五周年》,《金陵法律评论》,2006 年春季卷。
② 《中华人民共和国婚姻法》,《人民日报》,2001 年 5 月 1 日。
③ 本报评论员:《完善婚姻家庭法制 促进社会文明进步》,《人民日报》,2001 年 5 月 1 日。
④ 常利兵:《塑造婚姻与农民国家观念的形成——以贯彻 1950 年〈婚姻法〉为考察对象》,《晋阳学刊》,2013 年第 3 期。

式和观念心态的多样化、复杂化,又从现实的层面要求婚姻立法更加完善,以确保个体生活的秩序化与正常化,2001年再次对《婚姻法》进行修改正是这一社会需求的反映。

二

法律的基本职能是确立和维护社会生活的有序化,塑造理想的社会关系。《婚姻法》的制定和修改,不仅表现为法律文本的发展变化,更深层次反映的是国家在不同历史时期运用法律手段对婚姻家庭关系进行整合规范,塑造有利于社会主义婚姻家庭关系的制度安排。

(一)1950年《婚姻法》体现的是新中国成立初期新生的人民政权运用法律手段对婚姻家庭关系进行整合,破除旧式婚姻制度、建立和推行新型婚姻家庭关系的制度安排

1950年《婚姻法》同土地改革一样,是新政权对社会全面改造的一部分,是新政权力图通过改造传统的婚姻家庭制度及其观念,将占人口半数以上的妇女从家庭和社会的双重压迫中解放出来,彻底铲除传统社会统治力量根基,进一步扩大执政群众基础的需要。1950年,虽然国家已经采取了一系列改造旧社会的措施,但是"我国是拖着长长的封建主义的脐带,跨越资本主义径直进入社会主义的"[1]。新社会脱胎于旧社会,自然带着浓厚的旧中国的痕迹和烙印,要建立社会主义制度,就要确立社会主义的新道德、新风尚,塑造婚姻自由、和睦生产的新家庭,以增强国家经济建设与文化建设的力量,并展示新的社会形象。婚姻家庭关系是基本的社会关系,自然成为普及和树立新道德、新风尚的一个重要的方面,成为新政权规范整合社会风尚的重要步骤。作为半封建、半殖民地的旧中国社会组成部分的旧婚姻制度,不但成了家庭痛苦的一种根源,而且成了社会生活的一条锁链,成了"新生的社会肌体上已经衰败的细胞",阻碍着新社会的发展。为了新社会在政治上、经济上和文化上建设力量的增长,特别是为了解开一切束缚生产力发展的枷锁,随着全部社会制度的根本改革,必须把男男女女,尤其是妇女从旧婚姻制度这条锁链下也解放出来,并建立一个崭新的合乎新社会发展的婚姻制度。[2] 为此,1950年《婚姻法》条文开宗明义直指封建婚姻制度,法律的两条基本原则中,第一条的"一破一立"[3]和第二条中的三个"禁止"[4],都表明了废

---

[1] 田居俭:《要深入剖析封建主义残余》,《人民日报》,1986年9月12日。
[2] 陈绍禹:《关于中华人民共和国婚姻法起草经过和起草理由的报告》,见中国人民大学法律系民法教研室编:《中华人民共和国婚姻法资料选编(一)》,第21—22页。
[3] 即废除包办强迫、男尊女卑、漠视子女利益的封建主义婚姻制度;实行男女婚姻自由、一夫一妻、男女权利平等、保护妇女和子女合法权益的新民主主义婚姻制度。
[4] 即禁止重婚、纳妾;禁止童养媳;禁止干涉寡妇婚姻自由;禁止任何人藉婚姻关系问题索取财物。

除旧式封建婚姻制度的严正立场和坚定态度；在宣布废除旧式婚姻制度的同时，该法还制定了一系列适合新社会的婚姻家庭规范，体现了新制度下党和政府倡导的婚姻家庭观念。

《婚姻法》颁布后，党和政府开展了一系列大张旗鼓的宣传和贯彻运动。从1950年4月16日《人民日报》第一版全文发布《中华人民共和国婚姻法》起，到7月份，该报刊载了大量的关于《婚姻法》的文章，其主旨多是历数旧式婚姻的不合理性和种种弊端，宣传《婚姻法》的诸多好处，强调男女平等与对妇女的保护，鼓励人们解除"封建主义"婚姻关系，建立新式婚姻家庭关系等，① 体现了新生人民政权通过法律手段破除旧式婚姻制度、确立符合社会主义道德准则的新型婚姻家庭关系的制度安排。

（二）1980年《婚姻法》是改革开放初期，国家通过法律手段对婚姻家庭关系进行的新的整合和规范。分析和解读1980年《婚姻法》，首先不能离开改革开放之初中国社会的大环境

这一年，处在两个较为重要的历史节点："文革"结束后的第四年，十一届三中全会召开后的第三年。这两个历史节点赋予了1980年《婚姻法》一个大的历史背景和更加丰富的内容，也赋予了这部《婚姻法》更为明确的历史任务：对"文革"时期遗留婚姻问题的解决和对改革开放初期婚姻家庭新问题的回应。1980年《婚姻法》中的两项主要内容：将"夫妻感情确已破裂、调解无效"作为判决离婚的法定条件、"计划生育"基本原则的确定，很大程度上是对上述问题的回应或解决。

以"感情破裂"作为离婚法定理由与"文革"那个特殊时期对婚姻的影响不无关系。"文革"期间，本身属于私人生活的结婚、离婚等行为在一定程度上也蒙上了政治色彩。政治面貌和家庭出身成为男女择偶的关注点，婚姻中的感情成分被政治斗争所淹没。离婚本是解决夫妻双方感情破裂的一种方式，但也被涂上一层政治、道德色彩，有些受到鼓励，有些又面临障碍。离婚纠纷的增加被看作是阶级斗争的新动向。离婚难使许多感情破裂的夫妻长期处于极度痛苦之中，甚至发生自杀、凶杀等惨案。上述情况使许多家庭在痛苦中挣扎。改革开放后，随着国家政治经济生活走上正轨，人们对婚姻家庭质量的要求也随之提高，对感情的追求成为人们建立婚姻的目标。1980年《婚姻法》以"感情是否破裂"作为判定离婚的法定理由，从法律层面反映出社会对婚姻本质的反思，与"文化大革命"时期政治化的婚姻形成了巨大反差，体现了对"文革"那个特殊时期遗留下来的婚姻家庭关系的重新调整和新的规范。

"计划生育"原则被写入《婚姻法》与改革开放后巨大的人口压力密不可分。新

---

① 就内容而言，主要是中共中央和人民团体的通知、领导发表的谈话和报告、各地各单位学习贯彻情况的报道、读者来信、社论和问题解答等。详见《人民日报》，1950年4—7月。

中国成立以来，我国经济发展、人民生活水平提高的同时，人口增加也很快。据20世纪80年代初的统计，我国人口每年净增1100多万，每年必须增产几十亿斤粮食，才能保证新增人口的口粮需要。① 与此同时，我国近十亿人口中，新中国成立后出生的青少年和儿童占了65%。1954年到1960年的7年中，出生的人口有1.3亿。他们之中有的已经结婚，有的按照《婚姻法》规定的结婚年龄，也将在几年内进入结婚生育期。② 继之而来的人口出生高潮将带来一系列的社会问题：粮食短缺、教育医疗卫生资源不足、住房条件受限、自然资源枯竭等，经济发展的步伐也将受到影响。面对上述形势，如果不采取必要的节育措施，人口膨胀将带来一系列的后果，采取严格的"计划生育"显得极为迫切。为此，政府在此方面加强了控制并体现在新修订的《婚姻法》条文中，1980年《婚姻法》将夫妻双方计划生育的义务明确写入法律，成为规范中国每一位家庭的生育准则。

(三)"2001年修正《婚姻法》"是针对我国经济转型时期，婚姻家庭出现一系列新问题的回应，也是21世纪之初国家通过法律手段对婚姻家庭关系进行的又一次规范和制度安排

"2001年修正《婚姻法》"与社会主义市场经济体制逐渐深入发展的趋势密不可分。1992年召开的中共十四大上，明确提出"建立社会主义市场经济体制"③。1997年中共十五大提出了依法治国、建立社会主义法治国家的重要目标。④ 随着改革开放的深入和市场经济的发展，中国的经济结构、婚姻家庭观念、法治观念等都发生了极大的变化，这些变化直接在婚姻家庭关系上有所反映。

这样的历史背景与新中国建立之初已经发生巨大变化，与改革开放初期也有很大的不同，国家实力不断增强、百姓生活水平不断提高、法制化进程日益加快已成为不争的事实。社会主义市场经济体制的确立及中国与世界的交往日益密切，带来经济的多元化和观念的多元化；在多元价值观念下，人们在婚姻家庭中的行为也出现了多元性，一些市场经济的运行法则在婚姻家庭领域中发生作用，一些传统的婚姻家庭价值观念受到严重的挑战；一些人在婚恋问题上有放任、轻率的倾向，离婚率逐年上升；婚外恋（"包二奶""第三者"插足等现象）在一些地方表现的比较严重；"家庭暴力"问题日渐凸显。据统计，1990年我国有34万对夫

---

① 《在本世纪末把人口控制在十二亿以内 陈慕华发表广播讲话强调做好计划生育工作》，《人民日报》，1981年1月31日。
② 本报记者：《认真研究计划生育的新形势》，《人民日报》，1981年8月18日。
③ 江泽民：《加快改革开放和现代化建设步伐 夺取有中国特色社会主义事业的更大胜利——在中国共产党第十四次全国代表大会上的报告》(1992年10月12日)，《人民日报》，1992年10月21日。
④ 江泽民：《高举邓小平理论伟大旗帜 把建设有中国特色社会主义事业全面推向21世纪——在中国共产党第十五次全国代表大会上的报告》(1997年9月12日)，《人民日报》，1997年9月22日。

妻离婚，而1997年则达到119万对。① 人民法院审理的离婚案件数量也成倍增长，1999年审理119.9万件，比1980年的27.2万件翻了两番多，平均每年增长8.1%。② 一些地区的家庭暴力等情况有所增加。2000年全国妇联系统的来信来访中，婚姻家庭类投诉和咨询约占总数的50.3%，其中反映家庭暴力的案件就占到该类投诉总数的15.5%。③ 同年，据全国妇联的调查，我国30%的家庭存在家庭暴力，绝大部分是丈夫对妻子施暴。而且，家庭暴力的手段也越来越残忍，烟头烫、柴油烧、泼硫酸……由此引发的情杀、重伤害等恶性案件逐渐增多。④ "婚外恋"也成为干扰婚姻家庭生活较为严重的问题，在当时经济发展较快的广东、上海等沿海城市较为严重，仅广东省妇联1996年至1998年接受这些方面的投诉分别为219件、235件和348件，1997年比1996年增长了7.3%，1998年比1997年增长了48%。⑤ 面对上述情况，国家必须通过法律手段，实现对婚姻家庭关系的新的整合和规范。为此，2001年修改《婚姻法》时增加了"禁止有配偶者与他人同居；禁止家庭暴力""夫妻应当互相忠实，互相尊重；家庭成员间应当敬老爱幼，互相帮助，维护平等、和睦、文明的婚姻家庭关系。"⑥

"2001年修正《婚姻法》"中的另一较大修改是在离婚时的财产分割、离婚后子女的抚养和教育，以及违反《婚姻法》的法律责任等问题上给予了更加明确和具体的规定，这也是国家针对婚姻家庭中的新情况运用法律手段进行的新的整合。改革开放后的20年间，伴随社会经济结构的巨大变革，婚姻家庭领域中的财产状况也发生了不小的变化。全国城乡居民储蓄存款年底余额从1993年的15203.5亿元增加到2000年的64332.4亿元；农村居民家庭人均纯收入从1993年的921.6元上升到2000年的2253.4元；城市居民家庭人均可支配收入从1993年的2577.4元上升到2000年的6280元。⑦ 在财产构成方面，除了住房、汽车、高档家具、家用电器等实物财产外，还有了股票、债券、彩票、外币、邮品、著作权和知识产权等财产形式，个体工商户、承包经营户、私营企业的老板还拥有相当数量的生产资料和债权、资本收入等，其价值往往远远高于通常概念的夫妻财产。夫妻财产关系中财产数额的大宗性、关系的复杂性及来源的隐蔽性等特点，导致了1980年《婚姻法》在界定共同财产、个人财产和约定财产上不明晰，由此

---

① 徐运平、胡健：《沉重的话题——关于婚姻法修改系列述评之三》，《人民日报》，2000年12月20日。
② 李平：《二十年全国离婚案简析》，《人民日报》，2000年12月20日。
③ 潘跃：《妇联："反家庭暴力"任重道远》，《人民日报》，2002年1月29日。
④ 武侠、毛磊：《道德与法律——关于婚姻法修改系列述评之二》，《人民日报》，2000年12月20日。
⑤ 胡康生：《我国的婚姻家庭法律制度》，载全国人大常委会办公厅研究室编：《全国人大常委会法制讲座汇编 第三辑》，北京：中国民主法制出版社，2001年，第81页。
⑥ 《中华人民共和国婚姻法》，《人民日报》，2001年5月1日。
⑦ 《中国统计年鉴2001》，北京：中国统计出版社，2001年，第304页。

在离婚案件中经常出现一方隐藏、转移、变卖及毁损夫妻共同财产，或伪造债务，企图侵占另一方财产等新情况。离婚还带来了离异后子女的抚养、财产继承等一系列的新问题，为此，"2001年修正《婚姻法》"增加了对夫妻双方财产更为明确的界定和更细致的规定，对离异后子女权益做出了更加明确的保护条款等内容。

可见，新中国成立以来《婚姻法》的三次大的立法变化，一定程度上都体现了国家在不同历史时期运用法律手段对婚姻家庭关系进行整合、规范的制度安排：1950年《婚姻法》是民主革命时期婚姻家庭反封建斗争在法律上的总结，又是适应新中国成立后调整婚姻家庭关系实际需要而制定的。它完成了婚姻家庭领域中反封建斗争的任务，并确立了新中国公民需要建立的新型婚姻关系的法律规范。1980年《婚姻法》在"拨乱反正"的政治环境中重整了因"文革"等特殊历史时期被扭曲的婚姻家庭关系，引导了文明、现代的婚姻观念；丰富和发展了婚姻家庭立法，健全了社会主义法制，巩固了社会主义的婚姻家庭关系。"2001年修正《婚姻法》"诞生于新世纪之初的社会转型时期，是国家通过法律手段对婚姻家庭关系进行的再次规范和制度安排，它填补了一些原来存在的立法空白，使公民的婚姻家庭权益得到了更加有效的法律保障。总之，在不同的历史时期，国家根据生产方式的发展状况与社会改造的需要，因势利导，制定合理的政策，引领全社会树立良好的社会风尚，在改造社会的同时，既巩固了中国共产党的政权建设，又促进了各个时期政治、经济和社会生活等方面的建设。

三

新中国成立以来，婚姻立法几经变化的脉络，还折射出当代中国社会变迁的不同面相。《婚姻法》日益脱离政治、回归本位、走向民间，具有了"弱国家、强社会"的新特征，更多的从法律自身出发来规范婚姻行为，更多关注婚姻家庭发展中自身问题的解决。

（一）从制定和贯彻的路径来看，《婚姻法》走向民间的趋势越来越明显

1950年《婚姻法》遵照的是典型的国家先制定，再进行大力宣传贯彻的路径。1948年秋冬，刘少奇在河北平山县西柏坡代表中共中央向妇女委员会布置了起草《婚姻法》的工作。《婚姻法》在广泛征求各民主党派、各人民团体、各司法机关及其他有关方面意见，又经过中国人民政治协商会议全国委员会常委、中央人民政府委员、政务委员三方面的两次联席座谈会做了最后的修改，于1950年4月13日提交中央人民政府委员会第七次会议通过，自1950年5月1日起施行。[①]

[①] 罗琼：《砸碎封建婚姻枷锁的重要法律——忆第一部婚姻法诞生前后》，《人民日报》，1990年5月3日。

为保障《婚姻法》的顺利实施，中共中央于 1950 年 4 月 30 日下发《关于保证执行婚姻法给全党的通知》，对基层组织和党员提出严格要求：要求各级党委和全体党员"把保证婚姻法正确执行的宣传工作和组织工作，当作目前的和经常的重要工作任务之一"。① 同日，全国总工会、团中央、全国青联、全国学联、全国民主妇联②五大群众团体也联合发布了《关于拥护中华人民共和国婚姻法给各地人民团体的联合通知》，积极配合《婚姻法》在全国的推行工作。③ 各大行政区、各省、市领导机关也先后发出了贯彻《婚姻法》的指示，要求各地干部群众认真学习和贯彻《婚姻法》，并利用报刊、广播、壁报、冬学、民校和文艺活动等方式在群众中进行广泛的宣传。1951 年 9 月 26 日，政务院又下达周恩来总理签署的《中央人民政府关于检查婚姻法执行情况的指示》，要求各地政府有领导、有重点地组织一次关于《婚姻法》执行情况的检查。④ 针对《婚姻法》实施两年多出现的新问题，1952 年 7 月 25 日，中央人民政府内务部、司法部又发出《关于"继续贯彻婚姻法"的指示》，要求各级人民代表会议及其协商委员会或常务委员会在开会时，必须在会上报告和讨论《婚姻法》的贯彻与执行情况，并将讨论结果逐级上报。⑤ 1952 年 11 月 26 日和 1953 年 2 月 1 日，中共中央和中央人民政府政务院又分别发出《关于贯彻婚姻法的指示》，决定在全国（少数民族地区和尚未完成土改的地区除外）开展贯彻婚姻法的群众运动⑥，旨在运用国家行政力量和广泛的社会动员，批判婚姻家庭问题上的旧思想、旧风俗和旧习惯，在全社会倡导新思想、新风尚。可见，1950 年《婚姻法》的贯彻过程可谓中央高度重视、地方密切配合、极力推进，而且力图在较短的时间内达到"破旧立新"的目的。

1980 年《婚姻法》修订的经过同 1950 年《婚姻法》比较相似，也是国家上层先提出修改动议，通过广泛征求意见完成修订，最后在全国进行宣传贯彻。1978 年 10 月，中央政法小组召开的座谈会上，在准备制定刑法、民法的同时，也提

---

① 《中共中央关于保证执行婚姻法给全党的通知》，《新中国妇女》，1950 年第 11 期。
② 1957 年 9 月召开的中国妇女第三次全国代表大会上，"中华全国民主妇女联合会"（简称"全国民主妇联"）更名为"中华人民共和国妇女联合会"（简称"全国妇联"）。
③ 《关于拥护中华人民共和国婚姻法给各地人民团体的联合通知》，中华全国妇女联合会编：《中国妇女运动重要文献》，北京：人民出版社，1979 年，第 206—208 页。
④ 《中央人民政府关于检查婚姻法执行情况的指示》，中华全国妇女联合会编：《中国妇女运动重要文献》，北京：人民出版社，1979 年，第 211 页。
⑤ 中国人民大学民法教研室编：《中华人民共和国民法资料汇编》第 2 册，北京：中国人民大学出版社，1954 年，第 309 页。
⑥ 详见《中央关于贯彻婚姻法的指示》(1952 年 11 月 26 日)，中共中央宣传部办公厅、中央档案馆编研部编：《中国共产党宣传工作文献选编：1949～1956》，北京：学习出版社，1996 年，第 461—466 页；《中央人民政府政务院关于贯彻婚姻法的指示》(1953 年 2 月 1 日)，载中国妇女管理干部学院编：《中国妇女运动文献资料汇编 第 2 册 1949—1983》，北京：中国妇女出版社，1988 年，第 153—155 页。

出要着手修订婚姻法。根据这一计划,从1978年开始全国妇联就根据我国30年来婚姻法贯彻实施的情况和当时存在的问题,向中央提出修改婚姻法的必要性,经党中央批准成立了婚姻法修改小组。在1950年《婚姻法》的基础上,根据30年的实践经验和新情况、新问题,进行了具体的修订工作。修订过程做了广泛的调查研究,先后三次在全国范围内征求意见。但是,与1950年《婚姻法》相比,1980年《婚姻法》仅进行了一年多的集中宣传,贯彻的声势也明显变弱,集中宣传的时间也较短。

"2001年修正《婚姻法》"的动议则与前两次不同,这次的动议首先来自民间,再获得国家认可后,正式启动修改程序。从提出修改动议到最后公布,历时近10年。1990年,为了纪念1950年《婚姻法》颁布40周年、1980年《婚姻法》颁布10周年,中国法学会婚姻法学研究会编的《当代中国婚姻家庭问题》一书中,首次提出要完善婚姻家庭法制的立法建议。从2001年1月11日修正案草案向社会公布到2001年2月28日,全国人大常委会法制工作委员会共收到对婚姻法修改意见的来信、来函、来电等3829件。① 由于该法在修改过程广泛征求了社会各界的意见建议,被誉为"是近几年来广大人民群众参与国家立法人数最多、提出意见最广泛的一次"②,是"迄今我国共有12部法律草案向全民征求意见的法律之一"。③ "2001年修正《婚姻法》"公布前后已经成为百姓关注的热点,所以公布后,没有进行太多的普及和宣传行动,而是主要集中在个别法律条文的解释方面。

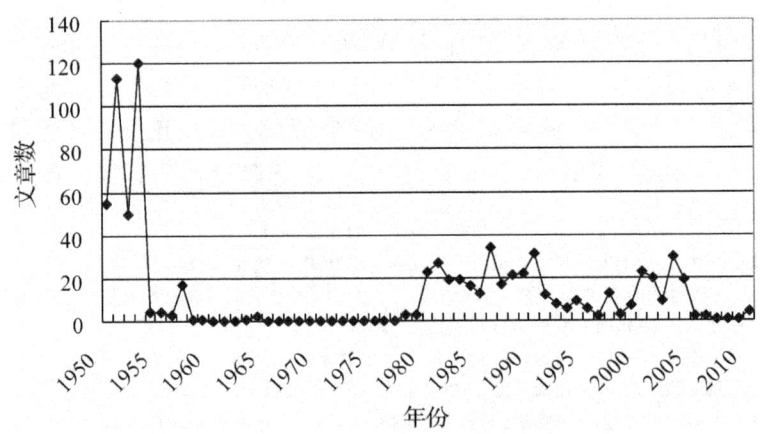

图1　1950—2010年《人民日报》宣传《婚姻法》情况变化④

---

① 王力:《2001年1月11日修改婚姻法:全民参与》,《人民日报》,2003年2月26日。
② 王力:《2001年1月11日修改婚姻法:全民参与》,《人民日报》,2003年2月26日。
③ 《迄今我国共有12部法律草案向全民征求意见》,《人民日报》,2005年7月11日。
④ 根据《人民日报》1950年至2010年与《婚姻法》相关的报道逐条整理。

作为主流媒体《人民日报》有关《婚姻法》的报道，一定程度上可以反映出《婚姻法》在各个阶段的宣传情况。从图1可见，《人民日报》对1950年《婚姻法》集中宣传了三年，且在1953年达到了高潮，此后一直到1980年新的《婚姻法》颁布，基本再没有大的宣传；1980年《婚姻法》的宣传较之上一部《婚姻法》的宣传声势大大减弱，而且整体比较平缓，没有出现很大的起落或短时间集中宣传的趋势。此后，对《婚姻法》问题的宣传已经比较常态化，成为日常生活的一部分，直至2001年修正《婚姻法》颁布，也没有表现出集中宣传的迹象。

可见，从立法动议从国家到民间的转变，到宣传贯彻规模从"大张旗鼓"到趋于常态化的趋势，都表明了《婚姻法》脱离政治、回归百姓生活的趋势日益明显。

（二）从民众对《婚姻法》的接受程度来看，《婚姻法》贴近百姓生活、更关注婚姻家庭自身问题的解决，更易于让广大百姓接受的趋势也日益明显

由于1950年《婚姻法》是一部"破旧立新"的法律，要破除现实生活中已经延续多年，甚至是几千年的习俗，树立一种全新的婚姻家庭观念和规范，现实中遇到的阻力可想而知，推行过程中遇到的困难也显而易见。中国传统社会是一个性别严重分割的社会，也是一个有严格家长制的宗法社会，男女授受不亲、孝悌为先，是其鲜明的特征。具体到婚姻观念上，就是父母之命、媒妁之言，娶妻嫁汉、穿衣吃饭。作为女人，无论待字闺中还是嫁为人妇，都有三从四德的礼教规制约束着。中华人民共和国成立后，虽然进行了婚姻制度弃旧立新的改革，但在全国的绝大多数乡村，传统婚姻观念、习俗依然主导着人们的行为。加之以妇女解放为己任，以男女平等、婚姻自由、一夫一妻制为原则的《婚姻法》与传统婚姻观念、婚姻习俗是冲突的；而宣传上的临时性、突击性、被动性，又使新婚姻观的启蒙出现缺位；[①] 一些地区的普通群众与基层干部在浓厚的政治氛围下，通过自己比较熟稔的方式，诸如援引本地文化传统、借用官方说辞、套用法律条文词句等来行事，以致使新《婚姻法》的预期目标大打折扣，乱象丛生。[②] 主要有：一是来自乡村干部的误读和抵制。如所谓"实行婚姻法就会天下大乱，乱搞男女关系，妨碍社会治安"，"准许女人离婚就要弄得贫雇农没有老婆"等。二是有不少政法机关和妇联组织，对婚姻问题采取推脱敷衍的态度，或者借口没有介绍信或条件不足等，多方为难，以致婚姻案件被大量积压起来，得不到处理，使争取婚姻自由的妇女因无法生活而绝望，自杀、被杀，或者被迫回到婆家。据统计：山东省文登专区1951年9个月中共有104名妇女自杀或被杀，平均每月约死11

---

① 汤水清：《"离婚法"与"妇女法"：20世纪50年代初期乡村民众对婚姻法的误读》，《复旦学报》，2011年第6期。

② 张海荣：《二十世纪五十年代初期〈婚姻法〉乡村执行问题再审视——以冀北赤城县若干村庄为中心的考察》，《中共党史研究》，2012年第12期。

人；而1952年1月至6月就死了114人，平均每月死19人。湖南省自1950年6月至1952年6月的两年间，据36个县统计，自杀、被杀的妇女共1241人，而据1952年上半年39个县统计，自杀、被杀的妇女达606人。福建省1951年年底以前的1年半内，因婚姻不自由而死的男女为每月50人，1952年竟增至每月88人。① 三是个别地区（如河北）出现群众借法泄愤、乘机寻乐、嫌农爱工与喜城厌乡等现象。上述事实一定程度上表明了1950年《婚姻法》在推行过程中所遭遇的阻力和困难，也暗示了该法与百姓日常生活存在一定的距离，以及百姓主动接受和认可的程度较为有限。

1980年《婚姻法》及"2001年修正《婚姻法》"由于与1950年《婚姻法》所处的历史时期和国家发展阶段不同，所要解决的问题和侧重点也不同，加上经过新中国成立后几十年的社会主义现代化建设的实践，社会主义婚姻新观念日益为人民所接受，《婚姻法》"破旧立新"的任务已经让位于现实一系列更突出的婚姻家庭问题的解决。与1950年《婚姻法》相比，后两部法律更多地体现了民间的需要，而非国家的需要，更明显地反映出《婚姻法》调节百姓日常婚姻家庭生活的功能，更进一步实现了法律与百姓日常生活的相互依存和不可分割。正因为后两部《婚姻法》是对现实婚姻家庭新问题的回应，更有利于现实中婚姻家庭矛盾和问题的解决，而不是对现实的破坏和重塑，所以，它们比1950年《婚姻法》更利于百姓的接受。可以说，半个世纪以来，人们对婚姻法制的适应经历了一个从部分抵制、被动接受到主动接受、积极建言献策的过程，对《婚姻法》的遵守实行了从观念到行动的转变。② 这也充分体现了婚姻立法与现实生活需求不断进行调整和适应的发展轨迹。

四

除上述方面外，婚姻立法的演变也反映出了革除社会现实中根深蒂固的旧式婚姻习俗并非易事，而是一项十分艰难漫长的除旧布新的社会工程。

1950年《婚姻法》的主要任务是"破旧立新"，然而，在《婚姻法》颁布几十年后，封建性婚姻习俗在一些农村地区依然存在，在某些地方甚至还比较猖獗。我们从《人民日报》这一中国社会主流媒体的相关报道中就可以看出现实中一些婚姻恶习持续存在的情况。

1978年7月，《人民日报》以《坚决反对变相买卖婚姻》为题报道了就《一位农村青年的苦恼》读者来信展开的讨论，文章揭露和批判了在婚事上的旧风俗、旧

---

① 《全国很多地区的事实表明婚姻法执行情况极不平衡》，《人民日报》，1953年2月1日。
② 周由强：《当代中国婚姻法治的变迁（1949—2003）》，中共中央党校博士学位论文，2004年，第194页。

习惯,提出要反对变相买卖婚姻。① 同年 12 月,《要用社会主义思想处理好婚姻家庭问题》一文又指出:近十多年来,社会道德风尚遭到很大破坏,买卖婚姻、变相买卖婚姻和包办婚姻又重新抬头。办婚事大肆请客送礼的歪风邪气又有滋长,甚至在婚姻仪式上搞封建迷信活动,使不少男女青年失去了婚姻自主的权利,加重了许多家庭的经济和精神负担。② 次年 2 月,《一定要砸碎买卖婚姻的枷锁》一文,介绍《中国青年报》关于婚姻问题的一场讨论,提出要坚决反对买卖婚姻等旧式婚姻习俗。可见,在 1950 年《婚姻法》颁布近 30 个年头,旧式婚姻习俗的影响依然存在。

1980 年《婚姻法》颁布后,1982 年 1 月,《人民日报》以《破买卖婚姻陋习 树婚事新办风尚》为题,报道了福建省的一些农村,买卖婚姻现象比较严重的状况,分析了原因,提出了对策、建议。③ 1984 年 1 月,以《大力宣传社会主义婚姻家庭关系》一文,报道了《中国妇女》杂志社举行婚姻家庭问题座谈会,并指出:"与会同志认为,包办、买卖、干涉婚姻的现象,在一些地区还很严重,虐待妇女的案件时有发生。这些问题关系到妇女能不能彻底解放、社会主义的精神文明建设能不能得到发展,必须引起足够的重视。"④ 1988 年 7 月,《订婚不由己 换亲不为奇 结婚不登记 安徽农村非法婚姻严重》一文指出:安徽省有的地区非法婚姻高达80%以上,有的乡村合法婚姻还不到 10%。该地农村非法婚姻主要表现为:换亲、买卖婚姻、养童养媳、包办婚姻、抢婚、私奔、结婚不依法登记等。⑤ 同年 12 月,《鲁北地区的包办婚姻在发展》一文提出:山东乐陵、商河等地的包办婚姻问题相当严重。乐陵县王集乡房家和安家两村,3 岁以上的孩子几乎都有了对象,甚至有 8 名没有降生的胎儿也被父母给订了婚。在那里,青年人的婚姻几乎全由父母包办,83%的青年未到法定婚龄就结婚了。这些情况,给许多家庭带来了不幸,给许多青年带来了痛苦。⑥ 可见,在 1980 年《婚姻法》颁布后的十年间,旧式婚姻习俗的不良影响在广大农村依然较为严重。

针对旧式婚姻在农村地区仍旧大量存在的问题,1992 年 1 月 31 日,民政部、司法部、共青团中央、全国妇联等联合向全国广大青年发出倡议,"开展破除婚姻陋俗,树立文明新风活动"。该活动包括:(1)严格执行《中华人民共和国婚姻

---

① 汪伟民:《坚决反对变相买卖婚姻〈浙江日报〉就一封农村青年读者来信组织讨论》,《人民日报》,1978 年 7 月 25 日。
② 《要用社会主义思想处理好婚姻家庭问题》,《人民日报》,1978 年 12 月 17 日。
③ 更夫:《破买卖婚姻陋习 树婚事新办风尚》,《人民日报》,1982 年 1 月 20 日。
④ 王永安:《大力宣传社会主义婚姻家庭关系》,《人民日报》,1984 年 1 月 29 日。
⑤ 赵其阳:《订婚不由己 换亲不为奇 结婚不登记 安徽农村非法婚姻严重》,《人民日报》,1988 年 7 月 5 日。
⑥ 安万宏、门志坤:《鲁北地区的包办婚姻在发展》,《人民日报》,1988 年 12 月 31 日。

法》，依法缔结婚姻关系，反对包办、买卖婚姻和转亲、换亲等干涉他人婚姻自由的行为，杜绝早婚和不登记结婚。(2)大力提倡婚事俭办，婚事新办，自觉抵制旧婚俗、旧习惯，反对结婚索要高额彩礼和讲排场、比阔气、盲目攀比、铺张浪费等不良风气。(3)积极响应党和国家号召，自觉实行晚婚晚育和计划生育。破除男尊女卑、重男轻女的封建思想，鼓励男到女家落户。① 在1950年《婚姻法》颁布40多年后，国家部委联合发出此番倡议，可以想见旧式婚姻习俗在当时中国，尤其是广大农村的影响仍然很严重。

在1950年《婚姻法》颁布整整半个世纪后的2000年，《人民日报》又刊载了《旧婚俗死灰复燃 枣阳青年恋爱难》一文。其中指出，近年来在当地一些偏远农村，一些青年婚姻问题上的一些旧习俗又死灰复燃，具体表现在以下几个方面：一是男女的姓氏不合不能成亲；二是属相不合不能成亲；三是生辰八字不合不能成亲；四是面相不合不能成亲。文章呼吁有关部门加大《婚姻法》的宣传力度，采取有效措施，制止婚姻中的封建迷信习俗在农村蔓延。②直至今日，从主流媒体的相关报道中，可以看到在我国的农村地区合八字、对属相、父母包办，昂贵的彩礼和婚丧嫁娶的费用使很多家庭不堪重负，旧式婚姻习俗根深蒂固。

以上种种事实表明：旧式婚姻习俗的根深蒂固和彻底根除任重道远。究其原因，主要有：一是封建传统观念的根深蒂固。正如1951年《人民日报》社论指出的："中国几千年的封建社会制度虽然已被推翻，但是在婚姻问题和妇女问题上的封建思想的残余仍普遍地存在。广大的群众至今还保留着'男尊女卑'的封建思想，还保存着'封建家长'和'夫权'统治的恶习。因此他们对于妇女参加社会政治活动严加限制，尤其是对于妇女要求婚姻自由更认为'大逆不道'，加以种种残酷的迫害。这正是表现了残余的封建主义思想对新民主主义婚姻制度的剧烈反抗。"③传统文化对婚姻制度改革的影响是无形的、潜在的，它对《婚姻法》的推行有很大的阻力，顽固地阻碍着婚姻制度的改革。因为"夫思想历时久则入人深。古代之思想，在今日虽为少年所排斥。然其义既深入于人人之心，则虽排斥之之人，亦有阴受其陶铸而不自知者。"④二是由社会习俗变革的滞后性特点决定的。"心理层面是文化结构的最深层也最具有民族性和保守性；作为几千年传统文化凝聚积淀的产物，它的变化必然要比其他层面的变化艰巨复杂。"⑤要使新式婚姻成为人们的生活习惯、内化为人们的生活方式还需要一个长期的历史过程。与此

---

① 《民政部等倡议破除婚姻陋俗》，《人民日报》，1992年1月31日。
② 付宏才、魏登良：《旧婚俗死灰复燃 枣阳青年恋爱难》，《人民日报》，2000年7月16日。
③ 《坚决贯彻婚姻法、保障妇女权利！》，《人民日报》，1951年9月29日。
④ 吕思勉：《中国制度史》，上海：上海教育出版社，2002年，第290页。
⑤ 乔志强主编：《近代华北农村社会变迁》，北京：人民出版社，1998年，第573页。

同时，婚姻家庭关系又属于私人生活领域，政府的力量很少能直接对它发生作用，它也不容易受到人们的监督，是最易包藏落后意识的场所。所以，尽管经过婚姻制度改革，但传统婚姻家庭伦理观念在当时仍然存在并继续发生着作用。

五

婚姻法治是一个时代变迁和社会文化转型的晴雨表，婚姻立法是当代中国社会变迁的缩影，从中也折射出新中国成立70年来政治、经济、文化、社会等方面的巨变。新中国的婚姻法治，见证了党和国家治国方略的转变和人们法治观念的变化。

（一）《婚姻法》的制定和修改反映了新、旧中国政权的巨大转换

1950年《婚姻法》是一部废除旧式的封建婚姻制度、树立新民主主义和社会主义婚姻制度的宣言。从所用术语来看，"包办强迫""男尊女卑""重婚""纳妾""革命军人"等用语，暗含了刚刚从旧制度变为新制度、从革命变为建设的巨大历史转换。后两部《婚姻法》则开宗明义表明"婚姻家庭关系的基本准则"，从内容来看"计划生育""夫妻财产""感情破裂""家庭暴力""婚外恋"等富有时代气息的术语，表明了与1950年《婚姻法》立法主旨上的巨大差异，也表明后两部《婚姻法》与1950年《婚姻法》出台时完全不同的时代背景。1950年《婚姻法》的立法主旨是破除旧式的封建婚姻制度、确立适应新社会制度的婚姻家庭关系。而后两部婚姻法则是对已确立婚姻家庭关系的维护和进一步的完善，无论从立法宗旨还是法律的具体条文来看，1950年《婚姻法》都与后两部有较大的不同，这其实反映的是新、旧政权的巨大转变。

（二）《婚姻法》的制定和修改反映了我国改革开放的历史进程、反映了计划经济体制向市场经济体制的转轨

中国婚姻法治发生变迁的最根本的动力是改革开放和经济发展，没有改革开放进程的日益加快和社会主义建设的不断推进，就没有婚姻法治的进步。在计划经济体制下，国家对社会的控制基本上是全方位的大包大揽，《婚姻法》的制定和颁布也不例外。而随着经济体制的转轨，在社会市场化的过程中，政府对个人生活的干预方式发生变化，从计划经济下的大包大揽的解决问题转变为分配给个人更多法律上的权利，这就使个人有了更多的活动空间，也必将促使婚姻家庭朝着更加有利于人的自由、平等的方向发展。从1950年《婚姻法》中的国家主导，逐渐变为2001年《婚姻法》的民众广泛参与法律制定，可以明显地看出这一特点。

（三）《婚姻法》的制定和修改也反映了依法治国进程的不断加快

70年来，国家对婚姻的治理，人们对婚姻家庭的重视，社会法治观念的变化，经历了一个曲折的发展过程。其间，中国共产党在法治问题上进行了多次政

治斗争和思想交锋：有过 20 世纪 50 年代中期要求加强"革命法制"的要求，也有过 60 年代"要人治不要法治"的主张，有过 20 世纪 50 年代"司法独立"的良好开端，也有过 60 年代"砸破公检法"的狂热；有过 20 世纪 80 年代"人治与法治"的争鸣，也有过 90 年代"依法治国"思想的高度一致。在当代中国的政治框架和权力运行体制之下，党和政府在法治问题上的抉择，对当代中国婚姻法制的嬗变至关重要。看似平稳的《婚姻法》的历史变迁，其实包含了半个多世纪以来国家治理方式的变迁和法制建设进程的加快。

(四)《婚姻法》的制定和修改体现了国家不断走向富强和人民生活日渐富足的社会现实

从三部法律文本的对比中，这一事实表现得十分明显，其中最典型的是关于"夫妻财产分割"的条款：1950 年《婚姻法》中对此只有较为笼统和粗略的规定；1980 年《婚姻法》在此方面的规定虽做了少量调整，但并没有明确规定整体的分割办法和相关细则；2001 年修正《婚姻法》对离婚后夫妻财产的分割问题做出了较为全面、详细和明确的补充。这既是法律不断走上完善的表现，也折射出新中国 60 年来百姓生活日益富裕的事实。此外，"感情破裂""计划生育""家庭暴力""婚外恋"等相关条款相继写入婚姻法，也表现了人们物质生活水平提高后对生活质量的追求，以及维权意识的增强。

总之，作为新中国成立以来颁布的第一部重要法律，《婚姻法》的制定和修改经历了 70 年的变革历程，从中我们可以明显地看到，中国民众的婚姻家庭生活在立法与现实之间不断进行调适和整合的过程中日渐去政治化和实现法治化、社会化、民主化、规范化、秩序化的时代特征，着实体现了中国共产党以人为本、依法治国的艰难探索和取得的成绩。但是，在立法与现实之间又时而存在婚姻立法过程中的各种张力乃至社会冲突现象，这也表明，任何法治实践也只有在与民众的日常生活变革紧密关联和平衡中才会更加完善起来，从而促进当代中国社会的和谐发展与良性运行。

改革开放以来婚约的订立与解除(1978—2000)

董怀良①

在中国古代,"婚姻经定婚(婚约)与成婚两个阶段完毕"。②订婚指缔结婚约,该俗形成于西周,从女方而言为许嫁,从男方而言称为纳征,这是"六礼"之一,即男家遣使女家以婚书或纳聘财。订婚既是结婚前的一种协定,又是婚姻的准备。③婚姻缔结的程序"六礼",即纳采、问名、纳吉、纳征、请期、亲迎,前五项是订婚中的程序,都是在父母的主导下进行,正如恩格斯指出:"在整个古代,婚姻都是由父母为当事人缔结的,当事人则安心顺从。"④而且古代的婚约具有不可解除性,婚约是男女双方以将来结婚为目的所作的事先约定。婚约成立之后,男女双方产生未婚夫妻的身份。⑤《礼记·曲礼》曰:"女子许嫁系缨,有从人之端也。"意思是女子订婚后就从属于未婚夫。订婚后,当事人就要被法律约束,悔婚会受到惩处,如从唐代开始,订婚后不准悔婚,推翻婚约就是犯罪,"诸许嫁女,已报婚书及有私约,而辄悔者,杖六十,虽无许婚之书,但受聘财,亦是。若更许他人者,杖一百;已成者,徒一年半。后娶者知情,减一等。女追归前夫,前夫不娶,还聘财,后夫婚如法。"⑥即使在民国时期,之前婚约的有关规矩仍在施行,例如北洋政府的大理院对婚约的必要性这样解释:"订婚为成婚之前提,据现在继续有效之前清现行律裁,男女订婚,写立婚书,依礼聘娶,又载虽无婚书,但曾受聘财者亦是等语,是婚约的必备要件之一,婚能为有效成立,苟无一具备,虽无成婚,于法律上仍不生婚姻之效。"⑦而在共产党根据地,对婚约的规定发生了变化。1930年《闽西婚姻法》规定:"如已经订婚而未结婚者,有一方不同意时,可以离婚,聘礼取消。"⑧1931年,鄂豫皖工农兵第二次代

---

① 董怀良:聊城大学马克思主义学院讲师。
② [日]滋贺秀三著,张建国、李力译:《中国家族法原理》,北京:法律出版社,2003年,第191页。
③ 彭立荣主编:《婚姻家庭大辞典》,上海:上海社会科学院出版社,1988年,第54页。
④ [德]恩格斯:《家庭、私有制和国家的起源》,《马克思恩格斯选集》(第4卷),北京:人民出版社,2012年,第87页。
⑤ 陈苇:《中国婚姻家庭法立法研究》,北京:群众出版社,2000年,第99页。
⑥ 钱大群撰:《唐律疏义新注》,南京:南京师范大学出版社,2007年,第432—433页。
⑦ 杨大文主编:《亲属法》,北京:法律出版社,1997年,第78页。
⑧ 韩延龙、常兆儒编:《中国新民主主义革命时期根据地法制文献选编》(第4卷),北京:中国社会科学出版社,1984年,第797页。

表大会通过的《婚姻问题决议案》规定:"父母所代订制婚约,随时得提出废除之。"①中华苏维埃共和国成立后,1931年的婚姻条例及1934年的婚姻法,均未对婚约做出规定。1941年《晋察冀边区婚姻条例(草案)》规定:"婚姻不以订婚为必经之手续"。②1944年《修正陕甘宁边区婚姻暂行条例》第六条规定:"已订婚之男女,在结婚前如有一方不同意时,可向政府提出解除婚约,并双方退还互送至订婚礼物。"③1950年《中华人民共和国婚姻法》中无订婚问题的规定,1950年6月26日中央人民政府法制委员会在《有关婚姻法施行的若干问题与解答》中解释:订婚不是结婚的必要手续。任何包办强迫的订婚,一律无效。男女自愿订婚者,听其订婚……一方自愿取消订婚者,得通知对方取消之。④ 1953年3月19日中央人民政府法制委员会在有关婚姻问题解答中重申:订婚不是结婚的必要手续。男女自愿订婚者,听其订婚,但别人不得强迫包办。⑤ 关于订婚的已有研究主要集中两方面,一是婚约制度,⑥ 二是婚约中的财物问题。⑦ 还有学者关注的是订婚对构建姻亲关系的重要意义。⑧ 而本文关注的是1978年改革开放到2000年订婚与解除婚约时当事人自由度的变化,订婚与婚约的解除是否成为当事人的私事。

一、订婚数量回升

在"大跃进"和"人民公社化"的集体化运动时期,订婚被视为包办婚姻陋俗而受到批判,订婚数量呈萎缩趋势。据吉国秀对辽宁省清原镇的调查发现,6个被调查案例中,1960年至1969年结婚的无一例举行订婚仪式。⑨ 改革开放后,无

---

① 韩延龙、常兆儒编:《中国新民主主义革命时期根据地法制文献选编》(第4卷),北京:中国社会科学出版社,1984年,第801页。

② 韩延龙、常兆儒编:《中国新民主主义革命时期根据地法制文献选编》(第4卷),北京:中国社会科学出版社,1984年,第812页。

③ 陕西省档案馆、陕西省社会科学院编:《陕甘宁边区政府文件选编》(第8辑),北京:档案出版社,1988年,第95页。

④ 中央人民政府法制委员会编:《婚姻法及其有关文件》,北京:新华书店,1950年,第27页。

⑤ 云南大学法律系:《婚姻法教学资料选编》(第1辑),1984年,第145页。

⑥ 见邱宁:《婚约制度及其立法构想探讨》,《中华女子学院学报》,2001年第5期;陈柏峰:《关于我国婚约制度的立法思考》,《广西政法管理干部学院学报》,2001年第3期;张义华:《建立我国婚约制度的立法思考》,《河南社会科学》,2003年第11期;等等。

⑦ 见张攀:《试论婚约的解除及其法律后果》,《经济研究导刊》,2014年第28期;苏金生:《试析婚约解除后的财产纠纷和损害赔偿》,《江西社会科学》,2001年第7期;等等。

⑧ 吉国秀:《婚姻仪礼变迁与社会网络重建——以辽宁省东部山区清原镇为个案》,北京:中国社会科学出版社,2005年,第141—168页。

⑨ 吉国秀:《婚姻仪礼变迁与社会网络重建——以辽宁省东部山区清原镇为个案》,北京:中国社会科学出版社,2005年,第147页。

论是农村还是城市,订婚数量都呈现出上升的趋势。据对上海郊区农村男户主的调查,1966年至1978年之间订婚者占被调查总数的57.9%,1979年至1986年上升为61.4%。① 再以河南潢川为例,1966年至1978年订婚者占被调查总数的68.6%,1979年至1986年为71.4%。② 数据说明经济发达的上海郊区与经济落后的潢川农村同样重视订婚仪式。1987年12月完成的对中国14省(市)农村家庭调查显示,有70%的人举行过订婚仪式。③

另外,订"娃娃亲"现象凸显,这在新中国成立前普遍存在,20世纪80年代又死灰复燃,这主要流行于贫困农村。陕西省榆林县妇联1985年的调查显示,该县已订婚的人口中30%是父母包办的,尤其是北部农村,80%以上的七八岁女孩都被父母定了娃娃亲,有的甚至是指腹为婚。④ 1987年,对湖北省安陆市王义镇订娃娃亲的情况调查显示:新中国成立后尤其是20世纪五六十年代初,订娃娃亲的少了,改革开放后,订娃娃亲的多起来。据对全镇0岁到25岁年龄组人员的调查显示:0岁到5岁的共有2053人,定亲的38人,占该年龄组的1.9%;6岁到13岁的共有2245人,定亲的755人,占该年龄组的33.6%;14岁到25岁的共有2919人,定亲的1383人,占该年龄组的47.4%。⑤

二、婚约的订立

1950年《婚姻法》及1980年《婚姻法》均无关于婚约的规定,1991年《未成年人保护法》第11条规定:"父母或者其他监护人不得允许或者迫使未成年人结婚,不得为未成年人订立婚约。"⑥虽然法律上规定了父母不可为子女订婚,订婚与否自便,而且订婚由当事人自主,但是在现实生活中情况很复杂,订婚者很难自主。改革开放早期,订婚多由双方家长主导,但随着人们思想观念的变化,当事人的自主性逐渐增强。

首先,"娃娃亲"的当事人由于年龄小,订婚主导权自然掌握在家长手里。"娃娃亲"主要是因为贫困,某地一位干部说:"这里是石灰岩地区,自然条件极为恶劣,群众生活十分困难,男青年讨老婆很不容易,有的村民担心孩子长大了

---

① 雷洁琼主编:《改革以来中国农村婚姻家庭的新变化——转型期中国农村婚姻家庭的变迁》,北京:北京大学出版社,1994年,第186页。
② 雷洁琼主编:《改革以来中国农村婚姻家庭的新变化——转型期中国农村婚姻家庭的变迁》,北京:北京大学出版社,1994年,第186页。
③ 中国农村家庭调查组:《当代中国农村家庭——14省(市)农村家庭协作调查资料汇编》,北京:社会科学文献出版社,1993年,第42页。
④ 《包办买卖婚姻亟待制止》,《婚姻与家庭》,1985年第5期。
⑤ 中国婚姻家庭研究会编:《说不完的话题》,北京:中国妇女出版社,1988年,第225页。
⑥ 中国法制出版社编:《法律法规司法解释小全书》,北京:中国法制出版社,2016年,第1272页。

打光棍,从小就为其找好对象,先给女方几百元或几千元定金,以后逐年再给些,这叫'订小亲'。"①某些地方买卖婚姻没有刹住,流行按年龄论价要彩礼,早定亲可早得彩礼。②另外,孙淑敏对西北赵村的研究发现,父母替儿子定娃娃亲,是源于风险防范心理,怕"没苗儿",因此早点"占个苗儿";还源于对现实的不安全心理,怕儿子长大后找不到对象,对于未来存在不确定和无把握感,这使得赵村的父母采取为儿子"预定婚姻"的择偶行为。③这些因素导致"娃娃亲"的增多并造成了严重的后果。宋代司马光曾对"娃娃亲"的后果有深刻的透视:"及其既长,或不肖无赖,或身有恶疾,或家贫冻馁,或丧服相仍,或从宦远方,遂致弃信负约,诉狱至讼者多矣。"④所以,待孩子长大后,有些姑娘用逃婚乃至自杀反抗不满意的婚姻,1980 年到 1987 年 10 月,湖北某镇曾有 5 名反抗娃娃亲的姑娘自杀。⑤"娃娃亲"产生了诸多不良影响,例如 1996 年,河南省西华县李大庄乡民政部门调查发现,全乡有 270 名在校中学生过早订了婚,这些学生订婚后,已有 67 名辍学,还有相当一部分学生的学习受到了不同程度的影响。⑥

其次,从订婚的过程看,父母主导着订婚,但表现出一定的城乡差异。在农村,订婚主要是男方开展活动,1984 年订婚的 W 先生⑦回忆当时的情况:

> 采访者:您当时的订婚过程是怎样的?
>
> 受访者:订婚仪式比较简单,我和她订婚当天不见面,就是呆在各自的家里,订婚活动主要由双方家庭和媒人来做。订婚当天,媒人一早就来到我家,喝茶,和我父母商议订婚的具体内容。例如,彩礼要符合当时的标准,最好要高于标准一些,这样显得两家有面子,商定以后,用一个红色的盒子装钱,外面再用红布把盒子包起来。然后媒人骑自行车去女方家,由女方父母开启盒子收钱,若对彩礼表示满意,则说一些感谢媒人的话。媒人还要把男方父母拟定的结婚日期与女方父母商定,如果没意见,就确定日期。另外,如果女方父母不满意彩礼数额,就会让媒人把装着钱的盒子带回男方,让男方父母加钱,媒人要再次返回,这样的话男方就丢人了,当然一般不会出现这样的情况。媒人稍作停留就返回我家,向我父母回复在女方家的过

---

① 林海利:《"订小亲":爱乎?害乎?》,《中国青年》,1992 年第 9 期,第 44 页。
② 晏朝、许德才:《不许结娃娃亲》,《中国妇女》,1984 年第 3 期,第 34 页。
③ 孙淑敏:《农民的择偶形态——对西北赵村的实证研究》,北京:社会科学文献出版社,2005 年,第 121—123 页。
④ 孟昭华等:《中国婚姻与婚姻管理史》,北京:中国社会出版社,1992 年,第 184 页。
⑤ 中国婚姻家庭研究会编:《说不完的话题》,北京:中国妇女出版社,1988 年,第 229 页。
⑥ 高新春、寇艳梅、马建伟:《这些"婚约"解除得好》,《中国民政杂志》,1996 年第 9 期,第 33 页。
⑦ 受访者:W 先生,1960 年出生,农民。访谈时间:2013 年 8 月 25 日。

程，为了表示对媒人的感谢，当然要给媒人封一个红包，并且为了庆祝订婚的顺利，我家安排了一桌酒席，把我叔叔、婶婶都叫来，媒人当然也要留下喝酒、吃饭，就这么简单，那个时候订婚都这样，1990年代，主要还是这种程序。

  采访者：媒人在订婚时是必不可少的吗？

  受访者：当然了，少了媒人订婚就没办法进行，因为这门亲事就是媒人促成的，他是介绍人。而且那时候的农村，订婚时双方家庭不能见面，而媒人就是两个家庭的联络人，少了他肯定不行。

从W先生的回忆中可见：订婚是家庭主导的事情，当事人只是参与活动，不仅男女当事人不见面，而且两个家庭也不见面，都是媒人从中联络，双方父母操作，结婚日期也是双方家庭来定。

在城市中，订婚形式不同于农村，S先生这样回忆当年的订婚：

  我是1989年订婚，受女方家邀请，地点定在了女方家里，大概上午十点钟，我和父母就到了她家，她家人都在，热情招待我们。我父母和她父母家长里短地聊天，我和我爱人在她房间里聊天。快中午的时候，饭也做好了，两家人围着一张大桌子坐下，我和我爱人挨着坐下，先是我父母表示感谢，然后我母亲把红包交给我爱人，我爱人收下钱，她父母表示从今以后就把女儿交给我家了，说了一些对我俩期望的话。吃饭的时候，两家就把结婚的日期定下来了，酒桌上她父母劝酒，不过两家人都没有喝很多酒，都明白，那天不是喝酒而是商量事情，不能过量。大概下午一点，吃完饭，在一起喝了一会儿茶，我和父母就回家了。那个时候在酒店订婚的现象还很少见，只有少数时髦和富裕的家庭可能去酒店。我和我爱人也是媒人介绍的，订婚那天媒人也被邀请去了，我们两家必须要表示感谢，他去了也没有具体的事情，就是一起吃顿饭。[①]

从S先生的订婚经历看，城市与农村最大的区别是双方家庭见面的现象，而且女方家庭在订婚中的主动性在城市明显高于农村。从当事人双方有机会单独相处，并且男方母亲把红包直接交给女方当事人的现象看，当事人成为订婚程序中必不可少的环节，尽管当事人仍是在父母的安排下行动，毕竟当事人的参与度提高了。而且媒人作用的差别也较大，农村因为双方家庭不见面，所以订婚的过程

---

① 受访者：S先生，1966年出生，教师。访谈时间：2013年8月19日。

社会生活探索

要靠媒人唱主角,并联系两个家庭,而城市中的媒人仅仅是作为"牵线人"被邀请参加两家的订婚宴。

20世纪90年代,订婚当事人的自主程度迅速提高。W先生①是镇驻地的农民,镇处于城市和农村的过渡地带,反映的是农村中相对发达地区的订婚状况,他谈了儿子的订婚情况:

采访者:您儿子订婚的地点在什么地方?

受访者:1990年代,村里人订婚基本都是在家里举行,因为村里没有饭店,来镇上也不方便;而1990年代后期,镇上出现了不少的饭店,但比不上城里的饭店正规、干净。那时,镇上的人也不习惯到饭店订婚,总感觉不如在家里舒心,而且乡镇饭店为了拉客,大多会雇一些打扮妖艳的小姐,总给人一种乱糟糟的感觉。总之,那个时候没有在饭店订婚的风气,我儿子订婚是在家里进行的。

采访者:订婚的过程是您做主吗?

受访者:不是,我儿子订婚是在1997年,订婚时双方家庭不见面,订婚的内容大多是我家孩子和他对象早就私下商量好的,彩礼的多少,结婚的日期,都是他们定的,他们在订婚前就已经很熟悉了,我们家长实际上就是按照他们的意思走走程序。

采访者:订婚的时候有媒人吗?

受访者:当然有,两家再熟悉,订婚的当天也不见面,所以要靠媒人去女方家联络双方。

采访者:您儿子自己搞的对象,还找媒人干吗?

受访者:虽然是他们自己搞的对象,但是农村的风俗是订婚必须有媒人,没有媒人好像名不正言不顺,这是风俗习惯。所以订婚的时候,就临时拉来了一位双方都熟悉的朋友充当媒人的角色。

北京城里人L女士②在1996年订婚,情况是这样的:

采访者:您订婚是在家,还是在饭店?

受访者:在我家,我父母邀请他家人来我家吃午饭,双方父母见面聊聊,其实就是订婚。上午十点多,他父母和他到了我家,长辈和长辈聊,我们俩聊天。吃饭的时候挺热闹,真像一家人呀,双方父母祝福我们以后就要

---

① 受访者:W先生,1960年出生,农民。访谈时间:2013年8月25日。
② 受访者:L女士,1967年出生,北京市人,工人。访谈时间:2014年3月29日。

组成一个家了，好好过日子，好像马上要结婚似的，商量了结婚的日子，也没其他事。那个时候北京城里的订婚绝大部分是在家里，也有去饭店的，就两家人，去饭店干吗，家里多温馨呀。

采访者：有没有媒人参加？

受访者：没有，我们订婚前就已经很熟悉了，自己谈的恋爱。

教师 H 先生①是农村人，1999 年订婚的，他爱人也是教师，城市人。他的订婚表现了另一种特点：

采访者：当时有没有订婚这个程序？

受访者：当然有。

采访者：订婚的时候谁参加了？

受访者：他父母，我们俩，我父母离我单位远，没来，还有我单位的校长、主任，她单位的校长、主任都去了，再就是我们的媒人，也是一位老师。

采访者：单位领导也参加订婚这种事情？这是普遍现象吗？

受访者：也不是普遍现象，根据具体情况各有不同，她爸爸邀请了她单位的校长、主任等领导，所以也让我邀请我单位的校长、主任等领导，到一起聊一聊我的婚姻。

采访者：订婚采取什么形式？

受访者：就是在饭店一起吃了顿饭，就一桌人。

采访者：当时订婚地点在饭店普遍吗？

受访者：不是很普遍，但是去饭店订婚成为一种趋势，想体面点的大多去饭店。

采访者：有没有其他仪式？

受访者：没有，就是在一起吃了顿饭，聊聊。

采访者：订婚的时候，有没有给她钱或者其他东西？

受访者：没有，什么也没给她。

采访者：订婚给女方的彩礼是多少？她家对你有什么看法？

受访者：订婚都要给彩礼，但是当时我刚参加工作，没钱。主要是她家人很开明，也知道我这种情况，说是只要我们两个人能过好日子就行。订婚后过了一段时间，我给了她家彩礼 8800 元，我只有 5000 元，另外的 3800

---

① 受访者：H 先生，1974 年出生，教师。访谈时间：2014 年 3 月 30 日。

元还是我爱人替我补上的，现在想想，我爱人真是做贡献了。8800元的彩礼在当时属于低水平了，其实她家考虑到我的实际情况没和我要彩礼，是我和我爱人私下商议，一定要给她父母彩礼，因为这是习俗，如果不给，自己心里也不好受。

从以上三个对20世纪90年代订婚的人的访谈可见：20世纪90年代后期，已经出现在酒店订婚的现象，但仍不是普遍行为，即使在北京这样的大城市中，订婚时人们仍习惯在家里。从H先生的经历看，订婚的形式已经比较随意，更多体现了一种个人行为，他的父母没参加订婚仪式，而是把整个事情交给H自己处理，参加人也以双方单位的人为主，这体现的是当事人个人的人际关系。女方家庭没有主动要彩礼，彩礼的支付是H先生和其爱人自己商议的结果，这反映出当事人在订婚中主导权的增强。而农村因公共领域建设滞后及人们思想观念的原因，订婚地点主要在家里，双方家长虽然也不见面，但是订婚的内容早已被当事人决定了，家长只是配合孩子的决定，这反映了订婚虽是旧形式，但内容反映了当事人自主性逐渐提高这个新现象。媒人的作用在城市和农村中也有差异，在农村，尽管当事人是自己谈的恋爱，但是在订婚时仍需要一位形式上的媒人来顺从社会风俗；而在城市，自己谈恋爱的当事人订婚时已经不再找媒人，所以，媒人在订婚中作用减弱并逐渐退出订婚领域。尽管以上访谈不能体现改革开放后订婚的变迁全貌，但是大致反映了订婚的变化趋势。

三、婚约的解除

传统社会的婚约一旦缔结，便难以解除，正如《礼记·曾子问》中记载，曾子曾经问孔子："取女有吉日，而女死，如之何？"孔子曰："婿齐衰而吊，既葬而除之，夫死亦如之。"意思是说，订婚等于结婚，没结婚也要同结婚一样为对方穿一年的丧服。1950年和1980年的《婚姻法》对婚约都没有相关规定，实际上就是没承认婚约受法律保护。改革开放后，随着人们权利和自由意识的增强，解除婚约的现象越来越多。

在农村，解除婚约一直不易，这仍被视为"丢人"的事情，并可能会引起两家冲突。20世纪80年代，悔婚是青年男女难以实现的事情。据安徽含山县法院对该县九莲乡调查，为反抗不满意的婚约，该地"私奔"人数约占同时结婚人数的40%。[①]有部分青年男女在亲属的逼迫下，感到婚姻自主无望，且又不愿做包办婚姻的牺牲品，便自寻短见，以死抗争。例如，男青年张永芹和女青年陈桂英，

---

① 项光荣：《婚约——套在农村姑娘脖子上的绳索》，《中国妇女》，1986年第12期，第20页。

双方在日常工作和生活交往中产生了爱情,但因他俩都已经由父母做主,与人订了婚,他们慑于父母严厉,不敢提出解除婚约,也不懂得求助组织帮助解决,更不知道婚约没有法律约束力,双双服毒死在男方家中。①

20世纪80年代农村因婚约而产生的纠纷不断,据安徽六安县徐集区法院统计,该区1985年共处理366起案件,其中141起是婚约纠纷,约占40%。纠纷中,女青年提出解除婚约的占95%,其中,绝大多数是反抗包办买卖婚姻。② 对上海南汇县的调查显示,1985年上半年发生的95起婚约纠纷中,90%以上是由父母包办的,其余则由介绍人撮合成立。③ 一位农村出身的大学生Z先生④当年悔约时面临的困境具有一定的普遍性:

> 1980年,我有幸考入一所重点大学,上学前,在媒人的撮合下,我和一位农村姑娘订了婚。但是后来越来越感到这门亲事不合心意,我给她写了一封信,试探一下是否可以解除婚约,她反应非常强烈,回信:"你如果要解约,除非我死!"并说她早有准备,丈母娘也请人写信,威胁说要到我家打个精光,还要闹到学校去,她们不仅仅是说说,我未婚妻过了几天就来到我学校,直接进了我宿舍,躺在我床上睡觉不走了,她这种举动真让我有点犯怵。我娘也来信说不愿听到人家骂我"陈世美",而且,如果事情闹大了,我学校也可能会处分我,为了前途,我妥协了。毕业后,我被安排到市里的一所学校教书,和她结了婚,周围的人都说我是个有良心的人,充满了赞誉之词。有了孩子,我和她也很难找到共同语言,后来把她和孩子接到城里团聚了,她在我学校门口摆摊卖一些学生用品,能看出她也在辛苦而努力地挣钱,从不喊累,她说是想和我找平等的感觉,我文化高,她想多挣钱,我问她"你生活的幸福吗?"出乎意料,她说她也非常后悔,当初还不如嫁个农民生活的舒心,现在主要是心累,她说城里人看不起她没文化,尤其是我学校那些老师的老婆都有工作,她很自卑。当时之所以和我闹,只是咽不下当"秦香莲"这口气,况且,还有那么多人的怂恿与声援也使她下不来台,"粘"住我是她当时唯一的选择。

如果因为女方不喜欢男方而主动悔婚,一般情况下不会发生多大的纠纷,正

---

① 丁公权:《上海南汇地区婚约纠纷调查》,《法学杂志》,1986年第5期,第48页。
② 项光荣:《婚约——套在农村姑娘脖子上的绳索》,《中国妇女》,1986年第12期,第20页。
③ 丁公权:《上海南汇地区婚约纠纷调查》,《法学杂志》,1986年第5期,第48页。
④ 受访者:Z先生,1958年出生,中学教师。访谈时间:2013年8月13日。

如 Y 女士[①]所说：

> 在订婚后，如果是女方发现男方有毛病，或者又遇到感觉更好的男性时，她会主动提出解除婚约。在这种情况下，女方一般会把男方给的钱财退回，男方一般也不会闹，如果闹，可能会招致女方的讽刺，而女方在退婚时也会找一个冠冕堂皇的不伤害男方的理由，例如说男方人不错，但是发现两人性格或属相不合。

在悔婚纠纷中显示出一个特点：如果男方主动提出解除婚约，那么女方"闹"的可能性较大，"闹"的原因如 Z 先生的老婆所说的亲朋好友的怂恿，还有自己感觉被人抛弃没面子。作为对男方的惩罚，女方不退订婚中男方支付的财物。这在孙淑敏对西北赵村的调查中得到验证，她发现若男方首先提出退婚，则女方家庭不必退还彩礼和其他物品，也不必为男方的劳务帮助进行赔偿，因为在当地人看来，男方家主动违约意味着他们愿意放弃已支付的一切。[②] 若女方主动提出解除婚约，就要把男方支付的财物退给男方，这是一种约定俗成的习俗。所以男子在订婚后对女方不满意，若想解除婚约，为了避免女方"闹"，而且想把彩礼要回，就会采取某些"特殊"手段让女方主动提出解除婚约，L 先生[③]的办法是：

> 我是1983年订婚的，为了避免解除婚约会造成损失，我想了一个办法：早晨四点钟我就起床，到棉花地里来来回回走了半个小时，早晨地里露水很大，我全身弄得都湿了，沾满了棉花叶子和泥，把头发弄得蓬松带着泥，像个疯子，跑着就去那女孩家，到她家还不到六点钟，他们都没起床，我就拍她家的门，喊她爹的名字，等她爹开门一看也吓了一跳，我说兄弟你快点弄点吃的，我进了他家胡言乱语，在他家房间到处跑，那女孩也吓蒙了，大概过了半小时，我才跑出她家。天亮后，他家人问我父母怎么回事，我父母说不知道怎么回事，病了好几天了。隔了几天，我又去她家了一次，没过多久，女方遣人来退婚、退彩礼，后来他们才知道我是装疯。

20世纪80年代初，城市里工作单位也干预着个人的婚约。例如一位名叫李

[①] 受访者：Y 女士，河北清河人，1962年出生，家住清河城中村，在北京打工。访谈时间：2013年7月23日。

[②] 孙淑敏：《农民的择偶形态——对西北赵村的实证研究》，北京：社会科学文献出版社，2005年，第173页。

[③] 受访者：L 先生，1963年出生，教师。访谈时间：2013年5月1日。

莉的姑娘，因报答一位将军对自己落难时的照顾，在将军临终时答应了将军和他儿子结婚的请求，李莉非常讨厌包办婚姻，并且一点也不喜欢将军的儿子。在将军去世后，其子就通告亲朋好友和李莉订婚了，李莉不愿理他，他认为李莉要背弃誓言，这会让自己丢尽脸面，扬言要自杀。将军的遗孀还亲自到李莉的单位，找党委书记谈话，指责她行为不轨，已经同意结婚，又要毁约退婚。党委书记叫来李莉了解一番，劝她不可食言，应该尽快结婚，这种劝说在部队里实际上相当于命令，所以，她只能和对方登记结婚。① 在这件事情上，单位领导把职工的婚姻视为可以干预的公事，强制性地干预职工的婚姻。

由以上案例可见，在20世纪80年代，单位、家庭、亲属都在制约着当事人婚约的解除，受他们的牵制，当事人往往违背自己的意愿而屈从这些外部力量。但随着时间的推移，尤其进入20世纪90年代，人们的思想观念逐渐发生变化，婚约的束缚逐渐被突破。在市场经济背景下，人员的流动逐渐畅通，人们对外界的了解多了，思想和眼界开阔了。有些已经在农村订婚的青年，在城市有了打工的经历后，很快就有了退婚之举。打工生涯让他们开阔了视野，懂得了自己的命运应由自己掌握，有勇气冲破家庭和外界的束缚，追求自己的幸福。曾在深圳某合资企业打工的小芬说："城里谈恋爱，自由自在，找上了喜欢的人就大胆去恋爱。父母为我订婚时，除了有几分羞涩外，再没有其他感觉了。"打工回来后，小芬不顾父亲责怪，直接到后生家把婚退了。再如阿青在南方打了三年工才回到村子，一回家，她就提出退婚，母亲有点犹豫，怕对不住人家，阿青则很坚决："你怕对不住人家，就不怕对不住自己闺女？"②

婚约解除的"重大障碍"变得越来越无足轻重。例如订婚后的青年亲密关系增多了，很多人在订婚后就发生了性关系，但这越来越不成为解除婚约的障碍。1998年，阎云翔在黑龙江下岬村发现：一对青年取消了婚约，村里人传说他们在订婚之后已经发生了性关系，在不久前，如果这样的性关系被人知道，这对年轻人就非要结婚不可，女方在有了性关系之后再解除婚约，会被看成放荡。但是在这件事中，公众的舆论并未能阻拦女方解除婚约，人们问那姑娘他们之间的性关系是否会影响她的将来时，她说"那又没有改变什么，我会找个更好的对象"。一位中年人对此解释道："时代变了，年轻人的看法跟咱们的不一样。有些小伙子甚至根本不在乎媳妇是不是黄花闺女。"③1999年，一位女青年在订婚后就住在

---

① ［美］弗克斯·巴特菲尔德著，张久安等译：《苦海沉浮——挣脱10年浩劫的中国》，成都：四川文艺出版社，1989年，第168页。
② 王明中：《回乡打工妹择偶观大换位》，《社会工作》，1998年第1期，第38页。
③ ［美］阎云翔著，龚小夏译：《私人生活的变革：一个中国村庄里的爱情、家庭与亲密关系(1949—1999)》，上海：上海书店出版社，2006年，第52页。

男方家，后因彩礼问题未得到满足，女方决定和男方断绝关系。当亲戚问她和男方有性关系时，她说："那又怎么了？有过关系又没改变我什么，我还是老样子。"①

城市中婚约的解除也越来越容易，北京的 D 先生②说：

> 在城市里，如果想解除婚约没有多少束缚，人的思想都越来越开放，何必在一棵树上吊死呢？别说是解除婚约，就是结了婚还能离婚呢，既然人家想和你解除婚约，就说明已经不喜欢你了，你缠着人家还有什么意思？解除了婚约以后，各自再去找自己喜欢的人，岂不更好？再说，解除婚约受的舆论限制也很少，谁关心你那点私事呀，如果说有点麻烦的话，可能会是订婚后双方产生的经济来往，这可能要算一算，明白人在这件事上很少会纠缠。

但是也要看到变化的复杂性，在落后的农村，解除婚约仍很困难，甚至会引发冲突。例如，湖南安化县某村姑娘陈爱华与本村的一位男青年在小时候就定下了娃娃亲。1996 年她到了福建，在一家制衣厂当了打工妹，男方在上学读高中，她想解除定了 16 年的婚约，但难以启齿。在一次回家时，男方要求"插定"（男家向女家提出订婚，将女子插戴的首饰送到女家，作为婚约信物），她拒绝了，男方请村支书、村主任、媒人力劝爱华"履诺"，未果，男方要求赔偿 4 万元，陈家不接受。第二天，男方家多人气势汹汹涌进陈家，将爱华衣服剥光，拳打脚踢，山村里的男女老少涌到陈家，但无一敢劝阻。③ 女方村子的人对男方闹事无一阻拦，一个重要原因就是对娃娃亲的认同，可见，人们这种观念的顽固。

四、结论

综上可见，改革开放后订婚现象凸显，订婚的形式出现趋同发展的特征，这是因为习俗在约束着人们采取社会趋同的订婚形式，习俗对个人自由具有制约作用，恰如密尔在谈到习俗的作用时指出"习俗的专制在任何地方对于人类的前进都是一个持久的障碍，因为它和那种企图达到某种优于习俗的事物的趋向是处于不断冲突之中的。那种要胜过习俗的趋向，根据各种情况，可以叫作自由精神，或者叫作前进精神或进步精神。……整个东方的情况就是这样。在那里，一切事

---

① ［美］阎云翔著，龚小夏译：《私人生活的变革：一个中国村庄里的爱情、家庭与亲密关系（1949—1999）》，上海：上海书店出版社，2006 年，第 82 页。
② 受访者：D 先生，1976 年出生，大学文化，企业干部。访谈时间：2012 年 12 月 24 日。
③ 黄子祥：《娃娃亲悲洒女儿泪》，《社会工作》，1998 年第 3 期，第 24—25 页。

情最后都取断于习俗;所谓公正的、对的,意思就是说符合于习俗"。① 趋同是对个性化发展制约力量,但是随着当事人自主程度的提高,订婚的个性化逐渐发展。改革开放初期,农村当事人被动地参加订婚的过程,订婚是两个家庭的行为,家长在主导,媒人在订婚中必不可少,而且发挥着关键的联络作用。到了20世纪90年代,男女当事人在私下的互动增多了,他们已经能积极推动订婚的内容,父母逐渐失去主导者的地位,媒人也逐渐成为一种形式上的参与者而非订婚的推动者。在城市中,20世纪80年代,当事人虽也是被动参加订婚,但已成为订婚程序的必经环节;20世纪90年代,当事人逐渐主导了订婚的形式和内容。婚约的解除在农村尤其是落后地区所受的阻力较大,因为人们把婚约基本等同于结婚,而且农村是"熟人社会",社会舆论对婚约的制约程度较强,但是随着市场经济的发展,农民受到城市文明的冲击越来越多,农民的思想观念也发生着转变,对婚约的解除也趋于理解。而在城市中解除婚约相对容易,这源于人们的思想观念相对开放,以及城市是"生人社会",解除婚约的社会束缚相对弱。

总之,婚约从订立到解除的过程中,单位、家庭、社会舆论等外部因素对当事人的影响日趋减弱,当事人自主程度日趋提高,个人本位正在凸显,婚约的订立与解除日趋向个人私事方向发展。

---

① [英]约翰·密尔著,许宝骙译:《论自由》,北京:商务印书馆,2008年,第83页。

【家庭卷】

본문

独立与贤良：
论民国女性对职业与家事的两难抉择[①]

余华林[②]

在传统的中国社会里，女子的家庭角色被定位为"相夫教子"的"贤妻良母"，所谓"妇者，服也，服于家事，事人者也。"[③]女性职业在近代中国的兴起是一个引人瞩目的社会现象，它使得女性得以摆脱家庭角色的限制，获得自己的社会身份，因而也成为近代妇女解放运动的一个具体诠释。当代学者对于近代以来的女性职业问题已进行了大量的研究，其重点主要为三个方面：其一，探讨近代以来女性获得职业平等权的过程及妇女职业状况[④]；其二，从性别与权力等视角透视女性在近代社会转型中角色与功能的转变[⑤]；其三，对于一些新出现或处于新旧过渡中的职业女性群体分别进行研究，如舞女、女教师、女律师、女招待、女工、女佣、妓女等。归根结底，前人成果集中于探讨女性的社会角色以及她们在社会场域中的生活情况；对于民国职业妇女的家事问题以及她们在职业与家事之间的两难选择虽有涉及，但缺乏深入细致的研究。[⑥]本文在梳理民国时期妇女职业与妇女家事的并立与对立关系的基础上，试图从中透视民国妇女所处的两难困境及其主要原因。

[①] 本文发表于《中州学刊》2015年第12期，现在该文的基础上进行了补充和修订。
[②] 余华林，首都师范大学历史学院副教授。
[③] 陈立撰，吴则虞点校：《白虎通疏证》卷十，《嫁娶》，北京：中华书局，1994年，第491页。
[④] 见何黎萍的系列研究文章，《试论近代中国妇女争取职业及职业平等权的斗争历程》（《近代史研究》，1998年第2期）、《抗战以前国统区妇女职业状况研究》（《文史哲》，2002年第6期）、《解放战争时期妇女职业状况考察》（《史学月刊》，2003年第1期）、《抗日战争时期国统区妇女职业活动研究》（《妇女研究论丛》，2006年第1期）。
[⑤] 见王琴：《女性职业与近代城市社会》，北京：中国社会出版社，2010年；蒋美华：《五四时期女性经济角色的变迁》，《妇女研究论丛》，2006年第4期。
[⑥] 程郁在《二十世纪初中国提倡女子就业思潮与贤妻良母主义的形成》（《史林》，2005年第6期）一文中论述了清末民初贤妻良母主义的倡导者，几乎都曾力倡女子就业，因此贤妻良母与女子就业两种思潮从近代伊始就不是天然对立的。这为本文的写作提供了良好的前期基础。但在结论部分，作者认为"1919年前后的'五四'运动，形成反对'贤妻良母主义'的高潮。正是这些批判，使中国的贤妻良母主义逐渐脱去封建伦理的色彩。到三十年代，男女教育同一化已成为中国教育界的共识……"本文将论证五四时期所谓的"反对贤妻良母主义的高潮"并未真正去除附着于妇女身上的相夫教子、贤妻良母的传统伦理色彩，贤妻良母与女子就业两者之间的关系既有并立又有对立。

一、职业与独立的养成：五四时期的妇女职业思潮

五四时期，一些人经过对辛亥革命失败痛苦的反思后意识到，一切社会问题的解决，都离不开人的解放，妇女的人格独立因而成为许多人的共同诉求。在此基础上，人们开始极力强调妇女经济独立的重要性，进而对妇女职业问题进行了全新的论证与阐释。

(一)"女人也是人"的发现

早在清末民初，男女平等、妇女独立的呼声即已出现。戊戌维新时期，梁启超等人呼吁将女子由分利之人变为生利之人，提出妇女就业的主张。20世纪初，提倡妇女经济自立的呼声越来越高，女性的经济独立被视为妇女解放和报效祖国的重要条件。1903年出版的著作《女界钟》，运用近代生理学的知识，第一次全面、系统论证了男女平等问题。就妇女解放问题而言，戊戌时期人们多着眼于妇女应尽的义务，辛亥革命时期人们更重视妇女应享有的权利；到了五四新文化运动时期，人们则更多地着眼于女子的人格独立。[①] 此时，人们对传统社会进行了整体的反思和批判，认为传统社会是建立在农业经济基础之上的，而农业经济又是以家庭为本位，因此中国社会的构成单位，不是个人而是家庭；导致民族危机日益加深的罪魁祸首也就是传统的家庭(家族)制度、宗法制度以及以此为基础的伦理纲常。故而，陈独秀断言"伦理的觉悟，为吾人最后觉悟之最后觉悟"[②]；李大钊声称"中国现在的社会，万恶之原(源)都在家族制度"[③]，"社会上种种解放的运动，是打破大家族制度的运动"[④]；傅斯年也悲叹"中国家庭是破坏个性最大的势力"[⑤]。基于这样的逻辑，家庭就成了近代妇女运动的革命对象，甚至有人说"代表封建束缚的家庭，便是妇女运动的惟一对象"[⑥]。正因如此，离家出走的娜拉才成为新女性的典型代表，在五四时期闪亮登场。

1918年6月，胡适将挪威剧作家易卜生的名作《傀儡之家》翻译为《娜拉》，发表于《新青年》上，标志着新文化时代的一个崭新的女性形象的出场。或许女作家庐隐的一句话可以表达出娜拉所代表的精神意旨，"今后妇女的出路，就是打破家庭的藩篱到社会上去，逃出傀儡家庭，去过人类应有的生活，不仅仅作个女人，还要作人"[⑦]。按照茅盾的解读，娜拉精神就是"'我要做堂堂的一个人'的精

[①] 郑永福、吕美颐：《中国妇女通史·民国卷》，杭州：杭州出版社，2010年，第44页。
[②] 陈独秀：《吾人最后之觉悟》，《青年杂志》，1916年第1卷第6号。
[③] 李大钊：《万恶之原》，《每周评论》，1917年第30号。
[④] 李大钊：《由经济上解释中国近代思想变动的原因》，《新青年》，1920年第7卷第2号。
[⑤] 傅斯年：《万恶之源》，《新潮》，1919年第1卷第1号。
[⑥] 杨东莼：《评十九年来的妇女运动》，《妇女杂志》，1931年第17卷第1号。
[⑦] 庐隐：《今后妇女的出路》，钱虹编：《庐隐选集》上，福州：福建人民出版社，1985年，第31页。

神",是她"觉悟到自己除了是丈夫的妻和儿女的母之外还是一个'堂堂的人',还有她'做人的责任'"。① 因此,当时就有人说:"妇女运动的主义,就是所谓'妇人亦人'的'娜拉主义'。"② 学者舒芜也认为,新文化运动中提出的妇女问题,"其实就是妇女的人格独立、人身自主、人权平等的问题,就是'人的发现'推广应用于妇女身上,发现了'妇女也是人',妇女发现了'我也是人',由此而生的种种问题"。③

(二)妇女经济独立蔚为思潮

在发现了"妇女也是人"之后,时人开始讨论男女不平等的根源以及实现女性人格独立的途径。1919年7月《星期评论》杂志曾进行以"女子解放应该从什么地方做起?"为主题的专题讨论,胡适、胡汉民、廖仲恺、蒨玉女士、刘大白、戴季陶、沈仲九、沈定一、朱执信、查光佛、李汉俊等人先后加入了辩论的行列,从女子教育、经济独立、家庭改革、男女同时解放、人格尊重等不同角度加以论述,其中以主张"女子教育"作为女子解放基础者占最多数。④ 参与讨论的李汉俊后来将当时人们的见解分成两派:第三阶级(似乎以资产阶级为主体)认为"女子在政治上、法律上、教育上、职业上和男子不平等",是女子受压迫的原因;而第四阶级(以无产阶级为主体)则认为,"女子在经济上失了独立"是女子受压迫的原因。⑤ 在此,显然李汉俊已经自觉地运用唯物史观来分析问题,因为"照惟(唯)物史观,一切精神的变动,都是由于物质变动——由精神发动的种种现象,都是由于受了经济变动的影响"⑥。陈独秀就阐发过经济对于个人独立的重要性,称"现代生活,以经济为之命脉,而个人独立主义,乃为经济学生产之大则,其影响遂及于伦理学"⑦。李大钊也认为"经济的变动,是思想变动的重要原因"⑧。

事实上,将男女平等的关键归结于经济问题,在五四时期的思想界中是相当普遍的。1920年,有人总结称:"现在妇女解放的声浪已经传播全国,而谈解放问题的论文亦复不少。总括他们的言论可以得一个结果,就是中国妇女所以被社

---

① 茅盾:《从〈娜拉〉说起——为〈珠江日报·妇女周刊〉作》,《茅盾全集》第16卷,北京:人民文学出版社,1987年,第140页。
② 曾琦:《妇女问题的由来》,《妇女杂志》,1922年第8卷第7号。
③ 舒芜编选:《女性的发现——知堂妇女论类抄》,北京:文化艺术出版社,1990年,第4—5页。
④ 李晓蓉:《五四前后女性知识分子的女性意识》,台湾高雄师范大学博士学位论文,2001年,第147—148页。
⑤ 李汉俊:《女子怎样才能得到经济独立》,见《五四时期妇女问题文选》,上海:上海三联书店,1981年,第301—302页。原文载上海《民国日报》副刊《妇女评论》,1921年8月17日。
⑥ 陈问涛:《提倡独立性的女子职业》,《妇女杂志》,1921年第7卷第8号。
⑦ 陈独秀:《孔子之道与现代生活》,《新青年》,1916年第2卷第4号。
⑧ 李大钊:《由经济上解释中国近代思想变动的原因》,《新青年》,1920年第7卷第2号。

会束缚的最大原因,是由于经济不能独立。"①茅盾也曾说过:"那时候有些'新女子'开口一个'经济问题是妇女问题的中心',闭口一个'妇女问题就是经济问题'。"②他本人就认为经济不独立,便是妇女地位、人格低落的原因,"所以妇女运动的第一句 Motto(笔者按:座右铭)便是经济独立"。③鲁迅在《娜拉走后怎样》中也推测娜拉离家出走、步入社会之后的出路只有两条:不是堕落,就是回来。原因很简单,"她除了觉醒的心以外,还带了什么去?……她还须更富有,提包里有准备,直白地说,就是要有钱"。④他还断言"一切女子,倘不得到和男子同等的经济权,我以为所有好名目,就都是空话"⑤。由此可见,在当时"女人是人"、人格独立的舆论氛围中,女性应谋求经济独立已经成为一股思潮,为广大知识分子所认同和传播。

(三)职业与独立的有机联结

在时人看来,女人既然是个人,就应该经济独立,要想经济独立,自然就要从事职业。⑥而且由于以往妇女没有经济独立,不得不依靠男子生活,这才导致妇女人格的低下。因为所谓人格,就是做人的资格,要想取得做人的资格,就需要"一个人不依靠他人,而营独立的生活"⑦,所以妇女要想"争回已丧失的人格,不被人视为男子的寄生物,万不能不有职业"⑧。简而言之,"妇女经济独立是使她脱离性奴隶生活而进入人的生活的大道,舍此没有别的办法了"⑨。在这种舆论氛围之下,妇女职业也被很多人视为妇女解放的中心问题,有人说:"妇女职业问题,要算是妇女问题的中心问题。"⑩或称"妇女职业问题,倒成为研究妇女问题的先决问题了"⑪。

针对上文所述有人认为教育为男女平等之关键,有论者甚至阐述了教育问题的解决也有赖于妇女职业。这是因为当时多数没有受过教育的妇女,并不知道自

---

① 郑容孟齐:《妇女经济独立问题》,《妇女杂志》,1920年第6卷第4号。
② 茅盾:《〈娜拉〉的纠纷》,见《茅盾全集》第16卷,北京:人民文学出版社,1987年,第40页。原文载于《漫画生活》,1935年第7期。
③ 茅盾(署名Y.P.):《家庭服务与经济独立》,《妇女杂志》,1920年第6卷第5号。
④ 鲁迅:《娜拉走后怎样》,见《鲁迅全集》第1卷,北京:人民文学出版社,1981年,第158—159页。原文载于1924年北京女子高等师范学校《文艺会刊》第6期,同年8月1日《妇女杂志》第10卷第8号转载。
⑤ 鲁迅:《关于妇女解放》,《鲁迅全集》第4卷,北京:人民文学出版社,1981年,第598页。
⑥ 方景略:《职业与家事哪一种更适宜于女子(一)》,《妇女杂志》,1924年第10卷第9号。
⑦ 郑容孟齐:《妇女经济独立问题》,《妇女杂志》,1920年第6卷第4号。
⑧ Y.D.:《职业与妇女》,《妇女杂志》,1921年第7卷第11号。
⑨ 克士:《妇女职业和母性》,《妇女杂志》,1924年第10卷第6号。
⑩ 陈问涛:《提倡独立性的女子职业》,《妇女杂志》,1921年第7卷第8号。
⑪ 徐公仁:《妇女职业问题》,《妇女杂志》,1926年第12卷第6号。

己是应该受教育的,现在凭空叫她们来受教育,恐怕她们会怕麻烦而不愿意上学,只有就业才能让她们感受到谋生的必要。当她们就业以后就会发现缺乏知识的苦痛,这时对她们实施教育才能使教育实现普及。"所以妇女解放问题,无论从经济独立方面或普及教育方面讲,都要以先行解决职业问题为基础。"①在当时,主张妇女就业是十分普遍的,因此有人说:"妇女须各就职业,以谋经济独立,这是近日觉醒的妇女们和许多男子们的一致的要求。"②

在强调职业对于经济独立、人格独立重要性的基础上,人们还将职业与独立敏感地联系起来。当时有人称经济独立与职业并不一定具有连带关系,因为新式职业女性的工资恐怕大多数还是要归其家长或丈夫占有,甚至当时的民法草案中也明文规定丈夫对于妻子的财产有管理、使用以及收益的权利,"这便是妇女有了职业经济仍不能独立的证据"。③为此,有人特意强调了职业的独立性,认为只有"以相当的劳动,得相当的经济,且有全权处理所得的经济",才算是独立性的职业。④至此,要求妇女走出狭小的家庭空间,谋取独立性的职业以获得经济独立乃至人格独立的呼声已经相当高涨了。

二、职业与家事的并立:民国时期的家事天职论

尽管五四以来妇女职业的呼声已经相当高涨,但整个民国时期,处理家政仍然被很多人视为妇女的天职,应对妇女进行专门的家事教育的呼声也同时甚嚣尘上。在强调妇女独立与家事天职的双重要求下,人们认为妇女应同时承担职业与家事的双重负担,由此形成了职业与家事并立的观念。

(一)"家事天职"论

五四以来,人们对妇女职业与经济独立的呼吁,并不意味着他们对"贤妻良母"的传统女性角色也一并否认。民国时期,处理家政也仍被很多人视为女性的天职,有人说"女子的唯一天职,是处置家政,如同烹饪啊、缝纫啊、教育子女啊、管理奴婢啊……都是在家政范围之内。要组织一完满的家庭,必须有善治家政的妻子"⑤。还有人更为详细地从心理和生理两个角度来阐明家事之于妇女比职业更为适宜。从心理上看,妇女大体上都是优柔、忍耐、谨细、娴雅的,善治琐碎细事而且富于感情,因此烹饪、缝纫、养育、调治、簿记等家事很适合妇女。从生理上讲,女子身材短小,力气不如男子,家事大抵都不太粗重,适宜女

---

① 邢知寒:《女性的职业》,《妇女杂志》,1930年第16卷第2号。
② 健孟:《妇女职业的先决问题》,《妇女杂志》,1924年第10卷第6号。
③ 《卷头言·妇女经济的独立与职业》,《妇女杂志》,1924年第10卷第6号。
④ 陈问涛:《提倡独立性的女子职业》,《妇女杂志》,1921年第7卷第8号。
⑤ 王宪煦:《婚姻的研究》,《妇女杂志》,1928年第14卷第7号。

性来做,"此女子不适于职业而适于家事的自然趋势"①。

但由于自晚清以来,人们对于男女两性的生理差异和心理差异已经进行了持续的批判,此时仍以此为论据,显然已没有足够的说服力。于是很多人开始对传统"贤妻良母"的角色进行全新的阐释,将其与国家、社会的发展相联系,在一种新式的情境下强调妇女的"家事天职",以此来强调女性应承担家庭事务。如有人认为"家庭是社会和国家的成分。家庭的良否,和社会及国家有直接的关系。欲求社会及国家的健全,必先改良其家庭。欲改良其家庭,则现代的女子就非肩担她的家事不可了!"②其论证逻辑是将家庭视作社会的组成单位,这样看来,妇女管理家庭的事务,就是管理社会上一部分的事务,她们的工作就不是为一家或一人而做的,乃是为全社会、全人类而做,其责任非常重大。③甚至有人说如果妇女"置相夫教子的天职于脑后,因此人种就要受了影响而致退化,甚或要被自然淘汰而消灭,结果不但会使中国沦亡,而且要使中华民族灭种"④。

针对一些新式妇女不愿料理家务的情况,有些人表达了强烈的不满。如一位署名孙公常的读者在《妇女杂志》通信栏中质问道:"现在要请问:究竟一家里面的事务,负主妇责任的妇女,是不是可以放弃不管?她们自以为是新妇女,可以这样放弃根本责任,但她们放弃的根本责任是不是要男子去担负?如果这样,那么,解放了几个女子,反缚住了几个男子,这岂不很可笑吗?总括一句,真正的新妇女,是不是可以放弃家庭责任?"⑤另一位女士也希望女青年们不要将家事置之不顾,"要晓得照现在的社会情形,不能废除家庭,家庭里种种的事情,我们做女子的,不能不负一点责任"⑥。"妇女对家庭应该尽一点责任",或者说"主妇不能对家庭事务放任不管",这些言论听起来并不过分,但是,"一点责任"究竟是多少责任?其实,他们在讲"一点责任"的时候,往往是把全部的家庭事务都放到妇女的肩上,这和传统社会的做法并无二致。因此,《妇女杂志》主编章锡琛在回答孙公常时指出,他将家事当作妇女的根本责任,似乎还不脱旧式的"男治外女治内"的见解。⑦

(二)"家事教育"论

基于上述不满,有人进而对当时的女子教育也进行了指责,认为女子教育应

---

① 江涝:《职业与家事哪一种更适宜于女子(三)》,《妇女杂志》,1924年第10卷第9号。
② 韩兴绂:《职业与家事哪一种更适宜于女子(四)》,《妇女杂志》,1924年第10卷第9号。
③ 宋孝璠:《妻的责任》,《妇女杂志》,1929年第15卷第10号。
④ 蔡慕晖:《职业与家务》,《东方杂志》,1932年第29卷第7号。
⑤ 孙公常、章锡琛:《新妇女家庭服务问题的讨论》,《妇女杂志》,1922年第8卷第5号。
⑥ 华觉我女士:《女学生的家事教育》,《妇女杂志》,1922年第8卷第1号。
⑦ 孙公常、章锡琛:《新妇女家庭服务问题的讨论》,《妇女杂志》,1922年第8卷第5号。

该注重家事教育,把优生学、卫生学、家政学作为女子必修的学科;[①] 其至认为家政学是"女子最宜注重、最宜实习者"[②]。1934年,身为杰出新女性代表之一的刘王立明(中华妇女节制会会长),著文详细阐发妇女的家事教育问题。在文中,她首先强调了家事教育的重要性,认为"良好国民的产生,理想社会的实现,以及女子经济的独立,将全部或一部,唯此是赖"。然后她对自近代以来的女子教育表示了强烈的不满,认为新式学校教育只是教授一些"不关平日生活"的a、b、c、d,几何学,月亮与潮水的关系,及H_2O是水等这类"新知识",使得妇女在结婚以后对日常家事的处理显得处处捉襟见肘。女子教育的这些缺失,导致了自清末以来国人的家庭生活比以前没有多少改进,社会的罪恶没有比以前减少,甚至于整个的国家,无日无时不在风雨飘摇之中。她甚至说:"这些悲哀的现象,虽有很多原因从中作祟,而女子教育制度的不良,不能不负起一大部分的责任。"因此要复兴民族,女子教育就必须经过一番改革,将大多数的女子高中改为职业专门学校,家政学校的设立更是刻不容缓。在家政学校里的课程至少须有家庭管理、家庭卫生、家庭美术、家庭经济、保婴学、家庭工艺、食物研究、家庭园艺、儿童训练、家庭问题十门。[③]

刘王立明将国家、社会和民族的各种不良现象都归罪于女子教育,尤其是女子的家事教育,其论述逻辑实在是牵强得近乎荒诞。难怪"家事教育论"在当时就引起了人们的警惕,被大力批判:"我考虑这个问题——女子家事教育问题,最初的一个感觉,就非常熟悉……仔细一回忆,才想起,原来这是一个陈旧的老调,远在抗战以前,纳粹魔寇希特勒就喊过这种主张的口号了。当'妇女回家庭去'的声浪传播到中国来了以后,立刻就殃及妇女,'机关里裁撤女职员','提倡实施家事教育','反对已婚妇女就业'等等五光十色的花样,都应声而起。"该作者认为家事教育作为一种为适应家庭的需要而实施的教育,最大的目的在于造就家事人才,藉贤妻良母的美名,鼓励女子做家庭的寄生虫、社会的废物,阻止女子经营自立生活。因此他得出结论:"(1)建设不需要家事教育;(2)家事教育有损于建国。"[④]

这两点结论不免有夸大其词之嫌,实则在学校或家庭里学习一些处理日常事务的基本知识,还是必要的。问题的关键在于,难道只有妇女才应该学习这些知识吗?家事教育为什么只对女性开设?遗憾的是,我们看到民国时期人们对家事

[①] 许地山:《现行婚制之错误与男女关系之将来》,《社会学界》,1927年第1卷。
[②] 胡宗瑗:《敬告实施女子职业教育者》,《妇女杂志》,1918年第4卷第1号。
[③] 刘王立明:《家事专门化的探讨》,《东方杂志》,1934年第31卷第17号。
[④] 徐慧:《弹一曲女子教育上底旧调——关于家事教育问题》,《妇女月刊》(重庆),1944年第3卷第5期。

天职、家事教育的批判，都只是从妇女方面立论，论证家事是不是妇女天职，或者妇女应不应该接受家事教育，很少有人进一步论证男人是否同样有处理家务的天职，男人是否同样需要接受家事教育。其背后的思维逻辑即为家事只是和女性有关，与男性无关。因此迟至1946年还有人称："治理家政的一件事，至今还是普遍被人承认着是女子唯一的责任。"①既然职业是解决妇女解放的中心问题和先决问题，而家事又是妇女的天职，那么妇女应该同时承担起职业与家事的双重责任自然也就水到渠成了。

(三)职业与家事并立观念的形成

在当时多数人的心中，妇女从事职业和治理家事是并不矛盾的。人们甚至为此设计了多种将职业与家事并立的方案：其一，有人主张女子应该先做好家事，再考虑出外就业，"女子最好先将家政料理完美，为社会建筑一个坚固美好的基础，然后再出其所学，从事其它服务社会的工作"②；其二，有人主张女子在没结婚之前先去社会上承担职务，但结婚之后只要"在经济上不发生困难的，自应以家事为重"③；其三，还有人主张妇女"日间到社会去工作，晚间回家整理家务"④。

这种让妇女家事、职业两不误的心态，在民国城市社会具有相当的普遍性。1923年《妇女杂志》组织了一次"我之理想的配偶"的征文活动，在全部156篇征文中，男子(共129人)对妻子才能的要求是：要求能独立谋生者占37.98%；要求能操家政者占32.56%，两者相差无几，"可见多数男子仍主张以女子为家庭的主体"。大多数人的意见还认为"一般的女子，治家的才能，应该比男子略优(男子也不可不具备一点)，同时也不可不具有必要时独立生活的能力"⑤。统计材料也能证明这一点。在1928年对燕京大学202名男生的调查中，有132人尚未订婚，其中要求今后妻子服务社会的有44人，占未订婚人数的33.33%；要求专职理家的有36人，占27.27%；要求服务社会兼理家的35人，占26.52%。⑥

值得注意的是，这种"服务社会兼理家"的态度不仅是男子的期许，也得到了许多新式女性甚至女界领袖的认同。例如张默君(神州女界共和协济会会长)认为所谓贤妻良母，"诚为古今中外社会中不可缺少之主张"。⑦画家唐冠玉(潘公展夫人)认为服务社会的女子，应"规定时间服务社会，但仍须规定时间整理家务，

---

① 陈绍钲：《建国阶段中妇女应有的认识和动向》，《时代妇女》，1946年第3期。
② 宋孝潘：《妻的责任》，《妇女杂志》，1929年第15卷第10号。
③ 徐学文：《职业与家事那一种更适宜于女子(七)》，《妇女杂志》，1924年第10卷第9号。
④ 莫浑：《中国妇女到那里去》，《东方杂志》，1936年第33卷第17号。
⑤ 瑟庐：《现代青年男女配偶选择的倾向》，《妇女杂志》，1923年第9卷第11号。
⑥ 葛家栋：《燕大男生对于婚姻态度之调查》，《社会学界》，1930年第4卷。
⑦ 《张默君女士论妇女问题》，见黄寄萍：《新女性讲话》，上海：联华出版社，1937年，第3页。

不可偏废",并将"新贤妻良母"当作民族复兴运动中妇女们应有的道德标准。①刘王立明也明确表示她"主张新贤妻良母,不能放弃家庭的责任,即使有余力为社会服务,在生产之后,必须重新分配时间,要是把家政委诸婢仆,那是绝大的损失"。②她本人还曾被誉为新时代妇女的典型,"一方面热心社会事业,一方面并不放弃家政的管理,对于女界的福利,对于丈夫和儿女的幸福,同时能够兼顾"③。从中可见成功地扮演家庭主妇与职业女性的双重角色,已成为民国妇女的自我期许。职业与家事并立的观念作用到现实,使得民国妇女的生活陷入难以摆脱的社会困境。

三、职业女性或家庭主妇:民国妇女的两难选择

职业与家事并立的观念,对于民国时期妇女的实际生活起到了重大的影响,她们不得不或者同时承担起职业女性与家庭主妇的双重角色,或者在职业与家庭中做出艰难的选择。

(一)职业与家事,两者兼顾

当时有些妇女由于家庭生计的艰难,以及民国时期托儿所、幼稚园等公共育婴机构刚刚出现、远未普及,为了养家糊口不得不在家庭与职业间疲于奔命。当时曾有人在报刊上著文生动呈现了女工的这种窘境与疲惫:

> (她们)每晨顶迟四时就要起身,忙着将梳头、洗面、烧早饭、吃早饭、料理小孩等等的一类例事做完。到了五点钟,就要动身跑至工厂门口去等候上工(迟了厂门关起,便不得进去)。直到下午六时甚至九时才能放工。回到家里,婴孩在啼哭,甚至涂得满身的屎尿,忙着给婴孩洗涤、喂乳、烧晚饭、洗澡,吃过晚饭,又要洗衣服、做针线,像这一类的琐碎例事,每天总要忙到很晚,才得睡觉。睡下去身旁左右是孩子,你吵他闹,喂乳、拉尿,整夜难得安眠,翌晨三四点钟,又须起身,再来循着上述的无法避免的例事,一件一件地往下做去,决无安闲希望。④

不仅是女工,其他职业女性也同样面临这一难题:

> 譬如一个小学女教师,每周担任一千七八百分钟的教课,事先既要预备

---

① 《唐冠玉女士论新贤妻良母》,见黄寄萍:《新女性讲话》,上海:联华出版社,1937年,第31—32页。
② 《刘王立明访问记》,见黄寄萍:《新女性讲话》,上海:联华出版社,1937年,第27页。
③ 俞洽成:《家庭访问记:刘王立明女士》,《申报》,1934年6月21日。
④ 陶寄天:《锡沪杭女工生活概况》,《妇女共鸣》,1932年第1卷第9期。

功课,上课时要大声讲解,课后的作文簿、日记簿、默写、大小习字本,以及各种笔记簿,平均每天得改上上百来本本子。如为级任,更要负管理责任。到晚上回家还要带小孩子、烧饭、洗衣,稍有空暇,还得缝补孩子的鞋袜,编织毛绳衣衫……①

当然,也有人能够将家庭与事业兼顾得很好,不过这一般都是家境富裕的妇女在佣人的帮助下,方有可能。因此有人说提倡职业与家事并重主张的人,"往往只是注意到上层阶级的妇女,而根本忽视了一般非富有的妇女的实际问题"②。更多的妇女不得不在职业与家庭生活中痛苦地选择:"家庭妇女们究竟是就业好?还是在家育儿好?这确是当前一个严重的社会问题。"③

(二)放弃职业,退回家庭

其实,多数妇女尤其是知识女性,还是愿意在结婚以后继续从事社会工作的。但在事实上,有许多受过高等教育的妇女,在结了婚以后却只能困守家庭。在1928年对燕京大学42位已婚男生的调查中,妻子受过教育的有35人,占总数的83.33%;但是婚后妻子在外就业的只有4人,专职"理家"的却有34人,占总数的80.95%,受教育的人数与理家的人数几乎相等。④ 在1942年进行的一项对100对夫妇的调查中,妻子受过各等教育的共94人,而婚后没有职业的却至少有40人(还有21人职业未详)。尽管从数据来看,此次调查显示可能有近60%的知识女性在婚后尚有职业,这个比例还是比较高的,但是调查者特意提醒读者:"事实上受过教育的已婚妇女有职业或家务外的活动者仍极少数,这次调查之结果,却有职业之已婚妇女人数较多,其原因是有职业或有家务外活动之妇女对社会调查之认识较深,较少拒绝填写这些调查表,所以收集得(到)的结果不免是职业的已婚妇女人数较多。"⑤

至于造成这一现象的原因,当时有人说:"许多意志薄弱的娜拉在社会上混过一回之后,便即回到家庭中了。就是一般随波逐流的娜拉,也都以家庭为最后的寄生处,而把社会看为暂时过渡的娱乐场所的。"⑥这一因素或许也不免存在,但有人认为更重要的原因在于妇女的职业与育儿问题之间存在着很大的冲突,因此,"有许多已婚的妇女虽然深深地认识职业对于她们的重要,可是,为了要在

---

① 刘恒:《女子职业与职业女子》,《东方杂志》,1936年第33卷第3号。
② 莫潭:《中国妇女到那里去》,《东方杂志》,1936年第33卷第17号。
③ 左玖瑜:《女子从业和托儿所——一个职业妇女的呼吁》,《妇女月刊》(重庆),1943年第3卷第2期。
④ 葛家栋:《燕大男生对于婚姻态度之调查》,《社会学界》,1930年第4卷。
⑤ 邝文宝:《妇女婚姻生活调查》,西南联合大学毕业论文,1942年,北京大学图书馆藏,第42页。
⑥ 孟如:《中国的娜拉》,《东方杂志》,1934年第31卷第15号。

家里抚育孩子，她们乃不得不牺牲自己的职业"。① 瑟庐曾著文指出中国的妇女往往第一个小孩还没有断奶，第二个又已怀上了，这样继续着，直到生育的生理期结束。中间除了妊娠、分娩、保抱、提携、哺乳、衣食种种的麻烦以外，还有疾病的忧愁，夭殇的悲戚。"试问，象（像）这样的毕生鞠躬尽瘁，专做那生儿育女的机器，还有受教育的机会、服务社会的余裕、经济独立的可能吗？"②

（三）放弃家庭，选择晚婚甚至独身

民国时期还有一些女性，迫于职业与家庭的对立，只能选择晚婚甚至独身的生活。萧乾曾回忆称："早在三十年代我在燕京大学读书时，就注意到那里的女教授大都是独身的（冰心是仅有或不多见的一个例外）。原来妇女一结婚，立刻就丧失教书的资格。那时协和医院的护士学校有一项极不近人情的规定，学员不但在学习期间，甚至毕业后若干年内也不许结婚，否则立即取消护士资格。"③

1928年有人对当时著名的女子高等学府金陵女大进行了调查，结果显示，该校1919—1927年毕业生计105人，结婚成家者仅17人，占总数的16%。④ 尽管金陵女大的毕业生中肯定有一些是刚刚毕业或参加工作的，尚未迫切考虑结婚问题，但是近十年的女大学生只有17人结婚，这样的结婚率也有些过低了。另据1949年3月上海《妇女》杂志所做的调查，上海市政府女职员总共有528人。其中，教育程度为国外留学占4%，大学毕业占15%，大学肄业占12%，中学毕业占40%，中学肄业占20%，小学占9%；年龄统计为20岁以下占1.9%，20—30岁占45.6%，30—40岁占33.3%，41—50岁占15%，51—60岁占4.2%。婚姻状况为已婚者仅占24.5%，未婚者多达75.5%。⑤ 1930年颁布的《民法·亲属编》中规定的最低结婚年龄为男18岁，女16岁。当然这只是合法年龄，在实际生活中，乡村女子有十一二岁就出嫁的，城市的结婚年龄要稍晚一点。据当时的调查，女子结婚年龄，大多数是在16岁至19岁之间，占总数的55.73%；在12岁至15岁出嫁者占15.28%；在20岁至32岁出嫁者占28.99%。而在17岁至19岁之间结婚的女子，占46.36%。社会学家孙本文认为"这大概可以代表近时普通社会结婚年龄的一般趋向，固不仅代表农村已也"⑥。按照这一通常的结婚年龄来说，上海市政府女职员中年龄20岁以上者占98.1%，30岁以上者占52.5%，而成婚者却只有24.5%，这一比例也不能谓为合理。由此可见，晚婚甚至是独身在当时已不仅是一个思潮，也是许多女性在实际生活中

---

① 姚贤慧：《妇女职业与儿童幸福》，《东方杂志》，1937年第34卷第13号。
② 瑟庐：《产儿制限与中国》，《妇女杂志》，1922年第8卷第6号。
③ 萧乾：《从"娜拉出走以后怎么办"至今》，《中国青年》，1982年第11期。
④ 江汉文、鲁学瀛、徐先佑：《学生婚姻问题》，《妇女杂志》，1929年第15卷第12号。
⑤ 《请看今日的妇女，究竟解放了没有？——生活展览会资料》，《妇女》（上海），1949年第3卷第12号。
⑥ 孙本文：《现代中国社会问题》第一册，北京：商务印书馆，1946年，第125—126页。

的无奈选择。

综上所述,妇女职业与家事并立的观念,使得职业与家事成为妇女的双重负担,她们要么两者兼顾,疲于奔命,从而削弱了妇女职业思潮中所强调的独立精神;要么只能选择一端,顾此失彼,从而导致观念中职业与家事的并立,演变为生活中的两者对立。无论是哪种选择,都使得民国时期的妇女不得不面对前所未有的生活困境。

四、民国职业妇女的社会困境

民国时期的妇女职业思潮,之所以与家事问题产生复杂的纠葛,从而使得民国妇女要么担负双重负担,要么只能做两难的选择,主要是由于以下几个方面的原因。

(一)男性理想人格的投射

台湾学者许慧琦指出:"近代中国的新女性形象,只不过是男性企图解决自身或社会问题的理想人格投射,而非真正基于了解或符合女性需求所塑造的典型。"[①]这种说法有一定的道理。中国近代的女权运动是由男性倡导和推动起来的,尽管他们已经比较注意站在男女平等的立场上思考问题,注重维护妇女利益,但是男权意识还是被有意无意地融入到许多妇女解放的主张中,而女性则对这些主张表示了顺从。正如前文所说,在当时许多知识男性那里,家事从来都被认为是妻子应该做的事情,这一点不会因为支持妻子外出就业而改变。男性的这种理想人格深深地影响了当时的许多妇女。1940年,一份女子征婚启事中对自己的描述为"女,26,未婚,身清貌美,性温忱庄重,师范毕业,喜文艺通女红,具旧道德新思想"。[②] 一般来说,在征婚启事中对自身条件的描述,总是自己身上最好的优点,或者是最能打动异性的优点。该女士称自己师范毕业、喜文艺,这分明是标榜自己有独立谋生的能力;称自己性格温忱、通女红,这则是凸显自己有治家的才能。这一言行,正是男性理想人格投射于女性的绝好例证。因此,当时有人说,尽管有些妇女自认为是已经得到了解放,有了交际、结婚、离婚的自由,不再牢守闺阃,也不是良妻贤母的效法者,有了独立的职业,不再做社会的寄生分子;但她们仍然是丈夫的奴隶,因为她们在思想上、信仰上完全是盲从或被动的,是"男子的思想的奴隶"。[③] 当然,对上述说法,我们也需要进一步追问:并不是每一个女子都是心甘情愿被改造的,那么,究竟还有什么因素使得妇

---

① 许慧琦:《"娜拉"在中国:新女性形象的塑造及其演变(1900s—1930s)》,台湾政治大学历史学系博士学位论文,2000年,第224页。
② 李准鸥:《今日婚姻的严重问题》,《新光》,1940年第7期。
③ 天乔:《妇女——旧式的奴隶与新式的奴隶》,《新女性》,1927年第2卷第10号。

女虽然不情愿却又不得不接受男性的塑造呢？笔者认为这主要还是社会现实因素的制约。

（二）现实生活的逼迫

民国时期战乱不已，经济凋敝，使得妇女也不得不从事职业以养家糊口。"现在都市中妇女劳动者的增多，是由于内地农村的破产，把许多贫困化的妇女驱到工业上，以工场劳动谋生活的自给，或维持家庭。这显示出目前大部分的职业妇女，是把她们的职业认为生活的必需根基的。"①1930年南京国民政府工商部所发表的劳工人数统计，在江苏、浙江、安徽、江西、湖北、山东、广东、广西、福建9省的28个城市中，女工人数已达37.4万余人，占工人总数的46.4％。②与此同时，由于当时日常生活的社会化程度很低，从生育、育婴到日常的衣食住行都不能由社会机构来代劳，而只能由家庭主妇来一力承担，因此当时人就已经看到"没有替代家庭厨室的相当设备""生育时期的困难问题""没有适宜的托儿所"等现实困难成为拖累妇女从事职业的难题。③要想解决这个难题，只能把家事交给社会管理，以"家事的社会化"来解放职业妇女，为此有人提出了"联家自治"④的主张，即将十几个或几十个小家庭联合起来，设立公共的教养所、食堂、养老院、洗衣房、成衣铺、卫生处等机构，"这样以集合的劳动来替代各个人的劳动，减轻或省却各家主妇对于家务之烦恼"⑤。家事社会化的构想理论上的价值当然毋庸讳言，这也是我们今天解决家事问题的主要手段之一，但在当时却脱离了社会的现实，正如时人所说："工业建设的猛进发展，与妇女参与社会工作者日渐增多，是促使'家事社会化'成为实现的二种主力。后者使这种新事业成为迫切的需要，前者则给与这种新事业以实现的可能。"⑥显然，这"二种主力"在当时都未能具备，因此所谓的家事社会化也只能是个构想，没有实现的可能，民国妇女也只能在职业与家事中继续纠结着。

（三）政策导向的游移

妇女职业思潮和妇女的实际从业尽管从清末以来就已出现，但民国历届政府一直将"贤妻良母"作为女子教育的目标，妇女职业问题也要附丽于此。完成于1911年的《大清民律草案》第27、28条规定，妻子"不属于日常家事之行为，须经夫允许"；妻子得到丈夫的允许后，可以"独立为一种或数种营业"，但丈夫有

---

① 孟如：《从职业回到家庭吗?》，《东方杂志》，1933年第30卷第23号。
② 孟如：《从职业回到家庭吗?》，《东方杂志》，1933年第30卷第23号。
③ 蔡慕晖：《职业与家务》，《东方杂志》，1931年第29卷第7号。
④ 徐亚生：《联家自治的建议》，《妇女杂志》，1929年第15卷第2号。
⑤ 高达观编著：《中国家族社会之演变》，南京：正中书局，1946年，第136页。
⑥ 孟如：《家事社会化》，《东方杂志》，1932年第29卷第5号。

权将其撤销或限制。①民国建立以后,女子教育也多偏重于家事方面,学校的国文读本,要加入家务事项;女子中学的课程,还特设家事、园艺、缝纫等科目;各省及中央所办的女子职业学校,大概总不外家事、烹调、缝纫、蚕桑、缫丝、编物、刺绣、摘棉、造花等课程。因此,时人称:"这种教育机关,简直可算是'贤妻良母养成所'!所有的职业大半属于家庭的事业,所学的知识技能,大半是操持家政的知识技能。"②但是随着社会上女权运动的高涨,政府又不得不重视妇女的职业问题,特别是1924年国民党"一大"宣言中明确宣布,"在政治上、经济上、教育上依男女平等的原则,助进女权之发展",男女经济平等的原则被确立为国民党政纲,并通过宣言形式被全党所公认。此后,1926年国民党"二大"妇女运动决议案将国民党"一大"宣言制定的男女平等原则进一步具体化、系统化,要求督促国民政府实施男女平等各项政策措施:法律方面根据同工同酬,保护母性及童工的原则,制定妇女劳动法;行政方面开放各行政机关,容纳女子充当职员,各职业机关对女子开放。国民党"二大"还提出了"男女职业平等""男女工资平等"等口号。③在这种情况下,保障妇女的职业权就已不容回避了。因此,1929年10月南京国民政府颁布了新的民法总则,不再把妇女定为限制行为能力的人;同年12月颁布新的《工厂法》,规定男女同工同酬,在法律上对妇女职业权予以确认。④但南京国民政府也一再强调女子教育的目标为培养贤妻良母,如1931年11月国民党第四次全国代表大会重申:"男女教育机会平等,女子教育并须重陶冶健全之德性,保持母性之特质,并建设良好之家庭生活及社会生活。"⑤民国政府在妇女职业与家事问题上的首鼠两端,自然对知识界以及民众产生示范效应。

(四)社会解放的需要

近代国人对于妇女问题一直有着两个思考纬度。一方面,从狭义上来说,妇女问题就等于男女平等问题;另一方面,从广义上来说,妇女问题则是社会问题。其实,从近代以来,中国的妇女解放就被纳入社会解放的进程当中,例如有人说:"妇女解放运动是社会解放运动中的一个运动,社会不得到解放,妇女解放也就成为不可能。又因当前中国社会解放务先要求民族解放,所以妇女解放亦是民族解放运动的一翼了。"⑥还有人将妇女解放与阶级解放联系起来,认为只有铲除一切阶级制度,全社会劳动化、共产化,"然后一切都归平等,妇女得到完

---

① 杨立新点校:《大清民律草案·民国民律草案》,长春:吉林人民出版社,2002年,第5页。
② 舒新城:《近代中国女子教育思想变迁史》,《妇女杂志》,1928年第14卷第3号。
③ 《政治周报》,1926年第6、7期合刊。
④ 谢振民编著:《中华民国立法史》下册,北京:中国政法大学出版社,2000年,第756、1098页。
⑤ 杜学元:《中国女子教育通史》,贵阳:贵州教育出版社,1995年,第494页。
⑥ 郁无言:《妇女,家庭,职业》,《妇女》(上海中华基督教女青年会),1945年第1卷第1期。

全解放"。① 近代中国女权运动的特殊性在于，妇女问题的讨论和解决最终是为挽救民族危亡服务的，因此两性的终极关怀不是女权或者人权，而是社会问题、民族问题和国家问题。社会的解放一方面需要全体成员的积极参与，另一方面又害怕妇女如果纷纷走出家庭，又会导致家庭动荡、社会崩溃。鲁迅早在1923年就曾预言过："其实，在现在，一个娜拉的出走，或者也许不至于感到困难的，因为这人物很特别，举动也新鲜，能得到若干人们的同情，帮助着生活。生活在人们的同情之下，已经是不自由了，然而倘有一百个娜拉出走，便连同情也减少，有一千一万个出走，就得到厌恶了，断不如自己握着经济权之为可靠。"② 1934年有人再次强调了这一点："社会固然需要一些奋勇的娜拉，作革命的先驱，来杀一警众，惟怕其太多，和我们的国耻国难殊途同归，弄得人们麻木不仁。"③ 这或许也正是政府一方面为妇女职业立法，另一方面又大肆提倡贤妻良母主义，甚至干脆运用行政手段将妇女赶回家庭的根源。

"回家庭？到社会？是妇女运动中的基本论争，贯穿了中国妇女运动的整个历程。"④ 这是民国时人准确的历史总结。近代以来的妇女职业思潮固然对推动妇女解放的历史进程起到了不可替代的作用，但贤妻良母主义思想也一直在根深蒂固地发挥着影响。这两者的激烈碰撞，不仅消弭了妇女职业思潮中所强调的独立精神，也使得妇女从此不得不面对职业与家事的双重负担或两难抉择，其窘境甚至一直延续至今。这也迫使我们思考男女两性的分工模式应如何重新确立的命题。

---

① 蓝裕业：《"三八"节与中国妇女运动》(1926年)，见中华全国妇女联合会妇女运动史研究室编：《中国妇女运动历史资料(1921—1927年)》，北京：人民出版社，1986年，第583页。
② 鲁迅：《娜拉走后怎样》，《鲁迅全集》第1卷，北京：人民文学出版社，1981年，第162页。
③ 高磊：《关于娜拉出走》，《国闻周报》，1934年第11卷第18期。
④ 白霜：《回家庭？到社会？》，《解放日报》，1944年3月8日。

从民国北平郊区的"留守""空巢"现象看城乡经济流动

李二苓[①]

民国时期的北平[②],虽然已经丧失了国都地位,但元明清以来北平城的发展,使得北平在民国时期仍然是中国的政治、文化"重镇",商业也依旧繁盛。随着近代资本主义工商业传入,北平也新增了许多近代工商业部门。受到北平工商业的影响,北京城周边的青壮年人口势必被吸引入城。本文便是希望通过研究当时北平城乡的性别比例、北平郊区的婚姻状况、年龄结构,分析北平工商业对城郊家庭的影响,明了造成民国北平郊区"留守""空巢"现象的原因和影响,并进一步反思城乡经济、人口互动。

一、城乡性比例变迁的相关性

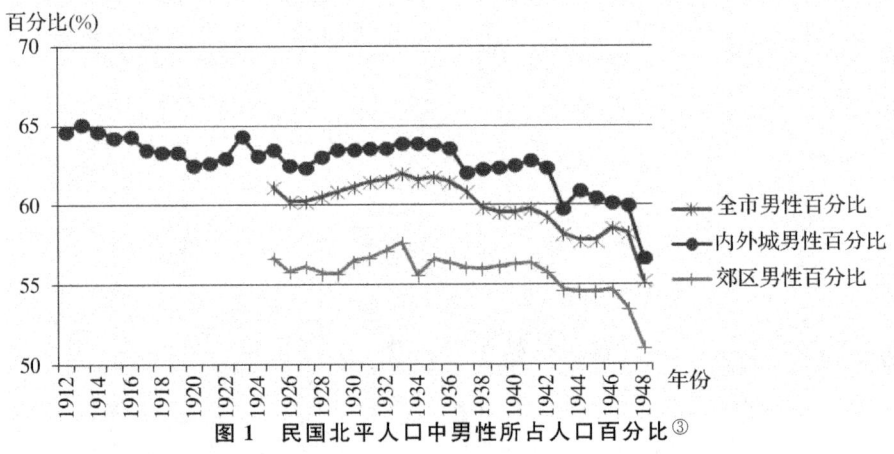

图1 民国北平人口中男性所占人口百分比[③]

---

① 李二苓,社会科学文献出版社编辑。
② 北京在民国时期大多被称为北平,因此本文统称北京为北平。
③ 数据来源:1912—1924年的数据见《内政调查统计表》第8期之《民元以来各省市地方历年户口统计·北京市》,1934年;北平市警察局:《自民国元年来户口总计表》,见《北平市警察局户口统计图表》,1937年。1925—1935年的北京市数据见《平市市政府公安局户口统计》,1936年,第1页;1937—1946年的北京市数据见北平市政府统计室编:《北平市政统计》第二期,户口与生命统计专辑,1946年11、12月合刊,第8—17页;1936年数据见《北平市统计览要》。北京内外城的数据见北京市地方志编纂委员会编:《北京志·人口志》,北京:北京出版社,2004年,第119页。

民国时期北平郊区性别比例的变化，用图表来表达是最为直观的。由于1924年冬裁撤步军统领衙门之后，北平郊区才归京师警察厅管辖，所以1912—1924年的人口数据仅限于内外城，从1925年开始才有郊区人口的数据(见图1)。

如图1所示，北平的内外城存在男性比例畸高的现象，整个民国期间呈下降趋势。郊区的男性比例低于城区，但仍然是男性多于女性。

再看社会调查中各个时期的性别比(见表1)。

表1　民国北平城乡男性人口百分比调查表[①]

男性占总人口的百分比范围	时间	地点	男性占总人口的百分比(%)	备　注
50%以下	约1908年	前八家村	49.6	
	1926年	三才堂	43.5	12户农户
		前八家村	44.9	12户农户
		保福寺	49.3	21户农户
	1932年	黄土北店、周庄子、东庄子、西庄子	49.2	

---

① 资料来源：孔祥莹：《某村大农与小农农业经营之比较》，燕京大学法学院经济系学士毕业论文，1940年，第6页。陈隽人：《清华园左近七村一零四户农情调查》，《清华学报》，1926年第3卷第1期，第765页。万树庸：《黄土北店村社会调查》，见《民国时期社会调查丛编：乡村社会卷》，福建教育出版社，2004年，第78—79页。蒋旨昂：《卢家村》，《社会学界》，1935年第8卷，第39、41页。刘庆衍：《蓝旗营卫生状况及其改进方案》，燕京大学文学院教育学系学士毕业论文，1940年。张宗颖：《平西村农事劳动研究》，燕京大学社会研究所硕士论文，1947年，第25页。李景汉：《北平郊外之乡村家庭》，商务印书馆，1929年，第一部第2页，第二部第92页。陶孟和：《北平生活费之分析》，社会研究丛刊第六种，社会调查所出版，商务印书馆印行，1929年，第24—26页。张折桂：《定县大王耨村人口调查》，《社会学界》，1931年第5卷，第89—104页。乔启明：《中国乡村人口问题之研究》，金陵大学农林科，1928年，第27页。李景汉：《定县社会概况调查》，中国人民大学出版社，1986年，第130、132页。黄迪：《清河村镇社区——一个初步研究报告》，《社会学界》，1938年第10卷，第365—366页。李鸿钧：《清河小本贷款研究》，燕京大学法学院社会学系学士毕业论文，1934年，第16页。梁树祥：《清河小学》，燕京大学法学院社会学系学士毕业论文，1935年，第6—10、48页。杨汝南：《北平西郊六十四村社会概况调查》，见《民国时期社会调查丛编：乡村社会卷》，福建教育出版社，2004年，第283—284页。王文华：《西冉村的农民生活与教育》，燕京大学文学院教育学学士毕业论文，1939年，第12—13页。廖泰初：《一个城郊的村落社区》，首都图书馆北京地方文献，1941年，第8页。董离：《三旗区妇女和她们的教育》，燕京大学文学院教育学系学士毕业论文，1939年，第17页。蔡公期：《平郊农工之分析》，燕京大学法学院社会系学士毕业论文，1947年，第6—7页。谢维珍：《成府某系儿童失学状况调查》，燕京大学法学院社会学系学士毕业论文，1949年，第4—23页。江载华：《树村村长与新政权》，燕京大学法学院社会学系学士毕业论文，1949年，第9页。李恩福：《附近燕京大学家庭工业的调查》，燕京大学社会学学士论文，1927年，第5—7页。陈聚科、卢明溥、于即孙：《前八家村社会经济概况调查》，《清华周刊》，1935年第43卷第1期，第41页。李国轼：《某村之土地制度》，燕京大学法学院经济学系学士毕业论文，1940年，第15页。周廷墦：《一个农村人口数量的分析》，燕京大学法学院社会学系学士毕业论文，1940年，第9—51页。房福安：《成府人口调查》，《社会学界》，1928年第2卷，第147—148页。许仕廉：《一个市镇调查的尝试》，《社会学界》，1931年第5卷，第2—3页。

续表

男性占总人口的百分比范围	时间	地点	男性占总人口的百分比（%）	备注
50%以下	1933年	卢村	49.6	
	1940年	蓝旗营	49.9	
	1941年	六郎庄	49.3	
50%—55%	1926年	西柳村	52.6	11户农户
		水磨村	54.6	19户农户
		挂甲屯	52.4	100家（占全村住户90%）
		黑山扈、马连洼、东村	50.9	64家
	1929年	北京城内	51.8	48个工人家庭
		定县大王耨村	53.1	
	1929—1931年	乔启明调查之全国乡村	52.2	
		定县	51.5	
	1933年	清河实验区	51.6	张折桂调查宛平五区的10个村庄
	1934年		53.9	51家借款家庭
	1935年		54.5	清河小学家庭
	1935年	卢村	50.2	
		附廓64村	52.6	
	1938年	西冉村	52.8	有家庭者
	1939年		50.8	
	1939年	成府附近之三旗村	53.5	
	1947年	前八家村	54.3	
	1949年	成府之树街、桑树胡同、牛子胡同、槐树井	53.5	
		树村乡	52.9	
55%—60%	1926年	大石桥	56.4	17户农户
		萧庄	56.8	12户农户
	1927年	燕大附近	56.4	家庭工业
	1933年	清河镇	59.9	家庭中男性百分比为52.1%；商铺中男性百分比为98.2%；公共机关中男性百分比为85.9%；工厂中男性百分比为100%；其他组织中男性百分比为80%

续表

男性占总人口的百分比范围	时间	地点	男性占总人口的百分比（％）	备　注
55％—60％	1935年	前八家村	55.3	—
	1938年		57.5	新民会调查
			56.1	联保办事处资料
	1939年		58.0	28家农户
			56.7	全村
60％以上	1928年	成府	60.5	—
	1931年	清河镇	61.9	家庭中男性百分比为52.4％；商铺中男性百分比为90.7％；公共机关中男性百分比为100％

表1中被调查的人口包括长期居住的定居人口和流动人口。北平郊区的男性百分比在50％以下的多出现在1933年以前，这恰恰是北平城内人口性别比例较高的时期，且延续到1937年卢沟桥事变前。这一时段国民政府鼓励发展实业，北平城市工商业的发展能吸引更多劳动力。恰巧1941年城内的男性百分比又达到一个高潮（见图1），而在表1中1940年蓝旗营、1941年六郎庄的男性百分比也低于50％，这一时期正值日伪统治中期，北平实行交通阻隔与统制政策，物资集中于城市，日本在北平也办了一些工厂企业，吸引了部分农村人口。蓝旗营更由于高校所办女子工厂的发展，对未婚女性的吸引力较大。郊区男性劳动力会随着城市工商业的发展向城市转移，城市工商业不振，则这些人口又回流到郊区。可是，郊区农业对男性劳动力的需求也很大。

民国期间，以家庭为单位的农村人口，男性所占的比重为50％—57％，属于郊区的农村男性人口比例较大于北京附近宛平县和昌平县的人口比例，相差仅1—3个百分点，如1935年远郊昌平县的卢村男性人口比例为50.2％，近郊的村落为52.6％，相差2.4％。由于调查时仅限于农村住户的家庭人口，流动的短工并未计算在内，当时农工大多为男性，故根据各农场农业经济的发展情况，男性人口的比重可能更大。郊区高产的水田在颐和园和圆明园附近，距离北京城不过十余里。由于近郊土地越肥沃①，人工投入越多，经营者越能获得理想的收入，故而近郊的男性人口比例也应多于远郊男性人口比例。

男性人口百分比在60％左右的有清河镇、成府。清河镇是商业市镇，且有

---

① 李树青：《平郊农村的租佃关系》，《清华周刊》，1934年第42卷第1期，第23页。

工厂和政府机关,其家庭人口性别比例与北平城区家庭相近,男性人口主要集中在工商业及公共机关,不过1933年公共机关中女性的加入是颇值得注意的现象。成府临近清河、燕京两所大学,商业较为繁荣,也是一个住家的村落,所以就成府全区来看,其男性人口便占了60%以上;而从住家的四条街——树街、桑树胡同、牛子胡同、槐树井来说,其比例仅53.5%,与北平城区的家庭人口比例相类。

总之,性别比例不平衡的最大影响因素在于农工商各业的发展。北平城乡的性别比例大致受到北平工商业的影响,较安定的政治环境和发达的工商业对郊区劳动力有一定的吸引力。郊区也不是所谓人口自然增长的区域,郊区发达的农业和工商业与城市一样需要大量的男性劳动力,城、郊同时吸引着人口内聚迁徙,城、郊之间又存在着劳动力的竞争关系,形成城与郊的共存与竞争。①

二、经济压力下的郊区婚姻状况

郊区为什么会有这么多单身的男性劳动力呢?除了较远农村来北平谋生的人之外,北平郊区的婚姻状况也是原因之一。婚丧向为人生之大事②,北平城乡的礼俗相类③。多数关于北京礼俗的研究著作仅限于民俗一类,人口问题的研究者亦只限于对性别比例的探讨,对于北京地区人民的婚姻状况、婚嫁年龄、婚姻成本等问题及其与社会的互动的研究则多集中在新中国成立后④。笔者拟从这些被忽视的角度入手,展现民国时期北平郊区人民婚姻结构与社会互动的一面。

婚事之所以为人生大事,除去对家庭、对社会关系的影响外,更体现为巨大的花费。根据民国时期的调查,1928年挂甲屯有"娶妻者一家用一百元,嫁女者

---

① 韩光辉认为京郊是农业园艺区,较少有机械人口增长。见韩光辉:《民国时期北平市人口初析》,《人口研究》,1986年第6期。高寿仙则根据挂甲屯的调查,认为郊区应适当考虑人口机械增长的影响。见高寿仙:《北京人口史》,北京:中国人民大学出版社,2014年,第385页。笔者认为,郊区的农工商业均吸引了外乡人前来谋生,郊区各村均有大量的外乡人,人口机械增长的影响较大。
② 常人春:《红白喜事:旧京婚丧礼俗》,北京:北京燕山出版社,1996年。常人春:《老北京的风俗》,北京:北京燕山出版社,1996年。吴建雍等:《北京城市生活史》,北京:开明出版社,1997年。
③ 根据时人调查,北平以北直至沙河,其风俗均与北平一般状况相仿佛。蒋旨昂:《卢家村》,《社会学界》第八卷,1935年,第58—59页;沈兆麟:《平郊某村政治组织》,燕京大学法学院社会学系学士毕业论文,1940年,第4页;等等。
④ [德]罗梅君著,王燕生等译:《北京的生育、婚姻和丧葬》,北京:中华书局,2001年。张志永:《婚姻制度从传统到现代的过渡:1950—1956年河北省婚姻制度改革研究》,北京:中国社会科学出版社,2006年。葛世涛:《新婚姻法与建国初期妇女婚姻家庭研究》,广西师范大学硕士学位论文,2006年。孙宝俊、高海萍:《观念的博弈——对1950—1953年我国〈婚姻法〉贯彻活动的历史考察》,《法学与法制建设》,2007年第2期。张志永:《50年代中共干部婚姻问题初探》,《二十一世纪》2007年3月号。李二苓:《"人民内部的民主改革"——新中国第一部婚姻法贯彻策略之个案分析》,见《北京档案史料》,北京:新华出版社,2011年。

一家用四十元"①；黑山扈、马连洼、东村举行的三桩婚事，"各家用费为二五元，八十元与一百元"②，但不知是娶是嫁。就挂甲屯来说，娶妻的男方家庭并不富裕，婚礼当不够"体面"，因为当时"男家至少须筹备两百元左右，才能举行婚事。据村人的意见，以上的办法是最低限度的体面办法。若不过两百元的费用为将就的办法"③。当然，村人和调查者聊天自然要顾及自己的体面，所以说最低限度两百元似乎足够体面了，因为从这之后直到卢沟桥事变导致物价上涨之前，各处调查的结果也不过是男方得花费一两百元而已。④ 嫁女的家庭若条件还不错，根据北平的礼俗，女家很少收受男方的彩礼，且女家在"出嫁前一日须送嫁妆，最低的限度为八台……合计嫁妆费在二十元左右"⑤。当然，贫穷的家庭也可通过娶孀妇来降低婚姻成本，根据当时的习俗："只用喜轿一顶，在夜间迎娶过门，少有办事者，故费用不过二十元左右。"⑥到了卢沟桥事变后，物价上涨，婚嫁费用亦随之而涨，也没有所谓体面不体面的了，例如1939年的西冉村，"办一次事，女家最少也得一百余元以上，男家最少也得二百元。……他们吃的是素菜席……饭是白米和小米合起来做成的二米饭，现在的白面太贵，馒首也就不能在席面上看见了"⑦，"现在的西冉村，因为经济压迫与生活的不安定，这些习俗已渐渐取消"⑧。1941年廖泰初做该村之调查时，说："卢沟桥事变前普通最简单的一次婚礼，男家得花上二三百元钱，女家也得百多元，目下要同样的办一下，数目得增加三四倍。"⑨或许这也是就办得足够体面者而言。

综上，就卢沟桥事变前物价较为稳定时而言，男方要办一场体面婚礼的费用为二百元。这二百元在当时是一笔多大的费用呢？若拿郊区出产最多的玉米为例，一亩普通旱地约收玉米一石，价格在四元上下，那么二百元相当于50亩旱地作物的收成，而当时普通农户也不过拥有十来亩旱地而已，故而要攒下二百元钱实非易事。所以，年轻男性结婚需要得到家庭的资助，或者欲结婚的男性本人有足够的能力养家糊口，所以出现了穷苦家庭的男性普遍较晚结婚的现象。

根据北郊前八家村一个家庭的"生命史"，初婚年龄与家庭经济状况的关系密切。日伪统治时期，该村有一家大佃农，是一个从做小买卖、农工逐渐富裕起来

---

① 李景汉：《北平郊外之乡村家庭》第一部，上海：商务印书馆，1929年，第62页。
② 李景汉：《北平郊外之乡村家庭》第二部，上海：商务印书馆，1929年，第136页。
③ 李景汉：《北平郊外之乡村家庭》第一部，上海：商务印书馆，1929年，第81页。
④ 万树庸：《黄土北店村社会调查》，《民国时期社会调查丛编》，第84页。原载于《社会学界》，1932年第6卷。蒋旨昂：《卢家村》，《社会学界》，1935年第8卷，第58—59、85页。
⑤ 李景汉：《北平郊外之乡村家庭》第一部，上海：商务印书馆，1929年，第84页。
⑥ 李景汉：《北平郊外之乡村家庭》第一部，上海：商务印书馆，1929年，第85页。
⑦ 王文华：《西冉村的农民生活与教育》，燕京大学文学院教育学系学士毕业论文，1939年，第35页。
⑧ 王文华：《西冉村的农民生活与教育》，燕京大学文学院教育学系学士毕业论文，1939年，第35页。
⑨ 廖泰初：《一个城郊的村落社区》，首都图书馆北京地方文献，1941年，第25页。

的家庭，家长有三个儿子，大儿子年轻时其父还在给人做木匠，并做炸蚕豆的小本生意，所以大儿子直到能独立做农工才娶妻，那年他 27 岁。二儿子到结婚年龄时，家长已经当了同村一个大地主的"头活"，即长工中的领导者，或称"大长工"，二儿子 19 岁就结婚了。三儿子 15 岁时，家长已经佃种了百亩余的地，俨然是村里新兴的富户，所以此时便有人来给提亲①。可见，家庭经济状况越好，男子婚娶年龄越小；反之，则越晚婚。

当时许多调查的结果也可以证明穷困导致晚婚的事实。卢村"家庭人口中，二十岁以后还未结婚的人中，男子都是家里没有地的，而且约有一半（百分之四十四）是连租的地都没有的"②。树村在土改时，发掘出来一批乡村领袖，或为农工出身，或仅有四亩土地，都是三四十岁未婚者③。家中有地的人，若要遇到婚丧大事，其土地便有保不住的危险。李树青调查清华园附近十户典地的家庭，只有一家是为了买牲口，其他的均为"积债过多或应付婚丧大事。……因此，一经典出，很少有赎回的希望"④。前八家村的纪凤鸣拥有八十亩地，为了安葬祖父母及父亲，并把姐姐嫁出去，便卖掉了五十亩地⑤。也有因此借款者，李树青的调查中用于婚丧的借款者占借款总次数的 26.3%⑥，而前八家的 29 宗借款中，除 3 宗不知用途外，用于婚丧者 5 宗，占 17.24%⑦。

北平郊区男子晚婚较多的现象也为当时调查者所惊叹，因与时人印象之中中国农村普遍早婚的现象不相符合。下面列出各调查所得各村初婚年龄的情况：

1928 年成府男性的初婚年龄自 15 至 34 岁不等，平均为 21 岁；女子则为 15—25 岁，平均 20 岁。⑧

1928 年挂甲屯的调查情况则是男子初婚年龄在 13—38 岁，平均为 23.6 岁；女子为 13—32 岁，平均 19.2 岁。⑨

1929 年燕大工人中未婚者亦有 13.7% 的人已经在 25 岁以上⑩。

1933 年黄土北店的调查初婚年龄，男女均以 18 岁为最多，但平均起来，男

---

① 韩光远：《平郊村一个农家的个案研究》，燕京大学法学院社会学系学士毕业论文，1941 年，第 21—22 页。
② 蒋旨昂：《卢家村》，《社会学界》，1935 年第 8 卷，第 58—59 页。
③ 江载华：《树村村长与新政权》，燕京大学法学院社会学系学士毕业论文，1949 年，第 37—38 页。
④ 李树青：《清华园附近农村的借贷情形》，《清华周刊》，1934 年第 40 卷第 11、12 期，第 50 页。
⑤ 蔡公期：《平郊农工之分析》，燕京大学法学院社会系学士毕业论文，1947 年，第 22 页。
⑥ 李树青：《清华园附近农村的借贷情形》，《清华周刊》，1934 年第 40 卷第 11、12 期，第 53 页。
⑦ 陈聚科、卢明溥、于即孙：《前八家村社会经济概况调查》，《清华周刊》，1935 年第 43 卷第 1 期，第 50 页。
⑧ 房福安：《成府人口调查》，《社会学界》，1928 年第 2 卷，第 169 页。
⑨ 李景汉：《北平郊外之乡村家庭》第一部，上海：商务印书馆，1929 年，第 23 页。
⑩ 《燕大工人生活调查》，《社会学界》，1929 年第 3 卷，第 161 页。

22岁，女19岁①。

1933年张折桂调查宛平五区十村的情况是，"平均初婚年龄，男为20.4岁，女为15.2岁。过度早婚的例子极少，无论男女，十五岁以下结婚者，都只占男子或女子总数0.4％"。女子"过20岁而未嫁者，只占1％"；男子"过20岁而未娶者占13.3％，过三十岁而未娶者还占6％"②。

1935年卢家村"女子少有晚结婚的，未婚的95.2％是在20岁以前，25以后，也只有1个。而男子却直到40岁才没有不结婚的。"③

1939年西冉村的情况则是大都在十七八岁结婚，但男子在60岁以上的还有未结婚的，而女子在45岁以上未婚的已经不多见了。④

1940年蓝旗营的男性结婚年龄15—44岁均有，大多在25—29岁结婚；女性结婚年龄从15—34岁，大多在20—24岁结婚。⑤

1941年的西冉村，15—29岁已婚的男性仅占该年龄段男性的44.4％，女性50％；30—45岁未婚男子仍占该年龄段男性的11.5％，女性则仅占0.04％。⑥

1949年华美庄的情况是，"17岁以上之男子共45人，而未婚者竟达20人之谱，约44.4％，而女子在17岁以上而未结婚者则属绝无仅有"。⑦

正如蒋旨昂所总结的北平郊区婚姻状况："……女子初婚年龄的分配和男子不同了。她比较集中，意即晚婚的不多"⑧。就地域来说，近郊的女子初婚年龄较远郊的晚，近郊女子大都在20岁以上结婚，而远郊如宛平县的则在20岁之内；就男子初婚年龄而言，近远郊相差不大。在时间序列上，是随着时间的推移北平郊区男子的初婚年龄不断后推，从起初的35岁未婚已属少见，到后来因贫困而终身未婚的比比皆是。此外，在1930年代那些出外学徒或谋生的大多已结婚⑨，而日伪统治以后，却大多变成了先出去学徒后结婚。由婚姻状况可见，民国期间北平郊区社会逐渐走向贫穷的态势。

---

① 万树庸：《黄土北店村社会调查》，《民国时期社会调查丛编》，第81页。原载于《社会学界》，1932年第6卷。
② 黄迪：《清河村镇社区——一个初步研究报告》，《社会学界》，1938年第10卷，第376页。
③ 蒋旨昂：《卢家村》，《社会学界》，1935年第8卷，第42页。
④ 王文华：《西冉村的农民生活与教育》，燕京大学文学院教育学系学士毕业论文，1939年，第28—30页。
⑤ 刘庆衍：《蓝旗营卫生状况及其改进方案》，燕京大学文学院教育学系学士毕业论文，1940年。
⑥ 廖泰初：《一个城郊的村落社区》，首都图书馆北京地方文献，1941年，第23页。
⑦ 陈永龄：《南苑华美庄调查》，《燕京社会科学》，1949年第2卷，第132—133页。
⑧ 蒋旨昂：《卢家村》，《社会学界》，1935年第8卷，第43页。
⑨ 蒋旨昂：《卢家村》，《社会学界》，1935年第8卷，第70页。

三、从年龄结构看北平郊区青壮劳动力外流

上文所谓的单身男性并不代表全部未婚,单身也包括两地分居的情形,结婚后出外谋生的男性便是这一类。与女性职业受限相反,只要是青壮年男性劳动力便有随处流动的可能,所以分析北平郊区人口的年龄结构,有助于明晰北平郊区劳动力的获取、保留与流失的情况。

民国时期中国人的年龄计算方法与今日的不同。据陶孟和:"除湖南、四川而外,与西方不同。每届新年初一,每人之年龄无论生于何月何日,均增加一岁。"①所以陶孟和在统计时采取按所报年龄递减一岁的方法。可上面所列的各个调查者的年龄数据,却少有如陶孟和这样说明的,或有作者指出按"实际年龄"计算,却对"实际年龄"的所指付之阙如,所以把当时的统计数据与今日所统计的年龄数据上下浮动一岁,但并不影响我们今天对当时年龄结构的分析。

在时人看来,15—50岁称为壮年,这个年龄段的男性可以充当一个完全的劳动力。不过,在实际的农事劳动中,10—60岁均可较为熟练地从事农事,例如据蔡公期的观察,50岁以上的男性农作能力还很强②,甚至有位88岁高龄的老人仍然"下地"工作;小的有9岁的儿童已经能熟练地赶大车和"拉牲"了③。女人在农事劳动中也占有重要的位置,烧饭端茶是不可或缺的工作环节,拾柴、捡粪、缝制衣物、喂养家禽等都需要女人出份力,所以有人称:"在农业社会里,妻子的工作有时反较丈夫重,生产的能力极高,她又是以顺从为美德的,讲求实利的农夫们,绝不轻易把家庭拆散了。"④就工商业而言,对男性年龄的要求则较高,一般15—19岁才会被接收为学徒,故而如要成为一个有经验的师傅,大都三十来岁了⑤。从事不需要掌握技术的苦力活,也需要壮年人才有体力胜任,以人力车夫为例,36.5岁收益最高⑥。女子若从事手工,其年龄要求较低,大抵七八岁便能有点收入。正如陶孟和所说:"年幼男子,不易寻得合宜之工作,而年幼女子则可在家中承做手工以补助家用也。"⑦

一方面,北平郊区农村具有与城市一般的吸引力和开放性。正是这种开放

---

① 陶孟和:《北平生活费之分析》社会研究丛刊第六种,社会调查所出版,商务印书馆印行,1929年,第15页。
② 蔡公期:《平郊农工之分析》,燕京大学法学院社会系学士毕业论文,1947年,第11页。
③ 蔡公期:《平郊农工之分析》,燕京大学法学院社会系学士毕业论文,1947年,第14页。
④ 廖泰初:《一个城郊的村落社区》,首都图书馆北京地方文献,1941年,第28—29页。
⑤ 杨树声:《学徒教育之研究》,燕京大学文学院教育学系学士毕业论文,1941年,第27页。
⑥ 陶孟和:《北平生活费之分析》社会研究丛刊第六种,社会调查所出版,商务印书馆印行,1929年,第74页。
⑦ 陶孟和:《北平生活费之分析》社会研究丛刊第六种,社会调查所出版,商务印书馆印行,1929年,第27页。

性，给郊区型农业带来了充足的劳动力，是郊区型农业保持活力的原因之一。另一方面，这种开放性也给北平郊区农村带来了城市化的压力，北平郊区的青壮年劳动力往往被吸引到北京城或周围集镇务工。这主要体现为15—30岁这个工商业学徒的年龄段的青壮年劳动力的流失。笔者以前八家村和西冉村的人口年龄结构为例加以说明。

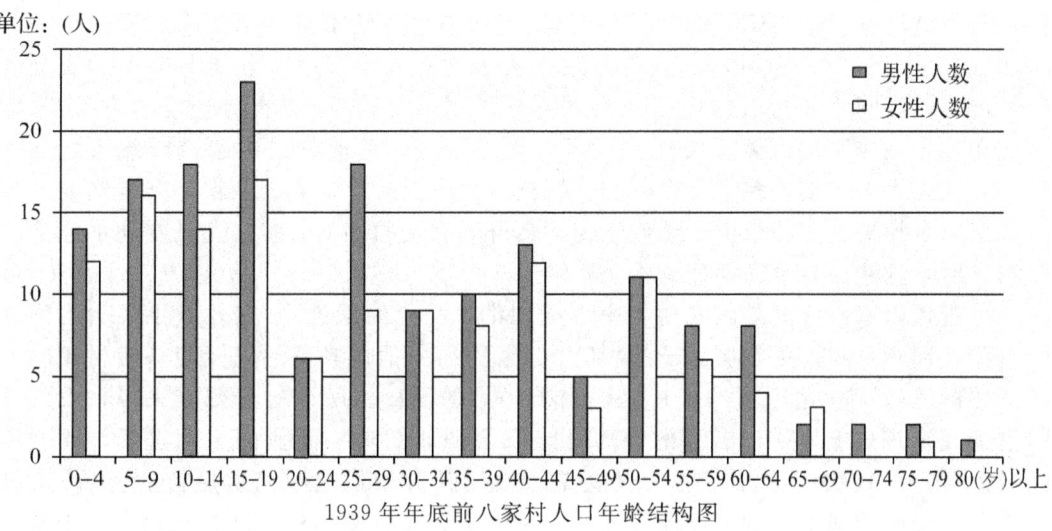

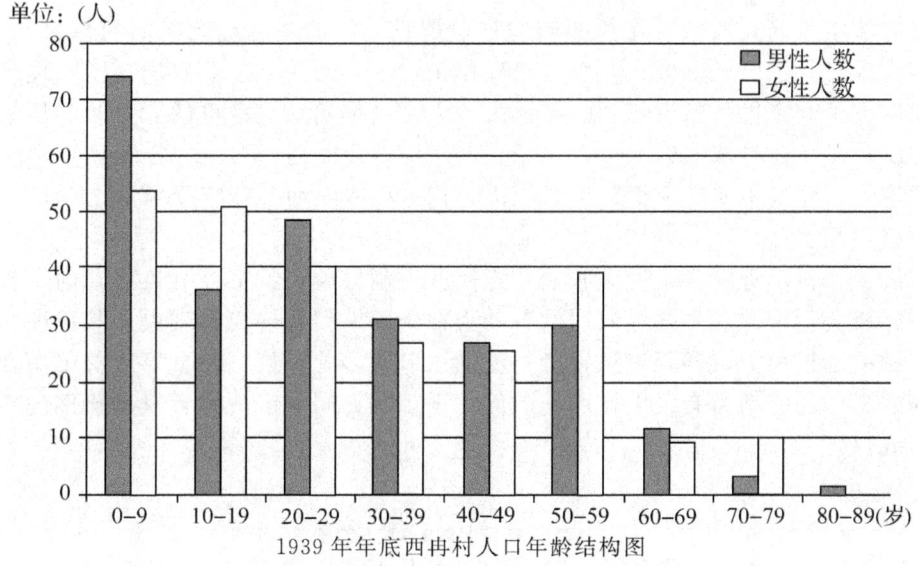

图2 1939年年底前八家村、西冉村的人口年龄结构图①

---

① 数据来源：周廷塏：《一个农村人口数量的分析》，燕京大学法学院社会学系学士毕业论文，1940年，第14页。廖泰初：《一个城郊的村落社区》，首都图书馆北京地方文献，1941年，第8页。

除了各个年龄段人数按照金字塔结构变化外，前八家村20—24岁的男女人口均较少。西冉村的情况则是20—29岁的男性人口较多，10—19岁的较少。比较而言，前八家村的青年人口外流的现象较为严重，主要由于该村临近清河，除了清河的商业需要学徒之外，清河制呢厂也吸收了部分年轻劳动力，包括女性。西冉村年轻男性外出的年龄比前八家村稍微提前，这些人到了25岁以后便陆续回乡。这一分析颇与调查的结果相符合，"西冉村里的十五岁到二十五岁的男子多在外学买卖"①。西冉村的现象大致代表了北平郊区农村青壮年劳动力的流动情况，例如圆明园附近的树村也有同样的情形。树村"很少有男子没学过手艺、徒弟或进城作工的，差不多的男孩子，至十四五岁的时候，由亲戚或熟人之介绍，到北平去学徒，多半是在酒店、饭铺、牛羊肉站、果局、药铺、杂货铺及洋货店，学特殊技能的很少，然而学徒能熬升到店伙的并不太多，尤其在北平经济萧条时，这些人多半又须回来作小贩"②。

近代以来，北平郊区农村越来越受到都市文化的熏染。"在外做小买卖当学徒的，回到乡间，更是满肚子的'都市文化'"③，"他们齐整的衣冠使一般村民起无限的尊敬"④，这更增加了村民们出外经商的渴望。所以对于郊区来说，农民并非完全是被土地"挤"出去的，而可能恰恰是他们对工商业的主动选择。他们"受到都市的影响，不甘心一辈子为农，总盼望其后代能脱离这痛苦的生活"⑤。但是，民国期间中国的工商业发展有限，无法彻底吸纳农村的过剩劳动力，于是北平郊区空巢老人和留守儿童的问题日益严重。例如在土地肥沃的西冉村，"史家老太太，儿子已经死去，儿媳妇出外作工，唯一的一个十七岁的孙子，也到北平学徒去了，家里只留下孤独的老太太一人，当你问到他家里的人口时，他就要泪涕交流了。还有郑家老太太，儿子在北平油盐店站柜（售货员），只留下妻子儿女在家，一年也不能在家里住上三五天，像这样有家而不能享受家庭之乐的，西冉村很多很多"⑥。

综上，对于青壮年来说，农业较工商业得利较少，且工商业也逐渐向女性提供工作机会，因此北平郊区农村的劳动力在民国期间有外流的现象，其程度与距离市镇的远近相关，即距市镇近者外流的人口较多。并且，北平郊区的工商业区域对农村中的劳动力有吸引作用，故而北平郊区如同城市一样有较高比例的年轻男性人口。

---

① 王文华：《西冉村的农民生活与教育》，燕京大学文学院教育学系学士毕业论文，1939年，第29页。
② 江载华：《树村村长与新政权》，燕京大学法学院社会学系学士毕业论文，1949年，第10页。
③ 廖泰初：《一个城郊的村落社区》，首都图书馆北京地方文献，1941年，第17页。
④ 王嵩玲：《树村青年男女教育》，燕京大学文学院教育学系学士毕业论文，1949年，第6页。
⑤ 廖泰初：《一个城郊的村落社区》，首都图书馆北京地方文献，1941年，第79页。
⑥ 王文华：《西冉村的农民生活与教育》，燕京大学文学院教育学系学士毕业论文，1939年，第50页。

总之，男性青壮年是人口迁移的前锋。郊区有较多的生存机会，只要农户家境允许，其儿孙们习得些文化知识，便能从事工、商等其他职业，一旦有所成就便徙家入城。但是，在民众普遍趋于贫困的动乱年代，这种能够徙家入城的现象却是越来越少，小自耕农和无地农民只有通过增加兼职的所谓"勤劳革命"来维持生存，形成农民在城乡之间的"候鸟式"移动，这些农民或者选择晚婚，或者其家人被"留守"和"空巢"。城市的工商业不仅没有解决农村过剩劳动力的转移问题，反而造成农村青壮年劳动力的流失。城市本可以通过吸纳农村剩余劳动力反哺农村，但由于民国时期政治环境与市场环境的动荡，北平经济日益萧条，城市虽然不断吞噬郊区劳动力，但又无力完全接纳弃农的家庭，因而形成了从乡到城的单向资源流动。

社会生活探索

1957 年勤俭持家运动中的女性角色塑造
——以山西为中心的考察

韩晓莉　张广丽[①]

以群众运动的方式开展社会动员是党在战争年代积累的重要经验，也是革命取得胜利的关键要素之一。中华人民共和国成立后，这一动员方式被继续运用到国家的改造和建设中，勤俭持家运动就是其中之一。与全民参与性的群众运动不同的是，20世纪50年代末的勤俭持家运动从发起之初就有着明确的动员对象——妇女群体，在全国和地方各级妇联的领导下，基层妇女被组织起来投入到这场关于责任、角色和身份认同的教育改造中，使党的"勤俭建国、勤俭持家"的方针被迅速宣传贯彻到每个家庭内部。新中国成立初期的群众运动和社会动员一直是当代中国史研究的重要内容，其中不乏对基层妇女的关注，但就以妇女为主体的勤俭持家运动而言，研究相对有限，且多是自上而下地对方针政策和运动过程的梳理，较少关注基层社会如何被发动、妇女群体如何响应、社会舆论如何转变等问题。鉴于此，本文以山西为中心，考察勤俭持家运动在基层社会的实践过程，探讨国家从建设需要对基层妇女的角色塑造以及妇女群体的身份认同，进而对集体化时期国家的社会动员进行反思。

一、从"勤俭建国"到"勤俭持家"：被强调的妇女责任

1956年年底，基本完成了对农业、手工业、资本主义工商业的社会主义改造，中国开始进入全面建设社会主义时期。然而，建设过程中也面临种种问题，最突出的就是生产资料严重匮乏，市场物资供应紧张。为应对这一困难，从1957年2月起，中共中央连续发文，要求在国家建设中要坚持勤俭节约的方针。

1957年2月8日，中共中央政治局通过了《中共中央关于一九五七年开展增产节约运动的指示》（以下简称《指示》），《指示》提出："为了缓和物资供应和财政支出的紧张局面"，"必须用更大的努力在全国范围开展群众性的增产节约运动"。[②] 1957年6月19日，《人民日报》发表了毛泽东的《关于正确处理人民内部

[①] 韩晓莉，首都师范大学历史学院副教授；张广丽，山东临朐县海岳中学教师。
[②] 《中共中央关于一九五七年开展增产节约运动的指示》，见中共中央文献研究室编：《建国以来重要文献选编》（第10册），北京：中央文献出版社，1994年，第28页。

矛盾的问题》一文,毛泽东在文章中将"勤俭持家"纳入"勤俭建国"的方针中,强调"要提倡勤俭持家,勤俭办社,勤俭建国,要使全体干部和全体人民经常想到我国是一个社会主义大国,但又是一个经济落后的穷国,这是一个很大的矛盾。要使我国富强起来,需要几十年艰苦奋斗的时间,其中包括执行厉行节约、反对浪费这样一个勤俭建国的方针。[①] 不久后,毛泽东又在《一九五七年夏季的形势》中进一步阐释了勤俭原则在持家、办社和建国中的实践逻辑,"农村中,勤俭持家应当和勤俭办社并提,爱国、爱社应当和爱家并提"。在中国传统文化中,国与家是两个密不可分的概念,历代统治者都在很大程度上遵循着"家国同构"的国家治理原则。中华人民共和国成立后,这种家国高度一体的政治观念依然是政府开展社会动员的主导思想,这也就有了勤俭建国方针下,勤俭持家的提出以及以此为口号的群众运动的开展。与此同时,尽管妇女解放运动历经多年,男女平等的观念也日渐深入民心,但在性别分工的认知方面,操持家务仍被视为妇女的主要责任。于是,勤俭持家的动员对象就自然地被设定为妇女群体,尤其是已婚的妇女群体。通过自上而下的发动,妇女的家庭责任被强化,社会角色按照国家建设的需要被重新塑造。

1957年9月,中国妇女第三次代表大会在北京召开,大会通过了全国妇联副主席章蕴作的题为"勤俭建国、勤俭持家,为建设社会主义而奋斗"的报告。报告中号召全国妇女坚持执行"勤俭建国、勤俭持家的方针,和全国人民一起发扬艰苦奋斗、勤俭节约的优良传统,努力增产,厉行节约,为把我国建设成为繁荣富强的社会主义国家而努力奋斗。"[②]会上,包括朱德、宋庆龄、蔡畅、郭沫若等国家领导人都从指导妇女工作的角度对"勤俭建国,勤俭持家"的方针做了阐释。朱德指出:"我国劳动人民是有勤俭持家的优良传统,应当加以继承和发扬,我们希望全国妇联带动广大妇女在这方面做出出色的成绩来。"蔡畅也在大会上强调:"妇女不仅在勤俭建国中发挥重要的作用,更在勤俭持家中具有特殊的地位,妇女的主要责任还是在家庭。"[③]在当时的社会环境下,政府将妇女的主要责任界定在家庭范围内,并不是对以男女平等为诉求的妇女解放运动的否定,而是结合民众关于性别分工的传统认知,从国家建设需要的角度,对妇女的社会责任进行扩展,甚至可以说,勤俭持家运动是以妇女为主要动员对象的生产节约运动。在运动中,国家通过重塑妇女角色,扩大妇女责任,将国与家、公与私紧密结合起

---

① 毛泽东:《关于正确处理人民内部矛盾的问题》,《毛泽东文集》第7卷,北京:人民出版社,1999年,第240页。
② 中国妇女管理干部学院编:《中国妇女运动文献资料汇编》第2册,北京:中国妇女出版社,1988年,第315—321页。
③ 中国妇女管理干部学院编:《中国妇女运动文献资料汇编》第2册,北京:中国妇女出版社,1988年,第340页。

来，统一于民族国家的话语体系中。

全国妇女代表大会后，"勤俭建国、勤俭持家"的方针通过各级妇联组织迅速向基层妇女群体中推广。在山西，1956年年底就已开展了以"勤俭治家"为核心的"五好"活动。① 活动最初在城市开展。1956年12月9日，山西第一次城市"五好"家庭妇女代表会议召开，号召每个家庭妇女都来勤俭治家，会议交流和总结了城市"五好"工作经验，并确定今后要围绕增产节约运动，大力宣传与开展"五好"工作。代表们在交流"五好"经验中纷纷表示勤俭治家，尊老爱幼，邻里团结互助，不仅对自己好，对家庭好，而且对国家也好。② 会议之后，"五好"活动又逐渐推广到农村。从当时的活动内容看，对"勤俭"的宣传是模糊和宽泛的，"勤俭治家"更多地是倡导妇女围绕家庭生活处理协调好各种人际关系。这时期，从"治家"到"建国"是一种间接的推动，是首先对自己好，对家庭好，然后才是对国家好的递进关系。

1957年9月，随着中共中央"勤俭建国、勤俭持家"方针的明确提出，以及妇联组织向基层社会的宣传推广，家务劳动的意义和内涵发生了变化。9月7日，《山西日报》刊发文章对全国妇女"三大"上提出的"勤俭建国、勤俭持家"的号召进行了宣传，山西省妇联提出："在目前大规模的社会主义教育运动中，不论在城市或乡村，都有必要对家庭主妇，进行勤俭持家，节约备荒的教育，发动她们省吃俭用，节约粮食，节约棉布，以便和全省人民一道战胜灾荒，帮助国家克服物资供应不足的困难。"③ 11月22日全省县妇联委员召开干部扩大会议，传达了全国妇女"三大"的精神和各项报告，交流了各地"勤俭建国、勤俭持家"的经验，明确了今后全省妇女工作的中心任务就是"继续贯彻勤俭建国、勤俭持家的方针，开展深入的、全面的、持久的以粮食为中心的节约运动"。④ 紧接着，1958年1月26日山西省妇联向全省各级妇联发出《关于开展勤俭持家运动的通知》要求，"在全省范围内掀起一个轰轰烈烈的勤俭持家运动的高潮"。⑤ 同年2月，山西省妇联再次下发通知，对勤俭持家工作的推广做了更具体安排："要在全省城乡内掀起一个勤俭持家的热潮，要把勤俭持家的宣传，基本上做到家喻户晓，

---

① "五好"是指：家庭邻里团结互助好，安排家务好，教育子女好，鼓励丈夫和亲人生产、工作、学习好，自己学习好。
② 吴坚：《我省举行城市"五好"家庭妇女代表会议——号召每个家庭妇女都来勤俭治家》，《山西日报》，1956年12月29日。
③ 山西省妇联：《省吃俭用勤俭持家　向全省城乡家庭主妇进一言》，《山西日报》，1957年9月7日。
④ 山西省妇联通讯组：《省妇联召开县妇联委员以上干部会议布置以后妇女工作》，《山西日报》，1957年11月22日。
⑤ 山西省妇联通讯组：《山西省妇女联合会发出通知在全省范围内掀起勤俭持家运动高潮》，《山西日报》，1957年1月27日。

使她们明确认识勤俭持家和勤俭建国的关系。教育广大妇女要学会勤俭持家的本领，做到精打细算有计划地过日子。城市妇女要注意遵守粮食供应制度，节约粮食、棉布和煤炭、水电，同时在花钱上也要有计划，把钱花到最需要的地方。"①宣传中，妇女勤俭持家不是以增加家庭收入、改善家庭状况为根本目的，而是"为帮助国家克服物资供应不足的困难"，发动妇女的关键就是"使她们明确认识勤俭持家和勤俭建国的关系"。于是，勤俭持家不再是彰显妇女个人品质的私事，而成为体现政治觉悟的公务。

在集体化时期，中共依靠其成熟的社会动员经验将"勤俭建国，勤俭持家"的社会治理方针迅速推向全国，基层妇女群体或主动或被动地被裹挟进这场范围广阔的群众运动中。自1957年9月全国妇女第三次代表大会后，勤俭持家运动的相关报道开始频繁出现在《山西日报》《山西农民》《山西青年报》等地方报纸上，其中多为省、市妇联的宣传动员材料和地方经验介绍。1958年2月，太原市妇联专门编写了《勤俭持家好处多》的宣传册，向基层妇女介绍勤俭持家的益处和方法。②组织辩论会、讨论会是当时农村开展社会主义教育的主要形式，这一形式同样被运用到勤俭持家运动中，或者说，勤俭持家运动在农村正是作为社会主义教育的组成部分被推广的。1957年年底陵川县妇联以偏桥底乡先锋农业社为试点组织了座谈访问会，用"大河有水小河满"为喻，向社员宣传勤俭持家的意义，提出勤俭持家的五大好处，要求妇女从"省钱、省粮、省油、省煤、省开支"入手，"明辨是非，站稳立场，树立国家集体观念，坚定社会主义信念"，县妇联还将先锋农业社的经验向全县推广。③大同西水磨友好农业社直接以"社会主义大辩论"的方式对妇女进行勤俭持家教育，"辩论以节约粮食为重点，教育妇女树立勤俭持家的思想"，"由于妇女发言不系统，意见不集中，前面说了后面忘，所以在组织她们鸣放和辩论的时候，除采取边放边争边教育的方法外，还运用了回忆对比的方法，经过辩论，妇女的社会主义觉悟有了很大地提高，邻里之间更加团结。"④这时期，各地妇联基本都从当地模范合作社入手，以座谈会、辩论会的方式对妇女进行了勤俭持家的宣传教育，武乡县妇联在窑上沟乡组织了反对铺张浪费的座谈会；永济县妇联召开了有210名家庭主妇参加的座谈会，进行勤俭持家、节约粮食的宣传教育；榆次县妇联邀请会过日子的妇女参加座谈会，总结群

---

① 山西省妇联：《鼓起全省广大妇女革命干劲 积极促进工农业生产大跃进》，《山西日报》，1958年2月28日。
② 太原市妇女联合会编：《勤俭持家好处多》，太原：山西人民出版社，1958年。
③ 董小苏：《开展勤俭持家必须做好思想教育工作》（1957年12月8日），长治区勤俭持家积极分子会议材料，编号：32-132（收集人：张俊峰，整理人：王利红，现藏于山西大学中国社会史研究中心）。本文所引档案资料均为张俊峰收集，王利红、杜俊芳整理，藏于山西大学中国社会史研究中心。
④ 《让农村妇女鸣起来争起来》，《山西日报》，1957年11月5日。

众对勤俭持家、节约用粮的经验。在经验推广方面，壶关县和襄垣县合作社的"勤俭理家表"和"勤俭过日月表"受到了政府的表扬，并借助《山西日报》进行推广。永济县59个农业生产合作社，也都推行了具体有效的勤俭方法，用勤俭和浪费的典型户事例，向农民进行了对比教育，发动大家制定了勤俭节约计划和兴家计划。①

举办展览和竞赛是中共组织群众运动的惯常方式，这些方式同样出现在勤俭持家运动中。陵川县偏桥底乡先锋社就曾举办新旧社会展览会，"展出了社里新置办的抽水机、喷雾器等27种新式农具，金皇后、红薯等高产作物标本，还有152户社员家里的花被子、新毛毯、新衣服、水鞋、暖壶等36种生活用品和41户社员的余粮图表，同时也展出了旧社会里的破衣裳、窟窿被等，一边放新的，一边放旧的，通过展览给群众上了一场深刻的政治课。"②武乡县监漳苏光社开展了勤俭持家竞赛运动，提出五查五比，"查勤俭比节约，查劳动比出勤，查副业比收入，查家庭比和睦，查思想比三爱"，合作社专门制定了"三爱日"，通过"三爱日"布置检查工作，总结交流经验，互相学习，互相启发。③

从勤俭持家运动自上而下的发动过程和方式可以看出，尽管运动是由全国妇联发起，以妇女为主体，但却并不是针对妇女的解放运动，而只是以妇女为特定对象的社会动员运动。运动没有就妇女权益提出更多要求，而是在民族国家的口号下，强化了传统的性别分工，进一步扩大了妇女的家庭责任。正如有论者指出的，中共的社会动员在相当程度上借助了传统的家庭结构，女性介入公共领域及社会地位的提高是在不改变家庭内部的性别秩序的前提下进行的，这也导致了女性的双重负担问题，即在承担社会工作的同时，承担家庭劳动。④

二、树立典型：妇女角色的塑造

在中国传统社会，"勤俭"一直被作为妇女应具有的良好品德受到官方和民间的称颂。"勤俭"更多强调的是妇女"安分守己"之下以家庭为中心的奉献和牺牲，妇女勤俭品行的评判者是以男性家长为代表的家庭成员，可以说传统社会妇女的"勤俭"是被限定于家庭范围内的私德，属个人品质。在1957年的勤俭持家运动中，"勤俭"的意义被重新界定，成为国家层面对妇女群体的共同规范，评判权由

---

① 苏裕民：《永济县展开勤俭持家的宣传教育　家庭主妇们行动起来》，《山西日报》，1957年8月19日。
② 董小苏：《开展勤俭持家必须做好思想教育工作》（1957年12月8日），长治区勤俭持家积极分子会议材料，资料编号：32-132。
③ 山西省妇联长治办事处：《武乡监漳苏光社妇女勤劳节约成绩大》（1957年12月8日），长治区勤俭持家积极分子会议材料，资料编号：32-132。
④ 贺桂梅：《"延安道路"中的性别问题——阶级与性别议题的历史思考》，《南开大学学报》（哲学社会科学版），2006年第6期。

民间转移到政府手中。为了推动运动顺利开展,并带动更多妇女参与其中,塑造和表彰妇女模范成为勤俭持家运动的重要内容。地方政府根据当地实际情况重新界定了"勤""俭"的内涵,以此为标准寻找和创造了一大批妇女典型,并通过媒体宣传和经验介绍向社会推广,发挥带动作用。在1958年3月山西省第二次农村社会主义建设积极分子大会上,共评选了109个妇女典型模范,这些妇女代表几乎涵盖了山西各个县市,她们的事迹主要是突出了"勤"和"俭"两个方面。通过评选模范,塑造典型,政府不仅有力地推动勤俭持家运动在基层社会的开展,而且也赋予家务劳动新的价值和意义,重塑了妇女的社会角色。

勤俭持家运动中的"勤"主要强调妇女应积极参加劳动,在这里,劳动不是仅限于家务范围,而是要求妇女在参加社会劳动的基础上,通过勤劳生产实现家庭增收,减轻国家负担。这一点鲜明地体现在各地宣传的勤俭持家模范事迹中。1957年年底,沁县郭村工农合作社王东果作为勤俭持家积极分子参加了长治举行的积极分子代表大会。会后,她的劳动经验被印发成宣传材料向各地推广。"她一年工作331个劳动日,收割麦子、拾羊粪、下锄、拉锄、刨地等。她从来不怕吃苦,不怕受罪,不好干的、工分小的只要对合作社有利的事,她都抢着去干,有时社里用不着她,她也不肯歇上一天。1957年她共拾了37石羊粪,社里给折了劳动180个,由于她起早贪黑,勤劳生产,在田间劳动还赚下151个工。"[1]与王东果一样,五台县松台乡上西村农业社副主任田翠仙也是因为积极参加农业生产被评为了县勤俭持家模范,"夏锄阶段发动妇女割草。秋收阶段除了打场任务外,还刨山药,割豆子,参加农田基本建设等"。[2] 1958年3月,山西省召开了第二次农村社会主义建设积极分子大会,在会上,妇女代表大多以勤俭持家模范的身份受到表彰,其事迹也多突出勤劳生产、厉行节约和有计划地安排家务开支三个方面。应县魏庄乡南马庄村张先花的经验介绍中提出妇女要在参加社会劳动的同时搞好家务劳动,张先花强调"男人和我都是全劳力",为了在参加农副业生产的同时管理好家务,"我每天五更天不明就起来作猪食,清早喂猪、喂鸡、喂羊,白天和男社员一样的上地劳动,晚上推碾、缝衣"。[3]

农业生产之外,鼓励妇女从事家庭副业也是政府所宣传的"勤"的主要内容。1957年,黎城县城关并进社社员王贵莲被评为勤俭持家模范,她的主要事迹就是养猪,她不仅自己养猪,而且还把养猪经验介绍给村里的妇女,带动大家搞副

---

[1] 《十八岁姑娘一年做劳动日三三一个》(1957年12月8日),长治区勤俭持家积极分子会议材料,资料编号:32-132。

[2] 田翠仙:《既是工作模范又是劳动能手》(1958年2月),山西省第二次农村社会主义建设积极分子大会文件,资料编号:153-19。

[3] 张先花:《谈谈我的勤俭持家的办法》(1958年3月6日),山西省第二次农村社会主义建设积极分子大会文件,资料编号:152-71。

业生产。"经过动员宣传，大家思想都通了，你买猪，我积菜，大家忙个不停。当猪生病时，她去兽医站学习，学习回来，她又主动跑东家，跑西家，给这个猪看病，给那个猪打针，整天整天的不休息，结果猪果然都好了，社员们都高兴的叫她是'猪医生'。"① 因为发展家庭副业被评为持家模范的还有屯留县东李高乡新民社副主任刘新珍，在她的带领下，"新民社除发动妇女积极参加社内集体劳动外，根据妇女的具体条件，大力组织妇女开展了养猪、养鹅、养蚕、养蜂、养兔五养家庭副业生产。开展五养一年来收入达 27057 元，每户平均增加收入 120.79 元。"② 阳城县献义乡明星合作社的女副主任焦恩翠"一年养蚕七次"的经验也在会议上得到了宣传。

从上述宣传材料可以看出，尽管对妇女"勤"的要求是以"持家"为落脚点，但内容却大大超出了传统的"家"的范围。全国妇联在 1958 年 1 月的省（市）、自治区妇联主任会议的通报中指出，"勤俭建国、勤俭持家的方针，既根据全国人民当前的总任务出发，又根据妇女的特点出发，它包括妇女积极参加工农业生产和各项建设事业的一面，又包括搞好家务劳动和各种家庭副业生产的一面"。③

勤劳生产之外，官方所塑造的模范妇女的另一主要特征就是在家庭生活中精打细算的"俭"。在这里"俭"被细化到衣、食、住、行的各个方面，"无论是现金和物资，凡是可以不花的，就尽量不花；凡是可以少用的，就尽量少用，节省下来的现金和物资都应当储蓄起来"。④ 与传统社会妇女以"俭"来实现家庭财富积累不同的是，高度集权的政治体制下，政府动员妇女抑制家庭消费最主要的目的在于"为国家积累建设的资金"，⑤ 缓解国家物资不足的困境。这时期，官方塑造和表彰的勤俭持家模范多将精打细算的"俭"发挥到了极致。

壶关辛村乡"三八社"的妇女副主任阎仙果"精打细算，两年粮食三年用"，她讲究"做饭技术"，"做米饭早下米，多熬多煮，做出来又省又光，做面饭，吃拉面太费，要多赶面，赶薄些，切细些，又省又软，吃起来合口味"。⑥ 与阎仙果

---

① 王贵莲：《娘家养猪经验带到婆家用》（1957 年 12 月 8 日），长治区勤俭持家积极分子会议材料，资料编号：32-132。

② 刘新珍：《家庭副业收入每户 120.79 元》（1957 年 12 月 8 日），长治区勤俭持家积极分子会议材料，资料编号：32-132。

③ 《全国妇联关于 1958 年 1 月召开的省（市）、自治区妇联主任会议的通报》，中国妇女管理干部学院编：《中国妇女运动文献资料汇编》（第二册），北京：中国妇女出版社，1988 年，353 页。

④ 朱德：《勤俭持家》（1957 年 12 月 17 日），中国妇女管理干部学院编：《中国妇女运动文献资料汇编》（第二册），北京：中国妇女出版社，1988 年，第 350 页。

⑤ 朱德：《勤俭持家》（1957 年 12 月 17 日），中国妇女管理干部学院编：《中国妇女运动文献资料汇编》（第二册），北京：中国妇女出版社，1988 年，第 350 页。

⑥ 壶关辛村乡妇联：《二年粮食三年用》（1957 年 12 月 8 日），长治区勤俭持家积极分子会议材料，资料编号：32-132。

一样，五台县东茹村的王先苗也在如何节约粮食做饭方面下足功夫，"她平时精打细算、粗粮细作、按时调剂。她做饭时预先计算好了的，吃多少做多少，不做剩饭，不给孩子零食，在冬季和正二月农闲时吃两顿饭，春耕夏秋农忙时吃三顿，干轻活吃稀些，干重活吃稠些"。① 平鲁县元墩农业生产合作社的曹凤英根据农忙农闲、劳动轻重设计了三种不同的家庭用粮计划："1. 从春天开始劳动起约有60天的时间，每天吃两顿稀，一顿稠，每天用二斤面；2. 夏秋两季农忙季节约有180天的时间，每天吃两顿稠的，一顿稀的，每天用二斤面，一斤米；3. 冬天不忙天又短，每天可以吃两顿，一顿稠的，一顿稀的，每天用二斤面。"②

与吃同样被"算计"的还有家庭生活中的穿。勤俭持家模范张先花就在省布方面想了很多办法，"以大改小、翻旧改新，这是经常的事，在拆洗衣服时，把大块的比较结实的留下来，接接缝缝作衣服里；穿衣服注意勤拆洗、勤修补，颜色不好的染一染"。③ 1958年3月，在山西省第二次农村社会主义建设积极分子大会上，兴县的高兰英也向代表们分享了她在生活中总结出的节约棉布经验，"我家从来也没有做过两面子新的衣服，总是破里子，新面子，或者两面都是补着穿"，"剪衣服最省布的是三页子，偏叉裤子，一套衣服能省粗布三尺，省市布二尺"，"我家虽然8口人穿鞋，但没有因做鞋买过布，总是用缝衣服时剪下来的小块布做鞋面"。④ 吃穿之外，日常生活所用的炭、油也是持家模范们着力"算计"的内容，相关经验介绍经常见于各种宣传材料中。

总结经验，树立典型是党自政权建立之初就广泛采用的社会动员模式，也是党发动以农民为主体的基层民众的成功经验，这一动员模式同样被运用在了1957年的勤俭持家运动中。通过选拔和塑造妇女模范，介绍各地妇女勤俭持家的经验，政府向基层妇女传达了对"勤俭"的标准和要求。从宣传材料不难看出，很多内容确实是妇女在家务劳动中的经验和智慧，但材料的公式化结构和口号式总结还是透露出浓厚的官方设计色彩。

可以说，政府通过树立典型，赋予"勤""俭"新的时代内涵和政治意义，塑造了社会主义建设中具有极高政治觉悟和奉献精神的妇女形象，并以此为榜样影响和带动广大基层妇女参与到运动中。与传统社会提倡妇女"勤俭"品质不同的是，集体化时期，妇女勤俭的立足点发生了由家到国的转变。从运动中号召妇女爱

---

① 《勤俭持家的好榜样》，《山西日报》，1958年3月5日。
② 曹凤英：《省粮、省布、省煤炭》(1958年3月8日)，山西省第二次农村社会主义建设积极分子大会文件，资料编号：152-71。
③ 张先花：《谈谈我的勤俭持家办法》(1958年3月6日)，山西省第二次农村社会主义建设积极分子大会文件，资料编号：152-71。
④ 高兰英：《勤俭持家的能手》(1958年3月8日)，山西省第二次农村社会主义建设积极分子大会文件，资料编号：152-71。

国、爱社、爱家的"三爱"宣传可以看出,这一时期妇女"勤俭"首先是为了国家、集体,其次才是家庭。由此也可看出,勤俭持家运动中对女性角色的塑造并不是基于女性自身解放的需要,而是从国家建设层面的政治塑造,是为解决物资供应不足、社会矛盾而采取的社会动员手段。

三、国与家之间:妇女的身份认同

勤俭持家运动在向基层社会的推行过程中基本沿用了中国共产党自根据地时期积累的群众运动经验,如媒体宣传、座谈访问、经验推广、表彰模范等,尤其是通过塑造典型,明确了国家对新时期妇女的要求。结合妇女解放运动中"男女平等"的主流话语,国家赋予家务劳动极高的社会价值,同样,官方对妇女操持家务的行为给予了极高的政治评价。正如上文所指出的,国家对妇女角色的塑造更多是从社会政治、经济建设的需要出发的官方行为,而不是基于社会性别差异和较高社会认知水平的大众选择。于是,勤俭持家运动在发动妇女开展生产节约支援国家建设的同时也造成了她们自身在国与家之间的身份困惑。一方面,基层妇女或主动或被动地响应政府号召,扩大家务劳动范围,获得了更高的社会地位和更多家庭话语权,在社会生活中的表现更为活跃;另一方面,国家要求妇女在参加社会生产的同时对家务劳动投入更多精力,并将家务劳动的意义上升到国家建设的高度,这在某种程度上淡化了国与家的界限,增加了妇女的劳动负担。

勤俭持家运动中,副业生产被归入以妇女为主体的家务劳动范围内,这在基层社会引起了不小的反响。从当时勤俭持家积极分子的经验汇报材料可以看出,喂猪、养蚕成为这时期农村妇女干部大力推广的家务活动,也是她们评选先进的主要指标之一。毫无疑问,副业生产对增加家庭收入大有助益,但在山西很多乡村,喂猪、养蚕并不普及,妇女从事这些工作往往被视为不务正业的出风头举动,不得不面对诸多阻碍。尽管妇女在发展副业方面受到了来自社会、家庭的质疑,但在国家提倡发展农村副业的号召和农业生产"大跃进"的鼓舞下,很多妇女还是对发展家庭副业表现出极大热情,将其视为体现政治觉悟、赢得政治荣誉的途径。黎城城关并进社的王贵莲正是因为养猪成绩突出受到政府表彰,并被评为勤俭持家积极分子。王贵莲在最初向婆家提出养猪计划时,遭到了全家的反对。丈夫说:"咱村上谁家喂过猪,你就非特殊不行?"婆婆说:"现在世道虽不同,也不能新媳妇进门不到一个月,又要喂猪又要下地,就不怕别人笑话。"村里一些老年妇女也议论纷纷:"如今世道真是变了,从前新媳妇娶过三月半年不敢出门,长龙家还不够三天就喂猪呀,生产呀,咱真没见过。"尽管遭到了冷嘲热讽,但有着在娘家养猪受到表彰经历的王贵莲还是说服婆家开始养猪,很快带动了周围村民。在长治区召开的勤俭持家积极分子会议上,王贵莲自信地公布了她的新年计划,"明年发展到50口,买(卖)给国家30口,自己实喂20口","争取明年带上成绩再来和大家见面"。① 同时期,像王贵莲这样克服困难,发展家庭副业被评为勤俭持家模范的还有沁水城关坚持养猪的李淑兰、阳城县献义乡一年养蚕七次的焦恩琴等。尽管她们在开始时都遇到了种种阻力和困难,但在国家政策的鼓励和先进经验的推广下,她们都取得了一定的成绩,也借此获得了政治荣誉。

发展副业之外,精打细算、操持家务这些传统社会的妇女"本分"在"勤俭建国、勤俭持家"官方话语体系中都被赋予了新的价值和意义,这使得妇女在争取家庭话语权的过程中有了更多底气。鼓励妇女制订家庭计划是勤俭持家运动的主要内容,而制订计划的背后往往意味着掌握了家庭内部更多的话语权。从这个意义上说,这场将"持家"和"建国"联系起来的群众运动在某种程度上提高了妇女的家庭地位。勤俭持家运动中,平顺县西沟乡金星农林牧生产合作社发动社员制订家庭计划,并将其定义为"先进与保守斗争的过程"。女社员马俊召在召开家庭会时遇到了来自婆婆和丈夫的抵制,婆婆说:"我活了一辈子,才用你来教育我呀,我给你管不了这家,你们说怎么就怎么吧!"丈夫张之玉说:"订这个干什么?再订也订不出二合米来。"经过马俊召先进与落后事例的教育,婆婆和丈夫转变了观念,同意按照马俊召的安排从事家庭生产,并各自做了表态。婆婆说:"说到这里倒也对,可是我老了干不了别的,只能在家给你们做好饭,喂两口猪,再孵上一窝小鸡,积上点儿粪就行了。"马俊召说:"你能做什么做什么就行了,就不叫你做重活,我今年做60个工,明年你把家里的事包起来,我就能做到150个劳动日。"丈夫说:"你们都能进步,我也能改造,今年才200多工,明年我一定做到330个。"② 抛开家庭计划的内容以及宣传材料可能有的夸大成分,单从马俊召组织家庭会,对婆婆和丈夫进行教育,并使他们最终接受她的家庭计划这一过程可以看出,妇女——尤其是承担更多家务劳动的青年妇女——在家庭中地位的提高。

由于家务劳动被提升到国家建设的层面,政府对妇女勤俭持家的要求不是把妇女作为家庭人而是作为社会人提出的,这使得基层妇女在"勤俭持家"的口号下,有更多机会参与到社会活动中。从1957年年底到1958年年初,山西各地多次举办了表彰勤俭持家模范的会议,来自基层合作社的妇女干部、模范妇女在大会上发言,介绍持家经验。在这些经验材料中,模范们或以"支援国家大建设"作为自己行为的精神动力,或表态"在农业生产大跃进中,贡献自己的全部力量"。

---

① 王贵莲:《娘家养猪经验带到婆家用》(1957年12月8日),长治区勤俭持家积极分子会议材料,资料编号:32-132。
② 申纪兰:《领导全社妇女勤俭持家》(1958年3月5日),山西省第二次农村社会主义建设积极分子大会文件,资料编号:152-71。

考虑到当时社会政治环境，这样的措辞造句难免有公式化的痕迹和官方设计的嫌疑，很难代表基层妇女的真实想法，但妇女模范的大量出现和宣传材料的背后却又有着真实存在，如越来越多的妇女被组织起来参与到一场源于"家"，却归于"国"的政治运动中，她们所从事的社会劳动和家务劳动受到了政府或集体给予的先进或落后的评判。在这样的评判标准下，很多时候妇女们不得不在"国"与"家"、"公"与"私"之间做出选择，用积极响应政府勤俭持家号召的行动表明自己的政治觉悟。襄汾县永固乡永丰前进农业生产合作社对妇女勤俭持家的发动过程生动地反映了这一点。合作社首先召开了全社63个组长以上的女干部会议，学习讨论县妇联关于"动员广大妇女开展以节约粮食为中心的勤俭持家宣传教育，发动妇女大量搜集代食品准备节约渡荒"的指示，组织26个女队长参观了9队吃野菜的方法，分片儿召开女社员会议进行宣传，结果在10天内就发动了全社1100多个妇女采集野菜7万多斤，1092户制订了节约计划。此后，合作社在男女社员中又举行了勤俭持家的专题辩论，批评"一贯浪费"的女社员郑子珍等3人，号召社员向合作社投资。"全社的妇女1426人，自报投资16000余元，可买五马力锅驼机10部，并命名为'妇女勤俭号'。在妇女们的影响下，全社社员共投资35000元，大大地解决了社里开发水利资金不足的困难。"[①]材料中，经过教育发动的妇女都"自觉"地从集体的利益出发，响应合作社号召，"自报投资"发展水利。

  妇女解放是中共革命事业的重要组成，到中华人民共和国成立，男女平等的观念已被大多数民众所接受，农业合作化运动的深入开展，使妇女参加社会劳动成为常态，男女同工同酬的原则逐步实现。在这样的社会背景下，强调妇女家庭责任的勤俭持家运动可能会造成民众对妇女身份认同的困惑。为了解决这一问题，政府明确了家务劳动的重要性，赋予其极高的政治意义和社会价值，并以此为前提，提倡妇女承担更多家庭责任。1957年9月9日，章蕴在中国妇女第三次全国代表大会的工作报告中提到，勤俭持家对于国家社会主义建设事业具有"极其重大的意义"，"家庭主持得好坏，对于家庭成员的社会主义积极性，有重大的影响"。他强调："在社会主义社会里，家务劳动有了更大的社会意义，成为社会主义建设中不可缺少的一部分，家务劳动和社会劳动一样，都是光荣的劳动。"[②]同时期，周恩来也在关于工资福利问题的报告中谈道："家务劳动也是社会劳动的一部分，如果妇女们能够勤俭持家，把家务搞好，使丈夫、子女能够积极从事

---

  ① 姚梨花：《前进农业社是怎样推行勤俭持家的》（1958年3月），山西省第二次农村社会主义建设积极分子大会文件，资料编号：152-71。
  ② 章蕴：《勤俭建国、勤俭持家，为建设社会主义而奋斗（摘要）》，见中国妇女管理干部学院编：《中国妇女运动文献资料汇编》（第二册），北京：中国妇女出版社，1988年，第320页。

各种劳动,同样是对国家和社会的贡献,而丈夫、子女所得的工资也有他们家务劳动应得的代价在内。"①

政府对家务劳动的极高政治定位,目的在于淡化传统观念中"国"与"家"、"公"与"私"的界限,使妇女能从国家层面明确自己的家庭角色,认识到"勤俭持家不是个人私事,它直接关系到祖国的社会主义建设",引导她们"把爱国、爱社、爱家的思想统一起来,启发他们自觉自愿地,心情愉快地响应这一号召"。②于是,地方社会所塑造的妇女模范中就有了努力生产的模范王莫兰,她操持一家六口人的生活,"见什做甚,时刻找活","连个针尖大的空儿也舍不得白放过","脚不闲,手不停,总是忙的起五更睡半夜";③ 有了省吃俭用支援国家建设的模范王先苗,她"做饭加菜,以菜代粮",精打细算,全家平均每年每人吃粮仅312斤。④ 在"爱国、爱社、爱家"的"三爱"口号下,妇女勤劳节俭,将家庭生活限定于"食求果腹,衣求蔽体"的最低消费水平,其不是为了积累家庭财富或应对家庭经济困境,而是为了减轻国家负担,支援国家建设。

相较于农村妇女降低家庭生活水平以支援国家建设,城市职业妇女则出现了"妇女回家"的热潮。尽管妇女退职回家现象背后有当时城市精简机构的客观原因,但之所以有妇女愿意放弃公职回家,确是与政府对家务劳动的定位有极大关系。1957年11月,《山西农民报》和《山西日报》相继报道了省内700余名妇女干部退职参加家务劳动的新闻,从报道内容可以看出政府的鼓励态度。山西省人民委员会召集退职妇女干部座谈会,大家都觉得很光荣,感到退职后,没有工作和孩子的双重负担,能集中精力把家务搞好,还可以节省很多开支。⑤ 在妇女干部座谈会发言中,原玉花谈到了退职后的生活变化,"丈夫不再由于家庭生活安排不好而苦闷"。"许多人的发言都证实了这一点:家务劳动是很重要的,由于她们直接料理家务,不仅节省开支,而且照管好孩子,减少了丈夫的负担,使丈夫可以安心的工作"⑥。最后秘书长卫逢祺勉励已经退职的同志用勤俭治家的精神来管理家务。

勤俭持家运动中,无论是农村妇女的"精打细算",还是城市妇女的"退职回

---

① 转引自太原市妇女联合会编:《勤俭持家好处多》,太原:山西人民出版社,1958年,第11页。
② 《全国妇联关于结合当前中心工作大力宣传勤俭持家的通知》(1957年11月26日),见中国妇女管理干部学院主编:《中国妇女运动文献资料汇编》(第二册),北京:中国妇女出版社,1988年,第348页。
③ 王莫兰:《过日子要靠辛勤劳动》(1957年12月8日),长治区勤俭持家积极分子会议材料,资料编号:32-132。
④ 王先苗:《勤俭持家办法多》(1958年3月6日),山西省第二次农村社会主义建设积极分子大会文件,资料编号:152-71。
⑤ 《在家里劳动一样光荣》,《山西农民报》(第3版),1957年11月7日。
⑥ 《全省已有七百余名妇女干部退职参加家务劳动》,《山西日报》(第3版),1957年11月14日。

家"，都是国家对妇女角色塑造的结果。这种塑造既不是基于妇女自身解放的要求，也不是源于社会对妇女定位的普遍认知，而是服务于国家建设需要，使勤俭持家作为模范妇女的主要标准在基层社会得以宣传推广，并获得了妇女群体的响应。

自1957年9月，为缓解国内日益严峻的物质资料匮乏的困境，国家在勤俭建国的方针下发起了一场以妇女为主体的勤俭持家运动。通过舆论宣传、座谈辩论以及评选模范等活动，官方对"勤""俭"的内涵作了具体界定，赋予家务劳动极高的社会价值，鼓励妇女创造性地从事家务劳动，以创造和积累家庭财富的方式支援国家建设。"勤俭建国"与"勤俭持家"方针的并行体现了政府通过塑造妇女角色的方式指导和干预家庭生活以服务国家建设的努力。借助强大的政权力量，勤俭持家运动迅速在基层社会推行开来，一大批勤俭持家模范被塑造出来，她们的持家经验在基层社会得到推广，基层妇女在国与家之间努力发出声音，寻求身份认同。一方面，从引导社会风气、缓解物资供应紧张、缓和社会矛盾的角度考虑，勤俭持家运动的开展、新妇女角色的塑造和推广无疑具有积极作用。但另一方面，这种自上而下的、动员式的教育改造缺乏持续性和稳定性，随着中心工作和政治环境的改变，难免"昙花一现"的命运。1958年下半年"大跃进"和人民公社化运动兴起，"家务劳动社会化"的口号被提出，"把妇女从家务劳动中解放出来"，"动员妇女参加工农业生产和其他各项建设和事业"成为新时期妇女工作的主要任务，[①] 妇女的家庭责任不再被强调，"勤俭持家"的方针被忽略，直到1962年人民公社化运动高潮退去后，才再度被提起，但这时已很难激起民众的参与热情。

[①] 曹冠群：《全国妇女工作会议总结报告》(1958年)，中国妇女管理干部学院编：《中国妇女运动文献资料汇编》(第二册)，北京：中国妇女出版社，1988年，第374页。

塑造和表彰

——对20世纪五六十年代"五好"活动的历史考察[①]

周 蕾[②]

"五好"活动起源于20世纪50年代,是以妇联[③]组织为主开展的一项家庭建设活动。"文革"期间,这项活动处于停滞状态。70年代末80年代初,全国妇联重新恢复"五好"活动,更名为"五好"家庭活动。80年代末,一些地方妇联开展家庭文化建设,1996年,全国妇联发展为"五好文明家庭"创建活动。2000年至今,开展了家庭教育、家庭文化、家庭健身等更为丰富多彩的形式,在城乡家庭中影响广泛。

目前学界关于"五好"活动的专门研究很少。学者们主要围绕着新中国建立初期的家庭、家属、家庭劳动与妇女解放等问题进行深入研究。张弛认为,以职工家属为代表的家庭妇女之所以能在建国初期获得肯定和褒扬是因为她们能"一切为了生产",家务劳动也是为了社会主义建设[④]。宋少鹏提出,家属在家庭和社区的互助性劳动是集体主义时期单位处理集体福利事业的主要方式。国家努力对家务劳动进行理论化,以确立家务劳动及其承担者在社会主义生产体制中的位置。[⑤] 肖扬认为"五好"活动体现出社会性别关系和家庭关系的改造始终是从属于社会主义建设需要的。[⑥]

以往学者的研究为对"五好"活动的深入分析奠定了重要的基础,提供了很多思路和线索。笔者以20世纪五六十年代为研究时段,所用的史料主要是国家及省级各大报纸、刊物,全国妇联档案,妇联系统出版的刊物和书籍等。研究的问

[①] 本文系全国妇联妇女研究所重点课题"20世纪中国妇女运动简史"阶段性成果。已发表于《妇女研究论丛》,2015年第1期。

[②] 周蕾,全国妇联妇女研究所助理研究员。

[③] 关于妇联的名称不同时期有一定变化:1949年至1957年称为民主妇联,1957年之后称为妇联。本文统一为妇联。

[④] 张弛:《塑造新型的家庭妇女——以新中国初期的职工家属为例》,《首都师范大学学报》(社会科学版),2010年增刊。

[⑤] 宋少鹏:《从彰显到消失:集体主义时期的家庭劳动(1949—1966)》,《江苏社会科学》,2012年第1期。宋少鹏:《集体主义时期工矿企业里的家属工作和家属劳动》,《学海》,2013年第3期。

[⑥] 肖扬:《1950年代国家对性别文化和性别关系的改造和重构》,《山西师范大学学报》(社会科学版),2013年第6期。

题是："五好"活动在家庭空间里尝试着塑造什么样的女性，用什么道德标准进行规范和改造，"五好"活动对性别关系产生了什么影响？

需作以下两点说明：第一，"五好"指 20 世纪五六十年代的"五好"活动，不仅在城市家庭里开展，在军人、民兵、工人、教师等群体中也开展过"五好"活动。本文主要研究 20 世纪五六十年代，以妇联为主，包括工会组织在城市家庭里开展的"五好"活动。第二，文中所指城市的家庭妇女，不仅包括职工家属，还包括工商业者家属和手工业者家属。

一、"五好"活动发起的背景

为改变贫穷落后的面貌，新中国成立之初，中国共产党着力于经济的恢复建设，国家经济恢复发展迅速，但这一时期工人们的生活比较贫困，相当一部分处在社会平均水平以下。如何在相对匮乏的物质条件下，尽量满足职工合理且基本的生活需要以保障其全身心地生产，是亟待解决的问题。

尽管 50 年代女职工的数量有了很大增长，但绝大多数的城镇女性是家庭妇女。1949 年在全民所有制各部门就业的女职工有 60 万人，1953 年年末全民所有制各部门中女职工人数为 213.2 万人。① 妇女可以大量地、大规模地参加生产，只有在家务劳动仅占有她们很少工夫的时候才有可能。所以，妇女要实现彻底的解放，消灭私有制、实现阶级的解放只是第一步，更重要的还要投身社会劳动和实现家务劳动社会化。50 年代初期国家经济状况和现实的社会条件决定国家根本无力解决这么多人的就业，让所有城市家庭妇女全部就业不可能实现。中国共产党解放妇女的理想与现实之间存在不可调和的冲突。

工业化建设的客观需要和家庭妇女无法全部实现就业的现实问题，使得国家关于家庭妇女的态度悄然发生了变化。新中国成立之初，把组织发动妇女参加社会劳动作为解放妇女的主要途径，向广大妇女宣传"劳动光荣""不在家吃闲饭"等。此时，家务劳动受到贬抑和排斥，妇女不工作被视为"可耻的寄生式生活"。1951 年全国妇联、全国总工会等联合下发了"三八节"的宣传口号，其中有："职工家属们，要搞好家务，协助职工完成生产任务"。② 1952 年，全国妇联在贯彻政务院《关于劳动就业问题的决定》、积极推动家庭妇女就业时，提出"宣传劳动就业中要极力防止轻视家庭劳动的情绪，要有意识地说明家庭劳动的意义，使不

---

① 中华全国妇女联合会妇女研究所、陕西省妇女联合会研究室编：《中国妇女统计资料（1949—1989）》，北京：中国统计出版社，1991 年，第 316 页。
② 中国妇女管理干部学院编：《中国妇女运动文献资料汇编（第二册）》，北京：中国妇女出版社，1988 年，第 87 页。

能和暂时不必就业的家庭妇女安于家庭劳动"。① 家属群体的地位也得到了肯定，很早就被划归了"劳动妇女""劳动人民""中国革命的主要力量"。②

这一时期，关于家务劳动，在理论上也有了新的定义。家务劳动在社会主义制度之下获得了肯定。蔡畅指出：家务劳动也是社会主义劳动的一部分。章蕴认为"在现阶段，无论从事家务劳动和社会劳动，只要尽自己所能从事的劳动，都是光荣的"。③ 这一态度和观点为开展"五好"活动奠定了思想的基石。

"五好"活动能够进入城市的家庭内部顺利展开活动还有一个重要背景就是"单位组织"构成了中国城市社区的基本结构。新中国成立初期，面对社会组织很不健全、社会功能衰微、社会无力满足其成员，特别是单位成员需求的局面，国家不得不通过"单位办社会"的方式，让单位在履行其专业职能的同时，承担起更多的社会功能。"单位组织"在中国社会里已经远远超出了一般社会组织的意义，是一种深刻地受制度环境影响、"嵌入"在特定制度结构之中的特殊的组织形态。④ 在"单位组织"的形式下，生产和再生产的结合也体现在空间安排上，生产单位有意识地把职工家属组织起来，集中居住，让生活区靠近生产区，以方便生活，有利生产。公权力可以无孔不入地进入社会生活的私人领域。这样就为"五好"活动能够在家庭内部顺利开展起到了十分关键的作用。

新中国成立初期，伴随中共中央把工作重心从农村转向城市，根据"以生产建设为中心"以及"全心全意依靠工人阶级"的方针⑤，妇联也把城市妇女工作定位在"以女工为基础"。这样就造成了妇联与工会在女工和职工家属的管理权和领导权方面的重叠和冲突。⑥ 全国妇联与总工会通过协商，规定各自的管理范围，1955年4月，全国妇联在第一次城市妇女工作会议上明确提出"在进行职工家属工作中，集中居住的职工家属工作主要由工会负责，散居职工家属工作主要由妇联负责"。⑦全国总工会和全国妇联共同规定过重点分工，但在实际工作中是双方

---

① 《中华全国民主妇女联合会为协助执行中央人民政府政务院关于劳动就业问题的决定给各级妇联的通知》，《人民日报》，1952年8月10日。
② 黎毅忠、夏雯敏：《何谓劳动妇女？何谓知识妇女与职业妇女？她们之间有什么不同？》，《新中国妇女》，1950年第15期。
③ 章蕴：《谈谈对妇女参加社会劳动和家务劳动的看法问题》，《中国妇女》，1957年第5期。
④ 李汉林：《转型社会中的整合与控制——关于中国单位制度变迁的思考》，《吉林大学社会科学学报》，2007年第4期。
⑤ 毛泽东：《在中国共产党第七届中央委员会第二次全体会议上的报告(1949年3月5日)》，见《毛泽东选集》(卷四)，北京：人民出版社，1991年，第487页。
⑥ 中国妇女管理干部学院编：《中国妇女运动文献资料汇编》(第二册)，北京：中国妇女出版社，1988年，第95页。
⑦ 中国妇女管理干部学院编：《中国妇女运动文献资料汇编》(第二册)，北京：中国妇女出版社，1988年，第214页。

协调合作共同开展的。

随着过渡时期总路线的提出和确立,围绕生产建设已成为妇联组织的中心任务。1953年,中国妇女"二大"上,政务院副总理董必武在致辞中提出,要"把生产作为压倒一切的中心任务,作为妇女工作的长期任务"①。妇联组织提出"家庭妇女中的职工家属,尤应以爱护职工,鼓励职工搞好生产作为她们的光荣任务"。② 这种以生产为中心任务的定位对"五好"活动的开展产生了深刻的影响。

二、道德规范的初步建立——"五好"活动的缘起

道德规范源于生活在一起的言语和行动主体的意志,调节着主体行为之间的关系。"五好"活动的道德规范缘自职工家属内部。据目前的史料记载,最早开展"五好"活动的是解放较早的重工业集中的东北地区,是在城市职工家属开展"三好"活动的基础上发展起来的。新中国成立初期,辽东、辽西两省及沈阳、旅大、鞍山、抚顺、本溪5个直辖市妇联,根据辽宁工业城市多、职工家属居住比较集中的特点,在一些大的工矿企业的职工家属中,开展了以保证职工吃好、睡好、休息好为主要内容的"三好"活动。号召职工家属开展团结互助,一家有事,大家相帮,保障了职工全身心投入生产。

理性的道德原则本身是一种社会建构。从新中国成立初期,一直强调集体主义的道德原则。辽宁省沈阳市七二四厂职工家属工作委员会高凤琴小组是这一活动开展初期的典型。职工家属小组是将职工家属集合管理的组织,改造私人领域。高凤琴小组明确了开展家属工作为生产服务的观点,经常关心生产,鼓励工人提高生产积极性,在日常生活中团结互助,并建立了定期会议制度,订立爱国公约,进行批评和自我批评。提出家庭生活应保证职工休息好、生活计划好、卫生好、家庭和睦及邻里团结好等内容。七二四工厂推广了高凤琴小组的经验,全厂职工家属组织了99个互助组、98个托儿站,在鼓励工人提高生产情绪方面起了很大作用。③ 在七二四工厂经验的基础上,1953年1至8月,辽东省西安(现辽源市)煤矿富国三坑的1165户职工中,有416户因家属生育、疾病而受到帮助,保证了他们出勤。在这一活动中,涌现了一批先进模范职工家属和集体。④"五好"活动很快被推广至黑龙江省等地。

---

① 全国民主妇女联合会宣传教育部编:《中国第二次全国妇女代表大会文件汇集》(内部资料),1953年,第9页。
② 全国民主妇女联合会宣传教育部编:《中国第二次全国妇女代表大会文件汇集》(内部资料),1953年,第3页。
③ 中华全国总工会女工部:《高凤琴模范职工家属小组》,《人民日报》,1953年5月8日。
④ 辽宁省地方志编纂委员会办公室主编:《辽宁省志·妇女志》,沈阳:辽宁科学技术出版社,2000年,第191—192页。

南方地区仍然是按照这样的模式进行,所不同的是,武汉地区首先是由妇联在分散的职工家属、家庭妇女中开展,而这种分散也是相对的,因为依托于街道、居委会等单位组织在空间上为活动的开展创造了条件。1954年,武汉市配合宣传总路线,调动家属支持职工生产的积极性,开始对职工家属进行"五好"宣传,即日子计划好,鼓励职工生产好,团结互助好,卫生好,学习和教育子女好。与东北地区相比,除以生产为中心、团结互助外,突出"日子计划好",增加了"学习好"的内容,强调了职工家属自身的学习。通过这些活动和教育,职工家庭都能保持勤俭的习惯,家庭里充满民主、互助和友爱的气氛。1956年武汉市出现了将近8万个新型的职工家庭。[①]

鉴于南北方取得的较好效果,"五好"活动逐步在全国推广开来,从职工家属推广到所有的城市家庭妇女。"五好"构建的道德规范原则和标准也统一起来。1956年2月,全国妇联与总工会、团中央等13个单位发出倡议,动员所有的职工家属、手工业者家属、工商业者家属以及其他家庭妇女进一步提高社会主义觉悟,努力争取做到"五好":家庭邻里团结互助好,家庭生活安排好,教育子女好,鼓励亲人生产、工作、学习好,自己学习好。从而发挥家属在社会主义建设和社会主义改造中的作用。[②] "五好"标准只是表述上做了调整和变化,内容没有本质差别。家庭生活安排好与原来的日子计划好基本是同样内容,明确了家庭和邻里要团结互助,仍然强调为生产服务。

需要指出的是,"五好"活动能够顺利在全国推广并且深入家庭进行宣传、改造与50年代初基层妇联组织的建立有直接关系。1953年2月,全国31个大中城市建有基层妇代会3373个,联系妇女群众580余万人。[③] 街道、居委会的妇代会成为城市基层妇联组织的主要形式。到1956年,省(自治区、直辖市)下的地区、市、县、街道都建有妇联组织,初步完成组织建设。这些基层妇联组织的建立,尤其是基层妇联的建立,为"五好"活动能够在家庭内部开展宣传、改造奠定了坚实的组织基础。

三、道德规范的推广——宣传和改造

"五好"活动的道德规范建立和统一后,宣传、倡导并使之深入人心十分关键。随着"五好"宣传的开展,家务劳动逐步获得承认和肯定,家庭妇女在"家庭

---

① 《妇联组织深入职工家属中开展"五好"运动 武汉出现近八万个新家庭》,《人民日报》,1956年11月18日。

② 中国妇女管理干部学院编:《中国妇女运动文献资料汇编》(第二册),北京:中国妇女出版社,1988年,第238页。

③ 《全国各城市基层妇代会与参加文化学习统计表》(1953年),全国妇联档案:E11-119-2。

内"的劳动有了国家层面的意义。北京市妇联在全市各区先后开展了"五好"的普遍宣传。许多家庭妇女表示"才知道我们搞好家务对社会主义建设也有好处"。不少妇女对计划开支、勤俭治家,也有了新的理解:"如果每家的开支计划得不好,职工就要向国家借支,这样就会增加国家的负担!"[1]然而,包括生育、养育、照料等的家务劳动在"五好"宣传中成为妇女们的职责所在,无疑强化了家庭内部的性别分工。

妇联介入家庭空间内开展工作,通过宣传和塑造,深入家庭内部进行帮助和促成改变,实现"家庭生活安排好"。武汉市海员工人家属王秀英之前"贪图享受,爱吃喝,贪玩",家庭开支入不敷出,妇联倡导"五好"活动以后,妇联干部鼓励王秀英积极参加"五好"活动,帮助她订出家庭计划,勤俭安排家庭生活。王秀英逐渐改变了铺张浪费的习惯。妇联干部进一步教育和帮助她在家庭和邻里中建立新的关系,鼓励她积极参加学习和社会活动。她的丈夫变成了生产积极分子,她自己也被评选为家属模范。[2]

"五好"活动的道德规范无不体现集体主义的原则,注重邻里的友善和互助。"家庭邻里团结互助好"是"五好"的标准之一。"五好"活动介入的不仅是家庭内部,而且通过社会主义道德规范改善了邻里关系。经过宣传,北京市过去在家庭或邻里之间团结不够好的情况,也有了不同程度的改变。在上海的上万条里弄里,出现了邻里团结互助、家庭和睦的新风气。夫妻打架、婆媳纠纷和孩子打架,原来每天要发生十多起,经过"五好"宣传之后,在居民委员会办公的地方再也看不到排队等待调解的人群。

互助主要包括家属之间的家务互助、经济互助和照料互助,这种劳动形式有着集体主义的性质。"是一种完全自觉自愿的不讲交换条件的互相帮助"。[3] 互助组的形式一定程度上减轻了妇女家务劳动的负担。福州市一个由20户家庭主妇组成的互助小组自1955年5月成立后的一年时间里,互助了320多次。[4]除了日常生活中的家务互助,还有经济互助,帮助解决家庭的临时困难。1957年武汉市的职工家属就有4052个储金互助组。[5]

---

[1] 北京市妇联通讯组:《北京市妇联开展"五好"宣传 家庭妇女普遍受到教育》,《人民日报》,1957年3月。《家属互助好处大 高凤琴代表谈工厂职工家属互助互济情况》,《人民日报》,1958年2月17日。
[2] 《妇联组织深入职工家属中开展"五好"运动 武汉出现近八万个新家庭》,《人民日报》,1956年11月18日。
[3] 《妇联组织深入职工家属中开展"五好"运动 武汉出现近八万个新家庭》,《人民日报》,1956年11月18日。
[4] 《社会新风尚 家庭新气象 "五好"积极分子大批出现》,《人民日报》,1956年12月5日。
[5] 中华全国总工会女工部编:《全国职工家属代表会议主要文件》,北京:工人出版社,1957年,第31页。

"五好"活动不仅改造了家庭内部的关系而且改造了邻里之间的关系,在一定意义上,也可以说,"五好"活动是计划经济时代妇联组织在单位、街道、居委会的形式下开展的一种社会工作。

1956年,中国妇女"三大"确立了"勤俭建国、勤俭持家"的方针,"五好"更加突出了"勤俭",勤俭持家被正式纳入了"五好"的评选标准。关于"两勤"方针与"五好"关系问题,全国妇联书记处书记曹冠群提出"勤俭建国、勤俭持家"方针是党和国家为全体妇女制定的总方针。"五好"是每一个妇女实现"勤俭建国、勤俭持家"这一总方针的行动口号。① "两勤"方针实际上是国家进一步明确要求妇女在家庭领域中努力实现节约。"勤俭持家,是家庭全体成员共同的责任,必须依靠全家男女老少一齐努力,而家庭主妇更要负主要责任"②。

"两勤"的提出以及与"五好"的结合实质上仍是以生产为中心的体现。"五好"评选标准改为"勤俭持家好,团结互助好,教育子女好,清洁卫生好,努力学习好"。1957年6月,职工家属代表会议通过"给全国职工家属的一封信",号召全国职工家属提高觉悟,加强团结,贯彻"五好",为社会主义建设服务。③ 根据对吉林省47个县(市)的统计,1957年共节约粮食12万吨,全省1957年群众储蓄额比1956年增加了800多万元。④ "五好"强调勤俭,一方面为家庭和国家节约了物资,另一方面进一步强化了家庭妇女在家庭领域的特殊责任。

20世纪50年代中期以后,国家进一步强调工业化生产的重要性。在1955年全国民主妇联召开的第一次全国城市妇女工作会议上,提出民主妇联要在职工家属中贯彻为生产服务的方针,号召职工家属学习文化和科学知识,准备在可能和需要的条件下,逐步参加社会生产劳动。"五好"活动开始鼓励妇女参加家庭之外的副业生产。家庭副业生产被认为"是适合妇女从事的一种生产"。⑤ 她们在家务劳动之余,代轻工业、手工业工厂加工一些产品,为社会创造了物质财富,同时也增加了家庭收入。

1958年"大跃进"对"五好"活动无疑是个巨大的冲击。在全民大炼钢铁的号召下,劳动力不足成为"大跃进"中迫切需要解决的问题。把广大家庭妇女从家务

---

① 全国妇联办公厅编:《中华全国妇女联合会四十年(1949—1989)》,北京:中国妇女出版社,1991年,第110页。
② 章蕴:《勤俭持家,勤俭建国,为建设社会主义而奋斗》,见中华人民共和国全国妇女联合会编:《中国妇女第三次全国代表大会重要文献》,北京:中国妇女杂志社,1958年,第24页。
③ 《家务劳动是光荣的劳动 职工家属代表会议号召加强团结贯彻"五好"》,《人民日报》,1957年6月13日。
④ 中国妇女管理干部学院编:《中国妇女运动文献资料汇编》(第二册),北京:中国妇女出版社,1988年,第352页。
⑤ 章蕴:《勤俭持家,勤俭建国,为建设社会主义而奋斗》,见中华人民共和国全国妇女联合会编:《中国妇女第三次全国代表大会重要文献》,北京:中国妇女杂志社,1958年,第24页。

琐事中解放出来,投入到生产中去成为客观需要。动员妇女走出家庭,从事生产劳动成为妇联组织工作的重心,家务劳动社会化也取代家务劳动光荣的说法,"五好"活动一度停止。在全国范围内,公共食堂、托儿所、幼儿园、缝纫组等集体福利事业迅猛发展起来。这些集体福利事业基本由妇女承担。由于公共食堂、托儿所在兴办过程中存在盲目发展的问题,很多都难以为继,纷纷垮掉,妇女们又重新回到了家里承担起做饭、育儿等家务劳动。家务劳动的社会化只持续了很短的一段时间就宣告终结,妇女重新回归小家庭。

1960年,"大跃进"结束,经济进入调整时期,妇联的工作重心也从动员组织妇女参加社会生产重新转移到对"两勤"的宣传,并重新开展"五好"活动,肯定家务劳动在社会主义建设中的价值。但是,"五好"活动的强度和声势无法与前期相比。

20世纪60年代之后,随着政治运动的频繁开展,"五好"活动也开始强调政治因素。评选标准中增加了"政治挂帅思想好"。1959年8月9日,武汉市委要求妇联继续贯彻"五好",在强调勤俭的同时,也将学习政治纳入了"五好"标准,调动全市数以万计的"五好"积极分子,发挥她们的骨干带头作用,"大插红旗、大树标兵",开展竞赛。"文革"开始后,随着妇联组织停止活动,包括"五好"活动在内的各项活动都停顿了。

四、道德模范——受表彰群体的特点

除了宣传改造外,"五好"还要进行"五好"积极分子评选活动,将较好地执行道德标准的模范评选出来。"五好"活动从一开始,就树立了很多模范,即"五好"积极分子。1956年,武汉全市已有15000多名"五好"积极分子,还有78000多名职工家属正在积极贯彻"五好"。[①]"五好"活动所进行的表彰,是对家务劳动的一种国家层面的肯定和精神奖励。

模范人物是一段历史时期内,社会某个行业、某个群体当中涌现出来的杰出代表。模范人物的树立具有明显的时代性,秉承和代表了这一时期国家的主流立场和观念。"五好"活动评选出的模范折射出这一时期国家对妇女的期待和具体要求。受表彰的"五好"积极分子都是勤俭持家、操持家务的能手。她们精打细算,计划好家庭开支,在家务劳动中进行发明创造,厉行节约。如苏州市的一个职工家属莫国英,她反复比较了炒米焖饭法、晒米焖饭法,最后她对加米烧饭法改进了两次,并且在其所在的居委会推广,使以前一斤米多出了两碗饭,每月能节省17斤米。[②]

---

① 曹葆铭:《"五好"家庭》,《人民日报》,1956年8月8日。
② 江苏省妇女联合会编:《勤俭持家的好榜样》,南京:江苏人民出版社,1958年,第24—27页。

"五好"活动最重要的目的是服务生产，其亲人在生产中的优秀表现是家庭妇女的劳动能否获得表彰的重要考量因素。1957年3月3日下午，天津市河东区举行街道妇女"五好"积极分子大会，表扬和奖励了444名家务劳动能手。这些家庭妇女善于勤俭持家、教育子女，并且不断地鼓励自己的亲人努力生产、努力工作，在这444名"五好"积极分子当中，229人的亲人是先进生产者、先进工作者、劳动模范或优秀教师。① "五好"评选活动与生产建设之间产生了深刻的联系。

1957年6月，全国总工会与全国妇联在北京召开了全国职工家属代表会议，会期9天，有1300多名职工家属代表参会。其间，毛泽东、刘少奇等党和国家领导人接见了代表。家属代表在会上介绍了在勤俭持家、教养子女、互助团结、开展副业生产等方面的经验。中华全国总工会主席赖若愚指出，职工与家属之间的关系不仅"是亲人关系"，而是"共同建设社会主义新生活的同志关系"，表达国家对家务劳动的肯定，对家属在社会主义建设中身份的承认。

五、小结

"五好"的开展是为了服务工业化生产。家务劳动对社会主义生产发挥作用，成为社会主义建设的一部分而被国家承认。对"五好"积极分子的表彰是国家赋予的荣誉，也是对家务劳动的肯定。1957年，周恩来在《关于劳动工资和劳保福利政策的意见》中也指出：家务劳动是社会劳动的一部分，参加家务劳动也是光荣的。家庭妇女能够勤俭持家，把家务搞好，使丈夫、子女能够积极从事各种劳动，同样是对国家和社会的贡献，而丈夫、子女所得的工资，也有她们家务劳动应得的报酬在内。②

"五好"道德规范体现了以生产为中心以及集体主义原则，折射出时代的特点。妇联将"五好"活动从职工家属推广至城市家庭妇女，妇联组织在家庭空间创造性地开展工作，妇联以独特的角度触及了家庭内部，就集体主义道德规范的开展宣传教育，规范和改造家庭内部关系和邻里关系。互助这种集体主义劳动形式得到广泛应用，减轻了妇女的负担，也使得家庭内部和邻里的关系得以稳固和团结。"五好"活动是希望能够将职工家属塑造为"新型家庭妇女"，而不是"服侍丈夫，做旧式贤妻良母"。1957年，全国民主妇联召开的城市妇女工作会议指出，要正确解释社会主义制度下家务劳动的意义，使家庭妇女成为"有社会主义觉悟的、自觉地为社会主义建设事业服务的新型家庭妇女"。可以说，"五好"活动是中国特色社会主义妇女解放道路的一种新的尝试，也是对马克思主义妇女解放理论中国化的探索。

---

① 《勤俭持家全面做到"五好" 天津市河东区奖励四百多家庭妇女》，《人民日报》，1957年3月7日。
② 中共中央文献研究室编：《周恩来经济文选》，北京：中央文献出版社，1993年，第381页。

从"五好"活动反映出，家务劳动不仅涉及家庭内部的问题，也与整个社会结构和制度密切相关。考虑到当时的历史环境和现实条件，"五好"活动对家务劳动的表彰，无疑强化了家庭和社会中性别的不平等。"五好"活动的发起是缘于工业化建设、服务生产的需要，开展活动的目的始终是服务生产建设。在服务于国家政治的"中心任务"、为社会主义建设做贡献而获得肯定的前提下，这一时期的"五好"活动被深深打上了时代的烙印，这也对改革开放之后"五好"活动的开展产生了深远的影响。

【性別巻】

宗法政治下嫡妻的地位和权利①

王小健②

春秋政治的特点是宗法政治。宗法制的核心是嫡长子继承制，为了确保嫡长子的继承权，周代厉行严格的婚制，以建立妻妾的等级秩序。嫡妻主要是指男子根据礼制，即通过纳采、纳征、亲迎等仪式娶来的配偶，原则上嫡妻只有一个，其余均为庶妾。嫡妻与丈夫是匹配关系，其地位要根据丈夫的宗法地位确定，丈夫是宗子，嫡妻就是宗妇；丈夫是国君，嫡妻就是小君，而妾在礼法上只是生育工具而已，几乎没有政治权利可言。本文通过对《左传》中贵族妻子和诸侯夫人相关史料的梳理，归纳总结宗法制下嫡妻的地位、权利，及其对春秋政治的影响。

一、嫡妻与丈夫相匹配的地位

妻妾的区别是什么？《礼记·内则》"聘则为妻，奔则为妾"下郑注云："妻之言齐也，以礼聘问，则得与夫敌体。妾之言接也，闻彼有礼，走而往焉，以得接见于君子也。"妻是指那个经过聘娶仪式嫁过来的女人，是丈夫的法定配偶。妾则不同，可以有多人，其来源或媵或买或奔，仪式从简或没有仪式。《白虎通·嫁娶》："妻妾者，何谓也？妻者，齐也，与夫齐体。自天子至于庶人，其义一也。妾者，接也，以时接见也。"妻子与丈夫匹配对应，无论是天子还是庶人都是如此。在婚礼仪式中，夫妻"共牢而食，合卺而酳，所以合体，同尊卑"。（《礼记·郊特牲》）"共牢而食，合卺而酳"的仪式，象征着夫妻从此以后二位一体，尊卑与共。这不是说夫妻地位相等，而是说妻子的尊卑取决于丈夫的宗法地位。丈夫为王，妻子为后；丈夫为诸侯，妻子为夫人；丈夫为宗子，妻子为宗妇。夫妇合体，妻子对丈夫具有从属性，但同时也通过夫妻关系在社会上和家族内得到与其夫相匹配的地位。《仪礼·丧服传》齐衰不杖期章："父子一体也，夫妻一体也，昆弟一体也，故父子首足也，夫妻牉合也，昆弟四体也。"夫妻一体，成为一个整体，将妾排除在外，只有妻子才是丈夫的对应之人。周人常用男女、阴阳、日月、内外一类用语表示夫妻的齐体关系，这些用语实际是一对范畴的不同说法，

---

① 基金项目：本文为 2015 年辽宁省教育厅人文社会科学重点研究基地项目"父系继承、母系继承与妇女地位研究"（项目编号：ZJ2015003）成果。

② 王小健，大连大学历史学院副教授。

以体言则男女，以德言则阴阳，以位言则外内，表达的都是一对一的对应关系。《礼记·礼器》："大明生于东，月生于西，此阴阳之分，夫妇之位也。"《礼记·祭义》："祭日于东，祭月于西，以别内外，以端其位。"夫妻关系如同日月相应，只能是一对一。天子即使嫔妃众多，"后"也只有一个。《礼记·昏义》："天子之与后，犹日之与月，阴之与阳，相须而后成者也。"《左传》一书屡屡出现表示妻子的用语，如伉俪、妃偶都是体敌之义，在行文中也是妻妾对言，毫不含糊。《左传·襄公十二年》："天子求后于诸侯，诸侯对曰：夫妇所生若而人，妾妇之子若而人。"又如《国语·周语》中单襄公对陈国必亡的预言："今陈侯不念胤续之常，弃其伉俪妃嫔，而帅其卿佐以淫于夏氏。"因此夫妇齐体实际是在妻妾制下强调一夫一妻的礼法关系，只有妻可以称丈夫为"夫"，而妾无论贵贱其功能在于生育，要以夫为"君"，以嫡妻为"女君"。《战国策·齐策》中邹忌讽齐王纳谏时说："吾妻之美我者，私我也；妾之美我者，畏我也"，这番话正说明了妻、妾与丈夫的不同关系。

二、宗庙祭祀权

由于夫妻一体，同尊卑，妻子因此获得了协同丈夫主持宗庙祭祀的权利。《左传·文公二年》："凡君即位，好舅甥，修昏姻，娶元妃以奉粢盛，孝也。"国君夫人也称"元妃"。新君即位，首先要修好甥舅之国的关系，迎娶元妃以祭祀祖先，这是上孝祖先的表现。可见，嫡妻的首要责任是与丈夫共同祭祀夫家祖先，这也是她独有的权利，此即《礼记·昏义》所说的"上以事宗庙"。《左传·成公十三年》："国之大事，在祀与戎。"在周代宗法家族内，祭祀祖先等神灵是家族成员显示其身份的最重要的活动之一。对于女性来说，能够参与祭祀本身就是一种权力与地位的象征。自西周中期开始，家族祭祀的一个显著特点就是逐渐与夫妻二位一体的伦理观念相结合。《礼记·哀公问》："大昏，万世之嗣也"，"内以治宗庙之礼，足以配天地之神明。"郑玄注："宗庙之礼，祭宗庙也；夫妇配天地，有日月之象焉。"从西周中期开始，已出现夫妇共同为祖先制作祭祀彝器的现象，即使是分开作器，夫妇的祭祀对象也往往是相同的，即丈夫的祖先。这说明在夫妇二位一体的伦理观念影响下，作为宗子之妻的宗妇也拥有祭祀宗庙的权利，而且在家族祭祀中居于主祭地位，其地位仅次于宗子，高于家族内的其他男性成员。① 宗子与宗妇共同主持家族祭祀，在成书稍晚的《仪礼》之《特牲馈食礼》《少牢馈食礼》《有司》《既夕礼》和《士虞礼》中也有反映，其间有吉凶、等级之别，不过行礼程序大同小异，都是主人行礼开其端，主妇从之续其后，丈夫主祭，妻子

---

① 耿超：《周代家族祭祀与两性关系论略》，见蒲慕州主编：《礼法与信仰：中国古代女性研究论考》，香港：商务印书馆，2013年，第6—21页。

助祭，各有分工，缺一不可。祭祀祖先必须夫妇二人亲自主持，这既是家庭完整、香火延续的象征，也是祭礼中男拜男宾、女拜女宾的需要。《礼记·祭统》："夫祭也者，必夫妇亲之，所以备外内之官也。"故婚礼父命子亲迎时说："往迎尔相，承我宗事。勖帅以敬，先妣之嗣，若则有常。"相，助也；宗事，宗庙之事。意思是说前去迎娶你的妻子，与你共同承担宗庙祭祀之事，使其继承先妣之业，恭敬地履行日常职责。《礼记·祭统》："既内自尽，又外求助，昏礼是也。"说的也是妻子协同丈夫祭祀的作用。

夫妇一体对内是宗族之首，对外则是宗族的代表，需要时会共同参与对外活动以表敬重。《左传·昭公二十年》："华亥与其妻，必盥而食所质公子者而后食。"宋国华氏、向氏作乱，扣押了太子兄弟，尽管如此，华亥仍是用心对待公子们，每次都要与其妻一同盥洗干净，照顾公子们吃饭后夫妻俩才用饭。又《昭公》三十年："灭徐。徐子章禹断其发，携其夫人，以逆吴子。"吴国灭徐，徐国君章禹剪断头发，与夫人一起迎接吴国君进城，以表示自己的诚心归服。在这两次事件中，华亥与其妻、徐子与其妻都是以夫妻共同体的名义从事对外活动。这同样说明只有妻子才是丈夫的对应之人，即法定配偶，这是妻子身份地位的重要保证，夫妻之间的情感应该是"相敬如宾""和鸣锵锵"的。

三、嫡妻所生子为法定继承人

根据嫡长子继承原则，身为嫡妻，其所生长子自然是法定继承人，所谓子以母贵，此即《礼记·昏义》所说的"下以继后世"。为了迎接嫡长子的诞生，通常要举行隆重的接子庆祝仪式。据《礼记·内则》记载："国君世子生，告于君。接以大牢，宰掌具。"诸侯世子出生，要接以等级最高的太牢之礼，由膳宰亲自掌管馔食的供应。《左传》桓公六年记录了鲁桓公世子出生的迎接仪式："九月丁卯，子同生。以大子生之礼举之：接以大牢，卜士负之，士妻食之。公与文姜、宗妇命之。"公子同乃桓公嫡长子，举行仪式时，由占卜过的士之吉者怀抱太子，士之妻以自己的乳汁喂食太子，之后桓公与夫人文姜及公族中其他宗妇为太子命名。"公曰：是其生也，与吾同物。命之曰同。"公子同出生之日与桓公相同，故取名曰同。《礼记·内则》又曰："凡接子，择日，冢子则大牢，庶人特豚，士特豕，大夫少牢，国君世子大牢。其非冢子，则皆降一等。"这说明不是宗族继承人的非冢子，庆祝规格要降一等，与自己所属的等级相应。需要说明的是父亲为儿子举行的接子礼，不仅是庆祝那么简单，而是确立社会、宗法意义上父子关系的仪式程序，只有取得了宗法上公认的父子关系，"他才能成为他父亲所属的父系嗣系

(法人)的一位成员,拥有作为此一嗣系(法人)成员的权力和义务。"[①]嫡长子与其余诸子的接子礼不同,说明他们的成员身份不同,所继承的权利义务自然也并不等同,仪式在这里所起到的实际是昭示身份的符号作用——只有嫡长子才是父亲的法定继承人。由于宗法制以最高的太牢之礼强调嫡长子的特殊地位,其余诸子的迎接仪式就显得可有可无,所以《左传》并没有这方面记录,而作为继承人之母,嫡母的地位因此更加巩固。

嫡妻如果无子怎么办?周礼也有相应安排,即娣侄媵妾制,以嫡妻的妹妹和侄女作为丈夫的妾,这是周代诸侯、卿大夫普遍流行的婚制,主要目的是尽量保证嫡子出自夫人之族。《左传·闵公二年》:"闵公,哀姜之娣叔姜之子也,故齐人立之。"《左传·襄公十九年》:"齐侯娶于鲁,曰颜懿姬,无子。其侄鬷声姬,生光,以为大子。"嫡妻也有权力将他族之妾子收为己子,以所收之子为继承人,从而巩固自己的嫡母地位。《左传·隐公三年》:"卫庄公娶于齐东宫得臣之妹,曰庄姜,美而无子,卫人所为赋《硕人》也。又娶于陈,曰厉妫,生孝伯,早死。其娣戴妫,生桓公,庄姜以为己子。"

国君夫人所生子为法定继承人,当有人企图威胁嫡长子的储君地位时,国君夫人有权据理力争,如晋襄公夫人、晋灵公之母穆嬴。晋襄公死后,执政卿赵盾一度欲废嫡立庶,以"晋人以难故,欲立长君"为由,废太子夷皋而立襄公之弟公子雍,结果招致晋国大夫内争和秦晋之战,而身为嫡母的襄公夫人则坚决捍卫己子的储君之位。《左传》文公七年:"穆嬴日抱大子以啼于朝,曰:'先君何罪?其嗣亦何罪?舍适嗣不立,而外求君,将焉置此?'出朝,则抱以适赵氏,顿首于宣子,曰:'先君奉此子也而属诸子。'曰:'此子也才,吾受子之赐;不才,吾唯子之怨。今君虽终,言犹在耳,而弃之,若何?'宣子与诸大夫皆患穆嬴,且畏逼,乃背先蔑而立灵公,以御秦师。"襄公夫人穆嬴为了保住儿子的国君地位,白天抱着太子在朝堂上号哭,并当众质问赵盾:为什么置礼制于不顾,废嫡立庶!出朝后就到赵盾家里,顿首于赵盾:为什么置先君的嘱托于不顾,使其自惭!穆嬴通过号哭、顿首等女性特有的感性手段,并且选择朝堂这种公众场所,充分调动、利用舆情,来强化权臣对礼制的遵守,迫于穆嬴的威逼和舆论的压力,赵盾最终放弃公子雍而立太子夷皋。穆嬴能战胜赵盾这样的权臣,与其善于利用女性的感性手段有关,但最终起作用的还是嫡长子继承的宗法制。换言之,赵盾理亏在违背礼制,而穆嬴则赢在理直气壮。

[①] 赵林:《殷契释亲——论商代的亲属称谓及亲属组织制度》,上海:上海古籍出版社,2011年,第29页。

四、对继承人的废立有发言权

国君夫人是一国小君,这一身份使其在继承人的废立上有一定的发言权,但最终还要取决于国君。如郑武公夫人武姜欲立共叔段。《左传·隐公元年》载:"庄公寤生,惊姜氏,故名曰寤生,遂恶之。爱共叔段,欲立之。亟请于武公,公弗许。"与武姜类似的是周惠王后欲立襄王之弟王子带(甘昭公)。《左传·僖公二十四年》:"甘昭公有宠于惠后,惠后将立之,未及而卒。"国君夫人成功干预国君废立的有宋襄公夫人。《左传·文公八年》:"宋襄夫人,襄王之姊也,昭公不礼焉。夫人因戴氏之族,以杀襄公之孙孔叔、公孙钟离及大司马公子卬,皆昭公之党也。"宋襄夫人乃宋昭公嫡祖母,因昭公对自己无礼而欲废之,先借戴氏之族除掉昭公之党。《左传·文公十六年》:"公子鲍美而艳,襄夫人欲通之,而不可,乃助之施。昭公无道,国人奉公子鲍以因夫人。"公子鲍乃宋昭公庶弟,因其貌美襄夫人欲通之,虽然被拒绝,但仍帮助公子鲍施舍赈恤以收拢人心,国人也愿意奉公子鲍为君来支持襄夫人,此时襄夫人杀昭公之心已然公开。"华元为右师,公孙友为左师,华耦为司马,鳞鱹为司徒,荡意诸为司城,公子朝为司寇。"六卿中惟有荡意诸为公党,其余皆为襄夫人之党,不久之后襄夫人诛杀宋昭公而立公子鲍,是为宋文公。宋昭公无道,襄夫人在公族、戴氏宗族和国人的支持下,先杀其党羽后杀国君本人,又立有道新君,足见其早有预谋,襄夫人如此有号召力并杀伐果断,与其身为周襄王之姊和国君嫡祖母的身份密不可分。又据《左传·哀公二年》:"卫侯游于郊,子南仆。公曰:'余无子,将立女。'不对。他日,又谓之,对曰:'郢不足以辱社稷,君其改图。君夫人在堂,三揖在下,君命只辱。'"卫灵公没有嫡子,欲立郢为太子,郢以"君夫人在堂"为由婉拒,说明君夫人确实在国君废立问题上有发言权,但是否能成功还需要借助于其他条件。

五、对儿子有教诲权

作为嫡母夫人,自然也有教诲子女的权利,即使是对国君也不例外。《左传·桓公三年》:"芮伯万之母芮姜恶芮伯之多宠人也,故逐之,出居于魏。"芮伯万之母芮姜因为讨厌其子芮伯有许多宠姬,而将其驱逐出国。又据《左传·襄公十四年》记载,卫献公逃奔齐国,到达边境时使祝宗告祖,以无罪为自己辩护。献公嫡母定姜细数献公之罪:"无神,何告?若有,不可诬也。有罪,若何告无?舍大臣而与小臣谋,一罪也。先君有冢卿以为师保,而蔑之,二罪也。余以巾栉事先君,而暴妾使余,三罪也。告亡而已,无告无罪。"卫献公是敬姒所生,定姜为定公夫人,于献公虽不是生母,却是嫡母,有权对献公进行批评教育。定姜列举献公的罪状实际有四条:一是欺神无知;二是舍弃卿大夫而与宠臣谋划;三是轻视正卿;四是对嫡母不敬。

六、干预国政

嫡妻的地位如此重要,以至于鲁哀公对婚礼"冕而亲迎,不已重乎?"发出疑问时,孔子肃然正色答道:"合二姓之好,以继先圣之后,以为天地宗庙社稷之主,君何谓已重乎?……天地不合,万物不生。大昏,万世之嗣也。……内以治宗庙之礼,足以配天地之神明。……昔三代明王之政,必敬其妻、子也,有道。妻也者,亲之主也,敢不敬与?"(《礼记·哀公问》)妻子是丈夫的法定配偶,是王室或世家的女主人,与丈夫二位一体,共同供奉祖先,承担着祭祀宗庙、养育子嗣的重任,将来也要与丈夫一同入庙,成为子孙奉祀的对象,怎么能不以亲迎之礼表示敬重?既是如此,妻子当然有权利劝谏丈夫、干预宗族之事或国事,这其实也是她的一个责任。《左传·成公十四年》:"卫侯如晋,晋侯强见孙林父焉。定公不可。夏,卫侯既归,晋侯使郤犨送孙林父而见之。卫侯欲辞。定姜曰:'不可。是先君宗卿之嗣也,大国又以为请。不许,将亡。虽恶之,不犹愈于亡乎?君其忍之!安民而宥宗卿,不亦可乎?'卫侯见而复之。"卫侯在晋国时,被强迫接受出逃在晋的卫国权臣孙林父,定公原本不想见,但在夫人定姜的劝说下不仅接见而且恢复了孙林父的职位和采邑。《左传》中这类嫡妻谏言丈夫、影响国政、家政,为丈夫出谋划策的事例并不少见,展现了自己的聪明才智,这些行为并不被视为非礼,西汉刘向在编撰《列女传》时还常加赞赏。但是夫人对国政的干预需要符合礼。《左传·僖公二十一年》:"任、宿、须句、颛臾,风姓也,实司大皞与有济之祀,以服事诸夏。邾人灭须句。须句子来奔,因成风也。成风为之言于公曰:崇明祀,保小寡,周礼也;蛮夷猾夏,周祸也。若封须句,是崇皞、济而修祀、纾祸也。"成风是鲁庄公妾,僖公母,虽不是嫡母夫人,却是国君之母,母家是须句小国,她打着周礼保护诸夏小国、抵御蛮夷的旗号,婉转劝说儿子僖公重封须句。"二十二年春,伐邾,取须句,反其君焉,礼也。"第二年,鲁国伐邾、重封须句之君,这种做法因为符合周礼而被史家称赞。

七、结语

《礼记·昏义》有言:"昏礼者,将合二姓之好,上以事宗庙,而下以继后世也。"婚礼有三个功能,一是建立宗族或国家间的友好关系,二是夫妻二人共同祭祀家族祖先,三是生育家族继承人。这三项功能的实现都有赖于婚嫁中的女性。因此,宗法制也赋予了嫡妻与丈夫的匹配地位,她们享有宗庙祭祀权,其所生子为宗族法定继承人,同时作为妻子和母亲有教诲子嗣、谏言国政的权利,死后按照礼制享有相应的丧葬祭祀之礼的权利。但她们对政治的影响主要还是通过谏言丈夫、儿子或联合卿大夫实现的,她们自身并不掌握政治权力,这是由宗法政治决定的,这一宗法特点与战国以后的"太后专政"有很大区别。战国政治的特点是君主集权,当国君死后,根据夫妻一体的伦理观念,太后自然全权接管丈夫的政治权力,甚至在儿子成年之后仍不肯放弃权力,由此导致太后专政的现象。

《戒溺女文》释读

郭海文 贾琳珂[①]

在中国历史上,溺女现象一直存在,早在战国时代就有溺女的习俗,"父母之于子也,产男则相贺,产女则杀之"[②]。近代,尤其晚清民初时期,一系列的社会矛盾,使得"民间溺婴之风日炽"。目前,学界探讨溺女问题的文论不少,主要都是在大的社会背景下,探讨某一时期、某一地方溺女的原因与改变这种陋习的措施。[③] 但是,尚未有专门研究"劝诫溺女文"的论文。陕西师范大学妇女文化博物馆珍藏一块《戒溺女文》的雕版,是目前为止发现的保存最为完善的一块板子,对了解溺女的陋习及当时先觉醒的知识分子对这种陋习的深恶痛绝,以及从戒溺女的角度探讨辛亥革命的意义,具有非常深远的价值与意义。

收藏于陕西师范大学妇女文化博物馆的《戒溺女文》雕版,是2005年研究者在陕西省周至县征集所得。雕版长58cm,宽20cm,高4.5cm,共计1055字,梨花木质。此雕版刻于辛亥宣统年,也就是1911年,这一年辛亥革命爆发。

录文如下:

重刊公胄中孚戒溺女文　　敬惜字纸顺勿污秽

《易》曰:"乾道成男,坤道成女"、"有男女,然后有夫妇,有夫妇,然后有父子。"人之所以不绝者,有男女媾积。生生不息而已。近世乃有绝灭生道而溺女者,殊为不解。求其故,或以生育太多,厌而溺之;或以屡产皆女,忿而溺之;或以养女需乳,不利速孕,急而溺之。不知多子为福,七子八婿传为美谈。生育之多不可厌也。父精母血妙合成形,为男为女均属骨肉。莫非子也,而忿之耶?至子息之有无迟早,命实主之。人而无子,正宜积养善祈天,人而晚子,益宜培养元气,溺其现生之女,而妄翼未生之子。

[①] 郭海文,陕西师范大学历史文化学院教授;贾琳珂,陕西师范大学历史文化学院硕士生。
[②] 司马哲编著:《韩非子全书》,北京:中国长安出版社,2009年,第330页。
[③] 徐永志:《近代溺女之风盛行探析》,《近代史研究》,1992年第5期。杨剑利:《近代华北地区的溺女习俗》,《北京理工大学学报》(社会科学版),2003年第4期。张凤花:《近代江西溺女风习探析》,《大家》,2012年第10期。薛刚:《清代福建溺女陋习及整饬》,《历史教学》(高校版),2007年第5期。谭志云、刘曼娜:《清代湖南溺婴之俗与社会救济》,《舟山学刊》,2005年第1期。李锦伟:《清代江西的溺婴及其社会后果》,《江苏广播电视大学学报》,2012年第3期。史史栋:《清代溺婴现象对乡民婚姻生活的影响》,《传承》,2009年第18期。肖倩:《清代江西溺女状况与禁诫文》,《史林》,2001年第1期。

一念嗜杀，上干天和，愈溺女，愈生女。几见溺女而可以速男者乎？顾有借口，于家贫莫瞻嫁奁，无资者岂知天不生无禄之人，饥寒饱暖原有定数。前之不以无女而能富，今讵以偶有此女而遂贫。出继抚养生路多端，开一面□网可也。至于嫁奁则称家之有无。吾见世有贫儿终身难娶者，未闻有贫女终身难嫁者。使女家不责其男家之物，彼男家宁责□岳家之资，而甘于不娶乎？思及此，则女之无容溺。尤大彰明昭著。其若夫富贵之家，或误信堪舆之说，谓女山不利择婿，实难不如早为之所。堪舆正经并此胡说不知何人作俑可杀。抑思佳儿佳婿，司之自天，妇德、妇功，教之由我。尽其在我，而听其在天，何用过虑。况姜宇不过暂为人牧，吕子衡未必久贫。（三国吕范）祸水一盆，何如糟糠半世乎？富贵人而出此，尤为不仁之甚者也。下及私胎一节，似万无存留之事矣。然既犯首恶，复残生命，是罪益罪也。不如书明生庚，置之道旁。若男若女，听无子妇者之携抱，犹为曲全之术耳。夫红毛堤下，为宋夫人；虎乳泽中，得楚令尹。历观史册，孰谓此尽无好人，此穷于溺而犹可济乎？溺者也，稽古在昔。女之以节烈显亲者，代有传人；女之以含冤作祟者，难更仆数。观木兰之代父从军，缇萦之上书救父。人患无女耳，其肯溺乎。观陈氏之红蛇缠股，元秀之牛蹄转床，则嗟何及矣。其敢溺乎？噫，未之思也，身从何来？匪母，何以有我子。甫黄口择妇，便费经营。今日之女，异日之母也，今日生女之母，当年未溺之女也，我之子若孙，未溺之女所出也，子若孙之妇，他人未溺之女也，思前向后，推己类人。此段一字一珠，忍使呱呱弱息，永恨覆盆也哉！呜呼，恸哉，淋淋血胞，欲语何能，母魂甫续，子命旋倾。天乎人乎，天欲生之，人欲杀之，逆天者亡，杀人者死，仇怨相寻，得不于若身，而神其报耶！此六句帝君所增妙极。语云三代不育女者，其家必绝。盖使一人溺女，人咸效之，则人将无女矣，人将无女，则人将无妻矣，人将无妻，则人将绝矣。彼欲绝人，天宁不早绝之，循此又往复之，必至者也。又况例设育婴堂，收养婴赤。凡溺女者，以故杀子孙论，纵不畏冥诛，独不畏显戮耶？夫鸡雏抢谷而死，猪子出胎而亡，人犹惜之。虎狼不伤父子，蝼蚁尚且贪生，人独忘欤？覆巢破卵，凤凰不翔其邑，刳胎杀夭，麒麟不至其郊，物伤其类也，矧伊人也。自伤其类，禽兽何若焉？总之，愚人不禁情欲，婴儿有何罪怨？彼昏不知，得吾说而存之，庶不失天地生物之心，而坤德其无疆矣。

宣统辛亥年刻盩厔县马召□恒□□有人□印者不□□见

该雕版的史料价值非常大，对其分析如下：

一、剖析溺女的原因

(一)重男轻女思想

"或以生育太多,厌而溺之;或以屡产皆女,忿而溺之;或以养女需乳,不利速孕,急而溺之",文章开篇就提及了,造成溺女的三个直接原因,虽然各不相同,但其思想根源,离不开中国传统文化中的"重男轻女"的性别观念这块土壤。中国传统文化,儒家政教伦理学说一直是占主导地位的意识形态,其中充斥了大量"男尊女卑"观念,《诗经》中有对于生男生女的不同待遇记载,生男睡床,锦衣玉食;生女睡地,粗裹破食①。这就造成了民间"重男轻女"的风气。传统的农耕社会,也更看重男性劳动力,女性处于不利地位。《韩非子》中有战国时期"产男则相贺,产女则杀之"②的记载。

因"生育太多,厌而溺之"更多的是针对贫困家庭溺子而言的,这里"溺子"并不一定单指女婴,在生产力不发达的时期,男婴也会成为溺死的对象,即所谓的"生子不举",但无疑女婴被溺死的可能性要远大于男婴。之后,溺男婴的情况逐渐减少,但溺女的情况并未改善,晚清民国反而更盛,这也间接说明了,传统重男轻女思想对人们行为的重大影响,尤其在溺婴问题上。"或以屡产皆女,忿而溺之"也是重男轻女思想的体现,一个"忿"字生动形象的体现出,人们对于"屡产皆女"的失望不满。"养女需乳,不利速孕",从当代医学角度来看,哺乳期女性的哺乳行为,在促使泌乳素分泌的同时抑制了促性腺激素的分泌,所以在哺乳期常常是持续性闭经,大多女性没有排卵期,因而也不会怀孕。但在特殊情况下,比如哺乳期没有正常哺乳,或者卵巢功能没有受到抑制,往往在产后的两三个月之后就有了月经,有了再次怀孕的可能性。这也成了溺女的原因所在,一个"速"字体现出了人们对于男婴急切的渴求,然而这种对男婴的渴求却是建立在残害女婴的基础上的。

(二)经济窘迫

经济困难,无力抚养是造成贫家溺女的主要原因。光绪皇帝也曾上谕:"溺女必与严惩,归娶无从俭约、正其本原,籍挽薄俗。"③与此同时,"顾有借口,于家贫莫赡嫁奁",《鳌屋县志》记载,"鳌屋婚姻,多论财,虽为之刻婚书,颁布礼式。而养女济困之说不绝于耳"④。贵重的嫁奁是溺女的又一重要原因,也就

---

① 《诗经·小雅·斯干》载:"乃生男子,载寝之床。载衣之裳,载弄之璋……乃生女子,载寝之地。载衣之裼,载弄之瓦。无非无仪,唯酒食是议,无父母诒罹。"
② 司马哲编著:《韩非子·六反》,北京:中国长安出版社,2009年,第330页。
③ (清)昆冈等:《大清会典事例》,第269卷。
④ 《鳌屋县志》卷四。

是所谓的奢侈嫁之风。这点,在《鳌屋县志》中亦有记载,当地"士大夫之家,隆重婚姻纳币,亲迎遵循古礼,至世俗之辈,好尚侈靡,又有较量财帛,以至男女失时。"① 可见贵重的嫁妆,不仅是穷人的负担,也是富人攀比的方式。但即使对于富裕家庭而言,妆奁负担过重,也会促使其溺女,"富家之所以溺女者,非育之艰,乃嫁之艰耳。乡俗嫁赀日渐倍厚,恒自罄产,不厚则为富家厌薄,且有因之而弃妇者,妇人之见,以为异日使其女不见重于夫家,不若即死堕地之初为尤得也,坐是相习成风,往往富家尤盛"②。并且,嫁妆是传统社会中,女儿间接参与娘家财产分配的最常见方式,富裕人家尤其是注重门户的家庭,认为女儿外嫁,会将财产带去夫家,因此富裕人家为了防止女儿分割财产,更愿意采取溺女这种方式来维持他们原有的经济地位和社会地位。③ 因此,不论是贫家还是富裕之家,其溺女行为都有着深刻的经济因素。

(三)迷信思想

封建迷信思想则也造成富家溺女的原因,"富贵之家,或误信堪舆之说,谓女山不利择婿,实难不如早为之所"。值得注意的是,在雕版的小字解释中,刊刻者对此句有所评论"堪舆正经并无此胡说,不知何人作俑?可杀。"堪舆,即为相地之术,因此,这里可能并非特指堪舆之术。而是广泛意义上的涉及风水、命理之学。在中国古代,婚姻观包含的内容众多,其中"五行八字"的婚姻观是极为重要的组成部分。议婚至完婚过程中有六种礼节:纳采、问名、纳吉、纳征、请期、亲迎。其中,"纳吉"即男方将女子的名字、八字取回后,在祖庙进行占卜。这种五行八字的婚姻观,使得不少年轻女性闺中难嫁,也使得众多无辜妇女因所谓"克夫""不利翁姑"而遭逐、受凌虐,饱尝人间苦楚。如"凡女子甲子、壬子、己巳、丁巳年十一月生,乙亥、癸亥、戊申、庚申年二月生,丁未、乙未、丁酉、辛酉年正月生,戊辰、丙辰年十月生,丙午、戊午年十二月生,壬寅、甲寅年八月生者'杀三夫'不可娶。""又说子年女杀亥午公姑,丑年女杀子午公姑,寅年女杀未午公姑,凡此之类,亦不可娶。"④ 一些汉族地区有"女忌属羊"之俗,谓"女子属羊守空房",必然克夫,"眼露四白,五夫守宅"故择偶时均以为忌。⑤ 于是,出生时时辰不佳的女子,往往成为被溺死的对象。

(四)私生子

私生子也是溺子的原因,"私胎一节,似万无存留之事矣"。郭松义先生在

---

① 《鳌屋县志》卷四。
② 《皇朝经世文续编》,卷二七,户政四。
③ 张凤花:《近代江西溺女风习探析》,《大家》,2012年第10期。
④ 刘道超:《五行八字婚姻观探析》,《社会科学家》,1990年第3期。
⑤ 万建中:《民间婚俗》,天津:天津人民出版社,2010年,第15页。

《伦理与生活——清代的婚姻关系》一书中对清代403件男女私通案件进行了分析考察，指出清代的下层社会的私通行为已是一种不可忽视的社会现象。因为没有有效的避孕措施，当事人受制于各方面的社会压力，便溺死因奸而怀孕的婴儿。① 尽管官方对于私生子身份持认可态度，宋元以来，以法律形式认可私生子地位，明清时期法律对于私生子财产继承制也有所规定。但民间习惯与法律有所不同，许多地区对于私生子并不接纳，更不要说继承财产。因此，很多情况下，对于私生子，往往溺死，对外宣称生下"死胎"。尤其是对于非婚怀孕者（丧偶、未婚妇女）而言，未能及时采取药物或其他手段堕胎，又没有隐匿的条件，就只能被动产下溺毙。②

二、揭示了劝诫溺女内容

《戒溺女文》是规劝人们不要溺女的宣传品，从内容来看，它主要从思想和措施两方面对溺女的行为进行规劝。

（一）思想宣传

1. 从儒、释、道教化角度劝诫溺女

《戒溺女文》中，开篇就引用《易经》中的话："乾道成男，坤道成女"、"有男女，然后有夫妇，有夫妇，然后有父子。"以阴阳之理来论述女性所代表的阴之不可或缺，尽管强调的重点与原文侧重表达的内容不同。后来又借道教掌管人禄位之神文昌帝君之口言"天欲生之，人欲杀之，逆天者亡，杀人者死，仇怨相寻，得不于若身，而神其报耶！"。《文昌帝君阴骘文》中也有相似的劝人行善，命运相报之句："诸恶莫作，众善奉行。永无恶曜加临，常有吉神拥护。近报则在自己，远报则在儿孙。"《戒溺女文》还利用儒家的"仁"、朱熹的"天地生物为心"、"生本论"来劝诫溺女。"凤凰不翔其邑，刳胎杀夭，麒麟不至其郊，物伤其类也，矧伊人也"。自伤其类，禽兽何若焉？节选化用自《孔子家语·困誓》"丘闻之，刳胎杀夭，则麒麟不至其郊；竭泽而渔，则蛟龙不处其渊；覆巢破卵，则凤凰不翔其邑。何则？君子违伤其类者也。鸟兽之于不义，尚知避之，况于人乎！"③刳胎，剖挖孕妇胎儿，残害幼体。指凶残不义，班固《白虎通·礼乐》有："斩涉刳胎，残贼天下。"意思是刃取杀幼胎、竭泽而渔、覆巢破卵，残害正在形成的生命，这都是逆反自然生生不息、万物滋生之理，有违天和，故麒麟、凤凰、龙等被古人认为是祥瑞之征者，它们不再出现，祥瑞之象尽失。并且，中国古代认为，麒麟司掌送子之职，故有"麒麟送子"之说。"庶不失天地生物之心"则体现了朱熹的

---

① 郭松义：《伦理与生活：清代的婚姻关系》，北京：商务印书馆，2000年，第526页。
② 王跃生：《清代中期婚姻冲突透析》，北京：社会科学文献出版社，2003年，第146—153页。
③ 王肃注：《孔子家语》，呼和浩特：内蒙古人民出版社，2009年，第189页。

"生本论",将劝诫溺女的意义,提升到哲学角度。

2. 从正反两方面举例,劝诫溺女

"观木兰之代父从军,缇萦之上书救父。人患无女耳,其肯溺乎。"作者用花木兰、缇萦两位女性典范,从正面劝说人们不溺女。缇萦,西汉名医淳于意之女,据《史记》:"文帝四年中,人上书言意,以刑罪当传西之长安。意有五女,随而泣。意怒,骂曰:'生子不生男。缓急无可使者!'于是少女缇萦伤父之言,乃随父西,上书曰:'妾愿入射为官婢,以赎父刑罪,便得改行自新也。'书闻,上悲其意,此岁中亦除肉刑法。"①因此,"缇萦"也就一直被当作孝女的典范。宋代无名氏有词《鹧鸪天》:"象榻香篝冷宝猊。虺蛇吉梦寤惊时。缇萦生下虽无益,谢女他年或解围。花骨脉,雪肤肌。飞琼抱送下瑶池。弄璋错写何妨事,爱女从来甚爱儿。"②如果说,木兰替父从军,缇萦上书救父从正面劝诫,那"观陈氏之红蛇缠股,元秀之牛蹄转床,则嗟何及矣。其敢溺乎?"则是从反面论述溺女的恶果。"陈一清妻红蛇缠股而死。赫连杰妻见群女噬肤而死。福安张氏巨蛇击乳而死。颖娘子血漏而死。润州陈氏梦小牛触身而死。王氏腹中生蛇而死。稳婆范氏专为人堕胎溺女。全家十一口俱恶死。历观古来溺女之家。恶报不爽。"③用佛教因果报应说劝诫溺女。

3. 讲道理,劝诫溺女

"盖使一人溺女,人咸效之,则人将无女矣,人将无女,则人将无妻矣,人将无妻,则人将绝矣。"从溺女的后果论述其危害,"今日之女,异日之母也,今日生女之母,当年未溺之女也。我之子若孙,未溺之女所出也,子若孙之妇,他人未溺之女也"推己及人,劝诫溺女,入木三分,发人深省。

(二)提出解决问题的措施

针对溺女的原因,《戒溺女文》也提出了相应的措施。

1. 针对经济原因:对于贫困,则"出继抚养",过继给别人抚养。针对"奢嫁",则"至于嫁奁则称家之有无",与家庭经济情况相符。《礼记·檀弓上》:"子游问丧具,夫子曰:'称家之有亡。'"④指办理婚、丧等事不可过奢或过俭。

2. 针对封建迷信:对于"不利婿",则不必担心,"佳儿佳婿,司之自天,妇德、妇功,教之由我,尽其在我,而听其在天,何用过虑。"姻缘婚配自有天定,教育好自己女儿即可,尽人事,信天命。"况姜宇不过暂为人牧,吕子衡未必久

---

① (汉)司马迁:《史记》卷一〇五,北京:燕山出版社,2017年,第699页。
② 唐圭璋主编:《全宋词(下)》,郑州:中州古籍出版社,1996年,第2528页。
③ 袁啸波编:《民间劝善书》,《浙江程大中丞严禁溺女并酌定嫁资示》,上海:上海古籍出版社,1995年,第347页。
④ (汉)戴圣辑:《礼记·檀弓上》,哈尔滨:北方文艺出版社,2013年,第48页。

贫",姜宇,字子居,天水冀人也。少孤贫,为河北陈不识家牧羊,聪惠美风仪。陈不识问女曰:"姜宇人士才明,吾欲以汝娶之。"女曰:"观宇之姿才,岂复为人牧羊也?"遂妻之。宇后历位京兆尹、御史中丞。①吕子衡,即东汉末年三国时期东吴重臣吕范。"少为县吏,有容观姿貌。邑人刘氏,家富女美,范求之。女母嫌,欲勿与,刘氏曰:'观吕子衡,宁当久贫者邪?'遂与之婚。"②

3. 针对私生子:对于私生子,与其溺死,错上加错,"不如书明生庚,置之道旁。若男若女,听无子妇者之携抱。""夫红毛堤下,为宋夫人;虎乳泽中,得楚令尹。历观史册,孰谓此尽无好人。"此处也是用典,据《左传·襄公二十六年》,"宋芮司徒生女子,赤而毛,弃诸堤下。"③共姬之妾取以入,名之曰弃,长而美,后被宋平公看重,成为姬妾,并且生下儿子佐,在一番政治斗争,最终母凭子贵,成为名副其实的君夫人。"虎乳泽中得楚令尹"则指的是楚国著名的令尹斗谷于菟的故事。斗谷于菟,字子文,《左传·宣公四年》记载其身世是斗伯比的私生子,"邧夫人使弃诸梦中。虎乳之。邧子田,见之,惧而归。夫人以告,遂使收之,实为令尹子文。"④子文,后来也成为清廉勤政、律己恤民的执政者,使楚国有力量对抗其他大国。

4. 送育婴堂:"又况例设育婴堂,收养婴赤。"也可以将女婴送去育婴堂。育婴堂是清代善政的大举措,顺治二年(1645年),由江苏太仓州知州李作楱重修的镇洋县县北育婴堂是清代最早的育婴堂。根据梁其姿在《施善与教化》一书中的研究,从1646年到1911年,全国共有973个育婴堂组织(保育局、留婴堂、接婴所等),其中陕西地区有4所。1769年陕西同安府设邠阳育婴堂;1813年,陕西汉中府设汉中县育婴堂;1848年,陕西西安府设长安县育婴堂;1890年,陕西凤翔府设育婴堂⑤。地方志对此也有所记载,如汉中"育婴堂,在府署偏东,淮阴寺后,嘉庆十八年,知府严如煜捐修,共计砖砌房八间"⑥,合阳"婴堂即在养济院"⑦。

---

① 李昉编纂,夏剑钦、王巽斋校点:《太平御览》第四卷,石家庄:河北教育出版社,1994年,第680页。
② (西晋)陈寿:《三国志》卷五、六,杭州:浙江古籍出版社,2000年,第796页。
③ 杨伯峻编:《春秋左传注》,北京:中华书局,1990年,第117页。
④ 杨伯峻编著:《春秋左传注》,宣公四年,北京:中华书局,1990年,第683页。
⑤ 梁其姿:《施善与教化:明清的慈善组织》,石家庄:河北教育出版社,2011年,第322—368页。
⑥ (清)《汉南续修郡志》卷八。
⑦ (清)《合阳县志》卷一。

三、提供了雕版刊刻时间及地点的信息

(一)时间：刊刻于宣统辛亥年，也就是1911年

这一年是中国近代史上具有重要历史意义的一年，辛亥革命爆发。此后，中国结束了长达两千多年的封建帝制，开启了民主共和的新纪元。辛亥革命不仅是政治上的变革，也推动了社会风俗的变化，反封建、革除陋习，推进了社会的现代化。溺女、缠脚，作为中国古代封建社会代表性的陋习，自是应当首先被革除的。其实，早在辛亥革命之前，"睁眼看世界"的人物，如林则徐、严复，郑观应、康有为、梁启超等，这些社会精英，在寻求强国之法之时，"形形色色的改革者和革命者所要寻求的现代性并没有得到清晰的界定。在许多人那里，现代性是一个蕴涵着复杂内容的目标，它包括政治制度的变革、经济和军事实力，同时，他们认为也必须对文化习俗、性别观念进行彻底的检讨和修整。"[1]严复从保国强种角度出发，要求女子应该有最基本的生存权，"骨肉之爱，人道最高尚者也"[2]，强烈反对溺女。谭嗣同也直呼"溺女之习，乃忍为蜂蚁豺虎之所不为"[3]。这一时期的知识分子，女性解放意识萌发，他们积极的劝诫溺女，倡导废缠足、兴女学，使得女性的社会地位有所提高。资产阶级的民主、自由、平等思想的广泛传播，对于女性自身解放，也起到了思想动员作用。因此涌现出一批女革命家，如秋瑾、陈撷芬等。辛亥革命的纲领"驱除鞑虏，恢复中华。创立民国、平均地权"，不仅是辛亥革命的目标，也是妇女解放的迫切要求。此时期，许多新式女校创办，女报、女性刊物也如雨后春笋涌出，如《女报》(1902年)、《中国新女界杂志》(1907年)这些女性刊物，文章围绕批判封建君权展开，将要求民权和争取女权紧密结合起来，有力地冲击了传统封建礼教。

(二)地点：盩厔县，即今陕西省周至县

杜佑在《通典》记载"汉盩厔县，武帝置。山曲曰盩，水曲曰厔，因山水之曲，故以名之"[4]。元和元年，唐代著名诗人白居易做周至县尉，作乐府及诗百余篇，规讽时事，著名的《长恨歌》即写于这一时期。近代盩厔地区经历了数次行政区域沿革。清顺治元年(1644年)盩厔属西安府治。民国三年(1914年)废府设道，盩厔属关中道，此举为"历代沿革之大大略也"[5]。民国十一年(1922年)盩厔县由陕西省直辖。民国二十四年(1935年)盩厔属第九行政督察区。民国三十六年(1947

---

[1] 张素玲：《晚清至五四时期知识分子的性别话语及其社会文化意蕴》，《妇女研究论丛》，2007年第3期。

[2] 王栻主编：《严复集》第四册，北京：中华书局，1986年，第1011页。

[3] 谭嗣同：《谭嗣同集》，长沙：岳麓书社，2012年，第325页。

[4] (唐)杜佑：《通典》(下)，北京：中华书局，1988年，第274页。

[5] 《盩厔县志》卷一。

年)改隶第十行政督察区。1949年5月30日盩厔县解放,随后在1964年经国务院批准以同音字"周至"所代替。而雕版中所提及的"马召"地名,则与东汉著名的经学家马融有关,"马融应邓骘之召入朝为舍人,寻拜学校书郎。邑人荣之,因名其村曰马召。"① 根据,当时清末民初周至县令左一芬②所著的《盩厔县乡土志》记载"马召镇合镇市店百余家"。《戒溺女文》雕版辛亥年间,出现在陕西周至县,并非偶然,而是有其深刻社会、经济背景。

1. 教育

自同治十一年(1872年),清政府派遣詹天佑等30幼童赴美留学,从此,揭开了近代中国向外国派遣留学生的序幕。这些留学生,不仅学习西方先进的军政、船政、制造诸学,也将近代西方的民主、自由思想带回国,对革除封建文化习俗、树立性别平等观念有着重要意义。光绪二十七年(1901年)清政府宣布实行新政,光绪三十一年(1905年)学部成立后,废除封建科举制度,开始创办大批新式学堂,选派留学生,并奖励自费到外国留学。陕西周至县虽然处于内地,但也赶上这一时期留学的浪潮,县志记载"自清末以迄民国,民智开通,士风丕变,留学外洋者络绎不绝"③。根据房兆楹辑著的《清末民初洋学学生题名录初辑》一书,其中有留学日本的中国学生题名录,明确记载:路孝植,字壬甫,31岁,陕西周至人,光绪二十七年六月(1901年7月)入日本帝国大学农科学习,系自费留日学生,曾中途告假归国。未几,路孝植又再度赴日本攻读,毕业后回国。其材料来源采自《清国留学生会馆第二次报告》自壬寅年(1902年)九月起,癸卯年(1903年)二月止,附录留日学生姓名报告。由此可知,路孝植是迄今所知的陕西最早的留日学生。④ 除了路孝植外,周至赴日留学的还有钱元,其于清末入日本帝国大学学习农禾。这些留学生中既有公派生,也有自费留学生。光绪三十年(1904年)年,陕西官派公费派赴日的留学生有陕西周至县优廪生,雷崇修(云亭)。光绪三十一年,陕西周至县文童,路孝忱、路孝先。自费生有陕西周至县任秉璋,其于光绪三十二年三月赴日本,后入日本明治大学专法科,宣统二年六月八日毕业。⑤ 这些留学生,学成回国,迅速走上了资产阶级民主革命的道路,

---

① 《盩厔县志》卷十四。

② 左一芬,字季之,安徽人,贡生,光绪三十二年(1906年)任周至县令,宣统三年(1911年)调任陕西同官知县。1912年,回任周至,其重视教育,躬亲视学。辛亥革命中,其镇压围城暴动,于民国元年(1912年)离任。他所辑的《盩厔县乡土志》,分上下两卷,正文十五卷,约一万五千字。多抄自史书,对于这一时期周至的户口、宗教、实业、道路、物产、商务等有所记载,记事简明。其中兵事录中记载了农民起义首领高迎祥等在周至被俘,余众推李自成为闯王等事,以及嘉庆年间白莲教起义、同治年间太平军起义、回民起义等事,记载详细,对于研究农民革命史研究有重要参考价值。抄本现存陕西省图书馆。

③ 《盩厔县志》卷四。

④ 邢源:《清末陕西留日学生考略》,《延安大学学报》(社会科学版),2006年第5期。

⑤ 邢源:《清末陕西留日学生考略》,《延安大学学报》(社会科学版),2006年第5期。

与此同时，这些留学生也积极参与当地文化建设，如民国时期《盩厔县志》的编纂人员中，就有周至县邑人，有留学日本明治大学的李来薰、日本法政大学毕业的张希关。

2. 风俗

周至县志《风俗志》记载周至当地民风"多尚古、好义、质朴"、"士为四民之首，可以表率乡间，移风易俗者也，向来盩邑人士"①。一个地区的风俗，除了传承古来风气之外，也与当地乡绅、士族的倡导、宣传有关。根据《盩厔县乡土志》的记载，周至县的氏族，有名的就有八大姓：赵氏、王氏、张氏、李氏、陈氏、巩氏、刘氏、路氏，除此之外"胡家村胡氏、李黄里马氏、终南山任氏、甘沟司氏、豆村里郭氏、终南里吴氏、陈家村周氏，亦皆蝉联科第，为里中旺族"②。

辛亥革命后，移风易俗，各地乡绅、士大夫、知识分子都在当地起到一定的先导作用，做出表率。周至县也不例外，例如，这一时期，周至县成立了"大足会"，据县志记载"妇女缠足，由来矣久，其危为害之烈……盩邑自辛亥改革后，士大夫之家提倡天足而乡民锢蔽已深，仍鲜从者。莅兹于县内成立天足会，派人随时赴乡调查，放足者优奖，不遵者量罚。乡间风俗习惯乃渐有革故鼎新之象焉"③。虽然，《盩厔县志》里没有直接关于此块《戒溺女文》雕版的记载，但我们可以推测，此雕版也应该是当地乡绅、士大夫之家出资刊刻，作为劝诫溺女的宣传品。

3. 宗教

宗教通过教规、教令和教义对教徒的行为规范和行动进行指导。近代鸦片战争以后，以基督教为先锋的西方文化，再次传入中国，对当时中国人的行为产生影响。一些来华的传教士对于当时中国溺婴现象给予了关注，并且利用基督教义对这种现象进行了批判，宣扬基督教的福音。传教士也身体力行，救助溺婴，开办育婴堂，当时《汇报》报道"中国溺女成风，一岁之间，二十余省戕生数十万，为恶如此，曷望富强？天主教不忍坐视，遂向各国捐集巨资，广行善举，每岁活孩不下万口，其病死因不得免，而生全者亦复繁委，大善乃尔，乌可废之？"④。"故从耶稣教者，虽贫亦不敢溺女，所望乡绅协力以成义举，设法拯救，不特婴儿受恩，上帝且鉴其阴德，必定令其后嗣繁昌矣"⑤。而晚清时期，周至县为基

---

① 《盩厔县志》卷四。
② 左一芬：《盩厔县风土志》卷七。
③ 《盩厔县志》卷四。
④ 转引自王天根：《〈天演论〉传播与清末民初的社会动员》，合肥：合肥工业大学出版社，2006年，第225页。
⑤ 吴巍巍：《西方传教士与晚清福建社会文化》，北京：海洋出版社，2011年，第252页。

督教在陕西传播的重要阵地之一,"自海禁大开,准外洋通商传教。天主、耶稣两教人到处设堂,劝人入彼教。天主教堂设在县北街,福音堂于县南街,西乡哑柏镇、七曲堡、竹峪……南乡之四女冢,东乡之司竹府、马家村、焦家巷、赵代村、徐家村……诸处均有分堂,中式西式统计二十三处…入教者源源不绝,举民十之二,其他如喇嘛教、黄教、红教均无之"①。

4. 饥荒

近代陕西周至地区出现关于《戒溺女文》的雕版,还有一个可能因素是这一时期陕西地区的灾荒,清末陕西地区发生大规模的旱灾,潼关"路有饿殍,死者十之八九",眉县"庄家全枯四,饿殍遍地,有卖人肉者",岐山"饿殍满路"。根据《盩厔县乡土志》的记载,周至县当时人口共三万七千一十二户,共男女一十八万余口,相比康熙年间时男女共二十三万四千三百余口大大减少,而减少的原因是"屡经兵焚,民生凋敝……尤其甚者,光绪二十六七两载大旱,斗米钱数千,老弱转从,少壮流离,暗中消耗盖不知几凡矣"②。周志县的人民虽然"向系专重农业",但其物产多是供应本地,"运至它地出售者为数不多",农产品"动物牛羊猪鸡鸭鱼多为专供本境食品",而遇到"本境所食不足则取之临邑如武功之麦是也"。③ 因此,在自然灾害来临之时,受到的冲击更大。光绪二十六、二十七年即公元1900年、1901年。大灾过后,从恢复生产劳动,增加新生人口的角度来看劝诫溺女也是十分有必要的。

四、《戒溺女文》与郑观应《劝戒溺女》的关系

郑观应(1842—1921),出生于广东省香山县(今中山市),本名官应,又名观应,字正翔,号陶斋,别号杞忧生,中年以后别名罗浮偫鹤(也常写作"侍鹤""侍雀")。郑观应是中国早期的资产阶级维新派代表人物。通过对《戒溺女文》雕版内容的研究,发现其内容与收录于郑氏《救时揭要》一书中的文章——《劝戒溺女》有重复之处。《救时揭要》是反映郑观应早期思想的著作,它于"同治十二年癸酉(1873年)仲春镌"刊刻出版后,为郑氏在社会上赢得了相当高的声誉。④ 郑观应在对比了中西妇女的生活状况和风俗习惯后,提出和论证了兴女学和戒缠足的必要性,写下了《劝戒溺女》《论裹足》《女教》等文章。首先是劝诫溺女。根据夏东元先生编著的《郑观应年谱长编(上卷)》考证,《劝戒溺女》一文,写于同治九年(1870年),这一年郑观应29岁,"端居多暇,涉猎简编,偶有所见,随笔札

---

① 左一芬:《盩厔县风土志》卷十。
② 左一芬:《盩厔县风土志》卷八。
③ 左一芬:《盩厔县风土志》卷十三。
④ 邬国义:《郑观应〈救时揭要〉新考及集外佚文》,《社会科学》,2014年第3期。

记"。郑观应在此年开端书写以"自强"为目的的《易言》一书的同时继续写作《救时揭要》,《劝诫溺女》一文就是写于此时。①

笔者将雕版与郑氏文章两者进行比对,发现:

1.《戒溺女文》有些句子完全摘自郑观应的《劝戒溺女》一文。如"今日之女,异日之母也,今日生女之母,当年未溺之女也""盖使一人溺女,人咸效之,则人将无女矣,人将无女,则人将无妻矣"等一字不落,摘抄《劝诫溺女》原话。

2. 也有部分摘抄,如"我之子若孙,未溺之女所出也,子若孙之妇,他人未溺之女也"一句,前半句则也是郑观应《劝戒溺女》中原话,后半句则是作者自己补充。

3. 对《劝戒溺女》的内容有所删改,如"或以生育太多,厌而溺之;或以屡产皆女,忿而溺之;或以养女需乳,不利速孕,急而溺之。"删除了《劝戒溺女》原文中的"或婢女所生,妻不能容而,迫而溺之;或偷生诚恐露丑,恶而溺之"②。雕版中"观陈氏之红蛇缠股,元秀之牛蹄转床,则嗟何及矣。其敢溺乎?噫,未之思也,身从何来?匪母,何以有我子。"而在郑观应原文中为:"观陈氏之红蛇缠股,元秀之牛蹄转床,种种惨报,可为心寒?即幸生子,因子破家者有之,因子覆宗者有之。岂非天意之假其恶,以儆其杀女之心乎,急于生子者竟可溺女,可不惧哉?"③雕版中"观木兰之代父从军,缇萦之上书救父。人患无女耳,其肯溺乎。"而郑观应原文中为"观木兰之代父从军,缇萦之上书救父,古今孝女不少,何患女之多乎"④。

4. 前后顺序调整。如郑氏《戒溺女文》开篇即"溺女一事,罪孽甚大。文昌帝君曰:'淋淋血胞,欲语何能,母魂甫续,子命旋倾。天欲生之,人欲杀之,逆天者亡,得不于其身,而速报耶'"⑤。而《戒溺女文》中却有所改变,并采用小字注出处"淋淋血胞,欲语何能,母魂甫续,子命旋倾。天乎人乎,天欲生之,人欲杀之,逆天者凶,杀人者死,仇怨相寻,得不于若身,而神其报耶!此六句帝君所增妙极"。但实际上,所谓"文昌帝君曰"只是郑观应假借托古罢了,借文昌帝君之口抒发自己观点而已,并未有相关文献资料可以印证。但《戒溺女文》的作者在"借鉴"时,也未考证出处,误认为是文昌帝君所言。并且,"此六句帝君所增妙极",即使是假托文昌帝君所言,也不是引用"六句"。

因此可以推测,《戒溺女文》的作者在创作时可能借鉴了郑观应的《劝诫溺女》

---

① 夏东元:《郑观应年谱长编》(上卷),上海:上海交通大学出版社,2009年,第36页。
② 郑观应:《救时揭要》,见夏东元编:《郑观应集》,上海:上海人民出版社,1982年,第36页。
③ 郑观应:《救时揭要》,见夏东元编:《郑观应集》,上海:上海人民出版社,1982年,第36页。
④ 郑观应:《救时揭要》,见夏东元编:《郑观应集》,上海:上海人民出版社,1982年,第36页。
⑤ 郑观应:《救时揭要》,见夏东元编:《郑观应集》,上海:上海人民出版社,1982年,第36页。

一文，并且，《戒溺女文》雕版的内容，应当不是一个人所写。这也侧面反映出了，清末维新思想在西北地区的传播和影响。尽管有不少内容是脱胎于郑观应《劝诫溺女》一文，但是，《戒溺女文》的创作者有所选择地摘抄，也删除了大量其他内容，使得文章更为精炼，中心突出，结构完整，作为宣传品，长度适中，也更具有感染力。

总之，溺女的思想根源是一种对生命的漠视和性别的歧视，《戒溺女文》就是对这种漠视及歧视发出的抗议，它呈现出的历史真相、提出的思想，都具有非常深远的含义。

以家族伦理重释性别文化

——严歌苓《妈阁是座城》与张翎《阵痛》之比较[①]

王红旗[②]

严歌苓的《妈阁是座城》与张翎的《阵痛》两部小说以家族伦理寓言神话，女性情感体验与历史记忆，对两性个体人性的复杂嬗变进行批判与反思；两部小说诠释纯洁的母性关爱伦理是人类"完整的人"的人性善根，男性"大我"赌性顽疾和着金钱物欲的变异对现世代人性的破坏力。从家族基因遗传对民族性与人类性进行开掘，呼唤现世代人类心性的"母性归属"。以母亲强大自我内在性的、超验性的人性张力，揭示母亲以大地般的坚韧与顽强、博爱和圆融，迸发出的母爱精神的"永恒能量"。

新世纪以来，世界华文文学创作与研究的新突破，就在于寻找人类新文明"同构性"的文化精神。发现居住在各个国家与地区的华文作家，其跨族群、跨国界、跨文化与跨性别的书写于世界文学的位置，以及对重铸民族魂、重塑人类心灵的思想与审美价值。尤其是一批海外华文女作家的崛起，因多元而精彩，因融合而升华，展示出一种新的图景，体现在"母国"文化记忆、"居住国"在地经验与"理想国"追梦的探索中。即从多重边缘超越此岸与彼岸，转换到"第三时空"的"全球人"视野；从文化的深层矛盾、家族性别伦理问题，考察个体人性多层面相与内在本质；从反思"以自我为中心"的现代性文明，化解现世代人"失根""失心"的精神危机。诚如张翎所言，"……上帝把我放置在这块安静得几乎寂寞的土地上，也许另有目的，他让我在回望历史和故土的时候，有一个合宜的距离。这个距离给了我一种新的站姿和视角，让我看见了一些我原先不曾发觉的东西，我的世界因此而丰富。"[③]

2014年年初出版的严歌苓的《妈阁是座城》和张翎的《阵痛》，这两部长篇小说有着惊人相似的精神性同构。两位女作家立足故国家族伦理、情感关系的女性文化历史，以"倾听者、亲历者与倾诉者"的三重身份，不约而同地以"一个女人

[①] 本文原载于：《暨南学报（哲学社会科学版）》，2005年第1期。
[②] 王红旗，首都师范大学中国女性文化研究中心编审，主要从事中国现当代文学、世界华文文学、女性文学与文化研究。
[③] 张翎：《金山》，北京：北京十月文艺出版社，2009年，序，第6页。

和她的孩子作为基本意象"[①]与经验主体，书写了"不同的声音"[②]的家族女性命运传奇历史。两部小说把江南梅氏和上官家族的女人与其生命中的男人，并置于人类客观的"元历史"灾难之中，把家族伦理性别政治与日常生活个体体验的绵密细节，推举到小说叙事结构的"前景"，生成比现实更"真实"的文本社会存在与"景观"事件，凸显被"主流"与"宏大"遮蔽、忽略的历史微妙"空白点"，讲述两个家族的母亲不同时期、不同姿势的"母爱拯救"故事。尤其是文本"潜在的深层结构"，用家族血缘之根、文化之脉，接通意识之链蔓延而出的寓言性，赋予文本"微言大义"的多重隐喻。这不仅反映了两位女作家的现实关怀、文化理想与社会使命感，而且创造了一种性别政治的文化言说，一种家族伦理性别叙事的新范式。

一、生命价值的性别对比

两位女作家从不同的侧面，把历史蒙上的层层面纱巧妙地掀去了。以家族喻国族与人类，以血缘遗传喻文化根脉传承，运用性别和生命价值比较与重估的方式，用家庭日常生活伦理与情感道德秩序的断裂与疼痛，来唤醒失去的历史记忆与迷失的灵魂，重新确认人类个体生命的文化血缘根脉，试图为现世代人寻找一种超越精神困境的途径。《妈阁是座城》把物欲横流的现世景观与历史纵深处梅家日常生活事件相交与重叠，让梅家富有"神性"的祖奶奶与患有"赌性"魔怔的祖爷爷，演绎一场"父精母血"的基因遗传、灵魂世代博弈的性别战争。《阵痛》以三段"战争灾难"中遭遇生育"阵痛"的三代母亲为隐喻，凭借着一个母亲身体的力量，经历母胎一代一代的生命孕育，在"抗战""文革""9·11"的历史灾难之中，创造着生命的奇迹。文本以女性与男性家国情感伦理个体不同的道德经验，构成性别生命价值的强烈对比，殊途同归地阐释母性是人类最神圣的雌性，母爱精神是人类"完整的人"的人性善根，从而揭示在构建后现代文明中，以善良母爱为核心的平等关怀伦理的普世意义。

无论是东方还是西方，男权文化塑造的"现代自我是一个男性"，"是以男性的自我理解与自我决定为模型的"。也就是说，作为家国情感关系的文化伦理秩序，均为"男性的世界经验以及他的思维方式的产物"[③]，男性永远是主体存在控制一切，女性总是隐形的边缘在场或缺席。但是，这两部小说却以母亲为主体的在场与父亲的缺席，以性别显形与隐形、在场与缺席的置换与延伸，组成多声部

---

① 叶舒宪：《千面女神》，上海：上海社会科学院出版社，2004年，第18页。
② [美]卡罗尔·吉利根著，肖巍译：《不同的声音——心理学理论与妇女发展》，北京：中央编译出版社，1999年，第6—7页。
③ [英]苏珊·弗兰克·帕森斯著，史军译：《性别伦理学》，北京：北京大学出版社，2009年，第58页。

的复调,不仅体现出文本超性别与跨时空的架构特点,而且,在推动故事情节进展过程中塑造家族人物的命运沉浮"无常"、个体灵魂的超验性深度,酿造出一种精神召唤的宏阔气场。"将历史上被压抑的妇女声音、被埋葬的妇女经历、被忽视的妇女所关注的问题,由边缘推向中心位置。"①小说从个人日常生活性别政治的维度,重估情感分裂与"亲密性转变"伦理关系秩序,直指男权家族伦理文化盲点,宣示其反传统与现代性的男女平等伦理观念。对"全球政治秩序中最广泛层面上的民主可能性"而言,潜藏着一种文化政治的乌托邦理想。

严歌苓把被世人称作"疯女"的梅家祖奶奶梅吴娘,幻化成一位永远活在民间的母神,穿越梅氏家族的历史时空与现世围栏,随时可以出现在需要她"救世"的现场。然而,她的"神性"来自对丈夫怨恨与绝望的个人体验,为斩断丈夫梅大榕的"嗜赌"血缘,她采取了残忍的"杀子""残子"与"自残"的极端手段。因为"她太怨恨太小看男人了。嫁到梅家之前,梅吴娘的娘家村里就都是梅大榕这样的男人,出洋去番邦淘金沙,死了一半,活着带上全部金沙兑换的钞票钻进赌档丢光"②。也就是说,在梅吴娘的家族日常生活体验里,"梅家人——其实就是梅家的女人,因为梅家上溯五代的男人都不作数。"③一语道破了女性身份在家庭伦理情感关系中不平等的千古奇辱。但是,这位"不作数"的老祖却以血缘遗传实现着他无处不在的灵魂在场,制造梅氏家族的一次次劫难。他不仅把嗜赌基因遗传给自己的儿子,还将一双辨识赌徒的慧眼遗传给第五代孙女梅晓鸥,让她在以赌码为街道、以贪婪为楼群、以大款为能源的澳门妈阁赌城,蜕变成一位操控赌徒生死权的职业捐客。尤其是,还拐弯抹角遗传到梅晓鸥的儿子身上,并且借着现世代人类"发财梦"的欲望狂潮,逾越家族血缘之堤而肆意横流。

在妈阁的赌城里,不仅可以窥见全球数以万计的赌城豪景缩影,而且,可以亲眼看到现世代的新赌徒。仿佛和老赌徒梅大榕在妈阁赌场的灵魂聚会似的:北京的房地产大亨段凯文、"富可敌国"的木雕艺术家史奇澜、退休官员卢晋桐,一个个社会精英疯狂的恶赌场景,一个个最终堕落为债台高筑的"人渣"。当年梅家祖奶奶梅吴娘,为斩断丈夫梅大榕赌性血缘的"母爱拯救"场景,正在妈阁赌城不断重演。比如说,"第二次看着卢晋桐断指的梅晓鸥心那么冷那么硬,就是梅吴娘附体。梅吴娘似乎明白男人在此刻要唱的苦肉计,干脆她替他们唱,把她自己的手掌制成一块核桃壳,这一唱就唱绝了。晓鸥冷眼旁观卢晋桐第二次对着自己的手指头举起刀,她一动不动。她一动就会夺过刀朝卢的脑壳剁:祸从它起,跟手指无关,那里面装着疯了的脑筋,输钱输疯了,想钱想疯了,祖祖辈辈把穷疯

---

① 饶芃子:《比较文学与海外华文文学》,上海:复旦大学出版社,2011年,第210页。
② 严歌苓:《妈阁是座城》,《人民文学》,2014年第1期。
③ 严歌苓:《妈阁是座城》,《人民文学》,2014年第1期。

了的苦楚和屈辱通过祖祖辈辈的父精母血灌输下来，灌输在那脑壳里，渐渐形成一句暗语：发财要快啊！""从北美大陆的东西南北向拉斯维加斯进发的'发财团'大客车上，满载万千华夏子孙。"①这些以家族伦理关系为纽带的个体人性的灵魂在场与博弈，自然引申到对现世代人性物欲膨胀的犀利批判。

在《阵痛》里，以上官吟春为代表的母亲家族，三位母亲都是意外怀孕，并且三代女儿单传，三代母亲独自穿越一段又一段"战争灾难"的生育之痛，在硝烟废墟中孕育的新生命，承载着历史前行。每一个女儿的诞生之时，其亲生父亲并不在场或已经死去。因此，母亲最伤心的痛就是男人不在场的"缺席"。张翎写道，"三代女人，生在三个乱世，又在三个乱世里生下她们的女儿。男人是她们的痛，世道也是她们的痛，可是她们一生所有的疼痛叠加起来，也抵不过在天塌地陷的灾祸中孤独临产的疼痛。"②这种女性生育经验的意象隐喻是复杂的，是具有文化政治延伸性的。其折射出一个母亲的阵痛之后，带来的是一个家族的希望；一个时代的阵痛之后，带来的是整个民族的崛起，更是人类社会和谐的预言。也就是说，是母亲以善与爱的精神火种，拯救着人类的灾难世界。

两个文本的情节，随着两个家族基因遗传流动的史脉推进，不仅强调"血缘"作为隐藏于家族遗传生命流变里的"元文化"对后世家族儿女个体人格心理的神秘影响，而且作为一种人性血缘基因的文化之根，对人类社会也会产生一种强大的内在驱力。文本描述由家族伦理性别关系的失衡所导致的家庭"乱世灾难"，延伸到人类社会更广泛的"财富灾难""战争灾难"，在复调递进多层级互动中，以女性的母爱之根基，重塑人性力量谱系，显示出其性别反思与灵魂自省。两位女作家以性别伦理之眼，揭开人类对多重生存时空"共时性"困境的集体无意识，即至今仍雄踞主导地位的男权统治，以及产生的性别等级制度与不平等伦理关系，历经数千年的话语权力与策略的再造，已经成为天经地义的社会文化认同。男性作为"男尊女卑、男强女弱"的男权文化宠儿，造成对内在人性里以"大我"压抑女性的集体无意识。因为"深层的文化潜流微妙细腻、始终如一地构建生活的方式，尚未被人有意识地表达清楚。正如空中隐而不显的气流决定风暴的轨迹一样，上述隐蔽的文化潜流塑造着我们的生活"③。那么，围绕着一种性别沉默而建立的全人类社会伦理道德体系，更滋生了现世代掌控财富与话语最高权力的男性的贪婪霸权。

问题在于，如果人性的贪婪是一种个人性的迷失，还有望于社会整体精神伦理道德的治愈，但这种集体无意识引发了现世代人类普遍的人性病态。从梅家老

---

① 严歌苓：《妈阁是座城》，《人民文学》，2014年第1期。
② 张翎：《阵痛》，北京：作家出版社，2014年，第338页。
③ [美]爱德华·霍尔著，何道宽译：《超越文化》，北京：北京大学出版社，2010年，第12页。

祖梅大榕的恶赌，到现世代的房地产大鳄、权贵政要、科技精英……都争先恐后跻身于"妈阁"的豪赌"巨人"；从被战争毁灭的那些怀揣理想的"英雄"，到历代非正义战争的肇事"狂人"、极端暴行的恐怖主义；从为经济高速发展而对科学技术的极度开发，到大自然的千疮百孔、生态危机；从追求物质金钱享乐的爱情婚姻家庭价值观，到肆意嚣张的家庭暴力、居高不下的离婚率、婚外情、一夜情等，人类的现实困境，就在于追逐物欲、永不满足的"赌性"。

两位女作家在现实批判与历史反思中，从家族伦理个体生命的性别关怀出发，重新审视由男人对女人的统治，延伸到人类对自然的统治，强者对弱者的吞噬，诠释了男性同样是被男权文化压制的牺牲品，意在强调以母性的善与爱为核心，重建平等和谐、互补共生的两性关系，进而为重构人与自我、人与人、人与社会、人与自然的"万物平等"的伦理关系，提供一种从理智上获得拯救的可能性。因为，"对于二十世纪经历苦难的华人来说，弱国子民的超越之途，可以有两条：一条是苦难升华，另一条是乌托邦扩张。"[①]两位女作家正是遵循这两条路径，从家族根基遗传层面对民族性与人类性进行开掘，对男性尊严与力量的精神死亡，表现出莫大的隐忧，呼唤现世代人类心性的"母性归属"。

二、母亲形象的人性本质

母亲形象是一个"原型"，诞生于远古"母神文明"时代的"原型母神"。"原型母神"说认为，女性作为生命的创造者能包容整个世界。她本身就是大自然和大地，是宇宙万物生生不息的永恒的再生者、保护者和养育者，是一切生命的母亲。这位母亲在终极意义上，是大地，是大地上的女人直到无数世代的母亲们和女儿们的代表。因此，文本中塑造的性格迥异的母亲形象，虽然沿着各自不同的家庭日常生活与历史境遇的轨迹发展，但是无论情节结构多么相异与错综复杂，相似的性别价值观与历史观，总会不时在客观与虚构、无常与永恒的时空里相遇碰撞，形成母亲强大的自我内在性的、超验性的人性张力。而且，文本中母亲形象的灵魂是相通的，她们以不同形态的个体母爱经验，构成了"完整的人"的母亲人格，以大地般的坚韧与顽强、博爱和圆融，迸发出母爱精神的"永恒能量"。

母亲强大的内在灵魂与超验性力量，实际上是年深日久积蓄于意识深处的"爱的能量"。因为，人的神性是超越世俗的精神本我力量，它深藏于广袤的灵魂黑海之域，需要智者的引领与唤醒。祖奶奶梅吴娘就是一位"引领与唤醒"者，时空相隔半个多世纪也不影响她回到人间完成她的"母爱拯救"。她能够唤醒梅晓鸥在物欲、贪婪与报复的人性沉沦中回归母性的"善"，而用"善"再去关爱与拯救他

[①] 杨匡汉：《中华文化母题与海外华文文学》，武汉：长江文艺出版社，2008年，第100页。

人。上官家族的三代母亲,能够在战争废墟上孕育新的生命,也得益于上官吟春的母爱引领,她用母亲生命之爱的血色温暖,引领一代代女儿传递着母爱的接力。因此,母亲生命里几乎没有妻性的被动、奴性与顺从,却富有自然母亲的母性与女儿性的人性本色。如果说用"上善若水"比喻母爱的神性育化,在现世代"财富灾难"面前,梅吴娘以杀子的暴力切断母子生命脐带的背后,梅晓鸥以纵火的疯狂斩断儿子赌瘾的举动,均流露出一种深邃的母爱亮光,其内在人性里积蓄的是"坚硬的水"。上官家族的母亲以匍匐隐忍承载"战争灾难",呈现出一种以柔克刚的母爱希望,其内在人性里流淌的则是"柔韧的水"。也就是说,母亲生命之爱是惩恶扬善的、因势而变的。而且,两部文本构成的母亲人格阳刚与阴柔的变奏,正是人类"完整的人"的丰富人性的见证。

但是,母亲人性的内在强大与超验性不是天生的,而是面对自我生命的惨痛体验一种"灵根自植"的自觉意识。因为,灵魂的成长往往来自内心的痛苦和冲突。母亲在形而下的生存需要与形而上的精神求索中,在反抗男权文化与反思"异己关系"中,形塑为母亲精神的创造者。如果把两个家族的母亲加以比较,也许更能厘清其内心深处相同的人性底色。在《妈阁是座城》中,祖奶奶梅吴娘"跟普天下所有中国人都不一样"。[①]她骨子里有着朴素的独立意识与人性价值观,认为赌性是一种人性恶,对母爱有一种天伦的判断。就家族伦理关系而言,她认为人的尊严高于生命,维护人的尊严是最高的家族伦理道德。她认为女人就应该管理好家庭,教育好孩子,尤其认为自己的赌徒丈夫从来都"不作数"。她与丈夫的夫妻情感伦理是分裂的,是为了儿女含辛茹苦独立支撑家业,而且发展为江南富贾,成为方圆百里的缫丝霸王,成为掌控梅氏家族延续的最高家长。她不畏世俗,敢于当众把"十一个月大的三囡顶在头顶撒尿",宣称自己最爱女孩的性别偏好。她为斩断丈夫梅大榕的赌性之根,隐忍骨肉剧痛把亲生的"三个男仔"一次次溺死在马桶里。虽然其间夹杂着诸多难辨的怨恨、鄙夷,甚至自私的复杂性,却成就了那个年代母亲生命之爱的价值实现。

当梅吴娘发现被自己掐成假嗓子而被公婆救活的梅家唯一子嗣,十二岁的儿子梅亚农"用茧赌雌赌雄"时,竟毫不犹豫卖了缫丝坊,带儿女们远离被赌博污染的广州到了上海虹口。当梅吴娘再发现在这个"什么都能赌"的虹口儿子又学会赌烟盒时,就把放在自己手掌心冒青烟的、烧红的炉子通条直捅进儿子嗓子,儿子变成"半哑巴",自己变成"桃核掌"。此后,儿子门门功课前三名,考上北京的京师大学堂,并成功做官、经商,一生从不沾赌,三代人衣食无忧。"梅家一代代人都凡俗平庸,只把这个做过京官的祖先当传世光荣。"[②]正是这一场场身心惨痛

---

① 严歌苓:《妈阁是座城》,《人民文学》,2014年第1期。
② 严歌苓:《妈阁是座城》,《人民文学》,2014年第1期。

的"母爱拯救",扼杀了一个未来的罪恶赌徒,诞生了一个光宗耀祖的"京官"。

如果把上官吟春和祖奶奶梅吴娘相比较,虽然她们都是以母爱积攒生活希望的本色母亲,但是上官吟春人性深处更多的是匍匐隐忍与天然乐观。她似乎把整个战争乱世都背在自己身上,伸向尘埃、融进大地才卑贱地活了下来。她不仅要担当为整个陶氏家族传宗接代的责任,还要隐瞒被日军强奸怀孕的事实,更要背负她在百死不成之后,把肚子里的孽种生到这个世界上的耻辱。她用母爱的方式,爱着自己的男人,养育着自己的女儿。她不知道如何与比她年长23岁的知识分子丈夫交流,只会脱光衣服拥抱抚慰她的男人,就像母亲哺乳孩子一样。她在躲避战乱与世人的山洞里,独自"用石头砍断了脐带"生下女儿孙小桃,把女儿拉扯大,考上纺织服装学院。她无论经历多少苦难还是最爱笑。即使在城里躲避"土改"换名叫勤奋嫂的日子里,"勤奋嫂生气的时候,也像是在笑。一笑,天上无云,地上无尘,一片月朗风清。"①她的灰色春秋衫总会翻出一个鲜艳的领子,她的带着年代特征的短发上总会别一个亮丽发卡。母亲这种柔韧和顽强的生命热情与温暖关爱,无师自通地一代代传递,才获得内在强大的生存意志与精神能量。

如果把梅晓鸥与宋武生相比较,她们都生活在全球化时代,其人性内在共存着现代性的特征。她们生活与发展空间的逐渐扩大,受教育程度普遍提高,自我主体意识开始觉醒,几乎彻底背弃了祖辈母辈的自然母亲角色。她们的独立性体现在更注重社会角色的自我实现,她们的家庭伦理更看重自我主体位置和物质利益,甚至会无意识地堕入多元选择的欲望陷阱而失落人性的本真与善良。

剖析梅晓鸥"多面的、复杂的"人性,其对梅家"父精母血"的传承可以说是青出于蓝胜于蓝。一方面,她在女人"不应该做"的赌场当掮客,以极端个人主义的仇恨心理,以开发精英男人的赌性为报复手段,在构筑自己经济王国的过程中,试图一箭双雕俘获情感与财富。她为报复母亲而离家出走,和卢晋桐产生了第一次爱情,又在一次次男人的欺骗中成为"第三者",在绝望中为报复卢晋桐又开发出史奇澜这个"情人"。她的报复心理和赌性膨胀,沉沦为一个比赌徒还有赌性的女人。另一方面,她以一种疯狂的母爱,把嗜赌如命的史奇澜拯救出赌场而回归家庭。她为扼杀未成年儿子的"赌性"放弃赌场掮客职业,纵火焚烧公寓,带儿子离开妈阁赌城而迁居加拿大,对自己最爱的人,自己儿子的父亲卢晋桐最后的包容与仁慈,都爆发出强大的母爱力量。也就是说,当她看到这些活着的赌徒,与死了百年的赌徒梅大榕的"恶赌"本性如出一辙时,如祖奶奶的神性灵魂附体似的,"梅吴娘贡献的那一支血脉流淌在梅晓鸥身上,哪怕是支流的支流的支流,

---

① 张翎:《阵痛》,北京:作家出版社,2014年,第72页。

让她心里涌起一股黑暗的激情……精神病和中邪者以及进入瑜伽魔境出不来的人有这一击就能到正常人类族群中重新入籍。"①正是"这一击",激活了其内在的母性之善,而得到重生。宋武生和美国人杜克的婚姻,在与亲生父亲赌气中夹杂着实用主义。她不仅拒绝当她丈夫的母亲,拒绝当她爱的情人的母亲,甚至拒绝当自己孩子的母亲。她很长时间里就一直背着丈夫在吃避孕药。但是,当她发现自己意外怀孕后,灰色的日常生活豁然亮堂起来,在美国"9·11"爆炸声里她把女儿杜路得生在了路上。其实,这两位现代性的母亲身体里都深深地潜藏着母性。而且,正是强大母爱所积蓄的内在人性至善,驱使两位母亲战胜贪婪、仇恨、报复、自私的人性弱点,走出一次次灵魂迷失而完成"他人"与自我的救赎。

通过两个家族母亲形象的交叉对比,不难发现两位女作家从母亲与母国的同构隐喻,血缘归属与历史文化归属的同构经验,塑造出母亲人格超验性的人性魅力。无论是历史与现实的生存困境,家庭与社会角色的两难困惑,还是物质与精神的囧途迷失,女性突围与获救,仍然源于人性的"母性归属"。两个文本以母亲在不同处境下的自我反思,创造了一种独立于世界的女性文化经验。西蒙·波伏娃曾说,一个女人不是天生的,而是后天形成的。但是,人类是文化的主体也可以创造文化,在这种互动中人的价值观与意志力起着决定性的作用。母亲的经验是,当男人以不同的理由、不同的姿态离开或离弃了深爱他的女人,"被失去(父亲、丈夫、儿子或情人)"爱的"疼痛"会变为女人"成年"的心祭仪式。因为,当她勇敢割舍层层亲情走向自己理想的男人或与其生活在一起的时候,发现总是被男人拒绝在社会与情感领域之外。绝望与虚无的疼痛体验会使母亲的人性实现超越。"当代女性的精神探求始于对虚无的体验,自我充足形象缺失的一种存在体验。她超越于虚无经验的探询的动力,未被失陷与盛行神话的妥协中,是根植于一种图景和一种超越的体验,无论多么短暂,她将自身认同于这一图景。"②因而自觉选择灵与肉在血液里搅拌的剧痛中自愈飞升。母亲历尽命运磨难已不是为爱情、婚姻中的男人,而是以对孩子的爱实现自我的生命价值。在一次次内在生命力的超越中生成"完整的人"人性自我而生生不息,纯洁高尚的母爱使女性获得了永恒的神性。

三、男性"大我"的异化与迷失

当重新审视两个文本中的男性时,发现男性与女性之间的情感伦理关系在"性别鸿沟"之间,如两条永不相交的平行线,其怨恨与报复、孤独与焦虑的病态

---

① 严歌苓:《妈阁是座城》,《人民文学》,2014年第1期。
② Carol Christ. *Diving Deep and Surfacing*:*Women Writers on Spiritual Quest*,Boston:Beacon Press,1980,pp. 11-12.

双眸,揭示出在男权文化"英雄""美貌"与"财富"神话遮蔽下,因为爱情婚姻情感秩序的失衡,恋人、情人、夫妻之间没有内在灵魂的互识与对话,已造成人类两大性别群体遥远的心理距离。但是,男性并不知道自己已同女人失去联系,女性也不知道已同自身失去联系。男性仍然以自我性别优势在男权文化伦理规范之中感到深深满足,而把女性排除在外,并且"岿然不动"地拒绝以爱的行动向善的人性转变。

近代以来的社会政治战争与革命,从未完全渗透到私人领域的日常生活中,对倾斜的男女两性情感伦理秩序,从个体灵魂深处进行过性别彻底反思。尤其是男性根本没有意识到自己同女性一样,也是被男权文化建构的不真实的性别主体,没有真正理解"男性的非人化(dehumanization)是如何被女性的非人化所加深的。因此,男性不仅无力对女性施以援助,并且通过在无意中所做的事情而强化了女性的疏远"[1]。男性自我性别身份的迷失,导致了"大我"膨胀异化与自恋崇拜的刚愎自用,以致内在人性善缺失与意志精神式微。而且,正是这种对男权"阳刚特权神话"的痴迷,使男女两性情感伦理关系陷入不同形态的断裂与危机。

在严歌苓、张翎这两个文本中,对两组男性形象的塑造,不仅从人性的复杂深刻批判了男权"阳刚特权神话",而且从情感秩序与家庭伦理的日常生活中男性的缺席,解构了男性所谓"阳刚""伟岸"的虚假本质。在《妈阁是座城》里,一百多年前在美国旧金山依靠淘金、卖苦力谋生的梅家老祖爷梅大榕嗜赌如命,在回国返乡的船上,一次又一次把准备成亲的血汗钱输得精光。然而,"入了洞房后,新郎把三次原途返回金山从而把梅吴娘从十六岁耽误到二十六岁当成毕生最大功业讲给她听。"他一次又一次地断指饮血、盟誓戒赌而欲罢不能,最终把自己身穿的衣服赌光之后赤条条投海自尽。而且,那个年代像梅大榕这样有"赌性"的男人已遍布江南小镇与上海洋场。男性"大我"在迷失膨胀中异化为自私、独尊、贪婪、嗜赌如命的人性恶的代表。如今在全球化背景下,这种"赌性"作为一种人性恶,历经近百年的文化血脉传承感染,一批批社会精英男性的"大我"人格贪婪欲望更无限膨胀,堕落为高级赌徒。在妈阁赌城一掷亿万的豪赌,把妈阁赌城制造成"财富灾难"的人性与金钱权力较量场,真可视为人性之"大恶"。然而,全世界模糊了善良与罪恶边界的人性赌场,可谓不计其数。男性置身于此的搏击,使其渐渐失去了爱的能力与善的人性而走向自我毁灭,并殃及家庭、民族与人类。

如果说严歌苓以审视家族性别主体的遗传比较,来阐释女性的母性救赎力与男性"赌性"恶的破坏力,那么,张翎则以母系家族母亲的生育阵痛的男性缺席进行性别反思。《阵痛》里三代母亲的男人,怀揣正义的社会理想,视男权"英雄神

---

[1] [英]苏珊·弗兰克·帕森斯著,史军译:《性别伦理学》,北京:北京大学出版社,2009年,第52页。

话"为生命的最高信仰,一个个奔赴"保家卫国"前线战场,最终被"战争灾难"毁灭。文本以男性"大我"行为的悖论,揭穿了男权"英雄神话"的本质。中国知识分子男人大先生,越南混血儿男人黄文灿,以及美国华尔街的男人杜克,离开自己的女人竟然是同一个理由——为了国家。他们让一代代母亲在战争灾难中孤独承受生育的阵痛。但是,一次一次参战对世界造成的创痛,在某种程度上无疑是与战争肇事狂人的合谋,共同制造了毁灭人类的战争。20世纪就是人类有史以来"恶性循环"战争最频繁的世纪。野蛮、掠夺、杀戮与霸权,也是男权"大我"人性的无限度膨胀而酿成的"赌性"人性大恶。20世纪的"战争灾难"与现世代的"财富灾难"所造成的"人性灾难",只是形式的不同,没有本质的区别。两个文本从男性个体人性"善与爱"的丧失、扭曲与异化,延展到对整个人类的平等、民主与和平问题的思考,具有非同寻常的现实意义。

从男性形象个体情感心理分析,新男权主义对封建两性伦理有着根深蒂固的认同,对女性显形与隐形的歧视,发展至今有过之而无不及。温文尔雅的科技官员卢晋桐和一个大财团的董事长尚总的"暗赌",就是为给"情人"梅晓鸥赌到一个拉斯维加斯的"总统套房",以发泄性欲,赌掉了手指头,赌掉了产业,最后赌掉了梅晓鸥和他们的儿子,以及自己的生命。因为,卢晋桐把真心爱着他的梅晓鸥,只是当作权力与性欲望的一件消费品。即使在他跟梅晓鸥热恋的时候,"那时有钱男人对自己婚姻外热恋的女孩都采取一个时兴做法,把她们送到国外。说起来是要她们进修深造,实际上是让她们和他们的妻儿各归各,同时让举目无亲的寂寞女孩们更依赖他们。"①北京房地产大鳄段凯文,以不可一世的傲慢进行"一拖三"的豪赌,原因是想对梅晓鸥的身世进行探秘,以满足自己的霸道心态。"一个楚楚可人的女子,干上这么血淋淋的一行,必定有大秘密。妈阁有几个女人敢从赌厅拿出上千万的筹码借给一个个在赌台上搏杀的男人呢?"②但是,他最终仍然输得负债累累。一个笑容像刚醒的孩子一样的木雕艺术家史奇澜,经过"情人"梅晓鸥的开智,他试图利用梅晓鸥聚敛更多的财富,却在赌场输掉了自己"富可敌国"的资产。他的得救在于梅晓鸥的母性之爱唤醒了他的人性善良。

因为"自古男人在疆场厮杀,胜者为英雄,为壮士,为赢家,赢得女人的倾倒、委身,男人们杀了几千年,都想杀成赢家,宁可死,也要赢。现在没了疆场,瞬间的成败、死活、王寇就在铺着绿毡子的赌台上决出。他们相信女人的青春和美丽都属于赢家"③。也就是说,这三位赌徒表面上作为梅晓鸥的爱人、情人与挚友,其意识里仍是把她看成赌桌上的筹码或猎物。梅晓鸥的青春美貌撩拨

---

① 严歌苓:《妈阁是座城》,《人民文学》,2014年第1期。
② 严歌苓:《妈阁是座城》,《人民文学》,2014年第1期。
③ 严歌苓:《妈阁是座城》,《人民文学》,2014年第1期。

起的是他们的性欲、物欲与权欲的攀比膨胀。小说特别写道,"梅大榕那败坏的血脉拐了无数弯子,最后还是通过梅晓鸥伸到儿子身上。或者卢晋桐的基因加上梅大榕的血缘最终胜过了梅吴娘和梅晓鸥,成为支配性遗传。也许都不是,人本身就有恶赌的潜伏期,大部分男人身心中都沉睡着一个赌徒,嗅到铜钱腥气,就会把那赌徒从千年百年的沉睡中唤醒。"①追溯东西方男性身上存在的"大我"迷失或异化,都是男权构造男性人格的"顽疾",于古老的"赌性"基因和现代的金钱物欲催化下,变异得更隐秘多样,对人性的破坏更触目惊心。

剖析《阵痛》里的三位男性形象,中国知识分子大先生背着更沉重的文化负担,是"叫慢刀乱刀凌迟致死的"。他之所以娶上官吟春为妻,是因为她长得太像初恋女友,再后来是他被庸医判决没有生育能力,再后来是自己的妻子被日军强奸,他怀疑妻子腹中的"那块肉"是日本人的种……他怀揣报国理想却没有牺牲在抗日战场,而死于不能承受"一刀一刀挨着剐"的对家、国、世道的绝望之痛。因为,在他的婚姻意识里,上官吟春就是一个"替代品"。然而,身上流着二分之一法国血统的越南男人黄文灿,肩上挑的也是他正在燃烧着战火的国家,"他用他牙缝里挤出来的钱,喂养着他的国家。而她用她牙缝里挤出来的钱,喂养着他。她知道她贱,她只是忍不住。她身上流淌着她母亲的血,这腔血里有一样叫不出名字的东西,能让女人为了一个男人把自己贱到泥里尘里,死上千回百回。"②因为,"一边是他的国家,一边是他的情人。为成全她小小的一段情缘而押上一整个国家的性命,她知道那是罪孽。"除非"她其实永远也不能完全得到这个男人,因为他已经把自己投给了这团火。除非她把自己也投进他的火里,或许她还能捡着一两片他烧剩下的热情。"③虽然说这一对恋人是真的相爱,但是,在得知爱人意外怀孕之后,他爱他的国家大于爱她和她腹中的婴儿,最终离开爱人,奔赴前线战场。美国男人杜克,在夫妻情感生活中,做每件事情都要蒙上一个国家的盖头,不是美国,就是中国,随时随地趴在武生的肩头指点她的路。他知道妻子并不爱他,而是没钱交学费才嫁给他。他对妻子一直推迟要孩子、一次次偷用避孕药痛心疾首,却无能为力。他们中间隔着两座一生也攒不够力气去攀爬的山:他太老,太爱控制;她太自尊,太爱自由。他虽然喊着"我爱你,这辈子只爱你",惨死在"9·11"世贸大楼的爆炸声中。但是,他的爱就是一种对女性的控制欲,尤其当男性个体生命在潜意识里摆脱不了对男权文化的心理依附时,他们就会抛弃所谓的小我私情而投入所谓的"国家",实现社会"大我"价值,恰恰成为男权文化的"祭品"。

---

① 严歌苓:《妈阁是座城》,《人民文学》,2014年第1期。
② 张翎:《阵痛》,北京:作家出版社,2014年,第165页。
③ 张翎:《阵痛》,北京:作家出版社,2014年,第216页。

其实，从人性构成根源上讲，男性从男权"阳刚特权神话"的"宠儿"异化为其生命的"祭品"，是因为大多男性身上都潜藏着"大我"的"赌性"而未能获救。但是，内在人性存有善与爱的男性，会被女性的母爱唤醒而得救。女性之所以能够获救，同时可以拯救家、国的混乱世界，是因为大多女性身上都潜藏着"母性"——善与爱的力量。那么，男女两性在冲突与融合中就有一种共建"完整的人"的人性的可能。

综上所述，两个文本犹如以女性为主体的母爱寓言神话。因为，"梅家上溯五代的男人都不作数"①才成就了两位母亲梅吴娘与梅晓鸥的救世与自救"神性"；因为上官母亲家族的三代男人也"都不作数"，才诞生了在战乱废墟之上播种希望的"灾难女神"。而且，坚信"女性世界总有一天将展现出它的能量、它的构造，以及它的发展过程或是它繁花似锦的面貌。女性之花使未来向着我们开放。正是由于这奇异的景观，世界才始终使人捉摸不透。"②其实，人性是不分性别的。因为，追求"完整的人"的人性，是男女两性共同的最终极目标，从而形成的一种女性经验，是和人类文化相统一的"集体记忆"。而以女性文化之根、生命之树、精神之翼进行的历史叙事，试图建构起一个以母爱关怀伦理为核心的、多元互补共生的、两性平等和谐的文化政治，依然是遥不可及的乌托邦，路漫漫其修远。

---

① 严歌苓：《妈阁是座城》，《人民文学》，2014年第1期。
② 张京媛主编：《当代女性主义文学批评》，北京：北京大学出版社，1992年，第385页。

服刑人员生育权论要[①]

李玉娥[②]

　　透视刑罚文明进步历程，实质上就是促使罪犯的人的本位回归过程。现代监狱行刑法治化的重要内容和关键环节就是确认服刑人员权利范畴并增强其权利意识、提升其行使和实现合法权利的保障水平。近年来，我国的"死刑犯请求生育权"案例、美国的"斯金纳""伯格"和英国的"迪克森诉联合王国"判例[③]，引发了关于在押服刑人员生育权的广泛争议，其焦点已然不是服刑人员有无生育权，而是服刑人员是否可以行使以及如何实现生育权。事实上，早在我国古代，"听妻入狱"即典型的保障死囚生育权的悯囚制度，其始于汉，魏晋"成例"[④]，沿袭传承至明清则写入刑律，直到清末民初消亡，有近两千年的发展史。20世纪末，在"惩罚与改造相结合，以改造人为宗旨"的监狱工作方针指引下，为调动服刑人员改造积极性，同居会见作为一项处遇制度在监狱推行，给服刑人员生育权行使提供了路径，然而由于缺乏法律依据和管理规范不足，部分监狱的同居会见管理混乱，甚至在2000年湖南某监狱发生了服刑人员在监狱设置的亲情会见室嫖娼的恶性事件[⑤]，导致同居会见处遇一度被叫停。为服刑人员实现生育权而在监狱高墙上开一扇正义的门，以期更好地提升监狱的人权保障水平、促进服刑人员回归家庭和社会、预防和减少重新犯罪，这符合监狱工作从底线安全观向治本安全

[①] 本文为河北省法学会2015年度法学研究课题"服刑人员生育权研究"[HBF(2015)D014]的最终研究成果和中央司法警官学院青年教师创新团队课题"行刑改革深化背景下的服刑人员权利研究"的阶段性研究成果。

[②] 李玉娥(1978年—)，女，中央司法警官学院副教授，法学硕士，主要研究方向为婚姻家庭法学、司法制度。

[③] 我国的"死刑犯请求生育权"案中，死刑犯罗锋的妻子请求人工授精为其生育子女，被法院拒绝；美国的"斯金纳"案中，法院否决强制绝育的法律无效；"格伯"案，最终审判庭以6比5的票决结果否决了服刑人员在押期间的生育权；英国的"迪克森诉联合王国"案中，欧洲人权法院判决迪克森夫妇最终获得胜诉，人工授精生育子女的诉讼请求获得支持。

[④] 程树德：《九朝律考》，北京：中华书局，2006年，第61页。

[⑤] 冯卫国：《行刑社会化》，北京：北京大学出版社，2003年，第47页。

观转变①的要求,也是建设法治中国、和谐社会的应有之义。

一、我国服刑人员行使生育权的困境解析

笔者于2015年对东中西部地区6所成年犯监狱的322名监狱民警和1255名服刑人员就服刑人员生育权进行了调查统计。服刑人员认为其依法应当享有生育权的占64%;在服刑期间行使生育权有利于改造的占73%;希望能有机会在监狱服刑期间结婚生子的占42%,没想过的占43%;认为自己行使和实现生育权面临的最大困难是监狱不同意的占74%,是家属不同意的占16%,是抚养困难的占10%。民警确定其所在监狱监区曾有服刑人员提出行使生育权要求的仅占5%,并且没有被批准同意,而没有服刑人员主张过生育权的占到77%;认为服刑人员可以在监狱生育子女的仅占15%;认为服刑人员行使生育权会给监狱管理带来困难的,男犯监狱民警占比超过一半,女犯监狱民警超过九成;认为监狱应当克服困难而保障服刑人员行使生育权的男犯监狱民警占比不足三成、女犯监狱民警占比不足一成。据此分析,尽管服刑人员对行使生育权对其改造持肯定态度的占比超过七成,希望在监期间结婚生子的占比超过四成(考虑适龄人群因素的话,这一占比超过六成),可谓需求强烈。然而,形成鲜明对比的是,实践中仅有极少数服刑人员真正主张过生育权,而且多数男犯监狱民警、绝大多数女犯监狱民警对服刑人员行使生育权持不支持、甚或否定的态度,导致服刑人员生育权几近冰封于高墙内。造成这一现实困境的深层原因主要有以下三个方面:

(一)法制规范不够明晰

新中国成立后,服刑人员结婚权和生育权在劳改立法和实践上长期处于空白状态,但是1982年公安部颁发的《监狱劳改队管理工作细则》和1986年民政部[86]民办字第84号文件《关于正在劳改的犯人申请结婚的问题的处理意见》明文规定,"罪犯在押或保外就医、监外执行期间不准结婚"。由于在传统观念里,生育权是作为结婚权的派生权利而存在,服刑人员没有结婚权,当然也没有生育权。因此,这些行政规章一度是禁止服刑人员行使结婚权和事实上否定服刑人员生育权的直接依据。事实上,我国现行法律法规并无剥夺服刑人员生育权的规定。国家对在押服刑人员权利保障的边界是"宽不过囚,严不过人"②。服刑人员因犯罪而身陷囹圄、自由受限,但其依法享有其他合法的公民权利。纵观我国相

---

① 2017年5月,司法部部长、党组书记张军主持召开司法部党组会议,决定将深化监狱体制改革纳入司法行政体制改革任务,要求从底线安全观向治本安全观转变,切实提高教育改造质量,要在改造罪犯成为守法公民上加大监管机制改革的工作力度。

② 金鉴:《树立正确行刑理念 推动监狱"三化"建设》,司法部官方网站:http://www.moj.gov.cn/jygij/2004-08/24/content_127810.htm,2016-12-4.

关法律，无论是《刑法》《刑事诉讼法》《监狱法》等这些与服刑人员权利直接相关的法律规范，还是《婚姻法》《妇女权益保障法》《人口与计划生育法》等这些关于普通公民生育权的法律规范，都无涉及服刑人员生育权利的内容，更没有明文剥夺服刑人员生育权的法规条款。由此可见，服刑人员生育权在法律上始终处于"未丧失"、但也未明确的境遇。1994年《监狱法》的颁布是监狱行刑法治化的重要标志，尽管其规定较为笼统，但对服刑人员的权利作了广泛而具体的规定，直接或者间接涉及权利的规定达30余条。尤其是第7条规定："罪犯的人格不受侮辱，其人身安全、合法财产和辩护、申诉、控告、检举以及其它未被依法剥夺或者限制的权利不受侵犯。"依据现代法制原则对这一法条中未尽列举的其他权利的解读可知，失去人身自由的服刑人员理应享有未被剥夺的权利——生育权。另外，《监狱法》第57条关于离监探亲的规定，为符合条件的服刑人员以传统方式来实现生育权留存了法律空间。2004年颁布施行的《民政部关于贯彻执行〈婚姻登记条例〉若干问题的意见》明确规定了服刑人员的结婚权主体地位，为保障服刑人员婚姻家庭权利实现了良好开端，然而，为进一步抵制错误的传统观念影响，对于服刑人员的生育权主体地位应当进一步明确。

(二)监狱行刑理念滞后的主观限制和监禁行刑条件的客观限制

新中国监狱工作坚持"把罪犯当人看""人是可以改造的"政策原则，服刑人员的人身不受侵犯、人格不受侮辱等人权保障工作取得了巨大成就，但是在对待服刑人员依法被限制行使的生育权问题上，我国监狱行刑机关出于行刑的监管安全和改造秩序的考虑实际采取了不予支持，甚至排斥和否定的态度。究其原因，既有监狱行刑理念滞后的主观障碍，又有监管改造工作实践的客观困难。主观上，由于受到传统报应主义思想的影响，监狱行刑理念制约着其法治化水平、限制了其人权保障工作水平，所以长期以来漠视、排斥甚或否定服刑人员心驰神往的生育权等婚姻家庭权利，违背了监狱工作应当促进服刑人员由被动强制改造转变为积极主动改造的规律，不利于在押服刑人员的改造和顺利回归社会。客观上，由于跨省异地关押数量多、服刑人员特优会见等实现生育权的处遇设施建设滞后或缺位，难以公平地满足服刑人员行使生育权的现实需求。此外，在现有的行刑法制规范条件下，服刑人员生育权的行使会给刑事司法工作带来两个潜在风险。一是可能出现故意逃避刑罚制裁的情形。按照我国《刑事诉讼法》第254条规定，对被判处无期徒刑、有期徒刑或者拘役的罪犯，如果是怀孕或者正处于哺乳期的妇女，可以暂予监外执行。因此，如果赋予服刑人员生育权，将成为女性服刑人员适用监外执行的一种手段和方式，从而逃避刑罚的制裁，降低刑罚的惩罚功能和一般预防效果。二是可能出现合法规避死刑适用的情形。按照我国《刑法》第49条规定，审判的时候怀孕的妇女，不适用死刑。显然，如果赋予死刑犯生育权，那么女性服刑人员就可以通过申请行使生育权而规避死刑的适用，从而导致刑罚正义受到损害。

(三)服刑人员未成年子女的社会支持体系乏力

正如前述笔者调查发现，服刑人员及其配偶尽管希望在生育黄金年龄行使生育权，但抚养子女也是其重要考量因素。按照我国《监狱法》第19条规定，"罪犯不得携带子女在监内服刑"，因此，抚育子女主要依靠在家的配偶、亲属及社会力量的支持。父母一方或双方正在监狱服刑的未成年人是一个特殊的弱势群体，在个体身心发展最关键的未成年期，也是教养影响最容易发挥作用的时期，一方面承受着家庭残缺的打击，甚至生活陷入困境，另一方面还可能无辜地面临社会歧视等不公平的待遇。显然，与其他未成年人相比，服刑人员未成年子女更需要亲情的教养与呵护、朋辈的理解与善待、社会的帮助与扶持。然而，在长期重刑主义传统影响下的社会文化和当前社会保障制度发展滞后的时代背景下，由于服刑人员未成年子女并非国家福利政策规定的孤残儿童，因而长期未被纳入政府的救助范围，甚至一度无人为其发声，似乎被社会忽视和遗忘，生存和发展状况整体堪忧。司法部课题组对北京地区1070名服刑人员就其子女居住情况进行的调查数据显示，现在的居住条件与过去相差无几的只有449人，约占43.2%；比过去差的达318人，约占30.6%；居住条件极差的多达108人，约占10.4%；明确回答孩子已经在社会上流浪、乞讨的服刑人员有16人，约占被调查服刑人员的1.6%；另外有139名服刑人员因为种种原因，不知道孩子现在的情况。[①] 因此，构建完整有力的服刑人员未成年子女社会支持机制，既是预防和减少犯罪、构建和谐社会的内在需求，又是实现社会公平正义的国家责任。

二、服刑人员生育权的法理审视

(一)合宪性

生育权的普遍固有性、人道伦理性和不可或缺的重要性，均体现了其作为基本人权的内涵和价值。在人类文明的发展进程中，生育权经过了自然生育、生育义务和生育权利几个阶段的发展，直至20世纪以后其作为基本人权的地位才得到现代法治文明的认可和确认，这可以从国际条约层面、域外司法层面和我国法律层面一一得到阐释。[②] 我国宪法文本中并未明确将生育权列入公民基本权利，但是对《宪法》第49条第2款规定的"夫妻双方有实行计划生育的义务"进行了学理性扩张解释可知：从权利与义务的对应性来看，该规定的内涵是夫妻双方享有

[①] 郑霞泽：《服刑人员未成年子女现状调查》，北京：法律出版社，2006年，第106页。
[②] 湛中乐、伏创宇：《生育权作为基本人权入宪之思考》，《南京人口管理干部学院学报》，2011年第2期。

生育的权利，但必须履行计划生育的义务，①而且其所规定的计划生育的义务是建立在夫妻共同享有生育权基础上的，只有共同享有权利，才可能共同履行义务。这一学理解释与《人口与计划生育法》第3章第17条规定的"公民有生育的权利，也有依法实行计划生育的义务，夫妻双方在实行计划生育中负有共同责任"是相互印证的。显然，宪法中的"计划生育"条款自身必须具备正当性和明确性才能够产生强硬的规范力、约束力，发挥正确的立法引导价值。鉴于宪法关于服刑人员生育权的保护功能更能凸显其基本人权之义，有学者建议将我国现行宪法文本第49条第2款修改为："公民有生育的权利，也有依法实行计划生育的义务"从而实现生育权主体从夫妻到公民的转变，使生育权从一般的法律保护提高到宪法保护，将对调整公民生育行为的整个法律体系产生影响，实现对生育权的更高层次、更全面、更深入的保护。②尽管生育具有自然和社会双重属性，但就生育权在宪法基本权利体系中的定位而言，据其源于自然法观念的消极权利特性和作为人之繁衍后代本能的基本权利内涵，生育权显然不属于社会权，而是应当定位为自由权范畴。国家对生育权应当承担不干涉义务，只有具有合法理由、经过正当程序的违宪阻却情势下方可施加限制。

保障服刑人员生育权是践行宪法的必然要求。国家依法剥夺公民的权利，是对公民最严厉的惩罚。而公民权利中，人身自由是公民最起码、最基本的权利，是公民参加各种社会活动和享受其他权利的先决条件，但是人身自由并非其他自由权利之"皮"，前者与后者并非种属关系。正如德国学者施耐德所说："刑罚不得将罪犯视为客体物和丧失权利的奴隶，刑罚应只限于剥夺其行动自由，除此之外，罪犯享有宪法赋予他们的一切权利"。③国家对在押服刑人员权利保障的边界是"宽不过囚，严不过人"。服刑人员因犯罪而身陷囹圄、自由受限，但根据"法不禁止即许可"的现代法治精神，生育权作为一项人之所以为人所自然享有的繁衍后代本能的自由，服刑人员依法应当享有，只是其行使会受到监狱行刑的正当规制。因此，尊重服刑人员的生育权并予以保障，正是践行宪法上"国家尊重和保障人权"原则的当然要求。

(二)正当性

保障服刑人员生育权与行刑目标相一致，符合人道主义、刑事法治和社会长治久安要求。国家计生委宣教司在全国开展的一项"城乡居民生育意愿调查"显

---

① 汤擎：《单身女性生育权与代际平等——评〈吉林省人口与计划生育条例〉第30条第2款的合理性》，《法学》，2002年第12期。
② 湛中乐、伏创宇：《生育权作为基本人权入宪之思考》，《南京人口管理干部学院学报》，2011年第2期。
③ 汉斯·约阿希姆·施奈德著，吴鑫涛、马君玉译：《犯罪学》，北京：中国人民公安大学出版社，1990年，第106页。

示，人们生育目的中占前三位的是传宗接代、经济需要和情感需要，分别占调查比例的 35.0%、22.4%、19.9%。① 传宗接代的需要固然受传统文化观念的影响，但是更多的是一种人的生物本能和情感需要。只有人的生物性本能得到社会保障，人才可能成为真正的人。剥夺和限制生育权就是对人的本能的扼杀，② 是一种反人性的行为，即使是在押犯，其生育权的人性本能也应该得到保障，而且这有利于实现促使服刑人员"浴火重生"、重返社会成为守法公民的现代监禁行刑目的。刑罚制度从古至今，经历了以生命刑、肉体刑为中心的威吓时代，发展到以自由刑为中心的教育刑时代，并正在呈现向以自由刑与其替代措施并行发展、更加注重再社会化的矫正刑时代。从当今世界范围内的行刑发展趋势来看，致力于对监狱行刑制度和矫正环境进行改革完善，最大限度地提升服刑人员再社会化的实际效果。国外监狱理论界关于重新犯罪的"三要素"理论指出，家庭、工作、妇女（Home Work Women）是三个影响重新犯罪的重要因素③。实践也证明，拥有稳定家庭和育有子女的出狱人重新犯罪率更低。我国监狱工作方针是"惩罚与改造相结合，以改造人为宗旨"，目的是将犯了罪的人改造成为守法公民，预防和减少犯罪。在法治中国建设进程中，进一步彰显了行刑人道主义，尊重服刑人员平等享有生育权，完善相应法制，依法保障其行使和实现，有利于激励服刑人员改造的积极性和主动性，有利于巩固和提升监狱监管改造工作成效、促进社会长治久安。

(三) 受限性

在现代法治社会，宪法和法律对国家剥夺、限制公民基本权利行为的违宪阻却事由予以了规定。当公民滥用权利且损害国家、社会或他人法益时，国家必然依照宪法和法律规定对公民的相应权利予以剥夺限制，以维护公平正义的社会秩序。服刑人员由于犯罪而被依法剥夺限制人身自由正是前述法理的应有之义。然而，尽管其生育权具有正当性并受宪法和法律保护，但是却因以人身自由为生育权利实现的一般先决条件而客观上受到国家刑罚权行使的时空限制。这一特殊性决定了服刑人员生育权的行使应兼顾公共利益与个体利益的平衡。首先，监狱对服刑人员生育权的限制是依法执行监禁刑罚、剥夺限制当事人人身自由所带来的必然附加结果。同时，监狱依法限制服刑人员人身自由的同时对其进行改造、矫正，促使其顺利回归社会，其目的正当、程序合法。其次，监狱管理秩序是监狱

---

① 陈胜利、张世琨：《当代择偶与生育意愿研究——2002年城乡居民生育意愿调查》，北京：中国人口出版社，2003年，第73页。

② 宋立军、孙竽：《在押犯生育权保障的社会学意义》，《南京人口管理干部学院学报》，2010年第1期。

③ 2010年中荷司法合作"监狱官员素质提升与罪犯人权保护"项目会议上，荷兰监狱实务专家布朗先生的报告中提出此观点。

工作顺利进行的基础和保障,作为服刑人员负有维护监管改造秩序的义务,并不得破坏,否则将会受到相应的惩处。因此,服刑人员生育权的行使必须符合监管改造的条件要求,需要获得监狱机关或司法机关的批准或裁定。最后,服刑人员生育权应当受到其合法配偶意愿和所育婴儿福祉的限制。生育是夫妻双方的合意行为,而不能是单方决定并强迫实施。服刑人员及其配偶作为父母必须考虑未来所育子女的抚育、教养问题,从家庭实际情况出发,最终由夫妻双方决定怎样行使生育权并对婴儿的抚养教育问题做出妥当决定和安排。

然而,作为基本人权的服刑人员生育自由受到的限制应当尽量降低。监狱行刑制度是随着刑罚观念的改变而逐步发展完善的,当今刑罚谦抑主义的发展排除了刑罚万能论,世界范围内监狱行刑制度已呈现出人道化、社会化、科技化和专业化的趋势与潮流,并要求努力将监禁行刑对服刑人员基本人权的限制降到最低水平。这一最低限度原则体现了对服刑人员人格及其合法权利的尊重,已经作为联合国有关监所管理规范的原则之一。①

三、域外服刑人员生育权保障机制的借鉴与启示

(一)大陆法系国家相关法制的述评及启示

事实上,在主要大陆法系国家的成文法典中,保障服刑人员生育权的规范鲜见。即使在集中规定保障服刑人员权利的刑事执行法典之中,普遍情形是既没有禁止服刑人员行使生育权的规范,亦无专门明示服刑人员享有生育权的规范,而是做出国家尊重和保障服刑人员未被限制或剥夺的合法权益的一般性规定,进而通过规定行刑社会化措施和处遇的方式为服刑人员行使生育权提供时空条件来实现间接保障。这里以大陆法系中具有典型代表性的德国和与我国行刑制度渊源颇深的俄罗斯为例,阐释其服刑人员生育权保障法制。

《德国刑事执行法》第4条第2款对囚犯权利做出了限制性规定:"囚犯应服从本法规定的对其自由的限制。如果法律没有特别规定,仅应对其施加对安全保障或防止对机构秩序的严重破坏来说必需的限制。"由此可见,德国坚持矫正刑理念,着重于安全防护的矫正系统是不能实现服刑人员的矫治和再社会化的,积极营造与社会环境相类似的服刑条件,对服刑人员的权利限制也只能是为维护治安或避免刑事机构秩序受到严重损害才能施加。② 在其具体行刑制度条款中规定了常规假期、特别假期等四种形式的从宽处遇制度,其间囚犯在规定时空内完全自由且不受监视,从而有利于形成接近正常的生活环境,以便囚犯保持和最亲近的人的个人关系。另外,还规定了在特定白天无监视离开监狱单独外出等四种从宽

---

① 冀祥德、程雷:《遏制监所暴力与监所体制改革》,北京:社会科学文献出版社,2014年,第79页。
② 刘恒志:《行刑法治与罪犯人权保障机理研究》,北京:法律出版社,2010年,第68页。

执行制度。从20世纪70年代初开始实践到今天，从宽执行一年年扩大，而与此同时"失败"的比例几乎没有增长，而是保持不变或者有所减少。①

根据《俄罗斯联邦刑事执行法典》规定，保护被处刑人员的权利、自由与法律利益是俄罗斯联邦执行立法的任务之一。其分则第40条第5款规定：被判处矫正性劳动刑的女性被处刑人员，在怀有身孕的情况下，有权向法庭递交申请要求自例行孕假与产假开始之日起对其延期执行刑罚；第6款规定：在矫正性劳动刑履行期间，由被处刑人员所在的改造机关行政管理部门会同刑事执行监察机关协商确定，为被处刑人员提供时长为十八个工作日的带薪年假。第89条规定：被判处剥夺自由刑的人员准许矫正机构区域内四个小时的短期会面或三日的长期会面及在法典予以规定情况下的矫正机构区域外五日的长期会面；并明确规定有权和配偶等亲属一起居住。第97条规定：被判处剥夺自由刑人员，鉴于特殊情况，准许进行持续时间七日以下的短期出行；对有子女抚养在矫正院婴儿室的女性被处刑人员，可以准许离开矫正院短期出行十五日，以便安置子女到亲属处或幼儿园；对有残障子女在矫正院以外生活的，可以准许每年一次相同期限的短期出行，以便同子女会面。第100条规定：在有年幼子女女性被处刑人员履行刑罚的矫正机构内可以设置幼儿园；有年幼子女三岁以下的女性被处刑人员可以关置在矫正机构幼儿园，工作之余以外的自由时间同子女在一起不受限制，并可以和子女共同生活。② 此外，《俄罗斯联邦刑事执行法典》还对怀有身孕与处于哺乳期的女性被处刑人员在饮食、生活居住条件、医疗服务、生育补助金等方面予以规定。

综上所述，德、俄两国均坚持保障服刑人员权利的行刑理念，在实践中实现了对服刑人员生育权的有效保障，但是在具体的保障措施上却不尽相同。德国主要是以从宽行刑的假期处遇和不受监视的单独外出制度为服刑人员生育权行使提供了有效的时空条件保障，而俄罗斯则规定了类型更多、期限更长、内容更细的带薪休假、会面和外出制度，并从延期行刑、设置育儿设施、保障孕妇和哺乳期女性服刑人员生活医疗条件、给付国家生育补助金等方面对服刑人员生育权的行使给予了更为充分有力的保障。当然，俄罗斯保障服刑人员生育权的行刑制度与其国家长期低生育率下积极鼓励公民生育的基本国策是分不开的。

反思我国现行有效的监狱法规关于服刑人员生育权规定可知，其与德、俄等大陆法系国家刑事执行法典在保障服刑人员权利的行刑理念和一般性规范是相似的，但是由于我国相应的行刑社会化措施和处遇等规范的严重不足和实践应用比例过低，导致在押服刑人员实践中几乎没有行使生育权的时空条件和机会，这方

---

① 赵路译：《俄罗斯联邦刑事执行法典》，北京：中国人民公安大学出版社，2009年，第68页。
② 司绍寒：《德国刑事执行法研究》，北京：中国长安出版社，2010年，第117页。

面应当加以改进。

(二)英美法系国家典型判例的述评及启示

近年来,关于服刑人员主张生育权的典型判例和服刑人员贿赂监狱工作人员"走私精子"以生育子女的案件的报道在西方屡见报端,引发了理论研究和司法实务界以及社会舆论对在押服刑人员生育权的广泛争议。这里以英国和美国两个典型的英美法系国家为例进行阐释。

在英国,经典判例确定了服刑人员享有非经明文剥夺的所有公民权利的基本原则。1982年,英国上议院 Lord Wilberforce 大法官审理"雷蒙德诉汉妮"一案时提出了这一基本原则:"在英国法律体系下,被判有罪的个人,尽管在监狱里服刑,仍然保留所有的公民权利,除非这些公民权利被明确地剥夺,或与被明确剥夺的权利存在必要的牵连而不得不被剥夺"。[①] 2007年,欧洲人权法院关于"罪犯迪克森要求狱政部门批准其通过人工授精的方式行使生育权"一案的判决宣告迪克森夫妇最终获得胜诉,获得了人工授精生育子女的权利。由此判例确立了英国罪犯经监狱机关批准可以在服刑期间通过人工授精行使生育权,并建立了相应的制度予以保障。具体由监狱机关(the Prison Service)在其享有的裁量权范围内自由决定是否批准服刑人员要求人工授精的申请。[②] 英国的这种做法,最大优点是在一定程度上肯定了服刑人员有主张生育权的权利,由监管机关批准后再实施也在很大程度上降低了可能给监管造成的安全隐患。但是,据英国法律"我们每个人都应该享有某些个人决定不受政府审查的自由"[③]英国服刑人员究竟是否可以通过人工授精行使生育权需要由行政管理部门根据其政策来裁决,于法于理都是不恰当的。

在美国,1942年的"斯金娜诉俄克拉荷马州"案、2002年的"格伯"案以及被戏称为"通过联邦快递生育"的"戈博尔诉希克曼"案,尽管从这些判例和第九巡回法院的结论可以看出,美国法院否认服刑人员享有生育权,并明确表示获取人工授精的设施不是个人的一项宪法权利。但是,在美国审判史上以及当前关于服刑人员生育权的争论从未停止,"格伯"案中6票否定对5票支持的审判事实也强有力地印证了这一点。

综上所述,尽管当前司法实践中的经典判例宣告了英国承认服刑人员生育权的主张,但是要评估审批同意后才能行使,而美国法院甚至在判例中否定了服刑

---

① Raymond v Honey[1983]1AC1, at 10,转引自:李蕊佚:《服刑人员生育权研究》,《法学评论》,2010年第4期。

② E.Jackson, Conception and the Irrelevance of the Welfare Principle, *Modern Law Review*, 65, 2002, p178.

③ E.Jackson, Conception and the Irrelevance of the Welfare Principle, *Modern Law Review*, 65, 2002, p178.

人员生育权的主张,但是两国通过普遍实行的"配偶探视"处遇,间接为服刑人员生育权的行使提供了可行途径。反思我国监狱行刑中一度被叫停的"同居会见"制度,应当将其在监狱法规中作为从宽处遇的类别确定下来,并通过严密的程序设计保证其运行可靠、有效。

四、我国服刑人员生育权的实现路径

服刑人员生育权实现的根本障碍源于监禁行刑的最大悖论,即在现代监狱行刑中出现的监狱监禁行刑手段导致的服刑人员监狱化与行刑旨在促进服刑人员再社会化之间的基本矛盾。因此,服刑人员生育权实现的最终途径是实现行刑政策的科学化,逐步推进行刑社会化、刑罚轻缓化、监禁短期化。结合当前的国情、舆情、狱情,我国服刑人员生育权的实现不可能一蹴而就,应当积极稳妥、"小步快跑",在承认并尊重服刑人员生育权的基础上,加强法制保障,逐步完善社会支持机制。

(一)保障和实现服刑人员生育权的基本原则

1. 最低限度限制原则

从法理上分析,就法律范畴下行使权利的方式而言,通常只有"享有"或者"放弃"两种情形,但是在特殊情况下,会出现第三种情形,即有条件地加以"限制享有"的情形。在监狱服刑罪犯的依法享有、但是由于人身自由被限制而依法受到限制的权利,就属于第三种情形。[①] 当然,这种限制是监狱机关依法执行刑罚施加的限制,并非根据监狱机关的行政意志或某些人的个人意愿而施加的。因此,监狱机关限制服刑人员生育权的行使是合法的,但这种限制不仅应当合法,还应当是必要和适当的。如果监狱将服刑人员依法被限制行使的权利予以严格禁止行使,就显然构成了超过必要限度的不正当限制。因此,生育权作为一项依法享有的权利,监狱机关应当在必要的最低限度内予以限制。借鉴俄罗斯和德国的相关规定,服刑人员生育权最低限度限制应当是:在依法实现自身权利的同时,不应破坏刑罚执行程序和条件,并且不得侵犯其他人员的合法权益。

2. 平等原则。服刑人员生育权平等原则主要包含三层含义:一是服刑人员作为被限制人身自由的特殊公民与其他社会普通公民一样享有宪法和法律保障的生育权,不同的是,服刑人员生育权除受普通公民生育权限制外还应受到监狱管理秩序的限制。二是服刑人员与其配偶是生育权利行使的双方主体,互为权利义务方,双方在生育意愿和主张上的法律地位是平等的。在现代法治社会,生育权的实现无疑是夫妻双方合意才能达到,服刑人员的生育权亦当如此。三是女性服

---

① 鲁兰:《中日矫正理念与实务比较研究》,北京:北京大学出版社,2005年,第123页。

刑人员生育权和男性服刑人员生育权享受同等的保障。随着现代生殖医学技术发展，可以使服刑人员通过人工授精实现生育权，然而，男性服刑人员的精子"穿越"高墙、由狱外的配偶孕育，女性服刑人员依法平等享有生育权却仍然面临着孕育的实际困境，因为代孕合法化仅在美国的个别州得以实现，在世界绝大多数国家和地区是明令禁止的。[①]尽管女性服刑人员行使生育权的障碍会大于男性服刑人员，但同样应该享有并受到保护，因此从制度上层设计上，应该设立平等的保障理念，而不应有所偏颇。

3. 与儿童福祉保障并行原则

服刑人员生育权得以保障和实现不是孤立的，必然直接延伸出其所生育子女的抚养问题。子女是父母生命的延续和发展，抚养子女长大，成为守法公民、有用之才，是每个父母的心愿和法定责任。少年儿童是国家和民族的希望和未来，作为政府亦有责任保障其生存和发展的福祉。父母是未成年子女成长过程中的法定第一监护人，然而，服刑人员由于身陷囹圄，无法完全、甚至完全无法履行对未成年子女的抚养义务，事实上会被迫陷入"生而不养"的尴尬境遇，再加之服刑人员标签化的扩大效应，必然会对未成年子女的成长造成一定负面影响。面对这一情况，国家和社会应当保障服刑人员作为特殊公民的生育权实现的基本社会条件，将其未成年子女作为特殊的群体予以特殊关爱，由政府、社会、服刑人员及其亲属共同努力，为服刑人员未成年子女营造良好的生存和成长环境。

(二)实现服刑人员生育权的法制保障

1.《刑法》《刑事诉讼法》的相应修改和完善

(1)《刑法》的相应修改和完善。现代刑法的价值是公正、谦抑、人道，其修改和完善应当遵循更好地实现刑法价值的原则，推动刑罚结构、行刑方式的科学化、多样化发展，根据行刑个别化、社会化、科学化的要求，尽可能减少实际监禁行刑数量、缩短实际监禁行刑期限、提高在押服刑人员与社会联系的机会，从而从根本上减少由于服刑人员被监禁行刑而被限制行使生育权的实际人数和时间。建议从以下几个方面对刑法规范进行修改和完善：一是缓刑适用对象范围的扩大。当前可以缓刑适用对象限制在三年以下有期徒刑和拘役的范围、应当适用缓刑的是前述对象中不满十八周岁的人和怀孕的妇女以及已满七十五周岁的人，建议将初犯的过失犯罪、非暴力犯罪被判处五年以下有期徒刑的人员纳入其中，从而更好地贯彻宽严相济的刑事政策，优化刑罚执行格局。二是对假释适用进行多层、分类改革，在现有的有期徒刑实际最低服刑时限中增加一个层次，改为初犯被判十年以下有期徒刑(不包含十年)的服刑人员实际服刑期限不少于刑期的三

---

① 潘迪：《生殖革命与人权》，北京：知识产权出版社，2014年，第47页。

分之一，从而大大扩展假释适用对象范围，提高社区矫正适用比例。

(2)《刑事诉讼法》的相应修改和完善。根据行刑人道化的考虑，建议借鉴国外刑罚制度的有关规定，改革和完善暂予监外执行制度，将其分为应当和可以两种法律情形，对怀孕或哺乳期的妇女、生活不能自理、病情严重的自由刑服刑人员应当暂予监外执行，对部分丧失服刑能力的其他自由刑服刑人员可以依据现行规定暂予监外执行。

2.《监狱法》的修改和完善

(1)我国《监狱法》应当顺应科学规律顺势而为，从根本上更新监狱行刑工作理念，应当将推进行刑社会化、促进服刑人员顺利回归社会，在《监狱法》中予以明确。

(2)对服刑人员法律地位的相关规定应当更加明晰、确定，对服刑人员生育权等依法享有但受到行刑限制的权利应当用排除法进行规定，而不是意图通过明示列举立法。可以在服刑人员法律地位的有关规范中增加这样一个条款："刑罚执行期间，除法律明文规定禁止行使的权利之外，监狱应当保障服刑人员依法享有的公民权利的行使，但是服刑人员的权利行使不得破坏刑罚执行条件和程序，不得侵害其他公民的合法权益。"

(3)服刑人员法律救济权利制度必须完善，建议在监狱系统内建立由检察官、监狱执法监督员、监狱管理人员、专家学者、服刑人员代表等人员组成的服刑人员权益保护委员会受理相关申诉、复议。当然，从根本上讲，将来服刑人员救济权利得到保障的立法途径应当是建立服刑人员在穷尽行政救济后可以诉诸司法救济的制度。只有这样，当服刑人员在监内被限制行使对外联系的各种形式的会见、被拒绝离监探亲申请等情形下，可以依法维护自身权益，尽可能地缩小因行刑造成的婚姻家庭权利的过大损害，影响其回归家庭、回归社会。

(4)积极推进服刑人员与外界联系相关制度的修改。一是对会见制度的修改。在《监狱法》中明确规定服刑人员会见的类别、方式、适用程序和条件、限制程序和条件，将一般会见、亲情餐厅会见等短期会见和同居会见、家庭会见等长期会见纳入《监狱法》中予以规定，保障服刑人员与配偶进行身体接触和同居的机会。二是完善离监探亲制度。服刑人员离监探亲是服刑人员维系亲情和稳固家庭的重要途径，也是实现其生育权的主要途径和方式。然而，受制于法律规定的极其苛刻的适用条件和监狱内部管理中所附加的条件，导致离监探亲甚至比假释的适用条件还要苛刻，在实践中适用率极低。综上所述，《监狱法》的修改中应当明确规定不应限制的最低会见次数和时间规定，并且对短期会见和长期会见、离监探亲的条件和程序做出具有操作可能的规定，并由监狱法实施条例对监狱机关执法工作做出具体规定。

(5) 建立目标和内容全新的异地调犯制度。实践中，北京作为首都是例外，将大量外省籍服刑人员遣回原籍服刑或就近省区市安排服刑；其他省区市现在一律对调犯回原籍服刑进行了严格控制，要求调出、调入两省区市监狱局局长同意后报司法部监狱局备案。当前，东部发达地区监狱服刑人员中有一半左右家住外省区市，严重影响了这些数量众多的服刑人员的社会帮教，甚至其亲属迫于时空距离和路途费用很少到监狱进行一般会见，又何谈同居或家庭会见、实现婚姻和生育权利。因此，建议监狱立法修改中建立服刑人员调回原籍服刑制度，具体应当建立符合一定条件可以调回家庭所在地服刑的程序规范，从而为服刑人员回归家庭、回归社会创造更好的条件。

(6) 推进半开放式、开放式监狱制度的建立。行刑社会化正是世界各国进行自由刑改革的基本路径。监狱由过去的全封闭改为半开放，甚至开放式的现代监狱，能为服刑人员顺利回归社会创造条件。特别值得关注的是，2004年上海市某监狱在司法部推进"三化"建设的《意见》出台以后，经上级机关允许，探索实行过一段时间的"周末监禁制度"，即对改造表现一贯良好的初犯的中短刑期且余刑6个月以下的服刑人员，允许其在周一至周五到指定工厂工作，周六日回监狱服刑。这一探索应该说是成功的，未出现任何意外，但是最终还是被叫停。尽管如此，其作为我国半开放式监狱制度的改革尝试的历史意义重大。

3. 有关民事法律的相应修改和完善

(1)《婚姻法》《人口与计划生育法》的修改和完善。建议修改《婚姻法》及其配套法规的有关条文，对服刑人员行使婚姻自由权利和家庭权利时的法律关系进一步明示和确定，进而避免法律纷争、形成直接的法律依据。建议在我国《人口与计划生育法》及其实施法规中增加对服刑人员生育权的相关规定，把服刑人员生育权主体、监狱机关在服刑人员生育权实现中的权利义务关系尽可能明晰，如具体规定"在监服刑期间的服刑人员提出生育要求且符合法律规定条件的，适用本法规定""公民有通过人工辅助生殖技术生育子女的权利"等内容。

(2) 辅助生殖技术法制的建立和完善。人工授精、试管婴儿、代孕等辅助生殖技术帮助数以万计的人们实现了传统生殖方式不能实现的生儿育女的梦想，但是也引发了许多的社会争议，甚至是社会问题或违法犯罪问题，迫切需要通过完善相关立法将其纳入法制化轨道，保证其规范运行发展、服务社会公众。目前，当服刑人员在人身受到隔离、不能通过传统的性行为方式生育子女的情况下，使用辅助生殖技术是实现其生育权的最为可行的途径之一。具体而言，辅助生殖技术法制必须对以下三个方面予以明确规定：一是双方申请原则，要求以符合计生要求的合法夫妻合意申请作为前提；二是自费原则；三是要由具有法定资质的医疗机构具体实施。

(三)实现服刑人员生育权的社会保障

正如《孟子·离娄上》中所言,"徒善不足以为政,徒法不能以自行"。服刑人员生育权的行使和实现有赖于观念的转变、法制的完善、社会支持体系的发展。

1. 加强法制宣传,促进公众观念的转变,改善社会主观支持体系

德国学者马克斯·韦伯认为,人们现在"心理上确定对某种行为的禁止,然后逐渐形成有拘束力的明显禁止;对此了解的人日渐增多后,便形成了某种共识,被其他人所接受;最后,这种共识取得了强制实施的保障,从而与单纯的习惯相区别",由此形成法律并得以施行。① 在中华人民共和国成立后的几十年,监狱工作中对于服刑人员婚姻家庭权的行使一直采取漠视、否定甚至立法禁止的态度。然而 2004 年《民政部关于贯彻执行〈婚姻登记条例〉若干问题的意见》承认了服刑人员的结婚权主体地位,改变了长期以来的做法,也为保障服刑人员婚姻家庭权利实现了良好开端,为服刑人员生育权的实现提供了更好的前提条件。当然,这对监狱机关和民警来讲,肯定需要一个思想接受的过程。因此,要通过宣传、教育使广大民警学习、认识、尊重和保障服刑人员生育权等婚姻家庭权利知识,并尽可能地在日常工作中注重对服刑人员的教育和引导,让符合条件的服刑人员尽可能地实现生育权。同时,应当注意运用各种媒体的舆论宣传和导向作用,教育广大人民群众对服刑人员婚姻家庭权利的认识、理解和接纳,并对监狱关于服刑人员生育权等人权的保护工作进行监督,为服刑人员婚姻家庭权利的实现提供宽松、有利的社会环境。

2. 有关政府机关依法履行职责,构建社会客观支持体系

监狱是国家的刑罚执行机关,这是《监狱法》对监狱的法律地位的确认。作为行刑机关的现代监狱,实现隔离惩罚同时进行有效矫正,促使服刑人员重新社会化,强化特殊预防的效果,预防和减少犯罪,已经成为世界各国监狱行刑的共同目标。而要实现这一目标的关键是必须遵循服刑人员的改造从被动性、强制性最终内化为主动性、积极性矫正的规律。我国监狱机关应当按照司法部提出的监狱工作实现从底线安全观向治本安全观转变,积极革新监管体制机制,努力实现监狱工作法制化、科学化、社会化的"三化"建设目标,在自身职责范围内、法律规

---

① 陈敬涛:《韦伯"共识"论之检验与适用——以"听妻入狱"等为分析对象》,《湖北警官学院学报》,2012 年第 11 期。

定的范围内,破解"干出狱"①难题,通过建立服刑人员从严格隔离到逐步宽松、最终接近社会普通生活环境的行刑累进处遇的渐进改善,最后假释或释放出狱,能够更好地适应社会。实践证明,一个拥有稳定家庭、幼年子女的出狱人员更愿意努力诚实工作、承担起家庭责任,重新犯罪的可能性较小,反之则很高。因此,在监狱行刑工作中,要注重落实、加大适用离监探亲、假释、同居会见以及暂予监外执行制度,尽可能地在法律允许的范围内最大限度保护服刑人员生育权等婚姻家庭权利的实现。

民政部门和社会保障部门在帮助服刑人员实现生育权的过程中可以发挥较大的作用。一是发挥好社会福利保障职能,尤其是区县政府民政部门所属的社会福利院、孤儿院,应对服刑人员所生育的无亲人抚养的婴儿妥善予以照管和养育。具体的工作协作机制,可以借鉴日本的做法,由监狱机关联系监狱所在地地方政府的行政首长,由其负责服刑人员未成年子女的相应安置工作。二是发挥社会保障职能,对服刑人员家庭符合低保条件的要及时批准、及时帮扶。三是发挥社会公益机构和慈善机构管理职能,积极培育和促进以保障服刑人员权利为宗旨的社会公益组织的发展。近年来,在全国各地不断增多的以专门抚养服刑人员未成年子女为对象的太阳村和类似河北石家庄少年保护中心兼收抚养服刑人员未成年子女的综合性社会公益机构,在全国范围内产生了良好反响,在服刑人员中产生了较大的震动,也为服刑人员生育权等婚姻家庭权利的全面实现提供了一份难得的特殊保障。

其他政府机关应当积极履职尽责,共同做好服刑人员生育权的社会保障工作。一是人口计生与卫生部门要做好对监狱机关的相关业务的指导,并与监狱机关配合,共同做好服刑人员及其配偶的生殖保健指导,做好监狱工作人员的生育保健知识和技能培训,并协助办理好无任何监狱信息的生育证明等工作。二是社区矫正机关和公安机关积极配合监狱机关工作、履职尽责,既要做好假释、暂予监外执行和离监探亲人员的管控矫正工作,又要做好服刑人员所育子女的户籍登记等工作。三是教育部门和妇联等群团组织要积极做好服刑人员及其配偶、子女的权益维护工作,帮助解决其家庭生活、子女就学等实际困难,尽力促进其家庭稳定、未成年子女九年义务教育顺利完成等,既维护了社会和谐稳定,又促进了

---

① "干出狱"是借用法国监狱理论研究中对没有任何过渡形式及后续监控的释放之概念,法文为 sortie sèche。法国监狱行刑制度改革中为了避免"干出狱",其最有效的举措就是渐进释放。现行法国《刑事诉讼法典》第707条第3款规定:"只要有可能,刑罚个别化应当逐步地使被判刑人重返自由,并避免被判刑人在没有任何司法跟踪监督的情况下被释放。"渐进释放被法国学者形象地称为"出狱过渡闸"(sas de sortie),其具体措施包括监外执行、半自由、电子监控和假释等。为此,法国2004年《监狱法》增加了强制假释的规定,主要适用于以下两种情形:(1)判决时被判刑人未被关押且判决刑期较短(2年以下);(2)判决时被判刑人已被关押但判决刑期或剩余刑期较短(2年以下)。

服刑人员改造质量的巩固提高。

五、余论

毋庸置疑，服刑人员生育权问题正是监狱行刑悖论的典型反映。在现代监狱行刑中出现的监狱监禁行刑手段导致的服刑人员监狱化与行刑旨在促进服刑人员再社会化之间的基本矛盾，其实质就是监狱行刑中公权力与私权利对立统一的辩证关系。具体来讲，即监狱与服刑人员之间，既有依法履行监禁行刑职责与依法主张公民权利之间的冲突对立，又有提高矫正质量、预防减少重新犯罪与努力回归家庭、顺利融入社会的共同目标中的合作。这种对立统一的矛盾关系恰恰是包括监狱行刑革新、社区矫正推进在内的整体自由刑科学发展的活力源泉和不竭动力。

行刑社会化是破解监狱行刑悖论的最佳路径，是世界刑罚改革发展的现实潮流和未来趋向。尽管自21世纪以来我国监狱行刑社会化发展一度得到司法部"监狱工作'三化'"的政策支持，罪犯权利保障亦得到更加有力的宪法保护，但是在重刑主义传统影响和社会防卫的现实压力之下，监狱行刑社会化的改革发展"路漫漫其修远兮"。在押服刑人员的性、生育、抚育、赡养等婚姻家庭及其他权利义务的"冰封"，期待着法治中国"圣火"的温暖。

身体政治的维度

——中国女艺术家的行为艺术[①]

佟玉洁[②]

中国女艺术家的行为艺术作品呈现出两大特征：一是身体的社会性叙事；二是身体的自传性叙事，两者涵盖政治、经济、道德、伦理等诸多因素，具有在塑造与反塑造的博弈中呈现出的社会群体特征和社会个体特征。无论是身体的社会性叙事还是自传性叙事，行为艺术的身体技术实施是身体政治实现的重要保证。中国女艺术家的行为艺术以其睿智而娴熟的身体技术，传达出了多维度的身体政治的理念，成为中国当代艺术史上绕不开的文化现象。

当我们在说起行为艺术时，不得不涉及身体的概念问题。从形而上的角度来讲，身体是一个假想的对象。我们通常说国家身体、社会身体、宗教身体等，体现出了身体的维度。显然，身体是被塑造出来的。身体不等于肉体，但是又包含着肉体。在柏拉图的哲学中，身体是由灵肉组成的，但是灵肉二元对立，肉体被视为通向灵魂的障碍。柏拉图身体哲学的意义在于，身体的物质性和精神性被确立为灵与肉的关系。到了尼采，身体回归为灵肉一体，一元化的身体被视为权力的意志。与尼采的身体权力论不同，福柯指出了身体是一种惩罚性、控制性、消费性的被动的历史。但是福柯又发展了尼采的身体论，强调了权力的在场，并且视权力改造的身体为可变的身体。身体社会学家布莱恩·特纳给予身体以全新的定义，认为身体是"制度、话语和肉体的现实"。[③] 此时，身体意义以它历史的深度与广度重新回到我们的视野。当我们重新审视身体的历史与现实的处境时，发现身体的物质意义体现在它的精神意义的多样性与复杂性中，扮演着越来越重要的角色，同时也为当代艺术的表达带来了更广阔的空间。

当代艺术中的行为艺术不仅是一种身体的媒介方式，同时也是身体权力最具有想象力的一种形式。身体权力的形成有赖于生物权力向社会权力的转换，即肉身、制度和话语三方的相互运作。此时，身体既是生命的本体，也是历史与现实

[①] 本文发表于《画刊》，2014年第7期。
[②] 佟玉洁，西安美术学院艺术研究所研究员。
[③] 布莱恩·特纳：《身体问题：社会理论的新近发展》，见汪民安、陈永国编：《后身体、文化、权力和生命政治学》，长春：吉林人民出版社，2003年，第33页。

制度、权力话语的载体。特别是当艺术成为身体的一种行为方式，肉身的反抗性、制度的质疑性和话语的主体性的纠结与博弈，使身体的叙事具有强烈的权力意识。通常我们把身体权力意识的产生以及实施视为身体政治。按照米利特所说，"政治的本质是权力。"[①]艺术作为诠释人类行为方式的权力话语机制与政治发生关系，有内在的生命逻辑。亚里士多德就说过，"人是一个天生的政治动物"。[②] 从某种意义上讲，艺术家也是一个政治的人。行为艺术作为一个政治人的身体权力，如何通过肉身、制度和话语三方的相互运作，建立身体权力的微观政治显得尤为重要。在中国女艺术家的行为艺术表演中，把身体的社会性叙事和自传性叙事视为身体权力的微观政治，在与社会的宏观政治的博弈过程中，表现出了身体政治的维度。

一、平等理念中的人权诉求

在身体政治的维度中，行为艺术的身体扮演了重要的角色。行为艺术最显著的特征是通过身体技术个性化的施展过程，完成一个身体政治理念的精神诉求。对于行为艺术而言，身体技术是身体政治的通道，而身体技术的可塑性与风险性，恰恰是由身体政治的本质特征所决定的。因此，由身体技术体现了肉身、制度和话语三个维度的交叉实践，带来了非同一般的身体政治的表达。雕塑家李秀勤的作品《触象——给平等一个机会》，将行为表演与雕塑创作融为一体，所传达出的身体政治的理念，源自身体技术个人化特征的权力诉求。在李秀勤的作品中，采用了不同身体技术实施的媒介体，一是作为健全人的雕塑家李秀勤，一是有视障问题的盲人，在相互触摸了对方的头部之后，分别塑造一个想象的对方头像。雕塑家与盲人之间，虽然身体技术存在差异性，但是作品的意义不在于结果，而在于过程。这个过程正像李秀勤作品的定义："给平等一次机会"。按照李秀勤的说法，生命平等的意义在于：塑造生命和分享生命的快乐不仅仅针对一个正常人而言，同时也是针对非正常的视障人而言的。

如何使人权平等理念的身体政治成为不同身体技术的视觉传达空间和行为表演空间，如布莱恩·特纳所说："身体只不过是行为环境的一部分。"[③]对于行为者的身体阐述来说，身体作为行为环境的一种可能性，其文化理由与政治理由也呈现出多样化的趋势。当我们把人权视为对人性多样化的一种尊重时，我们注意到了有这样一种艺术现象，即中国女同性恋的女性主义艺术的身体政治。在同性

---

① [美]凯特·米利特著，钟良明译：《性政治》，南京：江苏人民出版社，2000年，第34页。
② [古希腊]亚里士多德著，姚仁权编译：《政治学》，北京：北京出版社，2007年，第43页。
③ 布莱恩·特纳：《身体问题：社会理论的新近发展》，见汪民安、陈永国编：《后身体、文化、权力和生命政治学》，长春：吉林人民出版社，2003年，第6页。

恋概念被污名化的社会，以同性恋的身份现身需要非凡的勇气。尤其是女同性恋受到父权文化与世俗文化的双重压迫，敢于挑战这种双重压迫的女同性恋艺术家石头，有《纪念》和《卡拉 OK》等行为影像的作品。艺术家石头和自己的女友在作品中，身着中式旗袍的优雅，身体相拥的温情，月份牌的图式制造，在享受平等的物质生活与精神生活的同时，也凸显了私人领域里的同性爱意的温馨。在石头的作品中，消费与被消费的主体话语表现出的身体技术的机智，将源自民国时期男权话语制造的广告女郎的身体技术巧妙置换，在消解了作为商品对象的历史女性身体技术的同时，也建构了现实生活中女女同性欲望的一个准家庭机制的身体政治。女同性恋的女性主义艺术作为平等理念中的人权诉求，有两个基本特征：第一，女同性恋的女性主义艺术是一种赋权运动，并且通过现身政治，建立女同性恋的女性主义艺术权力的话语空间。第二，女同性恋的女性主义艺术是一种差异政治，通过权力的运作，建立独立于主流艺术以外的政治文化的类别。作为现身政治和差异政治交叉在一起的女同性恋主义艺术的身体权力，被认为是针对父权制文化的有效的抵制者，同时也是生态政治有力的参与者。

对于女性而言，父权制文化主导的社会是很难实现真正意义的生态政治。对女性的生理性别的歧视和对女性的政治歧视密不可分。发生在欧洲 19 世纪中叶的第一次女性主义运动，玛丽·沃斯通克拉夫特撰写的《女权辩护》一书，就提出了女性的工作权、教育权、政治权和选举权等。但是到了 21 世纪的今天，女性性别歧视中的政治歧视的问题依然存在，中国尤为严重。从中央到地方的领导鲜见女性。中国女艺术家王淑平的作品《星球 G20 峰会》，以其荒谬而幽默的身体技术，在一种女性政治权力仪式化的行为表演中，完成了一个关于平等理念的人权诉求。艺术家王淑平借用了"G20 峰会"标识性的国际话语，把一个讨论世界经济政治话题的 20 国首脑会议，变成了由 20 个正襟危坐的女性模特摹拟 20 国首脑会议现场的行为艺术表演。此时，肉身的反抗性、制度的质疑性和话语的主体性的行为艺术表演，传递出了强烈的女性政治权力的精神诉求。在身体政治的维度上，平等理念的人权诉求表现出了中国女艺术家社会视角的广度与深度。女艺术家的身体技术的多样性，为身体政治的表达提供了支持。

二、人性挣扎的自我拯救

当身体成为行为的环境，身体技术起到了关键的作用，其中，人性的脆弱或者顽强，造就了身体环境的复杂性。与此同时，仪式化的行为艺术的表演，能够做到人性的自我拯救，体现出了身体作为行为环境的可塑性。在整个女艺术家的行为艺术表演中，身体的行为环境呈现出两种文化生态，一种是身体社会性的叙事；另一种是身体的自传性叙事。女艺术家的行为艺术表演中身体的自传性叙事占了很大的比例。艺术家严隐鸿的行为艺术《一个人的战场》，就属于身体的自传性叙事。有着圆明园画家村经历的严隐鸿，因为自己的父亲圆明园"画家村"村长的政治坎坷，被跟踪、性骚扰也成为自己生活的重要内容。严隐鸿意识到，"一个人的战场"可能就是自己终身不能放弃的人生挑战。于是，严隐鸿的艺术思考成全了自己绝色的表演：用流动的血色包裹着历经风雨的身体，或徐或疾的身体叙事的哀婉与恐惧，或隐或显的身体思想的绝望与抗争，终于在一次身体的倒立以及倒立的坍塌中我们看到了造成严隐鸿人生的苦难以及在苦难中精神生长的故事。在严隐鸿的身体自传性的叙事中，因为有了丰富而坎坷的生活经历，所以行为表演中的情感表达，细腻而真切。与严隐鸿自传性身体叙事相似的是何成瑶的行为艺术作品。

何成瑶的行为艺术作品《开放的长城》，作为身体自传性的叙事，裸政治成为何成瑶与母亲人格平等对接的理念。何成瑶的裸政治，是身体伦理与身体技术的一次交锋之后，以赤裸的方式挑战自己、挑战世俗的身体政治。20世纪60年代，何成瑶的母亲因非婚生子而被开除公职。备受压力的母亲因此精神失常，并经常赤身裸体地沿街奔走。从小在压抑的氛围中长大的何成瑶，不敢面对自己的母亲，也不敢让朋友知道自己的身世。2001年，一次偶然的机会何成瑶被邀请参与了在长城的现场艺术。何成瑶潜意识中母亲的裸露行为，成为自己偶发艺术的诱因。在北京长城的艺术现场上，何成瑶第一次赤裸着上半身，行走在衣冠楚楚的男性艺术家之间。何成瑶将自己开放的身体视为一次艺术的救赎行动，同时也视为一种身体权力的裸政治。对于何成瑶来说，自己的赤裸行为不仅是勇敢地面对自己难以释怀的生活经历，同时也是对犯病时的母亲赤裸身体的一种回应。2002年，何成瑶的行为艺术作品《妈妈和我》再次成为何成瑶与母亲人格的一次平等对接的裸政治。一次回到家乡，何成瑶看到赤裸着上身的母亲一个人在玩烂苹果，在何成瑶看来，苹果也是《圣经》中夏娃偷吃禁果的道具。"偷吃禁果"是夏娃的"原罪"。而西方夏娃的故事在自己的母亲身上再次上演。作为艺术家的何成瑶第一次有了亲近母亲的愿望，何成瑶来到母亲身旁，面对赤裸上身的母亲，自己也赤裸着上身并温柔地搂着自己的母亲，完成了作品《妈妈和我》。何成瑶认为，自己用赤裸着上身做艺术，也是在和赤裸上身的有几十年冤屈的母亲一次平等的对话。对何成瑶来说，这不仅仅是一次人类学意义的血缘文化的认同，同时也是一次对母亲婚前性行为所谓"偷吃禁果"的"原罪"进行的反思与挑战。何成瑶的行为艺术作品《妈妈和我》，在身体的自传性叙事中，传递出悲情中的一种温馨感。然而，在女艺术家的行为艺术作品中，身体自传性的叙事也会传递出悲情中的一种疼痛感。①

艺术家李心沫的行为艺术作品《无处告别》，源自亲历了家暴文化之后消解暴力的一种文化想象。似乎血色是生命疼痛的唯一诠释。艺术家李心沫匍匐在地，用血色书写家庭的记忆：1950年、1951年……父亲的酗酒、家暴、离家出走。一个迷失了生命的男人和他的妻子儿女别离，竟成为艺术家儿时记忆的梦魇。在血色的记忆中，一身洁白的艺术家跪拜前行，携着寻亲的牵挂与渴望，最终在汇成生命疼痛的血海中，凭吊已经是破碎家庭的荒冢，找回血缘中最后的亲情——自己与爸妈、弟弟的全家照片。李心沫的作品《无处告别》，把一个家暴之后寻亲的心灵疼痛转化为观者视觉的疼痛，艺术的张力和思想的张力是强烈的。作为自传性的身体叙事的李心沫的作品，从个体的境遇出发，对应的是一个社会的历史经验和文化遭遇。生活坎坷的李心沫，目睹了父权家暴铁拳中的母亲的不幸遭遇，自己的情感也被异性玩弄。至今一个人带着孩子生活。李心沫的行为影像作品《阴道的记忆》，展现了一把冷冰冰的枪，对准了女性的阴道。当一个女性艺术家把来自社会男权文化对女性阴道的攻击与占有想象为一把枪时，对女性的性别伤害就不是一般的伤害了。在中国女艺术家的行为艺术中，身体的自传性叙事，往往是身体的生理与心理伤害的一种反映，这是一个值得注意的文化现象。无论是严隐鸿的《一个人的战场》、何成瑶的《妈妈和我》，还是李心沫的《无处告别》《阴道的记忆》，女艺术家心理的抗争与文化自省，源自于挑战肉体、制度和话语的社会禁忌。女艺术家通过身体行为的表演方式，将个体经验转化为一种对社会的思考，在人性挣扎的自我拯救中，呈现出人类最质朴的情感——疼痛。

三、酷儿的虐恋文化：身体快乐的策略游戏

行为艺术能够产生身体的疼痛感，同时也能够产生身体的快乐感。在福柯看来，身体的快乐源自于策略的游戏——酷儿的虐恋文化。虐恋概念中包含着两个重要内容，即施虐与受虐。性别主义的虐恋文化前提是男性中心主义中的生殖崇拜。其中男女分别承担施虐者与受虐者的文化角色。两性关系中呈现出的是一种压迫与被压迫的关系。酷儿的虐恋文化的施虐者也是受虐者，按照福柯的说法，是"脱离了男性生殖崇拜"的"快感的非性化"的虐恋游戏，同时也是身体快乐的策略游戏。女艺术家马嬿泠做了不少《捆绑》系列的行为艺术，属于酷儿文化中的性感而非性器化的虐恋游戏。马嬿泠在自己的作品中，将自己束缚的身体放到了中国传统的老式家庭的香案上，放在了书房里，放到了旅行箱里……不同的空间总能诉说被束缚的理由。马嬿泠的作品传递了这样一个信息：人与人、人与社会、

---

① 徐婉娟：《女性行为艺术的自传性叙事：以何成瑶为例》，雅昌艺术网专稿，https://news.artron.net/20140806/n638633.html。

人与自然之间无时不处在一种束缚与反束缚的博弈中，缓解这种悖论的办法，就是做一个游戏，同时体验束缚的压迫感与解除束缚之后的快乐感，在施虐与受虐行为一体化的文化仪式的表演中，完成身体快乐的权力运作。

美国酷儿理论家戴维·哈波林说过，"虐恋足以成为一种潜在的自我转变的实践"。[①] 所谓"自我转变的实践"，实际上是通过一种酷儿虐恋色彩的身体技术，达到释放生命压力而产生的一种快乐感。马嬿泠通过束缚的身体在不同空间的置换，说明生命快乐的制造来自消解不同空间的社会压力，何成瑶将自己的身体束缚起来，并且通过挣脱束缚，消解来自童年乃至成年所亲历的不幸的经历。何成瑶在行为艺术《广播体操》中，用胶带将自己赤裸的身体束缚起来，在广播体操规范动作下，身体被束缚的压迫感随着身体的剧烈运动而消解。何成瑶通过"自我转变的实践"的身体技术，把被束缚转换为挣脱束缚的体现酷儿文化虐恋艺术的身体运动。对于何成瑶来说，"自我转变的实践"意味着虐恋艺术的身体技术每一次实施，都带有强烈的不同身体政治的诉求。何成瑶的行为艺术《99针》，践行了自己的一个誓言："自己不能帮助母亲，寄希望于艺术。因为艺术是一种救赎。"在何成瑶的童年记忆中，清晰而惨烈的画面莫过于做针灸治疗的母亲。当患有精神疾病的母亲接受最痛苦的治疗——赤身裸体地被按在门板上进行针灸时，母亲痛苦的嚎叫与呻吟成为何成瑶难以释怀的梦魇。成年后的何成瑶带着负罪感开始实施行为艺术《99针》。每扎一针，何成瑶的身体疼痛就是对母亲历史性的伤害的一次赎罪。《99针》则是以艺术的方式的一次自我救赎。从何成瑶的作品中可以看出，在酷儿的虐恋艺术中，身体扮演了重要的角色。正如朱迪斯·巴特勒所说：在这个文化价值概念的隐喻体系里，历史被比喻为无情的书写工具，而身体是一个媒介，它必须被摧毁、变形，以便让文化得以产生。[②] 在何成瑶的作品中，身体的"摧毁"与"变形"包含了女性对自身肉身化的符号身体的自虐行为。如作品《99针》，女性身体布满中国针灸的银针，呈现出的视觉张力与思想张力，不仅是对男权话语形成的女性身体审美范式的一次"摧毁"与"变形"，同时也是对母亲所遭遇的非人迫害的一种控诉与批判。

如果说马嬿泠的虐恋艺术行为中身体束缚与反束缚的博弈，源自消解日常性的社会生活压力。那么何成瑶虐恋行为作为身体自传性的叙事，不仅是关于个体生命血缘文化的一次认同，而且也是关于个体生命快乐文化的再造。正像戴维·

---

① 戴维·哈波林：《米歇尔·福柯的酷儿政治》，见李银河编译：《酷儿理论》，北京：文化艺术出版社，2003年，第220页。

② ［美］朱迪斯·巴特勒，宋素凤译：《性别麻烦：女性主义与身份的颠覆》，上海：上海三联书店，2009年，第170页。

哈波林所说:"虐恋的实践是对快乐的创造。"①

四、挑战世俗的身体政治

在世俗社会中,父权话语中的女性身体的物质性是她的生理性别,与此同时,女性身体的物质性也被视为异性恋性契约中的生育工具。20世纪中叶,欧洲女权主义者西蒙娜·德·波伏瓦的著作《第二性》,提出了"女人是被建构起来的"社会性别的论点,挑战了世俗社会女性生理性别既定的政治伦理。

由于社会性别建构性决定了性身份的不确定性,而性身份的可表演性承担了社会性别的角色,反过来性身份角色表演的主动性,又强化了社会性别。按照巴特勒的说法,社会性别的特征和行为是表演性的,持续性的社会表演创造了社会性别的真实性。② 社会性别的表演性来自性文化的欲望领域。而欲望领域里的非性器化的人性想象,再次成为肖鲁的一个艺术的策略。肖鲁本来有个愿望,希望通过人工授精做一次母亲,这很快变成了她的一个行为艺术作品。肖鲁把这个作品叫《精子》。围绕着作品《精子》,肖鲁曾邀请了若干男性艺术家、艺术批评家以及社会名流捐献精子。极具戏剧性的是,所有到场的男士,全部拒绝了捐献精子。拒绝的理由是:肖鲁的做法违背了社会伦理。在西方的女性主义酷儿理论中,比较流行的一种话语,即女性通过人工授精外受孕是一种"童贞生育"。因为女性的体外受孕,从根本上拒绝了男权话语主导下的异性恋主义的生育观,收回女性身体的控制权。它同时也是女性主义"童贞生育"的身体政治的一种表达。无论在历史还是现实生活中,亘古不变的异性恋体制下的生育观,已经被男权社会法律化、伦理化、制度化了。但是肖鲁的作品《精子》,不仅体现了女性身体的控制权主体性的实施,对男权话语形成的异性恋主义生育观构成了一种威胁,同时也挑战了异性恋主义统治下的社会性伦理与性心理。肖鲁的行为艺术《精子》通过征求男人的精子,改变异性恋婚姻形式下的生育观,挑战了世俗社会政治伦理。从肖鲁的艺术历程来看,身体技术始终围绕着社会性别的文化角色表演进行。无论是挑战国家枪文化的禁忌,还是挑战教会文化的禁忌,挑战异性恋的性体制,肖鲁把自己的肉身纳入社会身体的思考,凸显社会性别的表演性。通过自身艺术行为的反叛色彩,还原了人性的多样性与丰富性,强化了身体政治的精神诉求。

---

① 戴维·哈波林:《米歇尔·福柯的酷儿政治》,见李银河编译:《酷儿理论》,北京:文化艺术出版社,2003年,第218页。
② [美]朱迪斯·巴特勒,宋素凤译:《性别的烦恼:女性主义和身份的颠覆》,上海:上海三联书店,2009年,第548页。

五、修辞学中的身体转换

行为艺术中的身体媒介方式的特殊性，决定了身体的具象性与抽象性是一次艰难的融合。具象的身体如何演绎抽象的身体，身体的修辞术则显得十分重要。当身体遭遇了修辞学，也就成为身体修辞学建立的契机。修辞学实际上是修辞术中的一种方法论。我们常见的语言学的修辞文本与艺术学的修辞文本有着较大的差别，前者为托词以寓意，后者为托物以寓意。当身体成为行为艺术的媒介方式，通常会借用修辞术中的明喻、隐喻或转喻等辞格，托物以寓意的叙事方式就成为身体技术的一种可能性。

在中国女艺术家行为艺术的修辞学运用中，托物以寓意是由身体自传性叙事向身体社会性叙事转化后的人性视角与社会视角的一种延伸。艺术家熊文韵的行为艺术作品《流动的彩虹》，作为身体的社会性叙事，虽然没有生命的肢体演绎，但是展示了多个有彩色帐篷的运输车行进在青藏高原的补给线上，恰似移动的生命体。彩虹在藏族人的心目中，有幸福的寓意。在藏人朝圣的路上，总是有祈福的彩虹幡作为引导。熊文韵的行为艺术《流动的彩虹》，把彩虹作为一种抽象身体的幸福理念，赋予了生命的象征体——移动的运输车。其间，司机作为个体生命被加入到熊文韵的彩虹行动中，并操作着每一辆载着彩虹理念的运输车，使彩虹的抽象身体具有了流动性的生命体征的意味。达到身体修辞学中的转喻目的，这不仅是一种具有身体修辞学意义的公共身体的呈现，也是一种具有生命意义身体向彩虹的抽象身体的转化。以身体为媒介的行为艺术的公共性在于，把抽象的身体融入具象身体的表演仪式是在一个公共空间完成，既有行为艺术家的主体在场，也有互动中的客体在场。艺术家陈秋林的行为艺术《2月14日的豆腐》，由一百块豆腐制作的百家姓大型汉字，在展览的现场互动中被众多观众切割下锅烫食。陈秋林的豆腐扮演了两种角色，一是作为百家姓的抽象身体；二是作为无生命体征的食材。豆腐因赋予了百家姓而具有了生命的象征意义，但是也因豆腐食材本身的特质，成为国民性格的一种身体隐喻。软弱的是豆腐，似乎也是中国百家姓中的国民性格。这是一个很睿智的比喻，也是一个戏剧性的文化冲突。由于食用豆腐具有中国的文化特征，陈秋林的豆腐作品作为托物寓意的身体，更像是一部意味深刻的中国国民的文化身体。

作为托物寓意的身体，一种是设计性的主体行为制造的文化身体，一种是参与性的主体行为仪式化的表演身体。熊文韵的行为艺术《流动的彩虹》和陈秋林的行为艺术《2月14日的豆腐》，属于前一种。李心沫的行为艺术《茶道》则属于后一种。茶道作为一种文化身体，在中国有着十分悠久的历史。利用茶道的身体技术演绎中国人被滥用的水墨艺术情结，可见，李心沫的行为艺术《茶道》意味深长。李心沫的"茶道"身体包含着两种元素：一是由"水墨"混合的文化身体；二是不断饮下"水墨"的李心沫的肉身。作为一个有意味的当代中国人的寓言身体，李心沫身穿白色的传统道袍，跪拜在茶洗面前，神情肃穆而平和，自斟自饮黑色的水墨。中国几千年的水墨观念被自觉地、不断地注入到具有生命特征的肉体，留给这个世界的是不会思考的精神木乃伊的身体。艺术家李琼的行为艺术《艺术家之死》，让我们看到了艺术家死亡身体的一种情景：缠满白色的绷带，渗着血迹幽灵一般的身体，行走在由资本权力寻租的腐败者营造的艺术区里，胸前挂着符号化的中国罪犯的牌子，"艺术家"三个字上面醒目的朱红叉叉，俨然成为一种身体政治的拷问：要么在与资本权力寻租的腐败者苟合中活着，要么在拒绝与资本权力寻租腐败者的苟合中死去。

六、结语

从以上艺术家的行为艺术的案例中可以看出，作为假想对象的身体在与历史或者现实的场景发生关系时，构成了身体的空间性、整体性和意向性，制造了不同身体维度的文化质疑性与批判性，最终在形成的身体权力的微观政治中，成为挑战社会宏观政治的一种重要的力量。今天，作为后现代的身体媒介方式的行为艺术，比以往任何时候都承担着更多的生命意义与社会意义。艺术之所以选择身体的媒介方式，在于身体具象意义和抽象意义交融中所体现出的对个体生命与社会价值的尊重与开发，更接近普世价值的人文关怀。中国女艺术家的行为艺术的先锋意义就在于，从身体技术的多样性的实施，到身体政治广泛性的在场，由肉身的反抗性、制度的质疑性和话语主体性建立的身体权力，把一个关于生命、社会、权力等碎片化的语言整合过程视为身体的建构性与开放性的过程，使身体政治维度不断地扩展，在打破肉身化的身体和社会化的身体界限的同时，把肉身化的身体表演纳入社会化的身体思考范围中。中国女艺术家通过她们的身体社会性叙事与自传性叙事，不仅建立了一个文化的反省机制，同时也成为中国当代艺术政治生态的一部分。

【性伦卷】

试论 19 世纪中国出洋人员对欧美婚俗的观感

——以《走向世界丛书》为分析蓝本

王栋亮[①]

鸦片战争之后,清政府基于自强以及外交的需要开始向国外派遣留学生、考察团及驻外使节,这为近代中国人近距离观察西方提供了契机。这些较早踏入欧美国度的中国人将"该国一切山川形势、风土人情,随时记载,带回中国"[②],从而留下了弥足珍贵的异域见闻录。现在流传下来的有斌椿的《乘槎笔记》,张德彝的《航海述奇》、刘锡鸿的《英轺私记》、王韬的《漫游随录》、薛福成的《出使英法义比四国日记》等。从记载来看,他们在考察西方的政教、工农商等涉及国计民生的重大事项时,还详细地观察、记录了欧美社会的日常生活,如穿衣戴帽、吃喝饮食、居家住宿、车马交通、婚丧嫁娶、男女社交、两性伦理等诸多方面,为我们考察 19 世纪的欧美社会文化打开了一扇窗户。本文以上述资料为蓝本,重点考察出洋人员对欧美性伦文化、婚姻习俗的关注和感悟,以此来论证近代中国人婚姻观念变迁的源头。

一、别开生面的性伦文化

性伦理是调节男女两性关系的道德规范和社会准则,它建立在性和性别的基础之上。性是包括自我力量、社会知识、个性和社会准则等与生理功能密切结合的一个高度复杂的体系。[③] 黑格尔认为:"两性的自然规定性通过它们的合理性而获得了理智的和伦理的意义。"[④]其意是说,"性"本身不仅仅只具备生理的属性,还内在地规定了伦理的道德意义。费尔巴哈对此曾精辟地谈道:"性关系可以直接地看为是基本的道德关系,看为是道德的基础。"[⑤]马克思将问题进一步深化,把两性关系与人类文明紧密联系起来。他认为,"男女之间的关系是人与人之间的直接的、自然的、必然的关系。在这种自然的、类的关系中,人同自然界

[①] 王栋亮,河北民族师范学院副教授。该文原载于《河北民族师范学院学报》,2017 年第 1 期。
[②] (清)文庆等纂辑:《筹办夷务始末》(同治朝)卷 39,北京:中华书局,2008 年,第 1622 页。
[③] 王伟、高玉兰:《性伦理学》,北京:人民出版社,1992 年,第 13 页。
[④] [德]黑格尔:《法哲学原理》,北京:商务印书馆,1961 年,第 182 页。
[⑤] [德]费尔巴哈:《费尔巴哈哲学著作选集》(上),北京:商务印书馆,1984 年,第 572 页。

的关系直接地包含着人与人之间的关系,而人与人之间的关系直接地就是人同自然界的关系,就是他自己的自然的规定。因此,这种关系以一种情感的形式、一种显而易见的事实,表明属人的本质在何种程度上对人来说成了自然界,或者,自然界在何种程度上成了人的属人的本质。因而,根据这种关系就可以判断出人的整个文明程度。"① 根据马克思解释,性伦理不仅仅是一种道德规范和社会准则,它的状况还决定了人类的文明程度。

"人类理想的两性关系的基本准则即是两性之间的相互平等与尊重。"② 但中国传统的两性伦理恰恰站在了它的对立面:在两性地位上奉行"男尊女卑",在两性交际上强调"男女之大防"。近代西方的两性伦理虽也做不到完全平等,但总体而言已超越了中国,并与之形成了强烈反差。因此,深受传统思想熏陶的近代中国人,一踏上欧美的土地立刻感受到了不同于中国的异域性伦文化:

(一)男女社交公开

简而言之,社交是指社会上人与人的交际往来。③ 具体来说,它是人们运用一定的方式(工具)传递信息、交流思想,以达到某种目的的社会活动。马克思认为,人的本质属性是社会性,而社交正是人的社会性的重要体现。男女之间的交际,是两性共同营造良好生活的基础。欧美社会主张社交公开,男女交往无所避讳,这给国人留下了深刻印象。因此,时人笔记中留下了不少关于男女交际的实例。通过细致的梳理,其男女交际可以分为以下几种类型:

1. 男女共同游历

张德彝在出访途中就遇到欧美社会男女少年幽会的情形:"闻同船少年名屈达拉者,与幼女姓包名似荸荷于昨宵赴桑中之约。女年二七,男才十三龄耳。众人虽知,殊不置意,盖他国风俗使然也。"④ 少男少女无所顾忌的交往,引起了张德彝的注意。到达欧美诸国后,张德彝进一步认识到美法等国的女性与中国的殊为不同。在美国,"合众女子少闺阁之气,不论已嫁未嫁,事事干预阃外,荡检逾闲,恐不免焉。甚至少年妇女听其孤身寄外,并可随相识男子远游万里,为之父母者亦不少责。不为雌伏而效雄飞,是雌而雄者也。"⑤ 在法国,他看到女子和男子嬉戏、游玩:"在柏路旺园瀑布之旁,据地四亩,深约二尺,灌水结冰,岸上阑以木栅。正面高楼,出售茶、酒、加非,并出赁冰鞋。鞋系钢造,作凹字形,上有带皮套者,带鞋头者,更有带皮靴者。冰池中心有亭,亭上奏乐。昼夜

---

① 马克思:《1844年经济学哲学手稿》,北京:人民出版社,1979年,第72页。
② 梁景和:《近代中国陋俗文化嬗变研究》,北京:首都师范大学出版社,2009年,第211页。
③ 中国社会科学院语言研究所词典编辑室编:《现代汉语词典》(第5版),北京:商务印书馆,2005年,第1205页。
④ 张德彝:《欧美环游记》,见钟叔河主编:《走向世界丛书》,长沙:岳麓书社,1985年,第649页。
⑤ 张德彝:《欧美环游记》,见钟叔河主编:《走向世界丛书》,长沙:岳麓书社,1985年,第670页。

男女成群，往来冰嬉。园主皆索园费，入看者亦索园费。再，男女有私悦者，可携手驰骤冰上，相与为戏。"①

中国传统社会奉行"男女授受不亲"的理念，如此亲密的关系恐怕只有夫妻才会如此，而且必须是在非公开场合。因此，青年男女的嬉戏与亲密曾令王韬发生误解。1867年，王韬在参观英国皇室宫殿时碰到一对亲昵的青年男女，他怀疑这可能是一对夫妇，而实际情况却并非如此："询之，则曰：非也，乃相悦而未成婚者，约同游一月后，始告诸亲而合卺焉。"②刘锡鸿在其《英轺私记》中也验证了这一情况："女有所悦于男，则约男至家相款洽……常避人密语，相将出游，父母不之禁。"③男女共同游历、游玩的事实说明，欧美社会的两性伦理相对开放，女性与男子一样拥有公共的活动空间。

2. 共同参与交际舞会

游历西方的中国人发现，无论平民百姓还是王公贵族都热衷于交际舞会。其种类繁多，如有化装舞会、交谊舞会等不一而足，形式新颖，令参与者乐趣横生。

张德彝曾详细记载了化装舞会的精彩场景："当晚，男女老幼三百余人。男子有扮如西印度王者，身着红羽，饰以金珠。有如印度红面人者，面涂五彩，腰围雕翅，头戴鸟翎，足登皮履。有如英国元帅者，麦西黑人者。女子有着埃及服者，有着日本绣花衣者，有扮如广东婆者。其他奇怪衣服，不识者居多。正值跳舞之际，忽闻喊声自外来，见有一人八字乌须，隆准凤目，头戴长帽，左肩斜跨红巾，宽五寸许，上挂十馀宝星，后随数十名武官拥护，系国王拿破伦也。入门，人皆免冠参谒，于是乐工奏国乐以迎。众人细看，此人不如法王之雄壮，彼此争辨良久，始非法王，乃志拉之友尹士昌也，趣甚。"④在化装舞会中，参与者可以任凭自己的喜好进行装扮，扮演的角色从上至皇室贵胄下至民间社会人物中任意选择，并无中国社会等级僭越的顾虑。

在笔记史料中还有皇室举行交谊舞的记录。刘锡鸿较为细致地观察到男女交谊舞的基本规则、男女的服饰特点及其功能。就交谊舞的基本规则而言，他发现："跳舞会者，男与女面相向，互为携持。男以一手搂女腰，女以一手握男脯，旋舞于中庭。每四、五偶并舞，皆绕庭数匝而后止。"男女配对的规则是："夫妇不相偶也。"参与舞会者其服饰男女更是有别："女子袒露，男则衣襟整齐。然彼

---

① 张德彝：《欧美环游记》，见钟叔河主编：《走向世界丛书》，长沙：岳麓书社，1985年，第744页。
② 王韬：《漫游随录》，见钟叔河主编：《走向世界丛书》，长沙：岳麓书社，1985年，第100页。
③ 刘锡鸿：《英轺私记》，见钟叔河主编：《走向世界丛书》，长沙：岳麓书社，1986年，第181页。
④ 张德彝：《欧美环游记》，见钟叔河主编：《走向世界丛书》，长沙：岳麓书社，1985年，第756—757页。

国男子礼服下裤染成肉色,紧贴腿足。"另外,刘锡鸿还了解到,跳舞习俗在英国的历史源远流长,并且它与国家政治生活紧密联系在一起:"云此俗由来最古,西洋类皆为之,国中大小衙门莫不有跳舞庭,若以为公事之要者。"①对于交谊舞会张德彝有更细腻的记载,他不仅注意到交谊舞的基本规则,还观察到舞会参与者不同身份的站位差异:"跳时分为两班:太子、王妃以下位尊者为一班,各官男女为一班。乐奏则男女对面相向,互为携持。男以右手搂女腰,女以左手扶男肩,旋舞中央。每二、三、四、五偶并舞,皆绕数匝而后止。惟夫妇不相偶,兄妹不相偶,必戚友相识者男女始为偶也。跳则依乐移步,随式转躯,步武整齐,毫不错乱。盖男女自幼皆习舞于庑人也。"②从二人的记录看,他们注意到了一些相同的规则,如在男女搭配上遵循"兄妹不相偶""夫妇不相偶"等原则。

王韬在英国游历期间有幸目睹了盛大的集体舞,其宏大的场景和多彩的舞姿给他留下了深刻的印象:

> 诸女子无不盛妆炫服而至,诸男子亦无不饰貌修容,衣裳楚楚,彼此争妍竞媚,斗胜夸奇。其始也,乍合乍离,忽前忽却,将近旋退,欲即复止,若近若远,时散时整,或男招女,或女招男。或男就女,而女若避之,或女近男,而男若离之。……其舞法变幻不测,恍惚莫定,或如鱼贯,或如蝉联,或参差如雁行,或分歧如燕翦,或错落如行星之经天,或疏密如围棋之布局。……光怪陆离,瑰奇诡异,不可逼视。又有时纯用女子作胡旋舞,左右袖各系白绢一幅,其长丈余,恍若白蝙蝠张翅,翩翩然有凌霄之意。诸女子皆蹑素革履,舞蹈之时,离地轻举,浑如千瓣白莲花涌现地上。此外更佐以琴瑟诸乐,音韵悠扬。观者目眩神摇,恍不觉置身何所。③

美轮美奂的舞姿让乍出国门的王韬感到目眩神摇,心旷神怡,确实让他感到了不同的生活情趣。通过对上述舞会的记载,出洋人员认识到欧美社会的生活丰富多彩,处处充满了浪漫的情调。

3. 茶余饭后的散步及夫妇出游

张德彝在英国期间,还注意到该国男女有茶余饭后共同散步的习惯:"凡人无事者,或早馔后,或晚馔前,必步游少许,一为消食,一为清神,皆在午未之间。又专有午后者:夏季由申初至酉正,冬季由申初至申正二刻。富室邀游园

---

① 刘锡鸿:《英轺私记》,见钟叔河主编:《走向世界丛书》,长沙:岳麓书社,1986年,第151—152页。
② 张德彝:《随使英俄记》,见钟叔河主编:《走向世界丛书》,长沙:岳麓书社,1986年,第413—414页。
③ 王韬:《漫游随录》,见钟叔河主编:《走向世界丛书》,长沙:岳麓书社,1985年,第142—143页。

囿，贫家步履街衢。其乘车者，四季多由未初至酉初。已嫁之女，原可一人闲游，而宦家鲜有独步胜地与繁区者。新婚或年少之人，游必偕其子女或姊妹仆婢等。"在散步途中，如男女偶遇，其晤面的礼节也颇有讲究："男女相识者遇诸途，必待女先鞠躬，或点首，男子方敢答礼。若与女一面之识，只以手扶冠而已。如系至契，则免冠高举以为礼。……若遇一相识之男偕一二不识之女，则免冠以隐示敬女之意，然不为之相见，盖男不能向不识之女免冠也。……二女遇一男子途，非夫与子不为相见。男女遇诸园囿山林，皆男趋女旁，偕行数武。男女同游，则女前男后，非老妇不得携手并肩。"①

从上述记载看，在英国无论贫富都有早晨或傍晚散步的习俗。家庭之间财力的不同决定了其所选地点的差异：富裕之家多在自家的园林中活动，寻常百姓则步履街头。这种习俗并无男女之别，已婚的女子可以独自游玩，新婚或少女须有人陪同。在散步或游玩时男女相识者如偶遇途中，作为绅士必须表现出对女性的足够的尊重。刘锡鸿在英国期间也注意到了这点："洋妇喜出游，亦喜见男子，然必与夫偕。夫不在而出游见客者，巨家多不如是。途间每见男子曲右肘，妇人以左手插入其肘中，并肩而行者，皆夫妇居多，顾亦有戚友而相扶掖者。夫在前而戚友扶掖其妇，则夫喜，以人之敬爱其妇也。有客则让其妇，使客扶掖之，与之偕行并坐，谓以是为敬客也。狎昵笑语，咸所不避，第不至于乱。"②

在欧美社会，无论是游历、舞会还是日常的散步，无一处不见女性的身影，"至其优游逸豫，士女偕臧，则以适其情者，畅遂其天。如聚跳、冰嬉，观剧，皆不拘于男女"，③这与中国"男子居外，女子居内。深宫固门，阍、寺守之。男不入，女不出。男女不同椸枷"④的状况迥然不同，足见欧美社会女性社交与男性平权的状况。但从张、刘二人的记载来看，巨家富室的女子与寻常百姓家在游玩或待客方面还有所不同。如张德彝记载"已嫁之女，原可一人闲游，而宦家鲜有独步胜地与繁区者"，刘锡鸿则观察到"夫不在而出游见客者，巨家多不如是。"从中我们看到，英国的男女社交虽有平等之意，但巨家富室的一些规范与寻常百姓还存在一些差别，这种情况与中国有相似之处。

（二）男女交往以女性为尊

欧美社会的文明不仅体现在男女社交的平权，还表现在社交礼仪中男性对女性的尊重。与此不同的是，中国传统社会的纲常名教崇信"男尊女卑"，饱读诗书的士大夫则更是儒家信条的捍卫者，欧美社会阴阳颠倒的"乱象"格外引起了他们

---

① 张德彝：《随使英俄记》，见钟叔河主编：《走向世界丛书》，长沙：岳麓书社，1986年，第399页。
② 刘锡鸿：《英轺私记》，见钟叔河主编：《走向世界丛书》，长沙：岳麓书社，1986年，第223—224页。
③ 志刚：《初使泰西记》，见钟叔河主编：《走向世界丛书》，长沙：岳麓书社，1985年，第325页。
④ （清）孙希旦：《礼记集解》，北京：中华书局，1989年，第795页。

社会生活探索

的关注。

在英国，如果要去拜访朋友，"无论男女，拜谒留刺，为应之大节。而接收递送，惟一家之女主是主。妇代其夫投刺，与自行投刺同。故女可代父，侄女可代伯叔，孙女可代其祖。盖一家之内，女权最尊。……妇女乘车拜客，其夫鲜有相随者。"① 如果是在家庭的宴会中，"凡宴客，必夫妇亲之，赴宴者亦夫妇偕至。宾主坐次，皆先定而标识之，无逊让礼。妇坐不与夫偕。男宾之贵者，扶挟主妇，就席并坐。余皆以次挟客妇坐。主人分尊，则妇皆肉袒。宴将毕，妇人先起，男宾复酌，少顷乃散。"② 由此可见，在家庭之内女性有充分的活动权利，并得到男子的尊重。如果说上述记载有道听途说的嫌疑，那么斌椿目睹的实况更能加强这一观点："每起，则扶掖登船楼，偃卧长藤椅上。而夫日伺其侧，颐指气使，若婢媵然。两餐后，或掖以行百余武。倦则横两椅并卧，耳语如梁燕之呢喃，如鸳鸯之戢翼，天真烂熳，了不忌人。"③

如果男女偶遇，"男女相见，男先免冠致礼。女不先举其手，男不敢与之曳手问候。男女至近者，必三四摇而后止，否则彼此一曳而已。"④ 在正式的社交场合，男子对于女子的尊重宛若主奴关系。在张德彝的记载中较为形象地反映了这一状况：

> 男子无论何等，若与无论何等女子相见，皆听女命。在跳舞会，主人多引男见女，一为与之跳舞，一为陪入饭厅。凡男女既赴会，男必愿得女，女必愿得男。迨引见后，女不愿跳则辞之，男不愿跳则不得，必陪跳一场，方为尽礼。……请晚酌者，无论男女老少，主人须设法引一男见一女，以便同往饭厅入坐。盖请客俗礼，必男女数同，或一男间二女，或一女间二男，鲜有二男或二女并肩而坐者。……在申、酉时间茶会，花园会及叙谈会，女主必与各女客引见一男客，以便偕伴饮茶小食，散步游览，或登山，或渡水。男子会意，自然随时追陪。⑤

从上述记载看，无论舞会、宴会、茶会或叙谈会，主人都会根据男女二人的品位进行配对，以便于男女的交际与交流。从整个情况看，对女性的尊重与男子

---

① 张德彝：《随使英俄记》，见钟叔河主编：《走向世界丛书》，长沙：岳麓书社，1986年，第498—499页。
② 刘锡鸿：《英轺私记》，见钟叔河主编：《走向世界丛书》，长沙：岳麓书社，1986年，第100页。
③ 斌椿：《乘槎笔记》，见钟叔河主编：《走向世界丛书》，长沙：岳麓书社，1985年，第101页。
④ 张德彝：《欧美环游记》，见钟叔河主编：《走向世界丛书》，长沙：岳麓书社，1985年，第739页。
⑤ 张德彝：《随使英俄记》，见钟叔河主编：《走向世界丛书》，长沙：岳麓书社，1986年，第515—516页。

的等级身份并无联系。无论男子身份如何尊贵，在社交场合都必须表现出对女子足够的尊重。由此可见，19世纪的欧美社会至少在日常生活中对妇女的尊重已蔚然成风，若有干涉女性自由者，"妇女可以控官，乃判将该男监禁若干日，以昭儆戒云。"①依法治国的理念将良好的公序良俗巩固下来，给乍出国门的中国人留下了深刻印象，斌椿描绘的"如鸳鸯之戢翼，天真烂熳"之语应是这一心态最好的注脚。

二、迥然不同的婚俗

传统观点认为，婚姻为人伦之始："人道所以有嫁娶何？以为情性之大，莫若男女。男女之交，人伦之始，莫若夫妇。"②这个观念在儒家典籍中被反复强调并成为指导中国人生活的重要准则，故婚姻在传统社会中被视为人生的头等大事。既然婚姻如此重要，欧美社会的婚俗自然亦在出洋人员的考察之列。其内容包括四个方面：

（一）婚配主权与婚配标准

1. 婚配主权

传统婚姻在主婚权上遵守"父母之命，媒妁之言"的模式，直到中华人民共和国成立前这种模式一直处于主导地位。在欧洲，这一状况较早地发生了改变："在18世纪中期前后，更多的人开始把婚姻视为一种'心灵结合'。"③因此，当他们置身欧美社会后观察到了与中国迥然不同的婚配价值观。

张德彝较早记录了欧美社会婚姻自主、自由恋爱的情况："西俗男女婚嫁，皆自主之。未娶未嫁之时，彼此爱慕，相交如友。"④男子成年后"自寻匹配；女子情窦初开即求燕婉，更数人而始定情"⑤。无独有偶，刘锡鸿、王韬等人也记载了这一状况："男女婚配皆自择。女有所悦于男，则约男至家相款洽……常避人密语"⑥，"婚嫁皆自择配，夫妇偕老，无妾媵"⑦。恋爱中的男女如果碰到特殊日子，还会彼此赠送礼物："近日人皆斋戒，各点心铺中出售彩画熟鸡卵，又有以糖作卵形者。有以绫缎作西瓜形者，外彩线装饰，内实糖果以及剪刀笔纸等物，上置鸟兽立卧状，皆极精巧，统以鸡卵名之。闻买是物者，皆少年送赠情人

---

① 张德彝：《随使法国记》，见钟叔河主编：《走向世界丛书》，长沙：岳麓社，1985年，第474页。
② （清）陈立撰，吴则虞点校：《白虎通疏证》（下），北京：中华书局，1994年，第451页。
③ ［奥］迈克尔·米罗特尔、雷因哈德·西德尔著，赵世玲等译：《欧洲家庭史》，北京：华夏出版社，1991年，第116页。
④ 张德彝：《航海述奇》，见钟叔河主编：《走向世界丛书》，长沙：岳麓社，1985年，第581页。
⑤ 张德彝：《欧美环游记》，见钟叔河主编：《走向世界丛书》，长沙：岳麓社，1985年，第650页。
⑥ 刘锡鸿：《英轺私记》，见钟叔河主编：《走向世界丛书》，长沙：岳麓社，1986年，第181页。
⑦ 王韬：《漫游随录》，见钟叔河主编：《走向世界丛书》，长沙：岳麓社，1985年，第107页。

所用。"①

欧美社会的婚姻虽主张自主,但在一定年龄之前父母仍负有管制、监督之重任。如在法国,"凡女适人在二十五岁以前,听父母之命,逾期则自主之。"②在英国,父母对子女婚姻年龄的管制有所降低:"英国男女婚配,虽皆自择,然女子二十岁以前,则听父母之命,过此则自主。如男悦于女,女未及二十岁,则请观剧晚酌,以及游乡,皆须母女同请,不能私约,盖母女步步相随也。往拜必同拜其母,而留刺与其父。或值令节,或由外而归,或市售新物,有所赠送,亦必令其母知之。久而窥女之心,似有所属,男可向其父母跪而求之。"③由此可见,19世纪的欧洲社会虽然"男女私交,不为例禁"④,但在婚姻问题上父母仍有重要发言权,"在欧洲许多国家,凡规定需要父母同意的地方,如无父母同意,婚姻即算无效"。⑤ 而且,信奉天主教的国家对于子女婚姻的干预要比信新教的多,因此新教家庭的子女的恋爱或婚姻自主的机会更多一些。⑥ 在父母干预子女婚姻这点上欧美社会和中国的情况类似,但相比较而言,中国的父母有更多的权威。

2. 婚配标准

在婚配标准上,中国传统社会讲究"门当户对",这点与当时的欧美社会相似。有所不同的是,欧美社会的男子在婚配前必须经济独立:"盖男子自二十岁后,即与其父析产,另树门墙,自寻匹配。"⑦婚姻匹配遵奉两条原则:"一则财产相称;一则情意相符。"⑧相比较而言,财产相称可能分量更重,"两意投合,告父母互访家私,家私不称不为配也(苟访查不确而被欺,则虽既嫁、既娶后,女仍不以男为婿,男仍不以女为妻,等诸婢仆而已),称,则以语男女,使自主焉。"⑨在同一时期的法国,婚姻的要求更严格:"惟法俗较他国稍严,乃不独财产须同,三代更当相等。"⑩

从上述各国的婚配原则看,欧美社会婚配对于财产与门第的要求相当严格,

---

① 张德彝:《欧美环游记》,见钟叔河主编:《走向世界丛书》,长沙:岳麓书社,1985年,第760页。
② 张德彝:《欧美环游记》,见钟叔河主编:《走向世界丛书》,长沙:岳麓书社,1985年,第786页。
③ 张德彝:《随使英俄记》,见钟叔河主编:《走向世界丛书》,长沙:岳麓书社,1986年,第519页。
④ 张德彝:《随使法国记》,见钟叔河主编:《走向世界丛书》,长沙:岳麓书社,1985年,第473页。
⑤ [芬兰]韦斯特马克著,李彬译:《人类婚姻简史》,北京:商务印书馆,1992年,第97页。
⑥ [德]恩格斯:《家庭、私有制和国家的起源》,见《马克思恩格斯选集》(第4卷),北京:人民出版社,1972年,第66页。
⑦ 张德彝:《欧美环游记》,见钟叔河主编:《走向世界丛书》,长沙:岳麓书社,1985年,第650页。
⑧ 张德彝:《欧美环游记》,见钟叔河主编:《走向世界丛书》,长沙:岳麓书社,1985年,第651页。
⑨ 刘锡鸿:《英轺私记》,见钟叔河主编:《走向世界丛书》,长沙:岳麓书社,1986年,第181页。
⑩ 张德彝:《随使法国记》,见钟叔河主编:《走向世界丛书》,长沙:岳麓书社,1985年,第473页。

如有僭越则有可能受到法律的制裁。① 所谓婚姻自由并不是无条件的、超越阶级或阶层的，同一阶层内通婚其自由度才能达到最高，其婚配原则仍有相当的局限。若与同时代的中国进行横向比较，其恋爱自由的广泛存在无疑显现了更多的文明，给当时的国人留下了深刻的印象。

(二)婚礼风俗

欧美国家人民多信奉基督教，其婚俗与宗教密不可分。基督教内教派虽有不同，但其婚俗大同小异。基督教的创始人并未对婚姻礼仪做出任何规定，不过人们历来以为，基督徒的婚姻仪式自古就伴有相应的宗教崇拜活动。自圣保罗提出"唯兹盛典，是用昌大"之后，婚姻乃圣事的教义得到了发展，并在12世纪得到认可。1545—1563年召开的特兰托公会议规定：今后结婚，须经教士主持，并有二至三人见证，方得有效。至此，婚姻完全被看作是上帝创立的一种制度，是婚姻当事人永远的约定，具有神圣庄严性。亚当和夏娃的结合确立了基督教的一夫一妻制，礼堂在伊甸园，上帝是主礼人，这决定了教堂婚礼是欧美国家的传统结婚形式，并具有法律上的重要性。

张德彝、刘锡鸿在欧美游历期间所见证的婚礼，无一不在教堂举行，上至皇室贵胄，下至平民百姓，概莫能外。② 教会的教师以上帝代理人的身份主持婚礼并获得一定的报酬："酬教师者由五镑至二十五镑，酬先生者一二镑而已。"③ 在婚礼中，皆有伴郎伴娘等数人："按国家婚仪，皆有一二十男仆，扶持新郎，其他只用一人，呼曰格路木司曼，译言伴郎也。""凡伴新娘之女，或新郎或新娘之亲近姊妹。"④ 人数的多寡，依贫富程度而无定数。欧美社会有戴戒指的风俗，"按西国男女，皆带戒指。男子未婚者带于小指，已聘者带于中指，既娶者带于无名指。……若女子所带戒指，与男子同。惟嫁后则带一整金戒指，永不许撤下，否则不吉。"⑤ 因此，在婚礼上这一环节自然不会遗漏。婚宴之后，还有分吃"喜饼"之俗，"新娘坐分喜饼与众，……以干樱桃和面而蒸之，厚二三寸，周约二尺，味颇甘。盖入座后盛以银盘，旁置银刀一柄。至此，新娘自切一刀后，仆人持下，按客数分切，每人一片。……吃毕，众客之品高位尊者一人起而立，祝

---

① 清代汪康年所著《汪穰卿笔记》(中华书局，2007年，第136—137页)中记载了当时美国报刊的一则新闻：一对男女因恋爱受阻而私奔，最后法庭判令二人不得相合，并令父母领回。
② 张德彝：《航海述奇》，见钟叔河主编：《走向世界丛书》，长沙：岳麓书社，1985年，第581页；张德彝：《随使英俄记》，见钟叔河主编：《走向世界丛书》，长沙：岳麓书社，1985年，第519页；刘锡鸿：《英轺私记》，见钟叔河主编：《走向世界丛书》，长沙：岳麓书社，1985年，第218页。
③ 张德彝：《随使英俄记》，见钟叔河主编：《走向世界丛书》，长沙：岳麓书社，1986年，第519页。
④ 张德彝：《随使英俄记》，见钟叔河主编：《走向世界丛书》，长沙：岳麓书社，1986年，第518、519页。
⑤ 张德彝：《航海述奇》，见钟叔河主编：《走向世界丛书》，长沙：岳麓书社，1985年，第582页。

新夫妇以吉语。新郎立言一段，以谢众人。谢毕，首客再立言数语，以谢新郎。"①"喜饼"的分食，意味着婚礼的结束。其后，新郎、新娘必出游以度蜜月，游历的时间与地点依贫富的不同而有差异："宴毕，次日或越数日，则夫妻偕往外国邀游。富者之游也，其地或千里，或万里；其期或一年，或数年，然后回国。贫者只在本国邀游数日而已。"②新郎、新娘的亲朋好友在参加婚礼时，还会馈赠礼物以表达自己对新人的祝福之意："有闻二家结姻，量其娶聘必早，即为馈送者，有请柬未到而预送者，亦有临期始送者。所送无非金银珠宝、首饰镯钏、金刚石项圈耳环、表练、瓷花绸扇，以及鸵鸟翎而已。有因其另树门墙而送器皿使用之物者。当时以大桌铺黑绒，四面围以鲜花，陈设各色礼物，各系白纸一条，书送者之名姓。"③

上述婚俗是欧美社会婚礼的主要片段，充分体现了其宗教信仰、伦理特色，它与有着"祖先崇拜"传统的中国婚俗有很大的差异。至于详细的婚礼过程，张德彝在游历期间曾有详细的记载。在婚礼上，无论新郎、新娘还是众位亲属、来宾皆隆重着装，并根据自己的身份找到相应的位置。上述工作准备就绪后，婚礼正式开始：

> 教士登台，新娘脱手套及鲜花，递第一女伴。然后齐跪。教士向新娘与新郎诵戒词。诵毕，贯新郎所备之戒指予妇之右手四指，再祝，众客和之。祝毕，教士下台先行，新郎戴帽，以右腕携新妇同众后行。入会房，新夫妇先画押，后则新娘之父与其至近戚友各二三人，为之画押。画毕，第一女伴代新夫妇分散赠与戚友什物。其赠女客者：一枝银橘，上系白缎一条，长四五寸，宽七八分。赠男客者：一银橡叶与栎实四五。义皆未详。各人收讫，以针插于胸襟。新娘若系再醮，则无谢物，无女伴，不能戴文君兜与白花冠，只戴女帽一顶，则淡青或葱绿二色，仍带前夫所与之戒指，其后夫之戒指则贯于左手中指。④

婚礼最后的环节是参加婚礼的亲朋好友共赴喜宴，举办地点或在家中或在酒店，其选择全视婚姻当事人房屋面积的大小而定。在婚宴之前，众宾客与新郎新

---

① 张德彝：《随使英俄记》，见钟叔河主编：《走向世界丛书》，长沙：岳麓书社，1986年，第521—522页。
② 张德彝：《航海述奇》，见钟叔河主编：《走向世界丛书》，长沙：岳麓书社，1985年，第581页；张德彝：《随使英俄记》，见钟叔河主编：《走向世界丛书》，长沙：岳麓书社，1985年，第520页。
③ 张德彝：《随使英俄记》，见钟叔河主编：《走向世界丛书》，长沙：岳麓书社，1986年，第520页。
④ 张德彝：《随使英俄记》，见钟叔河主编：《走向世界丛书》，长沙：岳麓书社，1986年，第518—520页。

娘畅谈,以表贺喜之意。婚宴的具体情形如下:

> 设筵之式与跳舞会之夜馔同,有立者,有坐者。立则量人数列方桌,男女围立,不分上下。若坐,则置长桌,新夫妇并肩坐于一端,或中腰以上。屋大者坐,屋小者立。无论何处,皆新妇坐于新郎之左,非上也,乃下也,因西俗尚右也。次则新娘之父与新郎之母坐于新娘之旁,新郎之父与新娘之母坐于新郎之旁。其他男女排列成圈,各女皆在男右。此早餐与午酌大同小异。汤有冷热,菜多冷荤,三鞭、舍利俱全。有鲜果,不备茶食与加非。坐则汤菜皆经仆人捧进,立则置于桌上而自取之。热汤有以盖碗盛满,另置一桌者。冷荤则鸡鱼兔脯等类。坐者备菜单、饭布,立者无汤。①

上述材料较为完备地呈现了欧美社会普通基督婚礼的基本过程。富裕之家的婚礼也基本遵循上述习俗,不同的是其陈设可能更豪华,场面更加宏大。刘锡鸿出使普鲁士期间恰巧碰到皇帝开色之孙女出嫁,这给他留下了深刻印象:"文武官绅、各国公使、参赞、随员,男女毕集巴列之内,万炬攒光,千灯耀彩。妇女衣裙,藻采杂出,辉映烂然。……遥见堂中央设案,供十字架,伴以高烛,教士九人侍案侧,其下铺以红锦毯。……鼓乐遂作,新妇各与其婿并肩携手而来。婚服如武职朝服,着两金版于肩。新妇戴钻石围额,上有冠,若小米瓜,以珠界为四棱,宝石如鹅卵者缀其顶。冠后披白纱长及脊,遍身皆白衣裙,袒露其胸背。衣后另幅曳地几盈丈,饰以银花,行则四五官妇以手揭之。"②其余的过程与寻常百姓家的婚姻程式基本相似。从刘氏的记载看,无论是相关人员的穿着,还是婚礼的场所及器具陈设都不是普通家庭所能比拟的,但仍要遵从基督教的一般礼仪,富裕之家与普通民众的婚礼所渗透的男女平等精神基本一致。

(三)独身现象的认识

置身欧美社会的近代中国人,在领略到与众不同的婚俗的同时还看到了为数不少的独身现象。刘锡鸿在其游记中记载,英国"男终身不娶,女至老不嫁者比比。"③薛福成也看到欧美社会"往往有富拥巨万而终身不娶……往往有贵为总督或各部大臣,年近耆艾,犹孑然一身"④的现象。中国传统社会以家族为本位,娶妻生子延续香火是婚姻的根本目的,并且只有婚姻才能产生"男有室,女有家"

---

① 张德彝:《随使英俄记》,见钟叔河主编:《走向世界丛书》,长沙:岳麓书社,1986年,第521页。
② 刘锡鸿:《英轺私记》,见钟叔河主编:《走向世界丛书》,长沙:岳麓书社,1986年,第218—219页。
③ 刘锡鸿:《英轺私记》,见钟叔河主编:《走向世界丛书》,长沙:岳麓书社,1986年,第155页。
④ 薛福成:《出使英法义比四国日记》,见钟叔河主编:《走向世界丛书》,长沙:岳麓书社,1985年,第769页。

社会生活探索

的归属感，不婚是忤逆不孝的重罪。基于这个理念，近代中国人很难理解欧美社会的独身现象。带着这个困惑，他们进行了一系列的调查与思索，并给出了四种解释：

1. 生育观念所致

与中国"不孝有三，无后为大"的观念截然相反，欧美社会却"不重后嗣"①。由于没有财产继承人，他们在临终前只能将万贯家财全部捐献于社会，以推动教育及养老等公益事业的发展，以此来了却心中的遗憾。对此，张德彝百思不得其解，询问之后得到了这样的解答："以吾一人之财，生千万人，养千万人，诚为乐事。今吾虽有子，将来贤否不知。贤者即能守成，必致好逸偷安，毫无所学。不肖者既不能保全，因而伤身败德，更无所学。莫若自幼使之贫乏，令其学成一艺，以赡其身，则美名或可望获也。……吾舍重资以成善举，虽千百年犹奉吾像于其地，又何乐而不为善哉？"②由此可见，欧美社会独特的"不朽观"，使人们的子嗣观念非常淡漠，独身也就不难理解了。薛福成的记载也观察到，欧美社会的婚姻目的"不过聊以自娱，意本不在生育者。盖彼本视子孙为甚轻，若居可有可无之列"③。"后代子孙"既然居于可有可无之列，那么婚姻自然也就变得无足轻重，只要能达到"自娱"的目的，独身又何妨呢？

2. 经济压力的束缚

中国传统社会以家族制度为基础，无论婚姻或是日常生活都由家族来统一调度，个人无须承担经济的压力。欧美社会奉行小家庭制度，主张个人经济独立，无论结婚还是日常生活的消费都由自己独立承担。与中国的个人生活相比，欧美社会的生活崇尚奢靡，花费巨大："英俗太奢，铺陈享用，务极华侈，殊非久计。妇女浪费，尤中国所无，衣裙一袭，动须银百余两，服之仅二次，即嫌不鲜，又换新制。每日往来酬应，车马酒食所费浩烦，月非三、四百金不办。故女子择配，必以男家富有为期。而男子又病供应之难，必此女力能自给方敢聘定。故男终身不娶，女至老不嫁者比比。"④这一点在《赫德日记》中可以得到印证。他在1854年10月29日的日记中写道："我的薪水养不起一个英国妻子：这样的女人在这里被认为是一个大'麻烦'：较弱、多病——需要多方照顾，医疗看护，还有众多的仆人，等等。"⑤正是因为如此，赫德在三十岁之后才正式结婚。欧美社会

---

① 张德彝：《随使英俄记》，见钟叔河主编：《走向世界丛书》，长沙：岳麓书社，1986年，第451页。
② 张德彝：《随使英俄记》，见钟叔河主编：《走向世界丛书》，长沙：岳麓书社，1986年，第451页。
③ 薛福成：《出使英法义比四国日记》，见钟叔河主编：《走向世界丛书》，长沙：岳麓书社，1985年，第769页。
④ 刘锡鸿：《英轺私记》，见钟叔河主编：《走向世界丛书》，长沙：岳麓书社，1986年，第154—155页。
⑤ [美]凯瑟琳·F. 布鲁纳等编，傅曾仁等译：《步入中国清廷仕途——赫德日记（1854～1863）》，北京：中国海关出版社，2003年，第84页。

的生活方式给青年男女造成了极大的经济压力,非富有或经济独立不敢轻易涉足婚姻,这严重影响了欧美社会的男女婚配,从而造成为数不少的独身现象。

3. 不愿受彼此的约束

欧美社会崇尚个人独立,而独立又是自由的前提。因此,部分经济独立者为了获得更多的自由往往拒绝婚姻:"故女子恒厌有夫之拘束,不如无夫之放荡自得,以是终身不嫁者比比。男子亦然,虑钤束于妇,亦往往终身不娶。"①刘锡鸿看到,法国大使桑倭厘四十五岁尚未娶妻;德国人白欧得、阿欧得来见家资丰厚,也是四五十岁了尚未婚配。对于个人自由的向往是造成独身的重要原因之一。

4. 过分讲究门第

欧美社会虽主张恋爱自由,但婚姻却仍重视门第。对于门第的苛求必然限制了择偶的范围。如法国风俗,不仅要求财产相称,而且还要求三代门第都须相当,如此苛刻的条件势必造成婚姻失时,"致有男子四五旬尚未娶者"②。以此来看,择偶范围过于狭小,必然要在社会上造就一批独身者。

(四)婚姻管理与形态

中国传统社会的结婚不仅要有婚书,而且婚后还要呈报国家的户籍吏进行登记。张德彝观察到,欧美社会有跟中国类似的婚姻登记制度。他们的青年结婚不仅要"性情相符",也要服从国家的行政管理,即履行婚姻登记制度。青年男女去教堂举行婚礼之前,要去国家机关领取结婚证书,"复同往官署声明,官以一纸书,内载某人娶某氏为妻,某女嫁某男为夫,彼此情愿,男不许娶二室,女不许嫁二夫。"③中西方社会的登记制度虽然相似,但相比较而言,欧美社会的婚姻登记制度显然更严格和正规。

中国传统社会的基本婚制是一夫一妻。除此之外,"妾""娼妓"等都是当时婚制的重要补充形式,从而构成了一夫一妻多妾的婚姻形态。踏上异国土地的张德彝马上察觉到中西婚制的差异。他到英国后,了解到其俗为"男不许娶二室,女不许嫁二夫"。王韬也同样观察到:"婚嫁皆自择配,夫妇偕老,无妾媵。"④从表面来看,欧美社会遵守严格的一夫一妻制,与清代的婚制明显不同。但实际上,欧美社会的一夫一妻制是也有其补充形式,即"通奸"和"杂婚"现象的存在。特别是天主教国家由于禁止离婚,这些现象比新教国家要严重得多。⑤

---

① 刘锡鸿:《英轺私记》,见钟叔河主编:《走向世界丛书》,长沙:岳麓书社,1986年,第224页。
② 张德彝:《随使法国记》,见钟叔河主编:《走向世界丛书》,长沙:岳麓书社,1985年,第473页。
③ 张德彝:《航海述奇》,见钟叔河主编:《走向世界丛书》,长沙:岳麓书社,1985年,第581页。
④ 王韬:《漫游随录》,见钟叔河主编:《走向世界丛书》,长沙:岳麓书社,1985年,第107页。
⑤ [德]恩格斯:《家庭、私有制和国家的起源》,见《马克思恩格斯选集》(第4卷),北京:人民出版社,1972年,第66页。

三、性伦文化及婚姻习俗的观感

个人的教育经历及其人生阅历影响着人的价值观的形成和审美情趣的培养，这些因素可能会影响他们对西俗的认识。根据社会心理学理论，一般高级动物都会具有好奇的本能，会产生羡慕的情绪以及反感或嫌恶感①，而这些情感的产生恰恰由其价值观念所决定。

近代走出国门游历海外的中国人虽未必尽为大儒，但他们几乎都是受到儒家文化长期浸润的知识者。以刘锡鸿为例，他出身举人，年轻时曾在广东参加过抵抗英国侵略的战争，后在京做刑部员外郎。他认为，"养兵无益，及洋炮、轮船不足学造"②。在出国前，刘锡鸿从根本上是坚决反对洋务的，他坚持以"仁义忠信"立国，认为学习洋务违背圣贤之道，故对洋务始终保持高度警惕。作为一名传统道德的坚守者，其思想中必然充斥着"男女大防"观念，对于不符合既有观念的事物均将其放在传统道德的审判台上。他将英国女性如"有所悦于男，则约男至家相款洽"的行为定性为淫荡之举，故曰"其俗女荡而男贞"③。刘锡鸿以传统贞节观的视角来观察欧美女性，故得出了此种认识。实际上，女性行为的"贞""淫"与否完全看以什么价值体系来判断。在欧美社会的两性伦理中，这个结论并不准确，特别是对"女荡"的认识显然是对女性的污蔑。在英国的皇家舞会中，刘锡鸿看到"男子礼服下裤染成肉色，紧贴腿足，远视之若裸其下体者然，殊不雅观也"。儒家礼仪强调"非礼勿视"，在公开场合近乎裸体的穿扮必然引起刘锡鸿的反感。

实际上，类似刘锡鸿的这种观感在其他出洋人员中也不同程度地存在。再以张德彝为例，他是京师同文馆的第一批学生，也深受传统文化熏陶。张氏在记述欧美社会婚姻自主的婚俗时，也从传统价值观念出发，对女性的贞操表达了某种隐忧："娶妻求完璧，实夏夏其难之。乾卑坤尊，亦地气使然也。"④欧美社会主张婚恋自由、男女平等，专门苛责女性的片面贞操观早已转变，而中国近代社会对女性贞操的苛刻要求依然根深蒂固。以此来推断，他们对异国婚俗虽感到新奇，但内心未必赞同。

19世纪中期的中国虽然在鸦片战争中遭受了挫败，但并未摧毁知识者的文化自信，"中国中心观"仍然根深蒂固地盘踞在他们头脑中。这决定了以"亲亲也，

---

① [英]威廉·麦独孤著，俞国良等译：《社会心理学导论》，杭州：浙江教育出版社，1997年。
② 王闿运：《湘绮楼日记》，长沙：岳麓书社，1997年，第194页。
③ 刘锡鸿：《英轺私记》，见钟叔河主编：《走向世界丛书》，长沙：岳麓书社，1986年，第181页。
④ 张德彝：《欧美环游记》，见钟叔河主编：《走向世界丛书》，长沙：岳麓书社，1985年，第651页。

尊尊也，长长也，男女有别"①为代表的传统伦理观必定要成为衡量西方伦理的标尺，欧美的社会伦理观注定要受到他们的批判。以薛福成为例，他出身秀才，并在曾国藩、李鸿章幕府中供职多年。薛氏认为，欧美各国虽正处于资本主义上升时期，一切政教制度均有值得称道之处，但"独三纲之训，究逊于中国。即洋人亦或推中国为教化最先之邦，似未尝不省悟及此，然一时未能遽改者，盖因习俗相沿之故。余谓耶稣当西土鸿荒初辟之时，启其教化，魄力甚雄，然究竟生于绝域，其道不免偏驳。失之毫厘，差以千里，不信然欤。"②从上述观点看，薛福成作为李鸿章的幕宾与其"中国文武制度事事远出西人"的论调一致。正是因为有了这份自信，他才认为西方的纲常名教逊于中国：其一，父子人伦违背圣道。欧美社会的子女婚姻自主，削弱了父母的主婚权；婚后与父母析产别居，父子之间关系冷淡甚至不相闻问。此举虽减少了中国大家庭间父子、婆媳之间的摩擦，增进了小家庭的和睦，"然以骨肉至亲，不啻推远之若途人"③。另外，"国家定律，庶民不得相殴。子殴父者，坐狱三月；父殴子者，亦坐狱三月。盖本乎墨氏爱无差等之义，所以舛若比。"④中国的伦理强调等差有序、"父为子纲"，父亲管教儿子是天经地义。如若父亲因此获罪，更是有违圣道。其二，夫妇之伦违背圣道。中国社会强调"男尊女卑"、"夫为妻纲"，这是历代圣贤的教诲。欧美社会的男子在诸多场合和礼节中都要礼让女子，这不符合中国的纲常礼教。更严重的是，妇女的自由社交往往诱发婚外情，导致离婚、再嫁现象层见叠出；而男性如若有此行为，则会受到法律的制裁。另外，女子非婚生子现象普遍，独身者也比比皆是。由此三端，薛福成认为"此其夫妇一伦，稍违圣人之道者也"⑤。

其实，如此的文化心理在同时代的知识者那里并不鲜见。以王韬为例，他自幼攻读儒家经典，也中过秀才⑥，并在上海长期就职于教会创办的墨海书馆和格致书院。即使对西方文化有所了解，王韬也并不能免俗。他在英国看到男女掺杂的集体舞时，曾将其视为"苗俗跳月之遗"⑦，是英国人"行乐娱情之一法"。王韬发现交际舞会具备"行乐娱情"的功能，由此他判定英国的这种习俗可能是中国苗

---

① （清）孙希旦：《礼记集解》，北京：中华书局，1989年，第907页。
② 薛福成：《出使英法义比四国日记》，见钟叔河主编：《走向世界丛书》，长沙：岳麓书社，1985年，第273页。
③ 薛福成：《出使英法义比四国日记》，见钟叔河主编：《走向世界丛书》，长沙：岳麓书社，1985年，第272页。
④ 薛福成：《出使英法义比四国日记》，见钟叔河主编：《走向世界丛书》，长沙：岳麓书社，1985年，第272页。
⑤ 薛福成：《出使英法义比四国日记》，见钟叔河主编：《走向世界丛书》，长沙：岳麓书社，1985年，第272页。
⑥ 王韬：《弢园文录外编》，沈阳：辽宁人民出版社，1994年，第406—407页。
⑦ 王韬：《漫游随录》，见钟叔河主编：《走向世界丛书》，长沙：岳麓书社，1985年，第142页。

族跳月习俗的遗迹。跳月习俗是带有原始色彩的自由择配之法，它是专为顺应天时实行婚配而设："仲春之月，令会男女，于是时也，奔者不禁。"实际上，欧美社会的男女社交是两性社会性的表现形式，也是营造高质量生活的一种手段，并不专为婚恋而存在。初次踏入西方国度的王韬，不可能熟谙欧美历史风俗，而且长久以来在中国知识分子心中深藏的"中国中心论"也不可避免地把异域文化当作中华文化的支流看待。

当然，出洋人员对待欧美习俗也不都是厌恶或存有自大心理，他们凭借自己细密的观察和冷静的分析也看到了欧美习俗的积极作用。再以张德彝为例，同文馆的出身虽让他沾染了传统知识者的习气，但同时也说明他是"西学"氛围中培养起来的知识青年，他的思想与认识水平与刘锡鸿有所不同。在欧美社会，他看到了"是雌而雄者"的伦理新观念。对于这一现象他虽对女子的贞操表达了担忧，但同时也看到了男女社交对两性爱情及婚姻产生的积极作用。他认为，"西人性好奢华，凡富贵喜交结者皆乐为之。一人子女待其长成，虽无力亦必勉强支应，设法结交，以便子女得友，相往来，则男可访女，女可觅男，嫁娶咸赖于此。因男女细心访察，各得所愿，则意洽情投，鲜有作秋扇之歌者。"[1]从其记载看，他认识到社交活动已成为西方人不可或缺的生活方式，它是青年自由恋爱得以践行的必要条件。男女交际充分，双方相处则多情投意合，可以有效避免中国青年的情感苦闷和女性作"秋扇之歌"聊以自慰的无奈。

薛福成以敏锐的观察力看到了妇女在欧美社会发展中的作用："妇女之为用，果不异于男子。用之战守，则男子荷戈，妇女馈饷矣；用之学问，则男子精锐，妇女沉静矣。于是通国之中，向之有十万人者，不啻骤得二十万人，向之有百万人者，不啻骤得二百万人。"[2]从上述分析看，薛福成看到了欧美社会妇女的解放于国家的繁荣强大与长治久安有莫大的关系。"妇女能顶半边天"，欧美社会解放了的妇女承担着与男子相似的责任，在国家建设发展中发挥了重要作用。但他同时认为，西方妇女之所以被从家庭中解放出来，与其国土面积狭小、男性劳动力缺乏有很大关系，"此由于地不甚广，民不甚众；而欲创霸国之雄图，不得已而出此也。"西方社会受基督教的影响甚深，晚婚晚育、少生优生、节育、婚后不育是其主流的婚育观念[3]，这导致人口增长缓慢甚至出现负增长，致使参与国家建设或服兵役的男性人口紧张。况且，欧美资本主义的发展需要大量劳动力，也要求妇女从家庭中解放出来。从这个角度来分析，薛福成的观点站得住脚。

---

[1] 张德彝：《随使英俄记》，见钟叔河主编：《走向世界丛书》，长沙：岳麓书社，1986年，第419页。

[2] 薛福成：《出使英法义比四国日记》，见钟叔河主编：《走向世界丛书》，长沙：岳麓书社，1985年，第516—517页。

[3] 齐晓安：《西方生育文化发展研究》，《人口学刊》，2006年第2期。

志刚对欧美社会的两性伦理也颇有感触。他观察到欧美社会"至其优游逸豫，士女偕臧，则以适其情者，畅遂其天。如聚跳、冰嬉，观剧，皆不拘于男女，而不止海澡之一事"，曾感慨地说："中国重理而轻情，泰西重情而轻理。"①对于"情"字比较容易理解，结合此言的语境应当是"男女之情"，"理"字应当如何理解呢？笔者认为，"理"在此做"规范"或"礼法"解可能比较合理。"中国重理而轻情"一语，是讲中国社会注重礼法规范，轻视、排斥甚至反对男女交往、男女之情，故中国社会只有"男女之大防"，绝无男女社交之理念，这个认识应当准确。对"泰西重情而轻理"一语的判断，则未必准确。欧美社会虽提倡男女社交公开，但婚姻却有禁区。以英国为例，其国内"若干贵族、绅士阶级父母利用他们与儿女的情感联系以主导儿女的婚姻选择"②。法国贵族之家对门第与财产的重视并不比中国的父母逊色。因此，欧美社会"重情"是真，但"轻理"则为未必如是。不管其认识的准确性如何，但他能切身感受到中西伦理的差别，这本身对于其固有的观念就是一个触动。

四、余论

通过史料来看，19世纪中国的出洋人员对西方文明的认识是非常感性和肤浅的。自文艺复兴以来，西方追求意志自由和人格尊严的旗帜始终飘扬，③而处于长期封闭中的中国知识者对于西方历史的了解几近于盲区，并不十分清楚它们对于人的解放的意义。在传统礼教和宗族观念中的影响下，传统知识者并没有个体自主、自立的意识，因此他们对男女社交公开、渗透两性平等精神的婚俗很难认同，至多只是出于高等动物的本能对新鲜事物表现出较多的好奇。

罗素认为，"在人类的交往中自由发展的个性才会丰富起来"④。个性的丰富必然要在双方充分交往的基础上发生价值观念的碰撞、交流，以达到观念上的某种共鸣。然而，当时的知识者所保持的文化优越感使其不屑于在此方面进行交流，当时走马观花式的考察显然也不能提供深入了解西方文化价值观的条件。因此，对当时的出洋人员而言，他们对西方的性伦文化和婚姻文化除了新奇之外并无太多的观感，更不可能产生变革中国传统伦理和婚俗的念头。

19世纪中期东西方文明的碰撞，结束了中国社会的封闭状态，使中国与西方的联系日益紧密，从而改变了中国人的社会生活轨迹。对于近代中国人而言，

---

① 志刚：《初使泰西记》，见钟叔河主编：《走向世界丛书》，长沙：岳麓书社，1985年，第325页。
② ［英］劳伦斯·斯通著，刁筱华译：《英国的家庭、性与婚姻（1500—1800）》，北京：商务印书馆，2011年，第196页。
③ 何光沪：《文艺复兴中的基督宗教与人文主义》，《人文杂志》，2007年第1期。
④ ［英］罗素著，靳建国译：《婚姻革命》，北京：东方出版社，1988年，第85页。

社会生活最大的变动就是从封闭走向了开放和交流。英国学者特伦斯·霍克斯指出，"人在世界上的作用，最重要的是交流"①。走出国门的近代中国人充当了文化交流的使者，他们直接感受到了与众不同的性伦文化和婚姻文化，并产生了诸多感触。如张德彝、志刚、薛福成等人对西方的性伦理与婚俗都有所反思，有人还在不经意间在某些方面表达了某种认同。对于初次走出国门的中国人而言，其认识准确与否并不重要，关键是通过交流开阔了他们的视野，增加了他们对西方社会的感性认识。甚至，其影响还扩散至他们的亲朋至交。张德彝回家以后，"家人父子，晨夕聚谈，月余犹未罄其闻见之奇"②。他撰述的游记也深受朋友的欢迎，以至于"日来索观甚众"③。斌椿的游记也因"索观者多，乃付剞劂，以贻同好"④。孟保在阅读张德彝的游记时，除了感慨世界之奇，还对这些奇谈怪事存在的合理性给予了某种肯定："探幽穷远，虽圣人或不能尽其理也。执是说也，乌知在初所志之大，所见之深且远哉！"⑤在以圣人之是非为是非的时代，能通过中外境况的差异而对先贤提出一定程度的质疑，能对中国知识者的思想产生一种非常重要的触动。

马克思曾说："与外界完全隔绝曾是保存旧中国的首要条件，而当这种隔绝状态在英国的努力下被暴力打破的时候，接踵而来的必然是解体的过程，正如小心保存在密封棺材里的木乃伊一接触新鲜空气便必然解体一样。"⑥因此，当中国逐步融入当时的世界体系中的时候，西方的物质文明和价值观念对中国和中国人的影响日益加深。这不仅促进了中国人思想的转向，还推动了他们的生活方式的转变。"人们生活方式的变动，是引起社会伦理观念变动及孕育新社会伦理的温床。"⑦由此，性伦文化和婚姻文化的变革逐渐成为近代中国社会不可遏制的内在冲动。

---

① ［英］特伦斯·霍克斯著，瞿铁鹏译：《结构主义和符号学》，上海：上海译文出版社，1987年，第128页。
② 张德彝：《航海述奇》，见钟叔河主编：《走向世界丛书》，长沙：岳麓书社，1985年，第595页。
③ 张德彝：《航海述奇》，见钟叔河主编：《走向世界丛书》，长沙：岳麓书社，1985年，第440页。
④ 斌椿：《乘槎笔记》，见钟叔河主编：《走向世界丛书》，长沙：岳麓书社，1985年，第86—87页。
⑤ 张德彝：《航海述奇》，见钟叔河主编：《走向世界丛书》，长沙：岳麓书社，1985年，第435—436页。
⑥ ［德］马克思：《中国革命和欧洲革命》，见《马克思恩格斯选集》（第2卷），北京：人民出版社，1972年，第3页。
⑦ 李长莉：《从"杨月楼案"看晚清社会伦理观念的变动》，《近代史研究》，2001年第1期。

"我们夫妇关系为什么破裂"读者大讨论
——20世纪50年代性伦文化一瞥

廖熹晨[①]

一、刘乐群的控诉信

1955年秋,《中国妇女》杂志收到了一封北京二十二中教员刘乐群控诉丈夫罗抱一喜新厌旧、非法和第三者同居,强迫刘乐群离婚的来信。罗抱一是当时中共对外贸易部的部长助理,二人于1946年在张家口经介绍认识,并于当年4月结婚。新婚时,罗抱一对刘乐群还是充满爱护和关怀的,夫妻双方也比较甜蜜,育有一双儿女。一直到1951年,罗抱一被调往北京后,夫妻的关系开始发生变化。1952年,刘乐群发现罗抱一与某大学毕业生、同单位的办事员非法恋爱。罗开始嫌弃刘:"只会工作,光知道看书,不会玩,没有感情,像个木头人。星期天找她时,也是本子报纸一大堆,从来没有体贴过他。"当罗抱一开始和"第三者"出入舞会,引起了周围同志不满时,刘乐群才发现夫妻关系出现了很大的问题。刘乐群开始带着儿女去看罗抱一,罗抱一却对他们"摔门子、顿茶碗",尽管刘恳求丈夫看在孩子的份上来解决夫妻矛盾,罗抱一也不同意。刘乐群请求组织领导帮助他们协调矛盾,罗抱一对此更加不满,认为刘乐群公开了夫妻矛盾,干脆在她怀孕时提出了离婚。根据刘乐群的说法,尽管如此,她仍然试图挽救与罗的关系,但是罗抱一却继续逼她离婚,先后两次与"第三者"通奸被抓。刘乐群觉得自己已经无法忍受罗抱一的恶劣行径,因此写信向《中国妇女》控告他。

由于罗抱一身居要职,当时干部进城后闹离婚的现象比较多,罗抱一的行为和观点又具有一定的代表性,《中国妇女》杂志的编辑们查证此事之后,又征得了全国妇联党组的同意与中央书记处领导支持,在1955年11月刊登了刘乐群名为《我们夫妇关系为什么破裂》的来信[②],并且根据刘乐群反映的情况向读者提出了

[①] 廖熹晨,首都师范大学历史学院博士生。
[②] 董边:《沈大姐是我办〈中国妇女〉的引路人》,见全国妇联老干部局编:《巾帼辉煌——纪念中华全国妇女联合会成立五十周年》,北京:中国妇女出版社,1999年,第214—215页。

四个问题①。编辑部称:"讨论这个问题的目的,是要使大家认识如何以共产主义的道德品质对待自己的婚姻和家庭,从而充分发挥每个人的力量,集中精力从事社会主义建设事业。"②

二、"我们夫妇关系为什么破裂"读者大讨论③

在接下来一期的《中国妇女》杂志中开始登载读者们参与讨论的文章,随后长达8个月的时间里,编辑部陆续甄选出了15篇参与讨论的文章进行登载。讨论基本可以为两个阶段,第一阶段采用了罗、刘情况有所了解的读者文章,体现了两种针锋相对的观点;第二阶段则以一般读者的讨论文章为主。

在第一阶段中,慎言的文章是第一篇,他的观点集中指出刘乐群在二人婚姻关系中长期的冷淡态度,是夫妻关系出问题的主因。首先,慎言指出罗抱一的错误有两点:一点是作为有妇之夫与女下属通奸,又在妻子怀孕期间提出离婚,引起了机关群众舆论的不满;另一点是欺骗党组织,经党组织批评处分后,对党组织阳奉阴违,继续与"第三者"通奸并不予承认,直到党组织拿出证据才被迫承认。而对于罗抱一与刘乐群相处的实际问题与态度,以及与王某搞不正当关系的主观原因则予以回避。在慎言看来,刘乐群不体贴丈夫,不主动与丈夫过性生活,不关心婆婆都是罗抱一向他人寻求安慰的主要原因。④ 孟繁星与长虹的观点却与慎言恰恰相反,在他们看来罗抱一才需要为夫妻关系的破裂负主要责任,"第三者"王某也对夫妻关系的破裂起了很坏的作用。在孟繁星看来,刘乐群早前确有不主动与丈夫亲近的问题,日积月累使"罗抱一感到在家庭生活上缺乏温暖",这是夫妻关系出现问题的起因。但随着罗抱一与"第三者"关系的发展,刘乐群认识到了自身的问题,为了挽救家庭和婚姻,也是尽了许多努力去改善夫妻关系。而在此时,罗抱一不但不念及夫妻感情,还两次把刘和孩子赶走,丝毫没有表现出修复婚姻关系的意愿,反而不断逼妻子离婚,直接导致了夫妻关系的破裂。"除了罗抱一自己要负主要责任以外,'第三者'王某在这方面是起了相当程

---

① 这四个问题包括:一、他们夫妇关系为什么破裂;二、罗抱一的婚姻观点及对妻子的态度是正确的吗?刘乐群对待丈夫及处理这个问题的态度有没有缺点;三、和有妻子的男人谈恋爱,对吗?四、怎样才能正确地建立和培养家庭的幸福生活?

② 刘乐群:《我们夫妇关系为什么破裂》,《中国妇女》,1955年第11期。

③ 目前还没有专门针对"我们夫妇关系为什么破裂"读者大讨论的专门研究,但是一些学者的论文中已经有所涉及和论述。参见王政:《创建社会主义女权主义文化阵地:〈中国妇女〉(1949—1966)》,《南京大学学报》(哲学、人文科学、社会科学版),2010年第6期。白蔚:《传媒中的中国女性与现代性》,上海大学博士学位论文,2006年。另外,对于一夫一妻制与婚姻忠诚及对"文革"前的性忠实话语的讨论,参见[英]艾华著,施施译:《中国的女性与性相:1949年以来的性别话语》,南京:江苏人民出版社,2008年。

④ 慎言:《我对罗、刘婚姻问题的看法》,《中国妇女》,1955年第12期。

度的破坏作用的"。① 长虹认为，罗抱一虽是干部，却没有用共产主义道德要求自己，见异思迁，喜新厌旧，与年轻、会玩的女子通奸。这种追求个人情欲享乐的资产阶级生活方式，与新时代人民所拥有的共产主义道德背道而驰，罗抱一是道德败坏的人。同时"第三者"王某亦是"可耻"，破坏了一个和睦的家庭，有违共产主义道德。②

通过1955年第12期登载的三篇文章，可以发现对罗抱一和刘乐群生活细节有所了解的朋友、同事们，对二人婚姻生活出现问题的原因各有看法，对谁是关系破裂的主要过错方也形成了两种比较对立的观点。随着这一次读者讨论的不断深入，越来越多的读者开始关注《中国妇女》，杂志销量一路攀升。有研究者称，正是因为这一次长达8个月，围绕共产主义道德展开的读者大讨论使《中国妇女》杂志的销量一下由1955年的30万册一路上升到50万册，成为当时国内颇具影响力的杂志。③ 罗抱一和刘乐群的婚姻问题不但引发读者关注，"读者讨论"的形式也激发了他们各抒己见的热情，当时参与讨论的读者来信达到了上万封。④ 1956年《中国妇女》第1期继续刊登读者来信，开始了新一阶段的讨论，而1955年第12期这三篇文章的观点成为接下来新一轮讨论的基础，可见不仅仅是罗、刘二人的婚姻本身，这两种针锋相对的观点也引发了读者的强烈反响。

这一阶段的读者讨论以指出罗抱一和"第三者"的错误，对他们进行道德和政治上的批判为特点，从1956年的第1期一直持续到该年的第4期。在这一轮讨论中，读者的舆论矛头完全指向了罗抱一和"第三者"，虽然也有少数对刘乐群的批评意见，但主要是针对刘乐群在夫妻关系中的软弱和妥协，并无道德的责难，更多的是劝慰。尽管这些读者的信件是由编辑们从上万封来信中甄选出来，经过了编辑的主观挑选与整合，带有一定《中国妇女》所认同和需要的价值判断，但仍然能够反映当时读者对于两性关系的道德认识与伦理原则，对于全面了解50年代的性伦文化状况有重要的意义。通过对这些读者来信的梳理，可以将他们的观点总结为如下四点：

1. 共产主义道德之一是对妻子忠实，与他人通奸就是违背共产主义道德。1956年《中国妇女》第1期"我们夫妇关系为什么破裂"的讨论以罗抱一的领导、时任中共对外贸易部机关委员会书记解学恭的文章为开端，展开讨论，解的文章开篇就毫不避讳地指出罗抱一与"第三者"通奸，在妻子怀孕期间提出离婚是严重

---

① 孟繁星：《"我们夫妇关系为什么破裂"读后》，《中国妇女》，1955年第12期。
② 长虹：《不应该和有妻子的男人谈恋爱》，《中国妇女》，1955年第12期。
③ 王政：《创建社会主义女权主义文化阵地：〈中国妇女〉（1949—1966）》，《南京大学学报》（哲学、人文科学、社会科学版），2010年第6期。
④ 尚绍华：《关注妇女命运 伴随妇女前行——〈中国妇女〉杂志七十年回顾》，见宋应离编撰：《名刊 名编 名人》，郑州：大象出版社，2011年，第137页。

的错误。罗抱一个人违反了《婚姻法》，也违背了"一个共产党员，一个革命工作者应该而且必须以共产主义道德品质来对待自己的生活"的道德与政治原则。他在文中指出，罗抱一与"第三者"通奸，是"破坏社会风气的性的放荡行为"，是"违反共产主义道德的行为"。① 解学恭是讨论中为数不多的以机关领导身份来参与讨论的读者，他的观点既代表他个人，又代表官方对此事的看法和立场。这种对妻子忠实是共产主义道德的观点，在读者中有着广泛的共鸣。马铁丁认为就算在性生活上得不到满足和安慰，也不能对妻子不忠，向其他异性寻求安慰。其在文章中针对慎言提及刘乐群对丈夫冷淡，不主动和经常与丈夫过性生活是罗抱一寻求异性安慰、对妻子不忠实的根本原因的观点反驳道，即便"我们不是禁欲主义者"，需要爱情、异性给予安慰，但共产主义道德仍然是爱情和家庭的基础，也仍然应该坚持共产主义道德的原则——忠实，"谁破坏了这个原则，谁就离开了共产主义轨道"。②

2. 在婚姻生活中，维系夫妻感情和关系的不仅仅是"性的关系"和"性的吸引"，还有因爱情而产生的、在婚姻家庭生活中慢慢生发的亲情和恩情，即使没有了性的为继，总该有亲情和恩情，这就是人情，顾及这些是道德情操的体现。随着生活环境和个人条件的改变，喜新厌旧、见异思迁即使在封建社会尚有道德顾忌，何况在新中国，更是违反了共产主义道德。在所有参与讨论的文章中，最高人民法院院长谢觉哉的文章没有主义与道德的批判，他把视角集中在了当时一些进城干部嫌弃妻子的各种理由上，从"人情"的角度阐发夫妻间的感情应该如何维护，由古论今，最为意味深长。尤其指出"升一次职，换一次老婆，那成什么样子，这当然是人情国法所不能容许的"。他认为，夫妻是"共同生活的伴侣"，婚姻的结合不是只为满足一时的情欲，玩腻了就可以丢开，稍有缺点，找个理由就可以分开。"人的爱不止（只）是生理上一时的冲动，而是爱能在他们的精神上留下不可磨灭的影子。"爱情不止是情欲上的冲动，也会在精神上留下痕迹，生发情感，人有理性，顾及感情，即使在封建社会中，妻子也不是随意可以离弃的，因为不道德。夫妻间"土"和"洋"，谢觉哉的剖析最为精辟到位，"土里土气尚是工农本色，洋里洋气是受了资产阶级的侵蚀，这里应受到斥责的倒不是'土'而是'洋'"。而关于夫妻间文化差异的问题，"到了结婚以后，那就是相互勉励学习的问题。不是谁文化高、谁文化低的选择问题了"。③ 不满于妻子把全部精力放在工作上，不主动亲近自己，不能给自己安慰是罗抱一自己强调寻找婚外恋的主要原因。但在读者看来，罗抱一进城以后立即结交新欢，与女下属通奸后，百般刁

---

① 解学恭：《坚决反对资产阶级个人主义思想》，《中国妇女》，1956年第1期。
② 马铁丁：《是什么样的安慰》，《中国妇女》，1956年第2期。
③ 谢觉哉：《看了"我们夫妇关系为什么破裂"的讨论后》，《中国妇女》，1956年第2期。

难妻子,甚至在妻子怀孕期间提出离婚的行为,根本原因是由于早年解放区女性少,干部结婚难,他只能"骑驴找马"。等到进城后,干部身份受到青睐,找到更年轻漂亮的王某,立即就显露出了喜新厌旧、见异思迁的本质。由于缺乏共产主义道德修养,罗抱一也就必然经不起资产阶级思想和生活方式的诱惑。①

3. 男女社交要有尺度有原则,"第三者"破坏他人婚姻,有违共产主义道德。批判"第三者"为了"攀高枝"满足自己的虚荣心,破坏他人的婚姻家庭,是讨论者们的另一个重点。汪志馨、恕帆在各自的文章中也支持了长虹对"第三者"破坏他人婚姻是不道德的观点。汪志馨的文章特别针对"第三者"的几种心态提出了批评,一种是在男女正常社交中放任"友谊"的发展,最终越过一般友谊的界限,发展成男女爱情,最终破坏他人婚姻;另一种是"看到别人夫妇感情不好,便认为感情不好迟早总是要离婚的,和一个与妻子感情不好的人谈恋爱有什么不应该呢",对于这两种情况,她指出任何理由都不能成为插足他人婚姻的理由。但是,这两种情况的"第三者",从主观认识上看,又分为盲目陷入感情、对问题认识不足与明知故犯两种,其中明知故犯,就是道德品质有问题,罗、刘婚姻的"第三者"王某就是这样的人。② 读者恕帆则是用自己被老干部欺骗,玩弄了身体和感情的切身经历和体会,向人们证实"一个缺乏共产主义道德品质、背叛妻子的人,不管他的职位有多高,能力有多大,都是不值得眷恋的"。同时,作为一个曾经的"第三者",恕帆告诫他人:"为了追求个人幸福而不惜去拆散别人家庭,这是没落的资产阶级损人利己的可耻行为。"③

4. 个人的道德品质在各个方面都是统一的,不可能割裂,因此道德品质与政治品质是相通的,道德品质出问题,政治品质上也会出问题。再由此,私人生活一旦出现了道德败坏和违法乱纪,党组织和群众就有权利进行干涉。一部分参与讨论的读者,在这一点上与慎言的观点是一致的。韦君宜就讲,作为革命者在选择爱人的标准上,有一点应该是共同的:"那就是政治上的一致",这政治上的条件就包含道德品质,"道德品质就是个政治问题"。④ 辰其认为,在爱情这个问题上,"虽然是个人的私生活问题,但它是跟整个社会利益联系在一起的"。要求以共产主义道德处理爱情和婚姻问题的原因就在于此,只有夫妇之间的爱情建立在共产主义道德之上,才能保证家庭的幸福,一个健康美好的家庭就是社会中一个健全的家庭细胞。⑤ 有的读者甚至根据罗抱一私生活上的不道德行为,断言

---

① 小璟、宋慧敏:《谈谈刘、罗夫妇的婚姻基础》,《中国妇女》,1956年第1期;马铁丁:《是什么样的安慰》,《中国妇女》,1956年第2期。
② 汪志馨:《"第三者"有幸福吗?》,《中国妇女》,1956年第3期。
③ 恕帆:《我的教训》,《中国妇女》,1956年第3期。
④ 韦君宜:《爱什么样的人》,《中国妇女》,1956年第4期。
⑤ 辰其:《罗、刘夫妇关系破裂的原因何在》,《中国妇女》,1956年第2期。

"他的工作也必定不能做好的"。① 解学恭在讨论中强调了党组织和群众对道德败坏的私人生活加以干涉的重要性和合理性,"党组织从来不去干涉一个党员的正常生活和处理这些生活的权利。但如果他的生活败坏了共产主义道德,违法乱纪,使党的影响受到损害时,不但党的组织要干涉,群众也完全有权利去干涉。这种干涉是反对资产阶级思想侵蚀,维护工人阶级思想纯洁所必不可少的。不认识资产阶级思想和资产阶级生活方式对党和工人阶级的侵蚀的严重危害性,不采取严肃的态度而以腐朽的自由主义态度对待这种错误思想和行为则是完全错误的"。②

三、读者大讨论背后的性伦文化

这一次关于"我们夫妇关系为什么破裂"的读者大讨论,虽然是由《中国妇女》编辑们筛选来信集结而成,但仍然提供了一个观察当时社会中性伦文化的极佳视角,展现了50年代性伦文化中的一些具体现象。

(一)进城干部离婚引发群众道德质疑

此次罗、刘婚姻问题的讨论,之所以能够在社会中引起轰动效应,获得上万读者来信,根本原因在于罗抱一与刘乐群闹离婚反映了一些干部进城后与妻子闹离婚的现象,而罗抱一对妻子的不忠实,与"第三者"通奸又属于进城干部离婚群体中最遭群众反感和不满的恶劣典型,颇具代表性。进城干部与妻子闹离婚的现象在当时的群众中引发了不少不满和道德质疑。《中国妇女》杂志刊登刘乐群来信,开展读者讨论的初衷,就是要通过读者的观点来进行群众性的自我教育,"教育人们在婚姻家庭问题上树立共产主义道德"。罗抱一身居要职,杂志负责人认为,"敢于把负责人公开在刊物上讨论,更有教育意义,更有影响"。③

干部离婚的现象从新中国成立之初就有,由于数量较大也较为引发关注。干部的离婚问题应该说大多数也和一般的离婚群众一样,由于是包办婚姻,随着《婚姻法》的颁布而出现干部离婚现象,1950年《人民日报》的一则报道就反映了当年北京地区干部离婚的情况:"关于干部离婚问题,这在离婚案件中也占相当大的数目,而且多数是由男干部提出来的。据调查,这种情形多半是因为对过去父母包办的婚姻表示不满,或是双方思想上存在着距离及生活不到一起而请求离婚。"④但也有一部分干部离婚是因为进城之后,喜新厌旧引发的。早在1952

---

① 庞右文:《罗抱一的行为是剥削阶级思想的具体表现》,《中国妇女》,1956年第1期。
② 解学恭:《坚决反对资产阶级个人主义思想》,《中国妇女》,1956年第1期。
③ 董边:《沈大姐是我办〈中国妇女〉的引路人》,见全国妇联老干部局编:《巾帼辉煌——纪念中华全国妇女联合会成立五十周年》,北京:中国妇女出版社,1999年,第214页。
④ 柏生:《北京一年来的婚姻案件》,《人民日报》,1950年4月28日。

年,当时中共中央组织部副部长龚子荣就在一篇要求各级党员干部贯彻《婚姻法》的文章中提到了一些干部因"喜新厌旧"导致的离婚问题,特别强调了某些入城干部的恶劣行为,"某干部在入城后的短短三年时间内,结婚即达五次之多;有的甚至为达到其乱搞恋爱的目的,竟声言丢弃党籍在所不惜,造成极端恶劣的影响"。① 到了1954年,根据北京市妇联对北京部分地区和单位的调查,在8月—11月,"有的干部进城后因喜新厌旧提出离婚,占同期离婚案件的42％"。② 北京地区干部因喜新厌旧而离婚的现象似乎在这一时期比较严重。在南京军区,干部因喜新厌旧而离婚的现象一度较为严重,根据时任南京军区政委唐亮的传记,在新中国成立后的最初几年中,"部队中曾刮起过一阵'改组风',一些干部嫌农村老婆'土气',想在城市找个'洋'的;有些城市姑娘出于对解放军的崇拜,也在积极'进攻'"③。

这样的现象虽不是干部中的主流,却引发了多方的不满,不单是婚姻当事人之一的妻子不满(刘乐群就是代表之一),一般群众对进城干部也产生了道德上的质疑和不满,而且许多党内的老干部也非常不满。革命的胜利使进城干部具有了权力优势和英雄的光环,进城干部在两性关系中具有了超乎一般人的吸引力,更具有吸引异性的优势。

从"我们夫妇关系为什么破裂"的读者讨论来看,人们主要还是不满于某些干部的喜新厌旧、见异思迁,认为这样极不道德。这样从一个侧面反映出人们在新的国家中对拥有绝对异性吸引力的国家干部提出了更高的道德要求,这种看似与一般人一样的道德要求,对于要面对更多异性诱惑和示好的国家干部来说,实际所要求的道德修养更高。

这样一场读者大讨论,实质可以看作一次群众与中国共产党之间围绕两性关系的道德准则所展开的互动。《中国妇女》作为直接由全国妇联领导的杂志,在刊登刘乐群来信之前,不但征得了全国妇联的允许,还得到了当时中央书记处分管领导的支持,可见从中国共产党的高层来说并没有刻意回避这样的问题。在讨论中,群众针对罗抱一的行为进行了猛烈的道德批判,而解学恭文章中所提出的群众有权利干涉干部的不道德行为,表现了党组织坚决处理违背共产主义道德问题的立场与态度,也体现了中国共产党在两性道德问题上愿意接受群众道德监督的诚意,对于这一点当时的群众或多或少是可以感受得到的。

---

① 龚子荣:《克服党员干部中不正确的思想倾向贯彻中华人民共和国婚姻法》,《新中国妇女》,1952年第12期。
② 北京市地方志编纂委员会编:《北京志·人民团体卷·妇女组织志》,北京:北京出版社,2007年,第194页。
③ 军光:《唐亮将军》,北京:国防大学出版社,1993年,第201页。

(二)对男性的性道德要求更高

在讨论中,参与者们一直在强调罗抱一对妻子不忠,与"第三者"恋爱通奸不道德,体现出这一时期在两性关系中对男性提出了更高的道德要求。无论是中国传统的性伦文化,还是在民国时有所变迁的性伦文化中,男性三妻四妾,或者通奸出轨都是道德规范所允许和认可的。而到了20世纪50年代,男人对妻子的不忠实开始不被道德和法律所容忍,这对于男性来说,无疑提出了比过去更高的道德要求。

(三)性道德与政治相关联

这一点在这次的读者讨论中体现在两个方面:一是,性道德话语的政治化;二是,性道德与政治品质等同视之。在参与讨论读者的行文中,有不少将不道德的行为上升到意识形态和阶级斗争层面的话语,例如,"罗抱一对待婚姻和妻子的态度是剥削阶级思想在婚姻和家庭问题上的体现"[①];"全国解放后,由于罗本身的资产阶级婚姻观点没有得到改造,进城后经不起资产阶级思想侵蚀与资产阶级生活方式的引诱……"[②];"罗抱一对于这方面却毫无兴趣,只是单纯的强调追求'安慰',这是一种错误的资产阶级的婚姻观点"[③]……无论是机关领导、干部,还是普通群众都在套用和重复着这样的政治话语模式。再者,将性道德与政治品质等同视之,也是当时的一种道德逻辑思维模式。"生活问题与政治问题是不能分割的。共产党员如果不能正确地处理个人与集体关系问题,而以资产阶级个人主义思想支配着自己的言论和行动,那么在政治上必然犯错误,直至葬送自己。"[④]

---

① 庞右文:《罗抱一的行为是剥削阶级思想的具体表现》,《中国妇女》,1956年第1期。
② 小璟、宋慧敏:《谈谈刘、罗夫妇的婚姻基础》,《中国妇女》,1956年第1期。
③ 晓琳:《在家庭生活中应该坚持什么》,《中国妇女》,1956年第1期。
④ 慎言:《我对罗、刘婚姻问题的看法》,《中国妇女》,1955年第12期。

中国"性伦文化"研究述评

梁景和 冯 峰①

改革开放以来,国内一些学科诸如社会学、伦理学、心理学、法学、文学、医学等开始关注并研究"性"的问题,史学虽然对此涉及相对较晚,但也逐渐了解和关注这一领域,认识到研究这一问题对于民生的重要意义。本文仅以首都师范大学历史学院"中国近现代社会文化史研究中心"的学术实践为例,扼要介绍和评述二十多年来国内有关"性伦文化"的研究状态,从侧面反映国内"性伦文化"的研究现状。

一、概念的提出与初始研究

1991年,梁景和在关注社会文化史并重点研究社会生活这一新视域的同时,开始设计与撰写博士学位论文《近代中国陋俗文化嬗变研究》,论文第五部分为"性伦卷",是探讨陋俗文化中的"性伦文化"问题,从历史学科的视角提出了"性伦文化"这一概念,认为"性伦文化是指反映异性间诸多联系的某种功能性模式"②。后来作者对这一概念作了一个字的修改,指出"性伦文化是反映两性间诸多关系的某种功能性模式",③并进而解释说,"两性间诸多关系即以两性为核心,或者由两性引发的,或者涉及两性的一系列相关的问题;模式即关于两性关系在价值观、道德观、行为方式、心理趋向等方面于广大的人群中流行的标准或样式;功能性即这种标准或样式对社会和人生发挥着怎样的作用与效能"④。根据这样一个界定,梁景和开始初步涉足"性伦文化"的讨论,其博士论文的"性伦卷"主要探讨了近代中国特别是五四时期"男女社交公开思潮"、"贞操观批判"和"性教育论"三个方面的问题。在"男女社交公开思潮"中重点讨论了"男女之大防"、"新时代的男女社交观"、"关于'男女社交公开'的大论战"和"迈出社交自由的第一步"几个问题;在"贞操观批判"中重点讨论了"贞操观的历史演变""五四思想界对贞操观的批判""贞操习俗的变革及其局限"几个问题;在"性教育论"中重

---

① 梁景和,首都师范大学历史学院教授;冯峰,首都师范大学体育教学研究部讲师。
② 梁景和:《近代中国陋俗文化嬗变研究》,北京:首都师范大学出版社,1998年,第263页。
③ 梁景和:《重视研究五四时期的性伦文化》,《光明日报》,1999年8月20日。
④ 梁景和:《重视研究五四时期的性伦文化》,《光明日报》,1999年8月20日。

点讨论了"传统中国社会与西方社会的性教育""五四时期的性教育思潮"等问题。① 2010年出版的梁景和的《五四时期社会文化嬗变研究》一书，有五个专题涉及了"性伦文化"，其内容主要包括"生育节制思潮""男女社交公开思潮""思想界对贞操观的批判""性教育思潮""关于性伦文化"等。② 2013年出版的梁景和等人合著的《现代中国社会文化嬗变研究（1919—1949）》一书，其中第五部分为"性伦卷"，主要讨论了性教育问题，包括"20世纪上半叶中国性教育的兴起""20世纪上半叶教育界对性教育的讨论与实践""进步知识分子的性教育文化观""现代性教育兴起的二重归因和性话语的三重解析"。③ 在上述几本专著出版的前后，梁景和还公开发表了几篇关于"性伦文化"的论文，包括《五四时期"生育节制"思潮述略》（《史学月刊》，1996年第3期），《论五四时期的"男女社交公开"思潮》（《史学月刊》，1998年第1期），《五四时期思想界对"贞操观"的批判》（《首都师范大学学报》，1998年第2期），《二十年代关于"废婚"的论战》（《光明日报》，1998年8月14日），《五四时期的"废婚主义"》[（香港）《二十一世纪》，1999年6月]，《重视研究五四时期的性伦文化》（《光明日报》，1999年8月20日），《五四时期的"性教育"思潮》（《山西师范大学学报》，2000年第3期），《五四时期的"性伦"文化观》，④《论五四时期的"性伦"文化》（《文史哲》，2005年第1期），《新中国三十年的性教育（1949—1979）》，⑤《1949—1979：三十年性伦文化的误区》，⑥《1949—1979：三十年性伦文化的政治批判与文化围剿》，⑦《1949—1979：男女社交与贞操文化的演变及历史局限》⑧，等等。

  以上论著是在"性伦文化"概念下的初步研讨，问题意识与传统史学关系密切，关注一般观念的变化以及由此带来的某些生活的变化，缺乏从更加独特的角度研究问题，对深刻的历史文化缘由虽有思考，但对"性伦文化"与政治和权力的关系问题还缺乏研讨。这些研究只是为后来深入探索作了一个前期的铺垫。

二、学位论文与《婚姻·家庭·性别》辑刊

  首都师范大学历史学院"中国近现代社会文化史研究中心"培养的研究生，先

---

① 梁景和：《近代中国陋俗文化嬗变研究》，北京：首都师范大学出版社，1998年，第263—319页。
② 梁景和：《五四时期社会文化嬗变研究》，北京：人民出版社，2010年。
③ 梁景和等：《现代中国社会文化嬗变研究（1919—1949）》，北京：社会科学文献出版社，2013年，第373—450页。
④ 《首都师范大学史学研究》第2辑，北京：中国文史出版社，2004年，第221—243页。
⑤ 郑起东、史建云主编：《晚清以降的经济与社会》，北京：社会科学文献出版社，2008年，第311—320页。
⑥ 王红旗主编：《中国女性文化》第9期，北京：首都师范大学出版社，2008年，第48—57页。
⑦ 王红旗主编：《中国女性文化》第10期，北京：首都师范大学出版社，2009年，第56—63页。
⑧ 王红旗主编：《中国女性文化》第11期，北京：社会科学文献出版社，2009年，第87—94页。

后有几名学生是以"性伦文化"和"性伦理"为主题进行学术研究并撰写硕士学位论文的,主要有2001级硕士生李巧玲、2008级硕士生廖熹晨、2009级硕士生王唯、2012级硕士生李琳等人的学位论文。

李巧玲的硕士论文《新中国三十年的性伦文化(1949—1978)》,认为共和国成立后的30年间,人们在观念与行为方面存在很多误区。当年如果男女两性紧密接触,甚至正常谈恋爱等,都会被视为"流氓""作风问题""乱搞两性关系"等等。一些民众会用警告、跟踪、监视、汇报、揭发等方式来关注两性交往。这种观念与行为的误区,导致一些恶劣的后果发生,诸如断送当事人的前程、当事人遭受处分或判刑、性压抑导致性放纵和性犯罪。笔者认为当年对"性伦文化"的政治批判主要集中在批判"破鞋"、批判"资产阶级思想和作风"、批判"男女交往过密"等方面,而文化围剿主要是对描写爱情的小说、剧本、电影、歌曲进行批判。如对小说《苦菜花》《新儿女英雄传》《洼地上的"战役"》《在悬崖上》《红豆》《第二次握手》的批判,认为这些作品描写的爱情,是在散布消极、动摇、绝望的思想感情,散布抽象的人性论;如对电影歌曲《上甘岭》插曲的批判,认为歌曲中存在"姑娘好像花儿一样"的词,是"资产阶级黄色歌曲",而被禁唱。论文中还对共和国成立后30年的性教育问题进行了讨论,强调了性的"人格"与人的"中性"教育。同时论文中还研讨了共和国成立后30年男女社交与贞操文化的演变及历史局限。最后讨论了这一时期性伦文化变革的特征及其历史的经验教训。这是一篇较早探讨"性伦文化"的学术论文,当时没有太多可供参考的学术成果,也少有可资借鉴的研究方法和路径,在资料的搜集方面有较大困难,所以作者为了寻求更有分量的史料,开始进行访谈工作,在新世纪之初的2001年采访"性"的话题,而且面对的受访者主要是20世纪30年代至50年代出生的人群,所以采访也是有一定难度的。这篇论文虽然只是一般性的宏观叙述,但开创之功不应小觑。

廖熹晨的硕士论文《新中国初期北京地区性伦文化研究(1949—1966)》重点研讨了三个方面的问题,第一个问题是"新中国的国家环境与性伦文化的变革",这里作者从"执政党与性伦文化的变革""性伦文化与社会稳定""苏联性伦文化对新中国的影响"等几个问题,说明了新中国国家内部、外部环境的变化,对新中国初期性伦文化的变革产生了深刻的影响。国家执政党阶级性质的变化、社会安定本身的需要以及苏联性伦文化的外部辐射,共同决定了新中国初期性伦文化的变革和发展方向。第二个问题是"新中国成立初期北京地区性伦文化观念的变革",作者重点探讨了从男尊女卑到男女平等,社会两性关系的变化;"以阶级斗争为纲"这一性伦文化价值观的变化以及贞操观的变化。第三个问题是"新中国成立初期北京地区性伦文化的'新气象'",作者是从妇女解放、婚姻关系中的性伦文化、非婚性关系的性伦文化、色情淫秽文化和性禁忌、性教育等方面来讨论北京性伦文化"新气象"的。作者最后从社会主义性伦文化的建立、性伦文化观念变革的意义与局限、性伦文化变化的历史规律、性伦文化建构的启示等方面来提升本文论证的主旨。这是一篇较为典型的研究"性伦文化"的历史学论文，论文在问题意识和理论探索方面也下了一定的功夫。

王唯的硕士论文《北京地区性伦理探索（1966—1976）》是研讨"文革"时期北京性伦理问题的论文。论文首先界定和探索了一些学术定义和理论概念，认为性伦理是与社会规约和"性"有关的一系列功能性模式；认为性伦理具有"阶级性与历史性的统一""社会性与私人性的统一""他律性与自律性的统一""感性与理性的统一"；认为性伦理的功用体现在"社会功用"与"个体功用"上。论文还讨论了"文革"时期性伦理的特征，即性伦理的政治化、性伦理的身份化、性伦理的禁欲化、性伦理的"去私化"等，进而说明"文革"时期，性伦理是规训和惩罚的载体以及实施政治策略的手段。论文进一步讨论了"文革"时期性伦理特征的形成因素，主要从政治因素、传统文化因素、当代思想文化因素等方面进行讨论。论文最后论述了"文革"时期性伦理对当代的启示，重点论述了当代对性权力的合理诉求以及性伦理与性教育的关系问题。这篇学位论文运用跨学科的方法进行"性伦理"问题的研究，一方面本文是以伦理学为本位进行性伦理研究，所以论文的理论性较强；另一方面本文借鉴历史学的方法来研究"文革"这一历史时期的性伦理问题，以相关的史料为佐证；本文同时借鉴社会学的访谈法来搜集并运用相关的资料，使论文生动、有趣、逼真、形象。本文是伦理学与史学的交叉互动研究的一次有意义的尝试。

李琳的硕士论文《20世纪90年代中国性伦理嬗变研究》是以20世纪90年代性伦理的相关史实为背景，讨论我国社会转型时期性伦理的趋势化演变。论文运用伦理学和历史学、社会学以及心理学等学科的研究方法，试图对90年代性伦理演变的特征予以整体的把握，追寻社会变革时期经济、历史、思想文化对性伦理观的深刻影响。论文第一部分从不同学科的视角分别对"性"与"性伦理"进行了界定，归纳出性伦理的基本特征。论文第二部分结合个案及相关调查数据，从微观和宏观两个角度切入，分别从性教育、性观念、性关系以及性交往模式四个方面对20世纪90年代的性伦理的嬗变特征进行了概括分析。其中性教育的嬗变主要体现在性教育内容渐趋完善，性教育体系初步形成、范围更加广泛以及性教育方法的多样化；性观念的嬗变则具体表现为传统与开放并存、泛自由化的倾向以及女性性观念的觉醒；性关系的嬗变主要表现为婚外性关系的扩大化、商业化以及性对象的多元化；性交往模式的嬗变体现为由现实到虚拟的演变趋势。论文第三部分针对上述得出的性伦理特征，结合20世纪90年代中国社会发展状况，分别从经济因素、历史因素和社会文化因素三方面来分析性伦理嬗变的成因。论文

第四部分针对当前性现状,从20世纪90年代性伦理的演变中汲取经验和教训,得出性观念的转变具有长期性,性伦理的构建具有复杂性,现行的性教育模式有待转型的结论,力图为构建社会主义新时期性伦理规范提供借鉴。

以上有关性伦文化的硕士学位论文主要探讨的时期是共和国成立后最初的50年间,能够反映出中国这一历史时期性伦文化的历史特征,这种研讨虽然还是从宏观视角作的一般意义上的探索,但具有一定的学术前沿性,故值得肯定和关注。

首都师范大学历史学院"中国近现代社会文化史研究中心"从2012年开始陆续主持出版《婚姻·家庭·性别研究》辑刊,至今已经出版了四辑。① 本刊是以婚姻、家庭、性别问题为研究重点的学术辑刊,平均每年出版一辑。它的编辑出版有如下特征:一是录用研究性学术论文;二是论文篇幅长短不限,可以收录长篇幅的学术论文,亦不弃短篇幅的学术论文;三是以研究20世纪的婚姻、家庭、性伦问题的学术论文为主,兼及其他历史时期。该辑刊既可推进中国社会文化史的研究,特别是在中国婚姻、家庭、性伦研究方面,同时也可以为人们今天和未来的生活提供借鉴和启发,鼓励人们去创造新的生活方式,因而也具有较强的现实意义。李巧玲的论文已在《婚姻·家庭·性别研究》第一辑中发表,廖熹晨的论文已在第二辑中发表,王唯的论文已在第三辑中发表,李琳的论文在第五辑中发表。该辑刊将继续发表有关"性伦文化"内容的学术论文。

三、学术会议与《社会生活探索》

首都师范大学历史学院"中国近现代社会文化史研究中心"自2009年开始连续主持出版"中国现当代社会文化学论丛"《社会生活探索》,至今已经出版了七辑②,平均每年出版一辑。主要栏目有:理论卷、婚姻卷、家庭卷、性别卷、性伦卷、综合卷等,其中"性伦卷"是一个重要的学术栏目。"研究中心"从2011年以来连续组织召开了五届"20世纪婚姻·家庭·性别·性伦学术研讨会"③,每次会议都有一部分研究"性伦文化"的学术论文在会议上发表,其中绝大部分有关"性伦文化"的论文均在不同辑的《社会生活探索》中发表。《社会生活探索》第一辑中有关"性伦文化"的论文有9篇,第二辑中有关"性伦文化"的论文有10篇,第三辑中有4篇,第四辑中有5篇,第五辑中有5篇,第六辑中有4篇,共发表了

---

① 由社会科学文献出版社出版,出版日期分别为2012年1月、2012年5月、2013年3月、2014年9月。

② 由首都师范大学出版社出版,出版日期分别为2009年7月、2010年6月、2012年9月、2013年7月、2014年12月、2015年11月、2016年6月。

③ 分别于2011年3月、2012年3月、2013年3月、2014年3月、2015年3月召开。

37篇，很多都是很有分量的学术论文。这些论文可以大致分为五大类别，下面按类别作简要的介绍。

第一，关于"性伦文化"的理论探讨。王小平的《叙事自我视角："性"的解释功能》一文，通过对个案的剖析，得出"性"不单单是生理问题，通过对个体或群体的性经验的解读，能够了解当时的社会、政治、经济及文化背景。作者指出，我们可以通过现在的"我"的"性"的叙述，即日常生活实践中的具体"经验事实"，折射叙述者所在那个时期社会的文化及文化背后的经济、政治背景。作者进而认为，性取向及我们对性的态度整体上出现了高速流动性，即非固定化、漂移不定性的特点。观念的变化实际上源于实践与体验，但那要回到"性快感"这个个体内心的渴望，然其也需要建立在"爱"的基础之上。① 安云凤的论文《论性道德教育的基本理念》是对性伦理的理论探讨。论文指出，经济全球化背景下的性道德教育，要求教育工作者确立与现代社会发展以及人的全面发展相适应的现代教育理念，即道德调控的理念、以人为本的理念和终身教育的理念。所谓道德控制是指通过宣传教育，确立关于性关系、性行为的是非善恶标准，明确社会性道德的原则规范，用以指导、规约人们思想行为的调控方式。以人为本的理念源于性与人类社会、性与人性以及与人的全面发展的密切关系之中。以人为本的理念要求性道德教育必须体现人文主义的伦理关怀，促进人的全面自由发展。以人为本的理念要求性道德教育与性生理、性心理、性安全教育密切结合，促进人的性生理、性心理健康，实现性别人格的健全与发展。终身教育的理念是现代性道德教育的新理念，它是性生长发育规律的客观要求，是性道德动态发展的客观要求。②高永平的两篇论文《人的身体能出租吗》和《母亲们开始罢工了》表现了对新理论的一种探索。第一篇文章指出，所谓人体出租，就是一个人将自己的身体出租给他人，用自己身体的全部或者一部分来实现承租人的某种目的。与此同时，身体的出租者从承租人那里获得经济报偿。目前最常见的身体出租行为有三种：一是卖淫，二是代孕，三是当奶妈。作者首先对这三种身体出租现象的负面、恶果和阴暗面做了分析，然后又论及了它们的合理性与积极性。作者没有给出最后的结论，只是说明有关人类身体的出租行为的争论还在继续，即便是政府最终立法或者禁止这种行为，争论都不会停息，因为这是一个聚集了如此之多的人类情感的领域。③第二篇文章分析了不同国家的一些女性为何选择了"罢工"、不愿意再去生育，认为这将给社会的健康发展带来灾难性的影响，提出政府必须出资"购买孩子"，也就是购买未来的社会成员。虽然购买孩子的钱仍然是公民的税负，但

---

① 梁景和主编：《社会生活探索》第四辑，北京：首都师范大学出版社，2013年，第277—282页。
② 梁景和主编：《社会生活探索》第一辑，北京：首都师范大学出版社，2009年，第235—244页。
③ 梁景和主编：《社会生活探索》第一辑，北京：首都师范大学出版社，2009年，第302—307页。

是，只有政府有权力这样做，因为人口越来越将成为社会的一种"公共品"。①

第二，研究近代文化精英们的性伦文化观。文化精英鲁迅、潘光旦、张竞生等是19世纪上半叶中国研究"性论文化"的先驱者，对他们的"性伦文化"观进行研究，会使我们深刻地认识和理解中国"性论文化"在近代的变革。王家平撰写了《鲁迅的情爱思想与性学思想研究》②，吕文浩撰写了《潘光旦的"贞节"新解与五四后性道德的探讨趋势》③，王雪峰撰写了《张竞生与20世纪上半叶的性教育》④、《潘光旦与张竞生：道德之辩还是知识之争？》⑤、《鲁迅的性观念与性教育思想——近代性伦理思想解放的一个个案》⑥。这几篇论文对鲁迅、潘光旦和张竞生等人的一系列性伦主张和实践进行了阐述，包括对传统贞节观的批判、对虚伪性道德的批判、对性隔离习俗的批判、对国民性的幻想、性变态心理的揭示、对"贞"与"节"的重新解释、倡导新的性道德、强调性教育的重要性、重视性审美、躬行性教育实践等。从中可以看到文化精英对中国近代性伦文化的变革所做的积极努力和特殊贡献。

第三，探讨传统性道德及其在近代的变革。余华林的论文《现代性爱观念与民国时期的非婚同居问题》⑦，重点讨论了现代性爱观念的具体内涵、前后变迁及其对当时婚姻生活的实际影响。论文从"友谊与性欲""'新性道德'与'性交自由'""废除婚制与非婚同居""性解放与社会解放"四个方面进行阐述，指出当时社会出现的悲剧性问题是新旧性道德过渡时期不可避免的阵痛，它提醒人们应该对近代中国的现代性追求进行多角度的反思，注意反观其多元性和复杂性。王雪峰在其论文《西学东渐与中国近代性教育的兴起》⑧中指出，古代的性知识、性观念和性技巧教育并非科学的性教育，科学的性教育出现在近代，完成于西学东渐的过程之中。从西学东渐的视角研究和解释近代的性教育和性文化，显得尤其重要。作者在文中重点探索了西学东渐与性教育的兴起，近代性教育的特点及原因，指出性教育的兴起反映的是时人思想与心态的变化，亦折射出知识与教育观念的变化。

第四，探讨"性"与社会变革的相互关系。张弛的论文《民国医药广告中的

---

① 梁景和主编：《社会生活探索》第一辑，北京：首都师范大学出版社，2009年，第227—232页。
② 梁景和主编：《社会生活探索》第一辑，北京：首都师范大学出版社，2009年，第269—288页。
③ 梁景和主编：《社会生活探索》第二辑，北京：首都师范大学出版社，2010年，第339—345页。
④ 梁景和主编：《社会生活探索》第二辑，北京：首都师范大学出版社，2010年，第376—386页。
⑤ 梁景和主编：《社会生活探索》第五辑，北京：首都师范大学出版社，2014年，第229—239页。
⑥ 梁景和主编：《社会生活探索》第二辑，北京：首都师范大学出版社，2010年，第387—395页。
⑦ 梁景和主编：《社会生活探索》第二辑，北京：首都师范大学出版社，2010年，第346—365页。
⑧ 梁景和主编：《社会生活探索》第二辑，北京：首都师范大学出版社，2010年，第366—375页。

性——以〈益世报〉(1915—1925)为例》①介绍了民国四大报之一《益世报》的基本情况,指出 1925 年《益世报》的广告篇幅比例已经占到 62%,作者统计其中医药广告占到了一半,而有关性的广告又占医药广告的一半。作者在大量介绍性广告的形式、语言、功效及个案分析之后,重点阐述了半殖民主义与性的焦虑,认为性的毛病成为百病之源,性病成为一种社会病,而这正与当时的殖民主义的社会大环境有关。西方男性总是以一种伟岸高大、强健有力的姿态出现,而中国男性的形象总是和病人相似,不是佝偻,便是瘦小枯干、猥琐不堪。殖民主义与"现存西方的性原型"正好相符,这一原型所带来的文化共识是:政治和社会经济的占领,象征着男性和男性气质对女性和女性气质的支配。所以,殖民占领浸透着"性"的含义,由是,作为政治权力暗喻的男性气质和作为性权力的男性气质被混合在了一起。作者最后得出结论:"后五四"时代的"化我"②趋势,使得中国男性在性实现方面受挫之后,无法跳出西方的话语逻辑,仍然沿着西方预设的殖民语境加速了东方男性气质向西方男性气质转化的进程。而"性"作为两种男性气质的最根本之不同,也被视为是这一转变的关键所在,性能力强弱也决定了性实现的可能与否,更能进一步反映民族国家在"性"甚至肌体方面的健康与否。因此,作为一种"欲望的想象"的商业广告,有关性的广告反映的"性"的焦虑正是中国在半殖民主义的影响下,在对西方文化的向往和对自身文化的彻底否定之后,催生的中国社会最为剧烈、敏感的焦虑。

第五,关于"女性性犯罪"与"地下性文学"的研究。艾晶的论文《民国初年女性的教育问题与女性性犯罪探悉》③从"良好教育的缺失"和"教育缺失促发女性性犯罪"两个方面探究了女性教育与女性性犯罪问题。文章认为,民国初年虽然在一定程度上赋予了女性以一定的受教育权利,但很显然这种权利只为上层社会的部分女性所享有。因为缺乏教育尤其是职业教育,降低了女性在社会上生存的能力,而女性对法律知识的缺乏,便使得很多女性即使犯罪也不知道自己的行为触犯了法律。女性缺乏教育,尤其是职业教育,使其不能适应社会的需要,必不能有相当的职业,于是又会因贫穷而增加了犯罪的危险。而王唯的《抑不住的悸动:"文革"时期"性伦"文化探微——以"文革"时期"手抄本"现象为例》④一文指出,

---

① 梁景和主编:《社会生活探索》第二辑,北京:首都师范大学出版社,2010 年,第 320—338 页。
② 文学批评家张宇红提出了晚清和"五四"之间的明显区别:晚清用西方文化来"我化"(我转变,适应西方文化),而"五四"则用西方文化来"化我"(西方文化来改变我)。这种区分不仅指出了中国遭遇西方文化过程中能动性的减少,同时也强调了"五四"在全新基础(即西方文化)上重塑自我的渴望。参见[美]史书美:《现代的诱惑:书写半殖民地中国的现代主义(1917—1937)》,南京:江苏人民出版社,2007 年,第 146—147 页。
③ 梁景和主编:《社会生活探索》第四辑,北京:首都师范大学出版社,2013 年,第 212—221 页。
④ 梁景和主编:《社会生活探索》第三辑,北京:首都师范大学出版社,2012 年,第 277—282 页。

"文革"时期主流的"性伦"文化是禁止"性"的，禁止与性有关的任何形式的表达。"手抄本"是"文革"中产生的一个新的文学类别，其中就有性文学的"手抄本"，诸如《曼娜回忆录》等。"文革"时期的"手抄本"现象反映了"文革"时期人们内心的真实渴望，表达了"文革"时期"性伦文化"两极化倾向和人们面对"性"的迷惘与矛盾。

《社会生活探索》所刊载的有关"性伦文化"的论文，反映了研究"性伦文化"的角度和问题域的新颖和多元化，从一定程度上也反映了前一阶段国内"性伦文化"研究的某种状态和研究水平。

四、学术讲座与《社会·文化与历史的思想交汇》辑刊

首都师范大学历史学院"中国近现代社会文化史研究中心"为了开拓学术视野和丰富学术涵养，自2008年6月以来每月举办一次学术讲座与沙龙活动[①]，邀请国内外历史学、文学、哲学、经济学、法学、教育学、伦理学、社会学、政治学、艺术学、管理学的专家学者作为主讲，至今已经举办了82次。我们把主讲的内容编辑成书，以《社会·文化与历史的思想交汇》辑刊的形式出版发行，至今已经出版了两辑，第三辑将于今年9月出版。在讲演中也有探究性伦文化问题的讲座，诸如李银河的《女性主义性政治》、余华林的《新思想旧道德：民国时期女性形象塑造之反思》、艾尤的《当代台湾女性小说的身体书写与女性欲望表达》、俞莲实的《民国时期城市知识妇女与生育节制》、方刚的《性人权与性多元》、蔡鑫的《我国已经进入婚姻困境集中出现期》、夏吟兰的《婚姻家庭法的伦理性及其立法延展》、佟玉洁的《中国女性主义视觉经验史》、王栋亮的《五四时期关于"爱情定则"的讨论》等。

李银河的讲演《女性主义性政治》表明，一个社会的女性的权力与男性的权力越接近，女性就享有越多的性自由；一个社会中女性权力越小，她的性行为越受到禁制。因此，女性的性自由是女性权力的一个重要标志；女性主义性政治的一个基本目标就是扩大女性的性自由权力。女性主义的性政治经历了一个从反性到性自由的过程，其中的一个过渡阶段是以女同性恋作为取代异性恋的政治实践。也可以这样说，在女性主义性政治中，存在着这样几种政治力量：一种是反性派女性主义；另一种是性自由派女性主义，女同性恋女性主义是一个特例，是介于二者之间的一个特殊政治群体。[②] 这个讲演从女性的性、女性的自由、女性的权力分析了彼此的关联，把女性的性状态视为女性权力大小的一个标志，展现了理

[①] 采取讲座与沙龙互动的形式，在讲座的基础上，参与者展开广泛和自由的议论。
[②] 梁景和主编：《社会·文化与历史的思想交汇》第一辑，北京：社会科学文献出版社，2011年，第134—143页。

论的深度。

余华林题为《新思想旧道德：民国时期女性形象塑造之反思》的演讲，讲述了1928年发生在上海的马振华和汪世昌事件。从马振华和汪世昌公开交往、自由恋爱、婚前性行为来看，马振华身上无疑具有新女性的某些特征，但是马振华之所以自杀是因为所谓"天字第一号"的处女问题，是汪世昌事后怀疑马振华不是处女，马振华由此认为自己贞操既已被其破坏，清白又受到侮辱，决意自杀。马振华之死是死于自己的"新思想旧道德"，是死于"新文化新得不彻底，旧道德旧得不彻底，是死于新旧相混中"。[①] 这个讲演意在揭示在性伦文化变革的过程中，人们的观念和行为往往具有新旧兼具的特性，这也是历史变革过程中过渡时期的一般性特征。

艾尤题为《当代台湾女性小说的身体书写与女性欲望表达》的讲演是从女性身体的"物化"与"反物化"、女性服饰的"取悦"与"自娱"两个角度，探讨了身体之于女性欲望表达和女性身体建构的独特意义。所谓"女性欲望"，就是指女性的自然欲望和社会欲望，是女性作为人的一种欲望，包含了女性对生存、安全、爱、自我实现等的一种本能以及文化的需要，是女性特有的不同于男性欲望的欲望。然而，在男权社会中，女性欲望总是被压抑而无以表达。男性总是想当然地认为女性没有欲望，或排除心理与情感的因素而以利益来定义女性的需要，只强调女性的妻性、母性等社会性的一面，却忽视了其作为人的自然本性、生命本真的一面。作者认为，女性身体虽说不是男权社会中性别歧视运作的唯一场域，但却是极具代表性的一个场域。从女性写作的角度来看，对女性身体的书写本身就已经包含着对男权性禁忌的彻底解构，是对女性欲望的一种张扬。[②] 这个讲演虽说是对台湾女性小说的一种解读，但所揭示的主旨则是对男权压抑女性自然欲望的一种反抗和抨击。

方刚题为《性人权与性多元》的演讲强调人权是与生俱来的人人平等的权利，性属于人权，应该得到充分全面的发展，只要不侵害他人既可。你在做事的时候，不能侵害别人的权益，你维持人权的时候也不能侵犯他人的人权。性人权的核心是性自由权、性平等权和追求性福的权利。性自由权就是我有自由做我想做的性，按我喜欢的方式去做爱；性平等权是指无论选择怎么做，人人都是平等的、异性恋的、一夫一妻制的、非婚性行为的、婚前性交的、同性恋的、双性恋的、其他各种各样的，你能想到的和你想不到的，都是平等的；性福权是指每个

---

① 梁景和主编：《社会·文化与历史的思想交汇》第一辑，北京：社会科学文献出版社，2011年，第156—169页。

② 梁景和主编：《社会·文化与历史的思想交汇》第一辑，北京：社会科学文献出版社，2011年，第201—214页。

人都有追求性的享受、性的高潮、性的幸福的权利。性革命不是淫荡、不是混乱、不是艾滋病、不等于性的传播疾病、不等于伦理道德的败坏，性革命仅仅是要革掉那些反人权势力的命，性自由仅仅是要找回自己身体决定权的自由。性革命最明显的标志是：性的公开表达，婚前性行为大量增加，同性恋浮出水面，女性性自主权的伸张，传统性法律的改良。最后方刚表示：第一，在性的领域没有一个普世的性道德，用多数人的性道德作为标准压制少数人是最不道德的。第二，性人权应该成为我们判断一个人的性行为选择是好还是坏的标准，只要没有侵犯到别人的性人权，就是他自己的性人权，就应该支持，侵犯了别人的性人权，就要反对，就要打击。第三，性革命，性自由不是坏事，它们是人类思想史上一次重要的革命，它总是和进步的势力结合在一起，它是让我们找到自己身体的自主权的革命，不是所谓性淫乱，不是所谓艾滋病泛滥的罪魁祸首。① 这个演讲告诫人们，性人权作为人权的内容之一，它是个体自由权、平等权的体现，也是个体追求享乐的权利。

以上这些讲演反映了多学科，包括社会学、历史学、文学等学科领域都在从各自学科的领域和视角关注着"性伦文化"的问题，并从事"性伦文化"的学术探索和研究，且有着各自的学术成果和学术贡献。可以针对这些学术观点进行进一步的讨论和争辩，文化应该处于不断发展和变化中，只有不断地探索、解放思想，才能摆脱愚昧的生活方式，而更加文明；也只有不断地探索，才能让真理放射出自己独特的光芒。

五、结语

本文对一支学术队伍多年来从事学术活动所涉及的有关"性伦文化"的问题，作了一个简单的介绍和评述，它的确只是一个侧面，而且只是侧面中的一个片段，但是仍然有一些学术实践体会：

第一，百年来中国性伦文化的演变有一条大致的发展线索。近百年来中国性伦文化演变呈现出一条基本的发展脉络，即从批判传统的性伦文化观，到主张与传统相悖逆的性伦文化观，再从"谈性色变"到开放前卫的性伦文化观。批判传统的性伦文化观的主体是文化精英，文化精英最早意识到中国性伦文化的诸多问题，并进行批判，诸如鲁迅对中国节烈观的批判、胡适对贞操观的批判、沈雁冰对"男女之大防"的批判、周建人对传统性禁忌的批判等，不一而足。一部分文化精英提出与传统的性伦文化观相悖相反的性伦文化的主张具有革命意义，诸如上文提及的文化精英所主张的新式贞操观、男女社交公开、科学的性教育、科学的

---

① 梁景和主编：《社会·文化与历史的思想交汇》第二辑，北京：社会科学文献出版社，2013年，第238—257页。

节制生育等。而开放前卫的性伦文化观主要指一部分文化精英彻底砸碎以往人们固有的传统封闭的性伦文化观，这是中国当今社会最具革命意义的性伦文化主张，是具有人权意义的性伦文化观。中国百年来之所以出现这么一条性伦文化的演变脉络，与中国经济的发展、科技的进步、西方文化的影响等诸多因素紧密相连。这一发展变化脉络的本质是对传统、正统的性伦文化的否定，是一种对性伦文化的颠覆和否定，或曰是一种对性伦文化的再造。否定和再造的意义重大、难度亦大。

第二，研究性伦文化的意义和价值。在一些学科，尤其在史学界，性伦文化研究还是一个较新的领域，被重视的程度并不高，当然学术研究呈现的这种状态实属自然与正常，有一个对于这一问题逐渐认识的过程，对于任何一个重要的学术领域来说，不需扎堆搞研究。不过，人们还是要认识从事性伦文化研究的意义和价值，它绝不是猎奇，不是要吸引读者的眼球。"饮食男女，人之大欲存焉。"对于食，人们并不讳言，可以大谈食什么、怎么食，以往我们有哪些误区，应当怎样去纠正，今天我们增加了哪些新知识，怎样运用新知识。性亦如此，怎样进行性活动，如何从事性活动，与谁进行性活动，以往有哪些文化方面的误区，怎样去纠正，今天我们有了哪些新知识，如何改变我们的行为方式。从传统看，食色相比，食是外显的、公开的、无须回避的，性是内隐的、秘密的，是要尽量回避的。之所以如此，是因为这与生理结构有关、与文化有关。食色之于人，目的是要生活，生活得更好，要享受生活，提高生活质量。所以建立新的知识系统、改变影响人们生活质量的文化观念，就显得尤为重要，正是从这个意义上说，研究性伦文化与研究饮食文化有着同等的价值和意义。两者之于人，犹如车之两轮、鸟之双翼，缺一不可。

第三，史学应当进一步加强性伦文化的研究。从史学的视域来研究性伦文化尤显重要，它会使人透彻地认识和理解我们为何会有这样的性伦文化观念，它的价值和误区是什么，有什么需要继承，有什么需要改变，怎样去改变，等等。史学研究性伦文化要注意性伦文化与政治统治的关系问题，传统社会的政治统治与性伦文化有着密切的联系，从传统社会统治者的角度看，统治的稳固与禁锢型的性伦文化是相辅相成的，能把人性最活跃的性欲望控制在最低水平上，再控制其他也就不会令人犯难了。所以控制"性"的本身可视为一种传统的统治术，社会愈传统，对"性"的控制愈严厉。史学研究性伦文化也要注意性伦文化与社会治理的关系问题。社会需要稳定与和谐，这涉及的相关因素很多，其中包括性伦文化的因素，性资源的分配和性伦文化的导向将在社会稳定与和谐方面发挥着重要的作用，所以要着重研讨社会治理与性伦文化的问题。史学研究性伦文化还要注意性伦文化与婚姻家庭的关系问题，性与婚姻家庭在何种条件下是统一的，在何种条件下是非统一的，婚姻的本质与性伦文化的关系如何，历史的经验和教训是什么，这也是性伦文化需要探讨的重要问题。可见，性伦文化的问题既是政治问题、社会问题，也是婚姻家庭问题，万不可小觑，所以史学研究者显得更有责任和义务来认真从事性伦文化的研究工作。

【综合卷】

北平市整顿粪业研究
——以1936年为核心的考察[1]

曾德刚[2]

北京自建都以来历经金、元、明、清,至民国后更名北平。随着人口规模的不断膨胀,至民国时期,北平居民排泄物的处理成为城市管理与公共卫生的重要任务之一。城内排泄之所分为公厕与户厕。元明时期城内户厕由城市管理当局雇佣粪夫清掏,为减少异味,多以灶灰及其他灰土掩盖,故粪夫清掏之举被雅喻为"磕灰"。清朝至民国期间,粪夫成为一种职业工作者,由此带来的系列问题相伴而生,对粪业进行整顿是大势所趋。1934—1935年由袁良市长主导的北平市粪业整顿未能成功,秦德纯接任市长后,采取不同措施终在1936年年末完成以粪道登记为核心的整顿。

一、"粪业官办"无果而终

(一)粪业整顿势在必行

清康熙以后,粪便随着人口的增加亦产量大增,由此拾粪者获利丰厚,清理户厕的收费和晾制粪便出售的收益为粪业的两个获利途径。对利益的追逐引发拾粪者间持续争斗,拾粪者依靠强横武力划分彼此的势力范围,约定而成的收粪区域称之为"粪道"。粪道由拾粪者历尽艰辛而得,被视为私产,不得越界偷盗,否则必另起争端。约在清道光、咸丰年间"粪道"之名为粪业中人认可,虽不为官府正式承认,但被私下倒卖抵押,俨然成为产权交易标的物。

民国以来,北平城市规模逐渐扩大,由于公共卫生意识的缺乏,传统城市规划中缺少对污物排放与治理的规划,仍旧延续以往形成的处理旧俗,由粪夫背篓提勺挨家逐户收集后推车运至城外粪厂晾晒。粪业从业者主要分为粪商、粪夫。其中粪商又分为持有粪道的道户与开设粪厂收买售卖粪便的厂户。根据当时统计,20世纪30年代"北平全市计有'道户'一千家,'厂户'四百余家。每个'道户'平常据有粪道一二股或三四股不等。其据有十股以上以至二三十股者,则不过数十家耳。'道'有大小,值分高低,八九十之家户,可划为一'道',三十五十

---

[1] 本文发表于《北京社会科学》,2015年第10期。
[2] 曾德刚,首都师范大学历史学院博士生。

之家户，可划为一'道'，即百十数以上之家户，亦可划为一'道'。价值即因此而有差别了。至'厂户'多系由'道户'蜕变而来，无'道'而开厂收集粪便者，虽亦有之，但究居少数"。① 粪夫也可分为两类，一类系在有粪道的粪商或自己的粪道上工作的"正式粪夫"，一类为无粪道窃取他人道上粪便或捡拾道侧街巷粪便的"跑海粪夫"。据统计："正式粪夫在民国十八年经社会局市党部举行登记时有两千余人，现在数目，无大伸缩。跑海粪夫，约有数千人，合计近在三千人。"②

粪业为粪商操控，成为积累财富的产业，粪商与粪夫只关注获利，并不在意市民要求，当时政府卫生管理部门设置尚不规范，职责不清，权力有限，不能对粪业组织进行有效管理。粪夫使用的工具原始简陋，主要有："背粪桶，40—45公斤，80厘米高，上大底小，中间有一横梁；柳编或铁粪勺；木制独轮手推车或木质双轮畜力车，车子两边各挂一个桶，桶为鸭蛋形，1米多长，40厘米宽。两个桶装满粪有400斤重。"③每次清扫均黄迹斑斑，推车出城不分时段，少有遮掩，恶臭扑鼻，大行其道且遗落一路，市民唯恐避之不及苦不堪言。不仅如此，粪夫虽遭粪商压榨欺压属可怜之人，但素质低下又有可恨之处，除按月收取清扫费——"月钱"外，每逢重要节日或者厕主家婚丧嫁娶寿辰之际，即以暂停掏粪为由挟索取钱财，称为"赶节""赶年"。拒付之家粪便堆积，粪夫不予清理，必致臭气熏天。普通民户自无法与粪夫理论，公馆府门在"粪夫同盟"罢工之下也不得不屈服。市民将粪夫斥之为"粪阀"，《京报》代表市民发声"粪阀是北平的一霸，凡是在北平住过的人，多少都要受他们点肮脏气……所以为防止粪夫专横起见，不能不希望于市政府与自治会了。我们认为市政府应该定出一种严厉的条例来，对粪夫加以限制或惩罚。或由自治会收回办理。不然他们就要登着鼻子上天了！"④

无论是从改善公共环境卫生、减少疾病流行的角度出发，还是响应日益高涨的改革呼声以满足市民对政府的期待，粪业整顿都成为民国时期当政者必须面对的施政任务。

(二)粪业整顿半途而止

1933年6月袁良就任北平市长，同年11月将原属于公安局内卫生股升格为卫生处，1934年7月进一步升格为卫生局。在袁良之前北平市政府也曾试图进行粪业整顿，但未能施行，其中卫生局降格并入公安局导致其地位下降、权力缩小为主要原因之一。此次袁良重新恢复卫生局建制，力图增强卫生管理机构权力，完成粪业整顿。1934年下半年，卫生局首先实施了一系列整顿公厕的措施，

---

① 奋夫：《粪夫在北平》，《卫生月刊》，1936年，第2卷第78期，第12页。
② 奋夫：《粪夫在北平》，《卫生月刊》，1936年，第2卷第78期，第13页。
③ 北京市海淀区地方志编纂委员会编：《北京市海淀区志》，北京：北京出版社，2004年，第690页。
④ 《如何取缔粪夫》，《京报》，1933年12月9日。

包括取缔不必要、简陋危险、妨碍交通、影响饮食与饮水安全的公厕；改善建筑不良且卫生状况不佳的公厕；建设模范公厕以推广；整顿厕捐；添设公共小便池；接管自治坊设置的公厕等。① 为彻底改变以往粪业垄断弊端，袁良决意施行"粪业官办"构想。1934年12月5日，北平市政府市政会议第二百三十二次常会会议记录显示："据卫生局呈复本市粪便收归市办办法，提候公决案（密），决议规定原则四项：（一）收费之标准及名称。假定以厕所马桶为单位，厕所每户收费五分；马桶每个收费两角，名称定为掏卸厕所费、打扫马桶费。（不收房捐之贫户免收）（二）罢工期间之准备。除以粪车八百具、夫役八百名继续代工外并备粪桶以运秽，汽车载运为充分运输之准备。（三）粪道应事先登记。（四）包商采分散制，由各经营粪业人联络承包。"② 1935年3月28日北平市政府市政会议第五次临时会议继续商讨粪业收归市办措施，决议：甲、关于卫生局范围以内事项：（一）粪车粪具应催促承办厂商照约定日期如数交齐。（二）粪夫宿舍及存放粪具地点如拟照办，原有机关□用者应尽量腾让，即由卫生局与各主管局分别接洽。（三）划分收粪区域照办（附区域界限说明表）。（四）修正通过招商处置粪便章程。（五）征收厕所马桶费章程，改称为北平市政府卫生局清扫粪便收费章程，原文修正通过。（六）原拟北平市征收打扫厕所马桶费章程施行细则毋庸讨论，由卫生局另订详密办法呈阅核准施行。（七）修正通过清洁班暂行规则，其名词用语不一律交参事室审订。乙、关于实行步骤事项（略）。丙、关于临时经费预算事项：临时经常各费准令财政局筹拨，经临两预算书交主管科审核饬遵。丁、修正北平市污物扫除暂行办法，交卫生、工务两局会同详细核议呈复再夺。③

从以上两次市政会议来观察，粪业整顿以收归市办为目标，主要论及的内容包括粪具粪车、粪夫管理、厕所收费、罢工应对、粪道登记、承包经营、临时经费等，其中核心内容及势必要触及粪业者根本利益的事项即为粪道登记。粪道被粪商粪夫当作安身立命之本，视为私产不可侵犯。因此当1935年10月提出改革方案后，遭到粪业者强烈反对。改革"大纲约如下述：甲、举办全市粪道及公厕登记评定价值，给价收回，使粪道名称永远消灭。各户及公共便所粪溺，一律归由卫生局派夫运除。乙、一方由卫生局招募夫役一律发给号衣，拨由清洁班管理，担任运除粪便工作，但其中仍尽量容纳旧有粪夫。丙、由卫生局拟定粪车粪具式样，务使合于观瞻及卫生，原有之荆条篓式粪车，一律不用。丁、在各郊区

---

① 具体措施可参考方立霁选编：《1934年北平市整顿公厕史料》，见陈乐人主编：《北京档案史料》，北京：新华出版社，2007年，第1—41页。

② 北京市档案馆编：《北平历届市政府市政会议决议录》，北京：中国档案出版社，1998年，第299—300页。

③ 北京市档案馆编：《北平历届市政府市政会议决议录》，北京：中国档案出版社，1998年，第314—315页。

设立粪便处置场设管理员及司账员销售员各一人,夫头一人,粪夫若干人,俟收集粪便夫役将送到后,由各场制成肥料推销。戊、拟定征收打扫厕所马桶费章程,参照本市征收公益捐办法,向各户征收打扫费,由各清洁班按月按户征缴。"①以上措施原定于12月1日实行,结果11月1日发生粪夫请愿。"一班以粪为饭碗的粪夫、粪妇、粪子,集合起来;手拿着粪耙子,粪勺子,粪篮子,等等的粪具,要到市政府去请愿,反对政府粪的政策。"②市政府对粪夫反对早有准备,粪夫组织请愿又早透露消息,政府戒备森严,请愿队伍转而前往北平市卫戍司令部。"卫戍司令部,临时看到这粪的队伍来到,知道不能以武力解决,就急忙选派善于口才的干员,劝导解释,允为设法。一场粪的全武行,才未曾演出。"③11月3日,袁良市长辞职,卫戍司令宋哲元临时代理市长之职。1935年11月9日,宋哲元部下秦德纯出任北平市长。1936年1月4日,谢振平接替方颐积任卫生局长。

"粪业官办"构想的粪业整顿,因"袁氏去职,粪夫群起反对,聚诉执政之第,其势汹汹。所有改革办法,竟寝不行。"④

二、1936年粪业"官督商办"

袁良收归市办的粪业改革由于粪业者反对及人事变动未开展,以往积弊未除,整顿之念早已深入人心,新任秦德纯市长、谢振平局长顺应民意,推行"官督商办"构想的粪业整顿。

(一)粪业整顿民心所向

经历请愿风波后,粪业整顿愈发显得必要紧迫。此时关于粪业整顿的认识,不仅限于环境卫生和免受粪阀勒索之苦层面,而且提升到城市形象与国民素质的高度。"北平以华北首善之区,规划如此其宏伟,风景如此其幽美,人口如此其繁多,市政如此其迈进,游平市者靡不啧啧称道,独于粪夫负桶挽车不分昼夜以蹀躞于洋广大道,一任粪尿横流,臭气洋溢,予行人以掩鼻之羞,贻市容以莫大之玷,市民之疾首痛心于此者久矣。"⑤与此同时,北平市粪业管理同中国另外一大都市上海比相距甚远,"考海上粪大王势力之厚,拥资之富,有非北平粪夫所能梦想者,粪车之严密笨重既非平市所发者可比,其运粪时间又限每日八时以前,故粪夫一律于夜半开始工作,其辛苦亦非平市粪夫所能意料,然既不敢要挟

---

① 奋夫:《粪夫在北平》,《卫生月刊》,1936年,第2卷第78期,第15—16页。
② 邵仲香:《粪夫请愿》,《农林新报》,1935年12月1日。
③ 邵仲香:《粪夫请愿》,《农林新报》,1935年12月1日。
④ 吴廷燮等:《北京市志稿(民政志)》,北京:北京燕山出版社,1998年,第276页。
⑤ 奋夫:《粪夫在北平》,《卫生月刊》,1936年,第2卷第78期,第10页。

住户，更不敢稍违规则，尤不敢聚集滋事有所劫持"，所以然者，受外人之管理而已，鸣呼此国人之劣根，凡我同胞宜知改革固不第粪夫而已也。今粪业改进势在必行"①。此时将粪业固有顽疾存在难以根治的原因归根于国民劣根性。

对于粪业整顿市民心情迫切，市政府与市民处于同一战线励志图新，但另一利益相关体粪商和粪夫却极力反对。政府及市民意识到整顿无法忽视粪业者利益诉求，但求平稳改革不致社会混乱。舆论呼吁"官厅优容亦既备至，深望平市粪夫仰体斯旨以底于成，岂第人民受益，市容增光，尤足以表示国人之自治精神也。"②

（二）成立粪业整顿机构

粪业官办既已否决，市政府认为官督商办为最佳方案，于是依靠粪业中人组织成立整顿机构。自粪道被据为私有后，围绕粪道划分冲突不断增加，长久如此粪道大户为分赃生财，以免两败俱伤，成立肥业公会。1928年6月，国民党北平市党部将原有肥业公会改组为北平特别市粪夫工会，1932年更名为北平市粪夫职业工会。它虽为北平市最早设立的工会之一，但名为工会，实为维持粪业垄断地位及协调粪商利益冲突的组织，既不能保护底层粪夫权益，又不能发挥民间组织功能，与政府、市民形成良性互动，依然如故自行其是，对卫生环境几无改进，至1936年12月"平市社会局顷以本市粪夫公会执监委员，已有二年未举行改选，于法不合，因于昨日令饬该会，即日起停止活动，俟改选竣事后再行核办。"③粪业整顿自然不能依赖这一粪夫职业工会，乃于1936年8月根据《北平市改进粪便事务委员会组织规程及议事规则》成立改进粪便事务委员会，下设北平市处理粪便事务所，卫生局长兼任委员会主席，委员会委员及事务所职员均由官商推荐产生。至此，卫生局—北平市改进粪便事务委员会—北平市处理粪便事务所层级机构产生。事务所地处西四报子胡同二号，具体执行整顿措施，"设主任、副主任各一名，义务职，由粪业委员中派充；下设稽核专员一人，由卫生局指派；事务长一人，事务员四人，书记二人，纠查八人。每月经费四百八十四元。"④事务所主任、副主任分别为于德顺、孙兴贵。

（三）实施整顿措施

1936年8月11日，市长秦德纯发布甲字第2913号政府训令，"案查本市改进粪便事务前由本府将改进经过情形并缮同方案及各项规则呈报冀察政务委员会在案。兹奉政字第三三七八号指令内开'呈悉。查所拟改进粪便事务方案及各种

---

① 奋夫：《粪夫在北平》，《卫生月刊》，1936年，第2卷第78期，第10页。
② 奋夫：《粪夫在北平》，《卫生月刊》，1936年，第2卷第78期，第10页。
③ 《粪夫公会停止活动》，《益世报》，1936年12月8日。
④ 吴廷燮等：《北京市志稿（民政志）》，北京：北京燕山出版社，1998年，第277页。

社会生活探索

规程均尚妥善，应准备案。惟在初行改善之际，务须顺合其自由进展之性而加以指导。仰即遵照妥慎办理为要。此令。'等因。奉此，除分令卫生局外，合行令仰该会遵照。"①北平市处理粪便事务所即在卫生局和委员会指导下开展工作。

1. 无偿换发官制粪具

自1936年9月开始发放至1937年6月止，发放粪具情况见表1：

表1　1936年9月—1937年6月北平市发放粪具情况表

粪具 \ 数量	备制	事务所发放
铁粪车（卫生局制）	500辆	137辆
铁粪桶（卫生局制）	1000个	242个
带盖木耳桶（卫生局制）	3000个	858个
木背桶（卫生局制）	350个	227个
粪勺（卫生局制）	1500把	
绿色木质箱式粪桶（事务所制）	909对	906个

［注：上表根据《北京市志稿（民政志）》（北京燕山出版社，1998年，第278页）相关内容制。自1937年7月起至1938年6月止共发出号衣2008件，通行证1898份。］

2. 整顿粪厂

以往粪商按规章需交费五元领取执照。每年换照时，另交费两元。1936年7月规定粪商"除登记费及换证手续费外，尚须依照最高估价，月纳千分之□改善费。"②征收改善费虽为事务所职责之一，但迄未开征。1937年9月，停征改善费，改收粪厂执照费。

3. 粪道及公厕登记

《北平市粪道及公厕登记收费规则》共19条。③ 主要内容条款见表2：

表2　《北平市粪道及公厕登记收费规则》主要条款

涉及内容	条款细则
登记范围	第二条　本市粪商所有之收费地段（即粪道）及自行出资承办之公厕均依本规则报请登记。
登记事项	第五条　粪商登记时除将本人姓名、年岁、籍贯及所有粪道公厕一律按照卫生局规定请求书格式详细填明外并将雇工人数姓名、年岁、籍贯及应用工具种类、数量分别填明报请登记，前项请求书式样另订之。

---

① 《北平市政府训令》，北京市档案馆 J5-1-165。
② 吴廷燮等：《北京市志稿（民政志）》，北京：北京燕山出版社，1998年，第279页。
③ 奋夫：《粪夫在北平》，《卫生月刊》，1936年，第2卷第78期，第20—21页。

续表

涉及内容	条款细则
登记方法	第七条 粪道及公厕登记时应有请求人取具附近同业两家以上之保结并连同所有证件一并附呈报,经处理粪便事务所(以下简称事务所)审核办理。
粪道价值评定	第八条 粪道及公厕之现在价值由委员会会议评定之。
登记收费	第九条 粪道及公厕登记时依其全部价值按百分之六完纳登记费。惟请求人收益过少确系贫苦无力者,得由委员会详细调查明确后酌予核减。粪道及公厕如系由价典而来,其登记费额仍按本条之规定由典业主垫缴于原业主价购时补偿之。
逾期不登记处罚	第三条 开始登记时期,在事务所成立后一个月内行之,其逾限不请登记、希图避免纳费者,在逾限一个月内,经事务所发现者,除照纳登记费外,并科以应纳登记费额一倍以上三倍以下之罚金。在两个月以外者科以应纳费额六倍以上、十倍以下之罚金。其逾限至三个月者,得由所呈请委员会斟酌情形,取销其登记资格,贬资遴人接办。
遗失换领新证收费	第十条 粪道及公厕登记证遇有遗失或损毁应即呈报补领新证。其遗失者须事先登报声明满一个月后取具附近同业两家保结及自有证件一并附呈。毁损者应附呈已毁登记证。经核准后补发新证。每份均按其原估价值百分之一征收手续费,但自行涂抹挖改者一经查出,除须仍按原领证时纳费换领新证外,每份并科以三十元以下之罚金。
粪道或公厕转移收费	第十一条 粪道或公厕遇有转移时须由当事双方取具同业两家以上保结并连同证件一并报请事务所,换领新证仍按初次登记时纳费其费用,由新领证人担负之,至于子弟继承父兄之业换领新证者,应有新领证人取具附近同业两家保结报经核准发给新证,按原估价值百分之一征收手续费。
粪便事务改善收费	第十三条 粪道或公厕经核准登记后应依所估价值,最高按月完纳千分之五粪便事务改善费,其粪道或公厕收益过少,原登记人确系贫苦无力完纳者经委员会调查明确得予酌量核减其照向章应纳捐租等费仍须照纳。
登记费处置办法	第十四条 粪道公厕登记费由事务所经收按日存入指定之银行,其收据为三联式,以第一联填付纳费人收执,第二联呈由委员会转送卫生局存查,第三联由事务所存根。前项收费联单式样另定之。
粪便事务改善费缴纳办法	第十五条 粪便事务改善费应由各登记人于每月中旬自赴各该管清洁班当月完纳并由各清洁班按旬将收入之款缴送事务所,该项改善费据用四联式。第一联交纳费人收执,第二联连同现款送交事务所核收,第三联经呈卫生局核存,第四联由各清洁班存根。

续表

涉及内容	条款细则
粪便事务改善费逾期未缴纳处罚办法	第十六条 各登记人对于每月应纳改善费如有不按规定期限完纳者，逾限十日以内者传至事务所告诫，逾限十日以外者处以五元以下之罚金，其有督催无效规避宕延积欠改善费至三个月者，取销其登记资格，其执业地段或公厕由委员会斟酌情形贬价遴人接办并追缴其欠费。
事务所收入处置办法	第十七条 事务所收入罚款以四成充奖，六成存库拨充改善专款。

粪道及公厕登记为粪业整顿最关键也最为艰难问题，从上表可以看出，较以往不登记时相比，粪道主需缴纳粪道或公厕估价6％的登记费，按月缴纳估价5‰的改善费，如遗失或转让则另需缴纳估价1％的手续费，不按规定缴费者还需支付罚金。如此费用支出必然减少粪商收入，故粪商又故伎重施，妄图反对使整顿流产。

三、商官较量：抵制与弹压

（一）粪业者抵制新法

北平市处理粪便事务所于1936年8月1日成立，8月11日开始办理登记，原限定粪商粪夫一个月内完成登记，后来又展限10天至9月20日。10月2日，据事务所报告"窃查本所办理本市粪道及公厕登记早经期满，嗣钧座本宽厚之旨，复准展限十日，截至现在又复逾期。虽来所登记者较前日有所增加，而观望不前者仍居多数"①。由于粪道主需支付多项费用，且越是大粪商缴费越多，未登记的正式粪夫和无粪道的跑海粪夫因没有事务所发放的官制号衣、粪具，12月1日后无法进城拾粪，所以粪商一方面对粪夫进行蛊惑与恐吓，另一方面煽动粪夫尤其是跑海粪夫联合反对登记。"近日迭据报告，一般粪商本心多愿来所登记，乃有南郊西半部粪商胡玉玺、北郊粪商王福和、外三区界内粪商杨廷瑞等少数不良分子从中为祟，或宣传反对，或挟持本地粪商不准来所登记，并勾结素无粪道公厕、向以窃取他人粪便为业之徒，扬言反抗。尤对于一般欲来登记之人大肆恫吓，遂更相率裹足（此类素以窃人粪便为业之徒，因彼无粪道，不能登记，将来全市粪商登记完竣以后，登记者均有官发号衣、粪具为证执行工作。彼等将不能肆其伎俩，故反对最烈。而胡玉玺等遂即利用此辈心理，为其反抗工具），近更变本加厉，流毒外区。如外三区之杨廷瑞，不惟阻挠本区界内同业，且不令东郊

---

① 《北平市处理粪便事务所为请公安局将胡玉玺等三人分别传局拘押致北平市改进粪便事务委员会密呈》，北京市档案馆 J5-1-167。

一带粪商前来登记，种种顽抗令人发指。"①粪商粪夫的拒不登记造成原定整顿计划无法按期完成，截止到展限期满"共来登记者有七百四十户，约计仅当全市粪道公厕全数三分之一。"②

屡试不爽的粪夫游行又被粪商利用。10月14日，温智发等五人在阜成门附近纠集粪夫聚众当街砸毁官制粪车，殴伤公务员家属。其中有粪夫不明情况被裹挟游行，马修贵、李殿升、李茂臣三名粪夫具结："窃民等于十月十四日上午十时，我在阜成门脸推着粪车，遇有粪夫温志发、李建魁、李九海等向前拦阻，叫我将粪车放在路上，令我随他行走，不知他们是什么意思。我因他们强逼我，只好随同走去。事前我实不知情，所具甘结是实。"③

为商讨应对整顿办法，粪商粪夫秘密集会增多。10月30日，事务所事务员金兴权与纠查宁笑峰奉令监视东城吉祥胡同十八号、二十六号等处。上午观察到二十六号谢宅有形同粪夫者旋进旋出，至下午一时许，见跑海粪夫杨存海乘人力车进入谢宅，门外窥探听见院内有妇人说"今天会开不成了，令杨存海速去"。金、宁等闻听妇人话语，确定秘密开会无误，乘杨欲上车离去时，"突用言语刺探，该杨存海一见职等即谓我系到此寻人并非开会。当以职等并未询其开会，而该杨存海竟先否认，显系情虚自承。当会同内三区第八段将其扭获，即由第八派出所带区收押。"④经查杨存海自任西直门粪夫代表，屡次组织秘会，系10月14日粪夫游行策划者之一。

粪商与粪夫为一己私利，又一次与政府及市民对立，试图通过秘密开会、组织游行、抗拒登记等手段向市政府施压，希望再次达到使粪业改革夭折的目的。

（二）多管齐下：政府对粪商的弹压

政府整顿决心既定，事前不能不预料到粪商反对。面对粪商的对抗挑衅，政府采用相应措施软硬兼施地予以反制，确保整顿持续进行，勿再使整顿夭折一幕重演。

1. 拘捕首犯，以儆效尤

8月11日登记开始之前，改进粪便事务委员会多次召集粪商开会，会上粪商均表示无异议，但会后不是阻扰登记，就是观望不前，刘凤祐委员欲做粪商劝

---

① 《北平市处理粪便事务所为请公安局将胡玉玺等三人分别传局拘押致北平市改进粪便事务委员会密呈》，北京市档案馆 J5-1-167。

② 《北平市改进粪便事务委员会为请公安局将胡玉玺等三人分别拘押等致市政府密呈》，北京市档案馆 J5-1-167。

③ 《北平市改进粪便事务委员会检送李殿升等三名粪夫切结致市公安局密函（稿）》，北京市档案馆 J5-1-167。

④ 《北平市处理粪便事务所为查获粪夫杨存海致北平市改进粪便事务委员会密呈》，北京市档案馆 J5-1-167。

导工作，但粪商多闭门谢客。10月2日，已超最后截止日期9月20日13天，处理粪便事务所密呈委员会请公安局将胡玉玺、王福和、杨廷瑞三人拘押，"设不将此项为首者严加究办，必于改进粪便事务前途影响至巨，且该胡玉玺等均为各本区界内粪业领袖，人均以其马首是瞻。如任其顽抗破坏，则其他粪商必更效尤不前。拟请钧座俯准，由会转函公安局将该胡玉玺等三人分别传局拘押，以警其余，免其在外阻挠蛊惑，一俟登记办有成效，或彼等确有悔悟实据，再行释放，庶可以利进行。"①10月3日，委员会将密呈致市政府，7日市政府批准委员会提议，8日委员会为请拘押胡玉玺等三粪商并饬各清洁班传饬未登记各粪商迅速登记致函公安局，公安局奉政府令将胡玉玺等拘押。11月6日，卫生局致函公安局，请协助实施委员会第三次常会决议"由卫生局各清洁班会同公安局各区段按户严行催促，期于限内一律登齐。"②11月9日，公安局复函称准饬各区署切实会同办理十二月一日起旧式粪车粪具一律不准入城。

11月11日，距离8月11日登记开始之时已3个月，按照《北平市粪道及公厕登记收费规则》中第三条、第十六条规定，逾期3个月不登记、不缴纳改善费者将予以取消登记资格贬资遴人接办。事务所再次密呈委员会，提出"且本所成立至今，虽时逾三月，而无尺寸之效，若不急起图维，别筹善策，其善后必不堪设想。"③事务所为此提出采用强硬措施的建议，首先变通实行第三条、第十六条规定，"对本所前呈严办诸人及前向钧会具呈等人，以及恃强延不缴费而有反抗劣迹者，先予施行。无论其已否登记，即举其反对有迹及迭传抗不到案等理由，提前予以该两条之处分，然不实行贬资遴人接办，改由本所纠查率同公役数人向前项人等粪道或公厕内实行收粪（但采用个别方式，以免力有未逮），扬言遴人接办，并晓以利害。如该项人等幡然改悔，即令其具结，予以停止。"④其次，对之前密呈公安局严办的胡玉玺等人"仍请转呈市政府饬令公安局，对已获者从严惩处，并先行游街示众；未获者勒限传案，依法严办。"⑤对私立工会的尹衍庆"业经本所派员查实，取具被害人切结四纸，兹谨一并呈送，并乞转呈市政府饬由公

---

① 《北平市处理粪便事务所为请公安局将胡玉玺等三人分别传局拘押致北平市改进粪便事务委员会密呈》，北京市档案馆 J5-1-167。
② 《北平市卫生局为严催未登记各粪户登记致北平市公安局函（稿）》，北京市档案馆 J5-1-167。
③ 《北平市处理粪便事务所为提出处理粪商拒缴登记改善费办法致北平市改进粪便事务委员会密呈》，北京市档案馆 J5-1-167。
④ 《北平市处理粪便事务所为提出处理粪商拒缴登记改善费办法致北平市改进粪便事务委员会密呈》，北京市档案馆 J5-1-167。
⑤ 《北平市处理粪便事务所为提出处理粪商拒缴登记改善费办法致北平市改进粪便事务委员会密呈》，北京市档案馆 J5-1-167。

安局汇案法办，以昭炯戒，而免流毒地方。"①事务所提出要想取得整顿成功避免重蹈覆辙"非持以坚毅、力为纠正不足以竟全功。"②11月19日，委员会密呈市政府、密函公安局为提出粪商拒缴登记改善费制裁办法，请公安局惩办缉拿除温志发外其余未到案人员，此外还提出两套方案。一套为整体制裁的激进方案："自十二月一日起，旧式粪具一律不准入城。此种办法若果实行，必须于事前充分准备，届期拟请准予饬由公安局、贵局加派队警，按门配备，四郊设有粪厂地方并予派警监视，严防其再有聚众滋扰行为，一面为防止其罢工起见，即由卫生局饬由各清洁班准备接替粪便收集工作。"③一套为各个击破的和缓方案："（一）普通粪商逾限不来登记或登记而不缴费者，即予照章处罚，其不肯认罚者，即送由公安局、请贵局勒限押追，限满仍不遵办者，即以拘役折处罚金；（二）凡此次参与游行滋事及煽惑同业反抗登记经查有据各粪商，在展限期满仍不登记缴费者，即由事务所以书面通知，停止其所有粪道或公厕之收集权，并即派人接替，一俟登记缴费后，仍予恢复。"④11月24日，市政府批准卫生局密呈，均准照办，要求公安、卫生两局协同审慎办理。

12月1日，卫生局对不登记粪商韩春祥开出罚单，请公安局勒限追缴罚金十五元。12月3日，卫生局再次致函公安局"对于违抗政令反对登记各粪商，在本局核定停止其道厕收集权，饬由事务所遴人接替时，当先专案函请贵局转饬主管区署切实协助保护，俾益事功。"⑤12月7日，公安局将韩春祥收押，在韩缴纳8元罚金并表示悔过后结案。12月9日，事务所派金兴权率同纠查，会同该清洁班班长及内二区第九段长警到国会街抄手胡同接收尹衍庆的粪道，并将街巷东口粪坑拆除垫平。事务所报告委员会称将继续接收温志发、李建奎的粪道。

2. 征收夫役，维持运转

事务所为防登记期间粪夫罢工或怠工，10月2日密呈委员会建议招募临时夫役，"拟请钧座仍准援照前次添募临时纠查办法，暂由卫生局就各清洁班内，每月拨给本所夫额三十六名，共合洋二百五十二元，即以该款由本所雇用临时夫役二十三名，月各支工饷洋十元，夫头二名，月各支十一元。此项工饷并仍由各

---

① 《北平市处理粪便事务所为提出处理粪商拒缴登记改善费办法致北平市改进粪便事务委员会密呈》，北京市档案馆 J5-1-167。
② 《北平市处理粪便事务所为提出处理粪商拒缴登记改善费办法致北平市改进粪便事务委员会密呈》，北京市档案馆 J5-1-167。
③ 《北平市改进粪便事务委员会为提出粪商拒缴登记改善费制裁办法致北平市政府、市公安局密呈、密函（稿）》，北京市档案馆 J5-1-167。
④ 《北平市改进粪便事务委员会为提出粪商拒缴登记改善费制裁办法致北平市政府、市公安局密呈、密函（稿）》，北京市档案馆 J5-1-167。
⑤ 《北平市卫生局为办理逾期抗不登记各粪商制裁办法致市公安局公函（稿）》，北京市档案馆 J5-1-165。

清洁班内报销，其人选即在粪夫职业工会各支部内选择，以期熟习各地情形。计第一支部七名，第二至第四等三支部各四名，第五、第六等二支部各三名，就中遴选夫头二名率领，分别在各该支部所在地一带，受本所及各清洁班之指挥执行工作。"①10月7日，委员会按照卫生局要求，密令事务所"所拟招募临时夫役办法，核属可行。惟其数额，应改为每支部三名，合共十八名，即由各清洁班拨给夫额廿六名，交由该所招募训练，但将来派遣工作时，仍着各清洁班管理，以期缜密。所有此项夫役工作范围，除备以代替抗不登记之各粪夫外，对于拖延多月不纳厕捐之公厕，并应派令试行接办，藉期彻底整理。"②11月7日，事务所向委员会提出申请为招募的临时夫役制作证章，一为方便识别，二为请公安局对佩戴证章夫役予以保护。

3. 发放贷款，降低收费

对一时无力缴纳登记改善费的粪夫，事务所联合北平市银行洽商提供小额贷款，达成五项原则："（一）贷款总额为国币八千元；（二）以粪商所领之登记证作押；（三）月息八厘；（四）期限三个月或六个月；（五）以城郊十五区为单位，按区编列号数，由改进粪便事务委员会通知银行拨付转发。"③11月7日，卫生局致函北平市银行请求协助。11月10日，北平市银行复函，表示同意前定五项原则，拟自11月施行。在此基础上，银行提出对第二项贷款原则的补充意见："查该项贷款在原则上固以贵局所发登记证为抵押证据，惟深恐粪商人品流杂，且该件伸缩余地颇多，将来倘发生流弊，则敝行与贵局均为不便。兹为事先顾及防止弊窦起见，关于此项贷款拟以粪商所领之登记证作押之下，加由卫生局直接送交敝行并担负完全责任字样，如此规定，始较妥慎。倘该商不履行还款时，则贵局易于将其登记证让与第三者得款以还敝行。"④11月19日，卫生局完全同意北平市银行所提加具"由卫生局直接送交北平市银行并担负完全责任"字样。12月16日，事务所将粪商贷款办法呈卫生局，23日卫生局分别呈市政府、致函北平市银行，30日，市政府指令卫生局依案办理。

最初制定的《北平市粪道及公厕登记收费规则》规定，登记费改善费按照粪道估价征收，粪道价值受多种因素影响。粪道的估价一般按地域繁简、户数多寡、出粪量大小、马桶有无四种标准来定。委员会因此将粪道划分为不同等级，不同等级估价不一。"特等每户七元，以上随时另定；甲一级每户六元，甲二级每户

---

① 《北平市处理粪便事务所为招募临时夫役办法致北平市改进粪便事务委员会密呈》，北京市档案馆J5-1-167。
② 《北平市改进粪便事务委员会为答复招募临时夫役办法致处理粪便事务所密令》，北京市档案馆J5-1-167。
③ 《北平市卫生局为商定粪商贷款办法致北平市银行公函（稿）》，北京市档案馆J5-1-165。
④ 《北平市银行为粪商贷款办法致市卫生局复函》，北京市档案馆J5-1-165。

五元,乙一级每户四元,乙二级每户三元,丙一级每户三元,丙二级每户二元,丙三级每户一元。"①登记费、改善费的征收按照粪道等级施以不同比率,打破了原定的统一标准,事实上降低了收费数额。

面对粪商粪夫对粪业整顿的抵制,北平市处理粪便事务所在改进粪便事务委员会及卫生局指导下,联合公安局、北平市银行采取多种措施力图化解反对力量,克服艰难达成整顿目标。1936年后虽仍存在零星反抗,但全市范围内大规模聚众游行未再出现,也未发生因粪夫罢工导致城市陷入瘫痪无法正常运行的状况。

四、结语

秦德纯任上主导的"官督商办"粪业整顿自1936年8月始,历时近一年才完成,大大超出原来一个月的估算。与以前历次粪业整顿因种种因素无法进行的结果相比,此次改革尚可称得上达成了既定目标,整顿的两大中心工作——粪道登记、粪具更新基本完成,是政府对粪业团体妥协的结果。粪道的出现与交易的产生最初并不为官方法律所认可,粪商间在业内进行的"倒、典、租"属于灰色行为,民不举证官不查究。但是忽视粪道的实际存在,而简单地以不合法为由彻底否定粪道价值,将其收归官办,必然会激起粪业者的强烈反对,袁良整顿的失败即为明例。改革必然触及部分群体的利益,即使具有无以言表的合法性与合理性,推动者都不能不站在利益受损者的角度来制定政策。"官督商办"模式是政府在缺乏强制权力、保持社会稳定背景下不得不做出的选择。粪商粪夫失掉了部分利润,但其拥有粪道产权,获得了官方法律承认。抛却改善城市卫生的考量,政府与粪商实现了双赢。

粪业整顿利用权力将触角深入到私营领域,有争利之嫌,也显现出近代以来政府公共服务职能的增强。随着"公共卫生""国家医疗"等理念的传播,政府管理经营城市的意识亦增强。虽然粪业经营原来属于私域,但由此引发的城市环境卫生却属于公共事业。粪业整顿不仅是政府响应民声的需要,也成为控制疾病流行、提升城市形象的要求。

与以往单纯依靠政府推动粪业整顿不同,1936年,成立了市政府指导下的改进粪便事务委员会及处理粪便事务所。委员会由市政府秘书处第二科、公安局、卫生局相关公务人员和粪业代表构成,有效整合了整顿中的相关部门,形成联动并有效配合,对粪商手段迭出的反抗予以弹压,避免整顿中断的再发生。处理粪便事务所由粪业中人执行具体的工作,事务所拥有粪道公厕登记、粪便专款

---

① 《粪夫污会改进粪业办法》,《华北日报》,1937年4月3日。

征收保管、厕捐整顿、粪价调剂、粪料制法与运销分配推行、决议案执行、粪便工具改善发制、公私厕所尿池改建、粪厂整顿、粪夫管理、粪夫工作时间及通行路线之稽查纠正、粪业同业之救济福利等数项职责，涵盖粪业各个方面，事务所较好地充任了粪业整顿与管理角色，在某种程度上代行了政府职能。政府利用委员会对事务所加以指导和监督，将权力逐渐渗透并扩展到粪业，将粪业置于卫生行政下。事务所自治功能的发挥，一方面分化了粪业团体，减少了整顿阻力；另一方面又可以将事务所作为政府与粪业团体的中介与缓冲，降低了粪业者与政府直接对抗的强度。

1936年的粪业整顿一定程度上显示出当时北平市政府尚不具备全面改革的实力与魄力，也缺乏动员能力，未把底层粪夫视为联合的对象，未能调动底层粪夫的积极性，反而把他们推向对立面，使他们成为粪商用以胁迫政府的工具。从彻底改善城市环境卫生、变革粪业经营方式角度观察，1936年粪业整顿没能解决以上问题。

广播频率专业化与当代北京居民生活质量研究
——以北京人民广播电台为中心(1990—2009)

徐畅冬[①]

一、广播频率专业化改革之路

北京人民广播电台的频率专业化改革是在中国广播频率专业化改革的大背景下进行的。本部分从中国广播频率专业化改革的起步和北京人民广播电台的频率专业化改革两方面进行论述,力图厘清在时代潮流中北京人民广播电台频率专业化改革的来龙去脉。

(一)中国广播频率专业化改革的起步

民国时期,中国的广播事业开始起步。早在1914年,中国就已经开始了无线电通信。当时北京政府陆军部,购买了200台中波无线电收发机供使用。侨居上海的美国记者E.G.奥斯邦与一位华侨商人合作,在上海建立了"中国无线电公司",并且设一座广播电台,于1923年1月23日开始播音。1924年,美商开办的开洛公司又在上海设立了一座发射功率为250瓦的广播电台。中国人自己筹办广播电台始于1925年。1925年2月,北洋政府交通部在天津、北京筹建广播电台。[②]

国民党和共产党都设立了自己的广播电台。1928年8月1日,中国国民党中央执行委员会广播无线电台在南京丁家桥开始播音,简称中央广播电台。此外,国民党政府还在各地办起了20多座广播电台。[③] 1940年12月30日,共产党设立的第一座广播电台——延安新华广播电台开播。这标志着人民广播事业的诞生。中华人民共和国成立后,我国初步建成各级广播网,对内、对外广播日益发展。到1965年年底,我国成为仅次于苏、美的对外广播大国。[④]

改革开放以来,中国的社会经济发生了一系列深刻的变化。1983年10月,

[①] 徐畅冬,首都师范大学历史学院硕士生。
[②] 李岩:《广播学导论》,杭州:浙江大学出版社,1997年,第43—44页。
[③] 李岩:《广播学导论》,杭州:浙江大学出版社,1997年,第45—47页。
[④] 张会会:《我国广播事业发展概况》,《时代报告》(学术版),2011年第7期。

中共中央发布了"中发〔1983〕37号文件",简称《37号文件》。①《37号文件》首次提出了目前广播电台普遍实施的"事业单位,企业管理"模式。②

广东率先实施对外开放政策,并进行广播领域的改革。1986年12月15日清晨五时整,珠江经济广播电台正式开播,轰轰烈烈的中国广播改革帷幕也正式拉开。珠江经济广播电台面向珠江三角洲地区,同时兼顾全省广大听众。珠江经济广播电台摒弃了我国广播传播几十年一直沿用的结构模式,大胆创新,确立了"以新闻、信息为骨架,以大时段(大板块)节目为肌体"、以"主持人、大板块和直播化"为标志的广播模式,这就形成了"珠江模式"的基本结构。③"珠江模式"是20世纪80年代中期中国广播业适应改革开放的现实变革,在广东地区取得了突破性的成功经验,是中国广播改革的一个代表性案例。

(二)北京电台频率专业化改革的历程

北京人民广播电台是拥有独立发射机构的国有广播电台,简称北京电台,英文缩写为"RBC"。1949年3月25日,陕北新华广播电台随中共中央进入北平,改名为北平新华广播电台,负责向全国广播。原对北平市广播的北平新华广播电台遂更名为北平人民广播电台。同年9月1日,这两家广播电台合并,成为北平新华广播电台第一台与第二台。12月5日,中央广播事业局和北京市人民政府决定,将原新华广播电台第二台更名为北京市人民广播电台。1951年3月11日,北京市人民广播电台再次更名为北京人民广播电台。④

频率专业化改革前的北京电台的节目大致可分为新闻类节目、社会教育类节目、文艺类节目和服务类节目。新闻类节目是广播电台的骨干节目。在北京电台诸多的节目中,新闻类节目处于重要和首要的位置。⑤ 社会教育类节目是广播节目的重要组成部分。北京电台的社会教育类节目可分为对象性节目、专题性节目和教学性节目。⑥ 文艺类节目也是广播节目中的重要组成部分。1993年1月23日(除夕),调频立体声94.5兆赫开始24小时连续播音,为北京音乐台的建立揭开了序幕。⑦ 在新闻类、社教类、文艺类节目之外,广播中还有一批以实用性强为特点、服务于社会大众的节目。这些节目为人们通信息、做咨询、当参谋,为

---

① 广播电视部政策研究室、《当代中国的广播电视》编辑部编:《方向与实践——第十一次全国广播电视工作会议文件和典型材料选编》,北京:中国广播电视出版社,1984年,第4—5页。
② 广播电视部政策研究室、《当代中国的广播电视》编辑部编:《方向与实践——第十一次全国广播电视工作会议文件和典型材料选编》,北京:中国广播电视出版社,1984年,第15页。
③ 白玲、申启武:《从"珠江模式"到跨越式发展:广东广播改革开放30年历史回顾》,广州:暨南大学出版社,2008年,第27页。
④ 北京人民广播电台编:《北京人民广播电台志》,北京:中国广播电视出版社,1999年,第1—5页。
⑤ 北京人民广播电台编:《北京人民广播电台志》,北京:中国广播电视出版社,1999年,第9页。
⑥ 北京人民广播电台编:《北京人民广播电台志》,北京:中国广播电视出版社,1999年,第29—30页。
⑦ 北京人民广播电台编:《北京人民广播电台志》,北京:中国广播电视出版社,1999年,第74—75页。

解决实际问题提供服务。这类节目统称服务类节目。①

1990年,北京人民广播电台在"珠江模式"的影响下,开始了频率专业化改革。北京电台的专业化建设大致经历了四个时期。第一个时期是启蒙时期,时间从1990年到1992年。1990年,北京经济台开始试播,这是北京电台专业化建设的开端。② 第二个时期是初具规模时期,时间从1992年到1994年。从1993年北京音乐台、新闻台、儿童台、交通台的相继成立,到1994年文艺台、教育台的开播,北京电台用了两年的时间完成了建立七个专业化系列台的格局。③ 第三个时期是规范时期,时间从1994年10月到2001年6月。总台制定了各专业台办台方针,规定各台节目要严格按照办台方针进行设置。④ 第四个时期是深化时期,时间从2001年6月开始。"深化"就是强调目标听众群的建设,提高专业化办台水准。⑤

经过一系列的撤销、新增与变更,到2009年,北京电台辖有10个专业广播、17个职能部门以及全资国有的北京广播公司,旗下员工总计1300余人。到2009年,北京电台拥有9个专业广播,分别是:北京新闻广播(AM828 kHz FM100.6 MHz)、北京城市服务管理广播(AM1026 kHz FM107.3 MHz)、北京故事广播(AM603 kHz)、北京体育广播(FM102.5 MHz)、北京音乐广播(FM97.4 MHz)、北京文艺广播(FM87.6 MHz)、北京交通广播(FM103.9 MHz)、北京外语广播(AM774 kHz)和北京爱家广播(AM927 kHz)。2015年,北京电台又设立了Metro Radio(FM94.5 MHz)。该台属于广播频率专业化改革高级阶段的产物——类型化电台。⑥

(三)小结

中国的广播事业在民国时期就已经开始起步,经历了外国商人创办和中国人自办的过程。中华人民共和国成立后,我国初步建成各级广播网,对内、对外广播日益发展。改革开放以后,《37号文件》提出了"事业单位,企业管理"模式,推动了广播行业的运行突破与改革创新。这一改革尝试和局部突破有当时社会发展、经济环境等背景。《37号文件》推出的标志性政策规定,是部分地开放广播电视行业的主办资格禁限,这在相当程度上直接导致了全国广播电视行业规模的

---

① 北京人民广播电台编:《北京人民广播电台志》,北京:中国广播电视出版社,1999年,第96—97页。
② 汪良:《北京电台专业化办台的思考》,《新闻与写作》,2002年第7期。
③ 李秀磊:《经营广播》,北京:北京大学出版社,2010年,第80—81页。
④ 赵多佳、边建:《论广播专业化——专业化办台的实践与思索》,北京:中国广播电视出版社,2008年,第9页。
⑤ 汪良:《北京电台专业化办台的思考》,《新闻与写作》,2002年第7期。
⑥ 《北京人民广播电台简介》,北京广播网,http://www.rbc.cn/2018dtjs/2018-02/06/cms689869article.shtml。

迅速扩大。而支持和推动这一扩张的财源制度安排，则是向地方政府放权和允许广电行业引入经营性运作方式。广东电台通过开办珠江经济台，改变了传统的广播模式，取得了经济效益，开创了具有典范性的"珠江模式"。"珠江模式"是20世纪80年代中期国内广播业适应社会改革开放的现实变革，在广东地区首先取得突破性的成功经验。它事实上是由《37号文件》启动的广播改革的一个新品种。它的新意在于给"事业单位，企业管理"的运行概念提供了新的诠释。

建台以后，北京人民广播电台在时代潮流中经历了曲折的发展过程，新闻类节目、社教类节目、文艺类节目和服务类节目发挥了不同作用，丰富了北京居民的生活。改革开放以后，北京电台在"珠江模式"的影响下，开始了频率专业化改革。1990年，北京经济台开始试播，这是北京电台专业化建设的开端。从1993年到1994年，北京电台用了两年的时间完成了建立七个专业化系列台格局。之后，一些经济效益不佳的专业台被撤销，一些市场前景好的专业台相继建立。这些专业台在探索、发展的过程中逐渐形成了自己的特色，具有良好的经济效益和社会效益。在专业台建设的曲折道路上，北京电台的频率专业化改革逐渐深入，走向成熟。

北京电台对于广播频率专业化的定义是：广播频率或广播节目以目标听众群为传播对象，明确市场定位，传播相对专一的内容，并通过各种手段努力形成个性和特色的大众传播行为。[①] 这一定义显示：广播频率专业化改革不是为了"专业化"而专业化，因为专业化本身不是目的，通过专业化形成广播的特色与个性，最终赢得听众青睐，才是真正的追求。为了赢得听众青睐，广播电台势必要使专业台及其节目内容为听众服务，致力于提高听众的生活质量。

二、专业台设立与北京居民生活质量

本部分从北京交通台、北京体育广播和北京城市管理广播的设立与北京居民生活质量之间的关系方面进行论述。这些专业台是因北京居民生活质量的提高而设立的，而这些台的设立及其节目内容又反过来促进了北京居民生活质量的提高。

北京交通台和北京城市管理广播的呼号在建台后进行过调整。1993年12月18日，北京交通台开播。[②] 1998年1月1日，原"北京交通台"的呼号改为"北京人民广播电台927千赫"。[③] 1999年1月1日，原教育台调频103.9兆赫由交通

[①] 赵多佳、边建：《论广播专业化——专业化办台的实践与思索》，北京：中国广播电视出版社，2002年，第53页。

[②] 北京人民广播电台编：《北京人民广播电台志》，北京：中国广播电视出版社，1999年，第333页。

[③] 北京人民广播电台编：《北京人民广播电台志补》，北京：中国广播电视出版社，2003年，第5页。

台使用，交通台从即日起用调频103.9兆赫和中波927千赫双频播出。① 1999年4月18日，生活台开播，交通台的中波927千赫由生活台使用，交通台的呼号为"北京人民广播电台调频103.9兆赫"。② 2000年7月12日，原"北京人民广播电台调频103.9兆赫"的呼号改为"北京人民广播电台交通广播"，简称北京交通广播。③ 2005年3月1日，北京城市管理广播正式开播。④ 2007年11月1日，北京人民广播电台城市管理广播更改呼号为"北京人民广播电台城市服务管理广播"，简称北京城管广播。⑤ 因本部分探讨的是专业台设立与北京居民生活质量之间的关系，侧重于专业台的设立，故标题中的专业台呼号采用建台时使用的呼号。

(一)汽车拉动北京交通台

交通在人们的日常生活中占据着重要的地位。20世纪90年代以来，北京的交通不断发展，随之出现了交通拥堵等问题。车辆行驶管理向规范化、科学化方向发展。据1995年12月调查统计，通行能力为每小时6000至7000辆机动车的二环路、三环路，已承担了三环路以内全部机动车流量的50%，机动车高峰小时车流量均已达11000辆以上；道路年增长率为3%，机动车年增长率为15%，交通流量年增长率为18%；三环路以内道路机动车速度由1990年的18公里/小时降至1995年的12公里/小时；全市经常发生周期性拥堵的路口路段90余处；全市设单行线275条、禁行线265条，禁止机动车左转弯路口233个。⑥

在调查交通流量方面，1991年4月5日，北京市重新确定了43个路口为路口交通流量调查点，并调整了调查项目、规定及要求。⑦ 在设置单、禁行线方面，到1995年年底，全市机动车单行线275条，禁行线265条，禁止机动车左转弯路口233个。⑧ 在渠化道路交通方面，到1995年，北京市429处有信号灯的路口，全部实现了路口交通渠化。⑨ 在道路交通规划建设管理方面，1995年，市

---

① 北京人民广播电台编：《北京人民广播电台志补》，北京：中国广播电视出版社，2003年，第6页。
② 北京人民广播电台编：《北京人民广播电台志补》，北京：中国广播电视出版社，2003年，第6页。
③ 北京人民广播电台编：《北京人民广播电台志补》，北京：中国广播电视出版社，2003年，第7页。
④ 北京人民广播电台编：《北京人民广播电台年鉴2005》，北京：中国广播电视出版社，2007年，第313页。
⑤ 北京人民广播电台编：《北京人民广播电台年鉴2007》，北京：中国广播电视出版社，2009年，第329—330页。
⑥ 北京市地方志编纂委员会编著：《北京志·市政卷·道路交通管理志》，北京：北京出版社，2000年，第215页。
⑦ 北京市地方志编纂委员会编著：《北京志·市政卷·道路交通管理志》，北京：北京出版社，2000年，第218页。
⑧ 北京市地方志编纂委员会编著：《北京志·市政卷·道路交通管理志》，北京：北京出版社，2000年，第225—226页。
⑨ 北京市地方志编纂委员会编著：《北京志·市政卷·道路交通管理志》，北京：北京出版社，2000年，第228页。

社会生活探索

公安交通管理部门共参与审批市政道路设计项目和大、中型公共建筑项目100余项。

以上这些道路和车辆行驶管理的变迁,都是因为随着经济的发展,北京市的机动车销售量和保有量逐年增加,造成了一系列交通问题。

汽车作为第三次消费结构升级的标志性商品,已由奢侈品变成日常生活消费品,并带动相关消费快速增长,成为拉动北京市消费市场持续增长的重要动力。① 如表1所示。

表1　1990—2009年北京市机动车保有量②　　　　单位:万辆

年份	1990	1991	1992	1993	1994	1995	1996	1997	1998	1999
保有量	38.9	42.5	47.8	56.8	66.9	82.5	92.1	114.5	130.7	139.2
年份	2000	2001	2002	2003	2004	2005	2006	2007	2008	2009
保有量	157.8	169.9	189.9	212.4	229.6	258.3	287.6	312.8	350.4	401.9

从2001年开始,北京的汽车销售开始步入快车道,当年共销售汽车23万辆,比上年增长25.5%。③ 2002年,北京市销售机动车26.0万辆,比上年增长13.7%。④ 2003年,北京市销售机动车40.8万辆,比上年增长56.6%。⑤ 2004年,北京市销售机动车44.7万辆,比上年增长9.8%。其中,新车30.4万辆,增长3.9%;旧车14.3万辆,增长24.8%。⑥ 2005年,北京市销售机动车57万辆,比上年增长27.5%。其中,新车37.2万辆,增长22.3%。⑦ 2006年,北京市销售机动车71.4万辆,比上年增长25.2%。其中,新车39.1万辆,增长5.1%;旧车32.3万辆,增长62.8%。⑧ 2007年,北京市销售机动车79.8万辆,比上年增长11.8%。其中新车44.3万辆,增长13.2%;旧车35.5万辆,增长10%。⑨ 2008年,北京市销售机动车87.8万辆,增长10%。其中,新车49.3万辆,增长

---

① 北京市统计局编:《北京市社会经济统计报告(2005)》,北京:同心出版社,2005年,192页。
② 《北京市机动车保有量》,北京市公安局公安交通管理局网站,http://www.bjjtgl.gov.cnjgjy-wsjindex.html。
③ 北京市统计局编:《北京市社会经济统计报告(2005)》,北京:同心出版社,2005年,192页。
④ 《北京市统计局2002年国民经济和社会发展统计公报》,《北京统计》,2003年第1期。
⑤ 《北京市统计局2003年国民经济和社会发展统计公报》,《北京市人民政府公报》,2004年第5期。
⑥ 《北京市统计局2004年国民经济和社会发展统计公报》,《北京市人民政府公报》,2005年第4期。
⑦ 《北京市2005年暨"十五"期间国民经济和社会发展统计公报》,《北京市人民政府公报》,2006年第3期。
⑧ 《北京市2006年国民经济和社会发展统计公报》,《数据》,2007年第1期。
⑨ 《北京市2007年国民经济和社会发展统计公报》,《北京市人民政府公报》,2008年第4期。

11.3%；旧车38.5万辆，增长8.3%。① 2009年，北京市销售机动车114.8万辆，增长30.8%。其中，新车70.2万辆，增长42.4%；旧车44.6万辆，增长15.9%。②

机动车数量的大幅增加直接导致了道路的堵塞，道路建设的速度赶不上汽车的增长速度。2002年年底，北京道路总长18759公里，比1997年增加了近800公里，但与此同时，北京市的机动车保有量却增长了100万辆。二环、三环、四环，几乎通车之日就是堵车之时。多年以来，北京市四环路以内集中了全市65%的重点小学、80%的三甲医院，是动物园、新发地、大红门、西单等大型商场和繁华商业区，以及三里屯、什刹海、南锣鼓巷、簋街等餐饮娱乐场所的集中区域，几乎所有这些点位都已经成为无法回避的常规堵点。③从上午8点到10点，从下午5点到晚上7点，从航天桥到紫竹桥，从西直门到官园桥，从长安街到万寿路，从礼士路到儿童医院，在杜家坎，在西二环，在回龙观，公家车、私家车、公共汽车密密麻麻布满路面。交通拥堵虽然是让人头痛的城市问题，却也是广播发展的契机。北京交通广播就抓住了这一契机，诞生并迅速发展。北京市机动车数量从40万辆到200万辆的十年，也是北京交通广播营业利润从300万元到1.5亿元的十年。④

北京交通广播是根据北京市政府红头文件的指示成立的。北京市领导在国外访问时得知了交通广播这种形式，觉得北京也有这样的需要，便督促北京电台建立了交通台。1993年12月18日，北京交通台开播。时任中共北京市委副书记李志坚、时任副市长何鲁丽写信祝贺交通台开播。⑤

从诞生之日起，交通广播就是北京市公安交通管理局执法部门和广播相结合的产物。交管局需要通过交通广播这个渠道，通过发布路况信息，来引导车辆出行，更好地进行交通的管理和疏导；交通广播则需要路况信息来争取听众，扩大影响。1995年4月，交管局将警官宋林祥派到交通广播，他既是交管局的干部，又是交通广播的台长助理和新闻部主任。他说："交通台的做法、规定，我要及时与交管局沟通，交管局出台的新的法规政策，包括一些意见精神，我要及时与交通台沟通，起到双方面的配合。"⑥和宋林祥一起来交通广播协调双方关系的还包括另外三名警官，他们都在交通广播担任部门主任。针对主持人对路况不熟悉

---

① 《北京市2008年国民经济和社会发展统计公报》，《北京市人民政府公报》，2009年第5期。
② 《北京市2009年国民经济和社会发展统计公报》，《数据》，2010年第3期。
③ 《治理拥堵"慢性病"，北京在行动》，北京市公安局公安交通管理局网站，http://www.bjjtgl.gov.cn/jgj/mtlj/424005/index.html。
④ 徐泓主编：《超越：北京交通广播解析》，北京：北京大学出版社，2003年，第20页。
⑤ 北京人民广播电台编：《北京人民广播电台志》，北京：中国广播电视出版社，1999年，第333页。
⑥ 徐泓主编：《超越：北京交通广播解析》，北京：北京大学出版社，2003年，第22页。

的情况,交管局还在全局五六百名女交警中选出三位女警官作为交通广播的路况信息播音员,每天播报路况。交警报路况有一种权威感,能提高交通广播的收听率,也宣传了交管局。①

(二)北京奥运会助跑北京体育广播

1993年9月23日,国际奥委会在摩纳哥蒙特卡洛举行第101次全会,投票表决2000年第二十七届奥运会主办城市。结果,北京以2票之差输给了悉尼。1998年,北京市再次申请承办奥运会。2001年7月13日,国际奥委会第112次全会在莫斯科国际贸易中心会场举行。当地时间17:09,北京时间22:09,经全体奥委会委员以无记名投票方式表决,时任国际奥委会主席萨马兰奇宣布2008年奥运会的主办城市是北京。②

北京申办2000年奥运会的失败和申办2008年奥运会的成功,反映出北京经济的不断发展和市民生活质量的持续提高,这使北京有能力、有愿望承担这项世界瞩目的盛大赛事。

《北京2008年奥运会申办报告》中提到:"近10年来,北京的经济发展保持快速持续增长。1991—2000年,北京市财政收入年平均增长17.5%。政府和民间都有雄厚的财力和资源保证奥运会的资金需求。奥运会比赛场馆设施建设投资完全符合北京市经济和社会发展长期规划的要求,不会给市民带来额外负担。"③作为财政收入的组成部分,个人所得税在一定程度上反映了北京居民的收入水平。

表2 北京市地方财政收入与个人所得税(1990—2009年)④ 单位:亿元

年份	1990	1991	1992	1993	1994
财政收入	74.01	77.02	80.25	84.10	99.85
个人所得税	2.02	2.56	3.15	4.30	9.24
年份	1995	1996	1997	1998	1999
财政收入	115.25	150.90	209.91	262.01	320.44
个人所得税	16.21	22.67	28.76	36.49	45.88

---

① 徐泓主编:《超越:北京交通广播解析》,北京:北京大学出版社,2003年,第23页。
② 北京市地方志编纂委员会编著:《北京志·北京奥运会志(上)》,北京:北京出版社,2012年,第68—91页。
③ 《北京2008年奥运会申办报告(连载之三)》,人民网,http://www.people.com.cn/GB/shizheng/252/5934/5940/20010802/526540.html。
④ 《北京统计年鉴2010》,北京市统计信息网,http://tjj.beijing.gov.cn/nj/main/2010_ch/content/mv115_0603.htm。http://tjj.beijing.gov.cn/nj/main/2009_chl/content/mv103_06—1.htm。

续表

年份	2000	2001	2002	2003	2004
财政收入	398.39	507.68	600.96	665.94	830.03
个人所得税	56.38	79.52	61.29	57.21	73.34
年份	2005	2006	2007	2008	2009
财政收入	1007.35	1235.78	1882.04	2282.04	2678.77
个人所得税	84.52	102.28	135.20	171.33	177.84

表3 北京市人均可支配收入(1990—2009年)[①]　　　　　单位：元

年份	1990	1991	1992	1993	1994
人均可支配收入	1787.1	2040.4	2363.7	3296.0	4731.2
年份	1995	1996	1997	1998	1999
人均可支配收入	5868.4	6885.5	7813.1	8472.0	9182.8
年份	2000	2001	2002	2003	2004
人均可支配收入	10349.7	11577.8	12463.9	13882.6	15637.8
年份	2005	2006	2007	2008	2009
人均可支配收入	17653.0	19978.0	21989.0	24725.0	26738.0

从表2和表3可以看出，1990年至2009年，北京市的财政收入、个人所得税和人均可支配收入均持续增长，这反映出北京市的经济发展十分迅猛。经济的发展和人均可支配收入的增加使北京居民的物质生活质量得到了提高，这从城镇居民家庭和农民家庭的主要耐用消费品拥有量的变化即可看出。

表4 城镇居民家庭每百户主要耐用消费品拥有量(1990—2009年)[②]

年份	1990	1991	1992	1993	1994	1995	1996	1997	1998	1999
淋浴热水器(台)			17	23.2	38.8	45.4	52	58.4	65.4	67.1
洗衣机(台)	93.2	93	96.1	99.8	102.8	100.4	101.4	100.6	102.2	99.6
彩色电视机(台)	90.9	97.1	101.4	107.2	111.8	113.6	119.2	123.8	133.2	141.4

[①] 《北京统计年鉴2010》，北京市统计信息网，http://tjj.beijing.gov.cn/nj/main/2010_ch/content/mv133_0801a.htm。

[②] 《北京统计年鉴2010》，北京市统计信息网，http://tjj.beijing.gov.cn/nj/main/2010_ch/content/mv144_0811.htm。

续表

年份	1990	1991	1992	1993	1994	1995	1996	1997	1998	1999
电冰箱（台）	96.4	101.7	101.3	100.8	104.4	104.4	105.4	104.2	105.4	102.8
照相机（架）	66.5	72.7	77.2	82.4	85.4	86.8	87.2	88.2	95.2	95
空调器（台）		0.1	0.6	1.8	5	11.8	14.2	27.2	34	49.9
计算机（台）								12.2	15	23.5
移动电话（部）								1.2	3	12.9
家用汽车（辆）								0.8	1	2.5

年份	2000	2001	2002	2003	2004	2005	2006	2007	2008	2009
淋浴热水器（台）	74.4	78.1	83.5	85.4	94.1	97	98.1	98.9	95.4	98.1
洗衣机（台）	102.8	102.2	98.6	99.3	102	105	106.9	102.2	98.6	100.4
彩色电视机（台）	145.5	148.9	148.4	147	150.6	152.8	155.3	147	134	137.6
电冰箱（台）	107.4	106.6	101.6	100.4	102.6	104	104.8	108.1	102.8	103.6
照相机（架）	95.7	100.7	99.6	103.3	100.4	109.1	112.7	98.9	81.6	89.4
空调器（台）	69.6	89.7	106.5	119.3	135.7	146.5	157.1	157.3	152.5	162.7
计算机（台）	32.1	45.3	55.5	68.3	79.4	89.2	95.7	91.6	85.9	97
移动电话（部）	27.6	62.4	94	133.7	164.5	190	206.1	207.1	191.4	212.7
家用汽车（辆）	2.5	2.6	4.1	6.6	12.6	14.1	18.1	19.9	22.7	29.6

表5　农民家庭每百户主要耐用消费品拥有量（1990—2009年）[①]

年份	1990	1991	1992	1993	1994	1995	1996	1997	1998	1999
自行车（辆）	235	232	245	249	254	251	250	248	249	241
移动电话（部）										
空调机（台）					1	2	2	3	5	9
影碟机（台）										
彩色电视机（台）	29	42	46	56	65	74	79	85	92	101
家用计算机（台）										
照相机（架）	8	11	14	15	17	21	21	25	26	29

[①] 《北京统计年鉴2010》，北京市统计信息网，http：//tjj.beijing.gov.cn/nj/main/2010_ch/content/mv153_0820.htm。

续表

年份	1990	1991	1992	1993	1994	1995	1996	1997	1998	1999
洗衣机(台)	63	69	73	76	80	81	83	84	85	86
电冰箱(台)	23	36	40	47	53	63	67	72	75	81
家用汽车(辆)										
年份	2000	2001	2002	2003	2004	2005	2006	2007	2008	2009
自行车(辆)	220	220	214	210	206	189	182	182	183	181
移动电话(部)	14	30	52	77	102	139	161	182	201	212
空调机(台)	20	27	35	39	47	63	72	78	89	98
影碟机(台)	23	27	30	34	39	49	50	47	49	50
彩色电视机(台)	107	112	116	116	119	129	131	134	137	138
家用计算机(台)	7	12	16	22	27	36	41	46	52	58
照相机(架)	26	29	32	32	35	37	38	37	39	42
洗衣机(台)	85	91	94	94	96	97	97	99	101	101
电冰箱(台)	84	86	91	94	96	100	100	104	104	105
家用汽车(辆)	3	5	6	6	8	10	10	11	12	12

从表4和表5可以看出，居民家庭耐用消费品从无到有，数量整体呈上升趋势，并稳定在较高水平。随着家用汽车拥有量的增加，农民家庭的自行车拥有量在1999年以后出现了大幅度下降。开私家车出行逐步取代了骑自行车出行。

北京的经济发展和居民收入水平、生活质量的提高，为北京承办奥运会奠定了良好的基础。而北京奥运会的举办又可以开阔北京居民的眼界，增加北京的财政收入，提高北京居民对体育锻炼的热情，促进北京居民以更加文明的姿态迎接外国客人，从而提高北京居民的生活质量。

北京申奥成功以后，中国人民对奥运的期盼和对体育的热爱更加强烈。作为2008年奥运会的东道主，筹办奥运会成为北京市委市政府的重点工作。在长达七年的奥运会筹备过程中，加大宣传报道的力度无疑是非常重要的。这包括全面关注北京筹办奥运的进程；通过多种形式宣传、弘扬奥林匹克精神；教育和引导市民提升素质，当好东道主，热情迎嘉宾以及广泛宣传改革开放的伟大成就等。作为主流媒体，北京电台责无旁贷。这时，成立体育台的意向已经在北京电台领导层中达成了共识，一个新的方案呼之欲出。

2001年9月20日，自1999年4月18日开播的生活台被撤销，改造为体育台，使用中波 927 千赫播音。①

2001 年 12 月 21 日，北京人民广播电台体育广播开播仪式暨新闻发布会在国家体育总局训练局运动员餐厅举行。首都新闻界和体育界人士济济一堂。时任国家体育总局副局长李富荣、竞技体育司司长杨树安等国家体育总局领导和北京市体育局领导纷纷到场祝贺。世界冠军李永波、刘国梁、田亮等体育明星也来助阵捧场。当时声名显赫的中国足球队主教练米卢也到场了。李永波说："听到北京广播电台要创办体育广播的消息时我就非常激动，我们体育人终于有了自己的广播频率。今后，我会鼎力帮助体育广播，希望它越办越好。"②

2002 年 1 月 1 日 5 点 55 分，电波中传来："北京人民广播电台体育广播，中波 927 千赫、有线调频 92.7 兆赫，现在开始播音……"作为高级播音员，体育广播第一任台长后晓军发出了体育广播的第一声。③ 体育广播诞生了。

2005 年 1 月 17 日，体育广播除中波 927 千赫外，调频 102.5 兆赫正式开播。④

2008 年，体育广播在对北京奥运会的播报上发挥了重要作用，让在路上的人也能知晓比赛现场的情况，满足了人们对奥运会信息的需求。

(三) 服务型政府打造北京城市管理广播

2004 年，温家宝总理在政府工作报告中，明确提出了"建设服务型政府"的目标要求。服务型政府是现代民主政治的本质要求，重点强调权力的来源和归宿是人民，并且基于政府的公仆身份进行运作，最终实现公共利益最大化的一种政府体制。它以公众为中心，重视对公众与社会需求的回应和广泛的公众参与。⑤ 它的服务主体是各级政府，服务对象是公民、社会组织和社会，服务的宗旨是为民兴利，促进社会的稳定发展，服务的内容是由民意决定，服务的方式是公开透明的方式，本质是以民为本、为民服务。⑥ 建设服务型政府，必须打破过去控制型政府对信息的单向传播，既要站在服务对象的立场上主动树立服务意识，也要重视信息传播后和服务提供以后的信息反馈，掌握受众的感受和评价，就必须建设一个交流和沟通的平台，最现实、最广泛和最有优势的就是利用新闻媒体的中

---

① 边建等编著：《体育声儿 北京范儿——北京体育广播十一年纪事》，北京：中国国际广播出版社，2013 年，第 7 页。
② 边建等编著：《体育声儿 北京范儿——北京体育广播十一年纪事》，北京：中国国际广播出版社，2013 年，第 2 页。
③ 边建等编著：《体育声儿 北京范儿——北京体育广播十一年纪事》，北京：中国国际广播出版社，2013 年，第 10 页。
④ 边建等编著：《体育声儿 北京范儿——北京体育广播十一年纪事》，北京：中国国际广播出版社，2013 年，第 63 页。
⑤ 王丽莉：《服务型政府：从概念到制度设计》，北京：知识产权出版社，2009 年，第 55—59 页。
⑥ 周艺：《媒体与服务型政府互动机制研究》，国防科学技术大学硕士学位论文，2008 年，第 16 页。

介作用，构建交流互动的平台。① 北京市委市政府通过推动建设北京城市服务管理广播，更好地建设服务型政府，从而为民服务，有效地提高了市民的生活质量。

2004年11月13日，时任北京市市长王岐山在调研城管工作时说："今后几年是北京市全面贯彻落实中央精神，实现'新北京、新奥运'战略构想的关键时期。在首都城市管理工作中，还存在着许多问题需要解决，任务十分繁重，时间非常紧迫，必须调动政府、群众、媒体等各方面的力量，从解决具体问题入手，提高城市建设和管理水平。"他提出要创办一个城市管理广播电台，来反映群众呼声，推动政府提高城市管理工作的水平。成立城市管理广播，是北京市委市政府贯彻落实中央关于构建和谐社会的要求做出的重要决策。对市政府建设一个市民参与监督城市建设与管理平台的构想，北京电台的领导非常重视，行动迅速。仅隔十天，北京电台就在召开的专题会议上决定，将北京经济广播改造为北京城市管理广播。②

2005年2月21日，北京市政府专门召开会议，研究成立北京城市管理广播。③

2005年3月1日，北京城市管理广播的呼号出现在首都上空。这是全国第一家以城市管理为宗旨和主要内容的专业广播频率，也是北京人民广播电台在15年的频率专业化改革发展历史中建立的第11个专业广播频率。④ 建立这样一个专业广播的目的是扭转城市"重建轻管"的局面，提高城市的服务管理水平，在政府和市民之间架设一座沟通理解的"金水桥"，使政府更好地为市民服务，提高北京居民的生活质量。

2007年10月29日，在《北京市广播电视局关于同意北京人民广播电台城市管理广播更名为城市服务管理广播的批复》（京广函〔2007〕422号）中指出："经我局审核并报国家广电总局批准，同意北京人民广播电台城市管理广播更名为城市服务管理广播，播出时呼'北京人民广播电台城市服务管理广播'。该套广播原传输方式和技术参数不变。"11月1日，北京人民广播电台城市管理广播正式更改呼号为"北京人民广播电台城市服务管理广播"，仍在原频率播出，每天播音20.5小时。北京城市管理广播更名为"北京城市服务管理广播"旨在落实党的十

---

① 向华全：《媒体在建设服务型政府中的特殊作用》，《理论与改革》，2006年第4期。
② 甄广里：《电波搭起"金水桥"——记北京市委市政府与北京城市管理广播》，《中国广播》，2006年第12期。
③ 北京城市服务管理广播编：《爱北京，一起来——北京城市服务管理广播开播五周年》，北京：北京城市服务管理广播，2010年，第5页。
④ 北京人民广播电台编：《北京人民广播电台年鉴2005》，北京：中国广播电视出版社，2007年，第9页。

七大精神,在加强与市民沟通的基础上,进一步强化为群众服务的功能,积极协助党和政府解决好人民群众最直接、最关心、最现实的利益问题。[①]

(四)小结

北京交通广播、北京体育广播和北京城市服务管理广播的设立与北京居民生活质量密切相关。

北京交通广播是为解决机动车数量的增加带来的交通拥堵而设立的。交管局通过交通广播的路况信息发布,引导车辆出行,更好地进行交通的管理和疏导,使市民的出行更加顺畅。除了路况信息,交通广播还为听众提供娱乐和情感支持。这种服务无疑提高了人们的生活质量。

北京体育广播因北京奥运会的举办而设立。北京的经济发展和北京居民生活质量的提高,为北京申奥成功和奥运会的成功举办打下了良好的基础。而北京居民通过北京体育广播可以了解到北京奥运会的实况,丰富精神生活。[②] 北京体育广播使北京奥运会和北京市民的生活紧密联系在一起,丰富了人们的精神生活。

北京城市服务管理广播是政府为更好地服务北京居民而设立的。北京城市服务管理广播的主要节目有:针对北京市已发布、施行的各类城市管理法规、政策,请政府各职能部门的主要领导到电台直播间为市民解读政策、解疑释惑的节目;民意征集和民意调查类节目;城市建设、管理的新闻和信息节目;典型人物报道节目;介绍北京文化和世界各地城市管理经验的知识类节目;为听众的"衣食住行用"提供咨询的生活服务类节目;针对外地来京务工人员和老年听众的节目。[③] 城市广播是北京市政府和北京居民沟通的又一便捷渠道,是北京市政府建设服务型政府的具体举措之一,使政府领导能够直接与市民交流,以最快的速度解决市民对政策的疑惑和市民生活中的实际问题。

三、专业台节目名称展现的北京居民生活质量

名称是一档节目的招牌,是节目主旨和风格的反映。频率专业化改革前,北京电台的节目名称展现出明显的受政治影响的特点。频率专业化改革后,北京电台的节目名称不仅体现了节目内容,也能反映出时代的发展和人们当时所关注的问题。例如,2000年北京经济广播的《股友家园》反映了股票的兴盛;2004年北京音乐广播的《彩铃乐翻天》反映了彩铃的流行;2009年北京新闻广播的《博闻天

---

① 北京人民广播电台编:《北京人民广播电台年鉴2007》,北京:中国广播电视出版社,2009年,第329—330页。
② 边建等编著:《体育声儿 北京范儿——北京体育广播十一年纪事》,北京:中国国际广播出版社,2013年,第125—127页。
③ 北京人民广播电台编:《北京人民广播电台年鉴2005》,北京:中国广播电视出版社,2007年,第16页。

下》反映了微博的时尚。

本部分介绍频率专业化改革前北京电台节目名称的特点,并选取改革后专业台较有特色的节目名称,探究其所反映的北京居民生活质量。

(一)频率专业化改革前北京电台的节目名称与北京居民生活质量

本文第一部分提到,频率专业化改革前的北京电台的节目大致可分为新闻类节目、社教类节目、文艺类节目和服务类节目。

频率专业化改革前,北京电台的新闻类节目的名称中多标明"新闻"或"时事",如《本市新闻》《北京新闻》《新闻》《简明新闻》《时事节目》《赵师傅和小刘谈时事》《对中学生时事广播》等。同时,北京电台长期转播中央人民广播电台的《新闻和报纸摘要》和《国际新闻》。[①] 这些新闻节目以播送国内外政治时事为主,并不涉及普通人的生活。

北京电台的社教类节目很多都有明确的受众,因而节目名称中也嵌有某类受众的名称。1953年前的节目有《工人节目》《青年时间》《妇女园地》《儿童节目》《学生节目》《战士节目》《教师节目》《工商节目》等。北京电台又于1957年开办了《对农村广播》,于1961年开办了《对厂矿职工广播》《对青年学生广播》,于"文革"期间开办了《人民子弟兵节目》《红卫兵节目》《红小兵节目》《对红卫兵广播》《对红小兵广播》《首都工人节目》。[②] 这类节目主要是对某类对象进行政治教育,被组织收听的人们对其内容并无多少兴趣。例如,《工人节目》于1949年4月开办时,名为《职工时间》,着重进行时政教育和政治运动的宣传鼓动。1950年1月,随着工会组织在工厂的建立健全,《职工时间》改名为《工人节目》,向工人传达解释市总工会工作指示并播送工会工作经验。当时多数工人广播小组反映工人不爱听《工人节目》,认为内容太干巴,距离自己的生产和生活较远。[③]

北京电台的文艺类节目大多直接将节目的类别作为节目名称。音乐节目有:《革命歌曲欣赏》《新歌演唱》《教唱歌》《民间音乐》《口琴演奏》《管弦乐》《苏联音乐》《星期音乐会》《轻音乐》《外国音乐》《为毛主席诗词谱写的歌曲》《每周一首革命歌曲》《教唱革命歌曲》等;戏曲、曲艺节目有:《地方杂曲》《京剧》《评戏》《地方戏》《相声》《评书》《单弦》《琴书》《京韵大鼓》《西河大鼓》《铁片大鼓》《曲艺轮流节目》《转播剧场演出实况》等;文学节目有:《诗歌欣赏》《故事讲述》《小说朗诵》《播音剧》《电影录音》《文学创作知识讲座》《小说连续广播》《文学知识》《世界著名戏剧故事》《星期日文苑》等。[④] 这类节目丰富了人们的精神生活,在物质生活质量普遍

[①] 北京人民广播电台编:《北京人民广播电台志》,北京:中国广播电视出版社,1999年,第10页。
[②] 北京人民广播电台编:《北京人民广播电台志》,北京:中国广播电视出版社,1999年,第31—32页。
[③] 北京人民广播电台编:《北京人民广播电台志》,北京:中国广播电视出版社,1999年,第33页。
[④] 北京人民广播电台编:《北京人民广播电台志》,北京:中国广播电视出版社,1999年,第83—92页。

社会生活探索

较低的年代，提高了人们的精神生活质量。

北京电台的服务类节目种类很多，有公益性节目《广播体操》《天气预报》，有听众联系节目《听众信箱》《听众之声》，有生活服务节目《听众服务》《小常识》《生活顾问》，有经济服务节目《广告》《信息服务》等。① 这些节目内容各不相同，但都为听众提供某种服务，有助于提高其生活质量。

总而言之，受到从中华人民共和国建立到改革开放时期的政治环境影响，频率专业化改革前的北京电台的节目名称比较严肃、呆板，是对节目内容或固定受众的直接说明，反映出节目提供给听众的信息和服务比较单一，人们的生活也相对单调、朴素。

(二)北京电台专业台节目名称与北京居民生活质量

与频率专业化改革前的北京电台节目名称相比，改革后的节目名称更为活泼，更具有生活气息和文艺气息。从改革后的节目名称中，我们能够触摸时代的脉搏，了解生活的变化。

1. 在《美食大观》赏《美酒美食》

俗话说：民以食为天。饮食是人们日常生活中最重要的一项内容。饮食的质量可以在很大程度上反映人们的物质生活质量。

《美食大观》是生活广播于1999年设置的一档知识性、服务性专题节目。该节目以大众餐饮、美食服务内容为主，集纳当周美食生活资讯，将重要的实用信息及时地传达给听众。下设栏目："特色食府""食府星榜""食府专递""温馨提示"等。② 《美酒美食》是首都生活广播于2007年设置的一档资讯服务类节目。该节目提供与饮食相关的贴近服务，展现最前沿的餐饮时尚，挖掘饮食背后的文化历史。③ 《美食大观》和《美酒美食》都是美食类节目。这类节目的设置反映出随着收入的增加，人们对日常饮食的要求越来越高。饮食不再只是生存的需要，更是一种享受。"食"之质量的提高，反映出人们生活质量的提高。

进入20世纪90年代，北京市市场繁荣，商品供应充足。1992年，经济体制改革步伐加快。北京市郊区各种农副产品产量逐年增加，外地农副产品大量进京，农产品集贸市场和农产品批发市场迅速发展，食品供应渠道进一步拓宽，居民选择余地大大增加。1993年11月，北京市政府决定正式取消粮票和居民购粮本。这标志着经过40年的漫长历程，凭粮票证限量供应商品的办法正式退出历

---

① 北京人民广播电台编：《北京人民广播电台志》，北京：中国广播电视出版社，1999年，第97—101页。
② 北京人民广播电台编：《北京人民广播电台年鉴1999》，北京：中国广播电视出版社，2002年，第100页。
③ 北京人民广播电台编：《北京人民广播电台年鉴2007》，北京：中国广播电视出版社，2009年，第115页。

史舞台。①

与此同时，北京市城乡居民的食品消费逐渐从主食型过渡到副食型。在城镇居民购买食品支出中，用于购买粮食支出的比重，由1978年占31.32%和1997年占9.37%下降到2009年的6.08%②。城镇居民家庭人均粮食消费量由1978年的182.7公斤下降到1997年的82.95公斤，下降幅度在50%以上。随着粮食消费量的不断下降，居民购买粮食的方式也发生了变化，由过去大口袋（25公斤）往家扛，改成了现吃现买。③粮食消费大幅度下降，副食品消费成倍增长。在副食品中，1997年人均消费猪肉27.24公斤，比1978年增长70.6%；牛羊肉12.7公斤，比1978年增长5.4倍；家禽8.97公斤，比1978年增长7.9倍；蛋类17.49公斤，比1978年增长3.1倍；水产品11.67公斤，比1978年增长1.5倍。④在此期间，农村居民的食品消费也发生了很大变化，在购买食品支出中，用于购买粮食支出的比重由1978年的59.73%和1997年的23.32%下降到2009年的8.61%⑤。

北京市城乡居民食品消费的改善，更主要的是反映在食品的品种和质量上，也就是从量的增加转向质的提高。

在粮食消费上，标准粉和籼米被过去只有在重要节日才能吃到的富强粉和圆粒大米所代替，食用粗粮主要是为了调剂口味或补充营养。市场上猪肉、鸡、鸭、鱼、虾、蟹、海参、鱿鱼等品种繁多，应有尽有，人们讲究吃鲜、吃活。⑥同时，牛奶生产也进入了一个新的发展时期。1990年，全市奶牛存栏数达到64646头，年产鲜奶突破2亿公斤。⑦

北京市农贸市场进一步扩大，"绿色通道"畅通，大钟寺、岳各庄等蔬菜批发市场相继建立，南方鲜菜源源不断供应北京。北京居民熟悉的集贸早市异常红

---

① 北京市地方志编纂委员会编：《北京志·综合卷·人民生活志》，北京：北京出版社，2007年，第191页。

② 《北京统计年鉴2010》，北京市统计信息网，http://tjj.beijing.gov.cn/nj/main/2010_ch/content/mv140_0807.htm。

③ 北京市地方志编纂委员会编：《北京志·综合卷·人民生活志》，北京：北京出版社，2007年，第204页。

④ 北京市地方志编纂委员会编：《北京志·综合卷·人民生活志》，北京：北京出版社，2007年，第191页。

⑤ 《北京统计年鉴2010》，北京市统计信息网，http://tjj.beijing.gov.cn/nj/main/2010_ch/content/mv150_0817.htm。

⑥ 北京市地方志编纂委员会编：《北京志·综合卷·人民生活志》，北京：北京出版社，2007年，第191页。

⑦ 北京市地方志编纂委员会编：《北京志·综合卷·人民生活志》，北京：北京出版社，2007年，第228页。

火，各种蔬菜应有尽有。随着生活水平的提高，生活质量的改善，人们买菜也改变了单纯追求数量、图便宜的旧观念，而要吃新鲜、讲营养。随着科技的发展，蔬菜新品种逐年增加，质量提高。精品菜、半成品菜、净菜已经成为北京居民的新宠。①

市场上的水果，四季飘香，居民可以常年吃到西瓜、香蕉、荔枝、桂圆等高档果品。北京果品生产持续增长，一些进口水果不断进入北京市场，如美国的蛇果、西柚、布朗、油梨，泰国的红毛丹、山竹、亚参果，越南的火龙果，新西兰的猕猴桃等。国产名优瓜果也源源不断涌入北京，如新疆的哈密瓜、河南的黄河蜜、陕西的猕猴桃、唐山的秋梨、福建的鲜荔枝、广西的芒果、广东的柚子和菠萝、四川的柑橘和脐橙等。果品市场淡季不淡，各种不同档次的果篮包装精美，价格适中，消费者可以随意挑选。②

在超市的货架上，适合不同人群食用的不同品味、不同档次的糕点、糖果、以及各种小食品，品种繁多，琳琅满目。居民购买糕点开始注重低糖、低热量和营养价值高的食品，选择含有各种维生素、添加各种杂粮谷类的糕点。食品行业根据消费者需求，营销方式多样化，现场制作、现场销售，开展"新品品尝"等促销活动，满足了不同消费层次的需求，糕点市场规模逐年扩大。③

北京市城镇居民食品消费的另一大变化是，到饭馆、餐厅、宾馆就餐的增加。北京居民遇有喜庆节日，或亲朋好友相聚，到饭馆摆上一桌丰盛的酒席逐渐成为平常的事情。即使在平日，一家几口或几位知己到饭馆点上一些可口的饭菜，或是到各类餐馆品尝不同风味的菜肴、快餐和小吃，已很常见。④ 北京市场进一步开放，各种风味小吃遍布京城。随着居民收入水平的提高，居民在外用餐档次也发生了变化，除小吃外，逢年过节、办婚事或招待亲友，许多家庭还到酒楼、饭店包桌或预订酒席。⑤

人们在食品消费方面的追求，已经向"一多"（多种维生素）、"二高"（高蛋白、高热量）、"三低"（低脂肪、低胆固醇、低糖盐）的方向发展。

---

① 北京市地方志编纂委员会编：《北京志·综合卷·人民生活志》，北京：北京出版社，2007年，第214页。

② 北京市地方志编纂委员会编：《北京志·综合卷·人民生活志》，北京：北京出版社，2007年，第256页。

③ 北京市地方志编纂委员会编：《北京志·综合卷·人民生活志》，北京：北京出版社，2007年，第258—259页。

④ 北京市地方志编纂委员会编：《北京志·综合卷·人民生活志》，北京：北京出版社，2007年，第192页。

⑤ 北京市地方志编纂委员会编：《北京志·综合卷·人民生活志》，北京：北京出版社，2007年，第263页。

2. 在《航空在线》乘坐《爱家环球航班》

随着北京居民收入的增加和观念的改变，城乡居民外出经商、务工、求学、度假、探亲访友、旅游观光日渐增多。20世纪90年代以后，人们出国、出境以及到较远的地区，选择乘坐飞机的逐年增加。航空在人们的生活中的地位越来越重要。

《航空在线》是交通广播于2009年设置的一档资讯服务类节目。该节目为听众提供空中出行的各类信息，解答听众提出的问题。下设栏目："航空全接触""航空全搜索""就在候机楼""航线推荐""机场面对面""旅途"（周末版）等。[1]《爱家环球航班》是爱家广播于2009年设置的一档资讯服务类节目。该节目用轻松的形式介绍旅游知识，讲述不同地域、不同民族家庭生活的趣事，提供旅游信息服务，并伴以恰当的、与内容相关的音乐和歌曲。[2] 这两档节目的名称都与"航空"相关。2000年，交通广播有一档旅游类节目叫作《旅游快车》，体现出"车"是当时旅游的主要交通工具。而《爱家环球航班》也是一档与旅游相关的节目，由节目名称可知，这时旅游的交通工具为飞机。由此可见，飞机继汽车、火车之后，成为重要的旅游交通工具。

20世纪90年代以来，北京的民用航空发展迅猛。

第一，北京首都国际机场的规模不断扩大。1958年3月1日投产使用的首都机场是新中国成立后新建的第一个大型机场。1980年1月1日，1号航站楼正式启用。[3] 1990年，首都国际机场总建筑面积达99048492平方米，总占地面积11754641平方米，包括飞行区面积6491201平方米、工作区面积2421779平方米、宿舍区面积707913平方米、场外占地面积2133700平方米。建有2条平行跑道、16条滑行道、2个客机坪、15个停机坪，配置有较先进的空中交通管制、通信、导航、气象、飞机维修和安全保障设施，是全国规模最大的机场，可保证波音747、空中客车等大型飞机昼夜和复杂气象条件下安全起降。到1995年年底，候机楼总面积达79460平方米，其中为旅客服务的面积为36140平方米。候机楼高峰小时旅客流量为4200人次。1995年10月26日，首都机场航站区扩建新航站楼工程正式开工。[4] 1999年11月1日，2号航站楼全面投入运营。自2004年3月28日开工，历经三年零九个月的奋战，北京首都国际机场完成了目

---

[1] 北京人民广播电台编：《北京人民广播电台年鉴2009》，北京：中国广播电视出版社，2012年，第178页。
[2] 北京人民广播电台编：《北京人民广播电台年鉴2009》，北京：中国广播电视出版社，2012年，第182页。
[3] 《公司介绍》，北京首都国际机场股份有限公司网站，http://www.bcia.com.cn/aboutus/index.shtml。
[4] 董汉文：《蓬勃发展中的北京民航事业》，《北京党史》，1999年第2期。

前世界上最大单体航站楼——3号航站楼的建设工程。自此，北京首都国际机场的硬件资源得以有效扩充，成为亚太地区首个，也是唯一一家拥有3个航站楼、3条跑道、双塔台同时运行的机场，昂首跨入世界超大型机场行列。[①]

第二，北京的国际航线不断增加。1990年，北京共有飞往世界五大洲25个国家和地区的国际航线33条，占中国民航全部国际航线44条的75%，通航城市31个，每周航班52个。外国航空公司通航北京的航线22条，每周航班52个。北京成为中国国际航线的枢纽城市。1991年以后，中国民航各航空公司和外国航空公司不断开辟往返北京的国际航线。1991年，中国国际航空公司开辟北京—厦门—雅加达、北京—乌兰巴托、北京—迪拜—开罗航线。1992年，中国国际航空公司开辟北京—卡拉奇—维也纳航线，美国西北航空公司使用波音747型飞机开辟西雅图—北京航线，以色列航空公司开辟特拉维夫—北京定期包机航线，乌兹别克斯坦航空公司开辟塔什干—乌鲁木齐—北京航线。1993年，中国国际航空公司开辟北京—上海—安克雷奇—纽约、北京—深圳—新加坡、北京—特拉维夫航线，美国长青国际航空公司开辟纽约—北京—上海定期货运航班，俄罗斯航空公司开辟莫斯科—北京定期货运航班，印度尼西亚鹰航开辟泗水—雅加达—北京航线，乌克兰航空公司开辟基辅—北京航线。1994年，中国国际航空公司开辟北京—上海—福冈、上海—北京—法兰克福、上海—北京—巴黎、北京—大连—仙台航线。1995年，中国国际航空公司开辟北京—深圳—雅加达航线、北京—米兰—罗马航线、北京—大连—大阪航线开航。1995年年底，中国民航各航空公司由北京首都国际机场出发的国际航线34条，每周飞行112个航班。1996年，中国国际航空公司开辟北京—釜山、北京—上海—洛杉矶—北京—上海航线。1997年中国国际航空公司使用波音747-300型飞机，开辟北京—伦敦—香港—北京航线，每周2班。[②] 国际航线的增加使北京居民出国更加方便。

第三，北京民航客货运量不断增大。

表6　北京民航客运量(1990—2009年)[③]　　　　单位：万人

年份	1990	1991	1992	1993	1994	1995	1996	1997	1998	1999
客运量	220	289	369	452	537	646	756	748	762	788
年份	2000	2001	2002	2003	2004	2005	2006	2007	2008	2009
客运量	929	1090	1249	1228	2850	3137	3525	3850	3763	4339

[①]《公司介绍》，北京首都国际机场股份有限公司网站，http://www.bcia.com.cn/aboutus/index.shtml。

[②] 董汉文：《蓬勃发展中的北京民航事业》，《北京党史》，1999年第2期。

[③] 北京民航包括中国国际航空公司和新华航空有限责任公司。资料来源：《北京统计年鉴2010》，北京市统计信息网，http://tjj.beijing.gov.cn/nj/main/2010_ch/content/mv219_1301a.htm。

北京民航的发展为北京居民的出行提供了极大的便利,缩短了出行时间,提高了旅行的舒适度。

表7 北京民航货运量(1990—2009年)① 单位:万吨

年份	1990	1991	1992	1993	1994	1995	1996	1997	1998	1999
货运量	10	11	14	17	19	17	18	20	22	30
年份	2000	2001	2002	2003	2004	2005	2006	2007	2008	2009
货运量	35	38	44	45	73	77	89	98	93	98

民航运输的特点是"安全、迅速、便利",这个特点尤其体现在跨省、跨区和国际货物运输中。在现代物流业讲究"创造时间和空间"以及以时间换取空间的经济活动中,加速流通,减少周转,降低生产成本,民航运输的作用是巨大的。②民航货运量的增加使北京居民能够享受到更为快速、廉价的物流所带来的实惠。

3.《择业快车》开往《就业大市场》

就业是民生之本,关系国计民生,妥善解决就业问题是保持社会稳定、和谐的重要因素。同时,就业更关系到个人的生活质量。有一份满意、稳定的工作,个人才能有固定的经济来源,才能逐步提高自己的生活质量。

《择业快车》是教育广播于1999年设置的一档服务性、资讯性专题节目。该节目关注就业市场,及时宣传最新人事政策,普及讲解《劳动法》及相关法律知识,介绍优秀人物事迹,提供职业培训指导,发布最新招聘信息,为就业市场供求双方牵线搭桥。该节目下设栏目:《职海一日游》《强者俱乐部》《择业瞭望台》《心灵健身房》《成长大擂台》等。③《就业大市场》是经济广播于2001年设置的一档服务性、资讯性节目。该节目提供最新招聘、求职信息,为人力资源市场供求双方牵线搭桥,关注人力资源热点话题,提供就业咨询指导。④这两档有关就业的节目为待业者提供了各种信息,目的就是让他们顺利找到合适的工作。

北京市经济结构的调整,对就业产生了明显的影响。1991—1995年是经济结构调整的提高阶段,党的十四大召开,标志着建立社会主义市场经济的序幕拉

---

① 《北京统计年鉴2010》,北京市统计信息网,http://tjj.beijing.gov.cn/nj/main/2010_ch/content/mv219_1301a.htm。
② 董承镒:《民航货运在现代物流业中的地位及其发展对策》,《江苏交通》,2001年第9期。
③ 北京人民广播电台编:《北京人民广播电台年鉴1999》,北京:中国广播电视出版社,2002年,第99页。
④ 北京人民广播电台编:《北京人民广播电台年鉴2001》,北京:中国广播电视出版社,2004年,第100页。

开,劳动力资源配置方式开始向市场配置转型,不充分就业现象逐渐显性化。1996—2000年是经济结构调整的深化阶段,市场配置在劳动力资源配置方式中逐渐发挥主导作用,企业开始大规模实施减员增效,就业率连续四年负增长。2001年以后是经济结构调整的升级阶段,北京市初步构建起新型的、积极的就业模式,实现了下岗职工基本生活保障制度向失业保险制度的平稳过渡,全市就业规模持续扩大。①

随着经济结构的调整,北京市就业人口在三大产业中的分布发生了巨大变化,就业结构日趋合理,就业人口产业分布的变化趋势与产业结构调整趋势保持一致。1986—1992年,产业结构进入调整提高期,第二、第三产业就业人口缓慢增长,这一阶段的最大特点是1992年第三产业就业人口首次超过第二产业,这是就业结构优化的一个重要标志。1993—2004年为产业结构深化升级期与向市场经济转型阶段,第三产业就业人口快速增长,第二产业就业人口迅速下降,其中1997年第三产业就业人口比例首次突破50%。2005年以后,第三产业就业人口持续增加。②

北京的就业体制改革经历了两个阶段。第一阶段,就业改革作为国有企业改革的一项措施,主要在企业内部开展。第二阶段,以构建全社会劳动力市场为主要任务,这一阶段的改革对人们的社会生活、文化和观念都产生了重大影响。在第二阶段,政府采取了一系列促进就业的改革措施。1996—2000年,政府启动了再就业中心的试点工作,并迅速全面展开,由政府和企业联手解决再就业问题。政府采取了劳务派遣、"协保"、社区公益性就业等多项措施促进下岗职工再就业,同时出台了鼓励职工自谋职业和企业安置等实现再就业的政策。这一时期,北京市将改革、发展、就业三者结合,将再就业工作纳入整个企业改革和社会发展的全局中,进行了"以改革促发展,以发展促就业"的探索。2001年,再就业服务中心作为对特定群体提供稳定帮扶措施的组织,其分流任务已基本完成。2002年,北京市取消了再就业服务中心,实现了就业向市场化的过渡。企业自主用工、劳动者自主择业已经成为主流。为了进一步促进就业,政府采取了一系列措施,主要包括实行提高劳动者素质的职业技能培训计划和积极开发社区就业岗位的"三年三十万"计划等,从一定程度上缓解了就业问题,保持了就业局势的稳定。③

---

① 丁向阳主编:《2005北京市社会发展蓝皮书》,北京:中国大百科全书出版社,2005年,第27—28页。

② 丁向阳主编:《2005北京市社会发展蓝皮书》,北京:中国大百科全书出版社,2005年,第28页。

③ 丁向阳主编:《2005北京市社会发展蓝皮书》,北京:中国大百科全书出版社,2005年,第28—29页。

2004年6月上旬，北京市统计局通过电话咨询对2003年第四季度城镇劳动力调查中的失业者进行了跟踪调查，有效样本544个，实际失业人员319人。失业人员对四项再就业政策（对"4050人员"的托底安置，免费技能培训和就业指导，个体创业扶持，免费政策资讯和职业介绍服务）全部都知道的仅占13.2%；知道其中一项的有21.1%；34.3%的人对这些政策一无所知。[①] 调查中的失业人员对再就业政策的知晓程度比较低，说明政府有关部门有必要加强对再就业政策的宣传，引导失业人员根据自身条件，选择适合的再就业道路。利用广播节目宣传再就业政策，无疑是一个好办法。

4.《绿色地球村》中的《自然·社会·人》

工业革命以后，环境问题逐渐进入人们的视野。环境质量成为影响人们生活质量的重要因素。北京市在环境保护方面做出了一系列举措，取得了较好的效果。

《自然·社会·人》是新闻广播于2000年设置的一档社教类专题节目。该节目旨在宣传"大环保"意识，即把自然、社会、人三者和谐统一作为环保的最高境界，树立环境、资源忧患意识，促进精神文明建设。下设栏目：《绿色视点》《环保热线》《现场圆桌》《三人剪报》《志愿者论坛》等。[②] 《绿色地球村》是交通广播于2001年设置的一档知识性环保专题节目。该节目传播环保观念，呼吁人们重视保护地球家园。下设栏目：《绿色交通》《守望家园》《生态与生活》等。[③] 这两档以绿色、自然为名的节目体现了20世纪90年代以来，北京市对环境保护的重视。环境质量是生活质量的重要指标之一。

20世纪90年代，北京市的环境保护事业进入了新的发展时期。1992年，联合国环境与发展大会以后，国务院批准了外交部和国家环保局提出的环境与发展十大对策，通过了《中国21世纪议程——中国21世纪人口、环境与发展白皮书》，确定了实施可持续发展战略。根据国家的大政方针，北京市修订了城市总体规划，明确提出了环境保护目标，并将保护环境作为一项指导原则，贯彻在规划的各有关章节中。1993年10月，国务院对《北京城市总体规划》做了8条批复，进一步明确了北京的城市性质，要求将北京建成经济繁荣、社会安定和各项公共服务设施、基础设施及生态环境达到世界第一流水平的历史文化名城和现代化国际城市。国务院的批复为北京市的环境保护工作指明了方向，标志着环境保护事

---

① 北京市统计局编：《北京市社会经济统计报告（2005）》，北京：同心出版社，2005年，第297、299页。
② 北京人民广播电台编：《北京人民广播电台年鉴2000》，北京：中国广播电视出版社，2003年，第83页。
③ 北京交通台编：《北京交通台》，北京：北京交通台，2001年。

业进入了深入发展的新阶段。①

1991—1995年，市政府将加强城市基础设施建设作为完善首都城市功能的一件大事来抓，5年共投资490.6亿元用于城市基础设施建设，其中，环境建设投资达69.5亿元，用于污染治理的资金12.1亿元。1991—1995年，北京市集中力量建设了一批骨干工程，引进陕甘宁天然气，建设石景山供热管线工程和阿苏卫垃圾卫生填埋厂，高碑店污水处理厂一期工程投入运行。1995年与1990年相比，城市居民炊事气化率由84%提高到91.7%，集中供热率由21.1%提高到34.4%，城市污水处理率由7.3%提高到19.4%，生活垃圾无害化处理率达到6.1%；同时，发动群众植树造林，绿化美化环境，建成区的绿地面积由1.28万公顷增加到1.65万公顷，城市绿化覆盖率由28%提高到32.4%，人均公共绿地由6.14平方米提高到7.08平方米。加强环境建设不仅使城市环境面貌发生了巨大变化，也为环境质量的改善奠定了基础。②

北京市的科研单位，围绕环境质量发展趋势、污染控制技术、总量控制和清洁能源开发应用、环境经济政策等方面开展科技攻关。1991—1995年，市环保局组织完成的科研项目共150个，其中，获部、市级科技进步奖24项，获部门奖63项，为环境管理和治理提供了有力的技术支持。③

1996年，北京市按期取缔、关闭或停产36家污染严重的企业，扩大绿地面积671公顷。④ 1997年，北京市用于园林绿化、环境保护、环境卫生的投资为4.7亿元，增长20.3%。⑤ 1998年，北京市政府将防治大气污染作为工作重点，加大治理力度，并决定公布空气质量周报。⑥ 1999年，北京市政府将防治大气污染作为工作的重点，采取了一系列有力措施，煤烟型污染得到控制。⑦ 2000年，北京市能源结构改善，全年低硫煤使用量达到500万吨。⑧ 2001年，北京市加强环境保护和综合整治力度，城市环境质量得到明显改善。全年空气污染指数二级和好于二级的天数达到185天。⑨ 2002年，大气污染得到有效治理，全市空气质

---

① 北京市地方志编纂委员会编：《北京志·市政卷·环境保护志》，北京：北京出版社，2003年，第483页。

② 北京市地方志编纂委员会编：《北京志·市政卷·环境保护志》，北京：北京出版社，2003年，第483—484页。

③ 北京市地方志编纂委员会编：《北京志·市政卷·环境保护志》，北京：北京出版社，2003年，第488页。

④ 《北京市统计局1996年国民经济和社会发展统计公报》，《北京统计》，1997年第2期。

⑤ 《北京市统计局1997年国民经济和社会发展统计公报》，《北京统计》，1998年第2期。

⑥ 《北京市统计局1998年国民经济和社会发展统计公报》，《北京统计》，1999年第2期。

⑦ 《北京市统计局1999年国民经济和社会发展统计公报》，《北京统计》，2000年第2期。

⑧ 《北京市统计局2000年暨"九五"期间国民经济和社会发展统计公报》，《北京统计》，2001年第2期。

⑨ 《北京市统计局2001年国民经济和社会发展统计公报》，《北京统计》，2002年第1期。

量达到二级和好于二级的天数为203天。① 2003年，城市环境综合整治工作成效明显，下大力气治理城乡环境卫生，完成158项环境整治重点项目，环境总体水平又有新的提高。② 2004年，城市环境综合整治工作加强。全年拆除违法建设和临时建筑75.3万平方米，城市市容不断改善。大气污染防治工作继续推进。③ 2005年，北京市城八区污水日处理能力达248万立方米，比上年增长30.5%。④ 2006年，北京市城八区处理污水7.8亿立方米，污水处理率达到90%，比上年提高19.9个百分点；郊区污水处理率达到42%。⑤ 2007年，北京市城八区污水处理率达到92%，比上年提高2个百分点；郊区污水处理率达到47%，比上年提高5个百分点。⑥ 2008年，北京市污水处理率达到78%，其中城八区污水处理率达到93%，分别比上年提高1.8个和1个百分点。⑦ 2009年，北京市污水处理率为80%，其中城八区污水处理率达到94%，分别比上年提高1.1个和1个百分点。⑧

此外，北京市始终将环境保护宣传教育作为一项重要工作来抓。每年的"世界环境日"和"地球日"，全市都组织开展多种形式的纪念活动，宣传环境保护法规，普及环保知识，提高了市民的环保意识。北京市还通过课堂教育、课外渗透，出版环境保护教学参考资料，举办环保征文、集体绘画和不同主题的环保夏令营等丰富多彩、形式多样的活动，提高了中小学环境教育水平，培养孩子们从小树立热爱环境、保护环境、节约资源的观念。⑨

市政府在环保方面的努力得到了市民的关注。在调查中，有4.2%的北京市民认为改革开放二十年来最大变化包括重视环境与环保，这一变化指标位列第五。⑩

（三）小结

广播节目的名称是经过精心设计的。频率专业化改革前的节目名称只是对节

---

① 《北京市统计局2002年国民经济和社会发展统计公报》，《北京统计》，2003年第1期。
② 《北京市统计局2003年国民经济和社会发展统计公报》，《北京市人民政府公报》，2004年第5期。
③ 《北京市统计局2004年国民经济和社会发展统计公报》，《北京市人民政府公报》，2005年第4期。
④ 《北京市2005年暨"十五"期间国民经济和社会发展统计公报》，《北京市人民政府公报》，2006年第3期。
⑤ 《北京市2006年国民经济和社会发展统计公报》，《数据》，2007年第1期。
⑥ 《北京市2007年国民经济和社会发展统计公报》，《北京市人民政府公报》，2008年第4期。
⑦ 《北京市2008年国民经济和社会发展统计公报》，《北京市人民政府公报》，2009年第5期。
⑧ 《北京市2009年国民经济和社会发展统计公报》，《数据》，2010年第3期。
⑨ 北京市地方志编纂委员会编：《北京志·市政卷·环境保护志》，北京：北京出版社，2003年，第489页。
⑩ 杨明等：《1995—2004北京社会经济发展年度调查数据报告》，北京：北京出版社，2007年，第71页。

目内容或受众的直接说明，比较死板，而改革后的节目名称则具有生活气息。这些节目名称反映了时代的发展，反映了人们关注的问题。《科技之窗》《科技之光》《科技高速路》《联想电脑时空》《电脑之窗》《软件长廊》《科技彩虹》《科技星空》等节目名称反映了人们对科技的关注；《一路畅通》反映了人们对交通畅通的渴望，《都市晚高峰》则反映了人们对下班时间的堵车问题的苦恼；《我的音乐博客》《博览群星》《都市博文汇》《博闻天下》反映了博客和微博的兴起……

饮食、出行、就业和环保与人民的生活息息相关。饮食方面，北京市城乡居民的食品消费逐渐从主食型过渡到副食型，肉、蛋、水产品消费有了显著提高；食品的品种和质量也都有了提高；随着居民生活水平的提高，食品消费更讲科学、讲营养、讲膳食平衡、讲合理搭配。出行方面，民航客运发展很快，1978年以前，由于票价昂贵，加上乘机的种种限制，普通居民很难乘坐飞机；20世纪90年代以后，人们出国、出境以及到较远的地区，乘坐飞机的逐年增加，飞机不再"高高在上"，逐渐成为一种普通的交通工具。在就业方面，城镇新增就业人数、就业困难人员就业人数、农村劳动力转移就业人数、社区岗位数量、创业人数、公共实训基地数量均有所增加。环保方面，北京市根据国家的大政方针修订了城市总体规划，明确提出了环境保护目标，并将环保作为一项指导原则，贯彻在规划的各有关章节中。通过这些方面的变化，我们能够感受到20世纪90年代以来，随着经济发展和国家以及北京市政策的推进，北京居民的物质和精神生活有了很大的提高。

四、专业台节目内容有助提高北京居民的生活质量

专业台对人们的生活质量起到最大影响的部分是节目内容。这些节目在衣、食、住、行、文娱、健康、情感、心理等方面为听众提供服务，使听众的客观生活质量和主观生活质量均得到了提高。频率专业化改革前，北京电台的节目就已开始为提高人们的生活质量而努力了。频率专业化改革后，北京电台各专业台节目的内容各具专业特色，照顾到了人们多样的需求，对人们生活质量的提高起到了更好的促进作用。

本部分选取几个频率专业化改革前的节目和典型的专业台的节目，论述其是从哪些方面提高北京居民的生活质量的。

（一）频率专业化改革前北京电台的节目内容与北京居民生活质量的提高

频率专业化改革前，虽然政治宣传是广播节目的主要内容，但能够提高人们的生活质量的节目依然存在。

为增强全民体质，1951年11月24日，中华全国体育总会筹备委员会、中央教育部等9个单位发出关于推行广播体操活动的联合通知。11月25日，《人民日

报》公布了第一套广播体操图解,并指令各地人民广播电台举办广播体操节目,定时播送广播体操口令音乐。此后,中央台于每天 6:55—7:15 开办广播体操节目,北京电台准时转播。1952 年 5 月 1 日,北京电台开始自办广播体操节目,初称《广播体操与音乐》,播出时间是 7:30—7:55;9 月 28 日,节目改称《广播体操》,播出时间为 7:45—7:55,另两次播出时间从 10:00 和 15:30(夏季为16:00)开始。此外,每天还广播一次《少儿广播体操》。"文革"开始后,《广播体操》和《少儿广播体操》停办。1971 年,《广播体操》恢复播出,1986 年再次停办。《广播体操》节目深受社会各界的欢迎,各单位有专人准时播放,随着音乐声起,人们奔赴操场、空地做广播体操,锻炼身体,精神面貌有了改善。①

1954 年 3 月 6 日,国务院发出关于加强灾害性天气预报、警报和预防工作的指示。4 月 30 日,北京电台设立专门的《天气预报》节目。早晨五点和下午五点,北京电台通过电话抄收由北京气象台提供的天气预报。天气预报的项目包括气温、风力、风向、天气变化(阴、晴)及降水情况。最初,每天广播 4 次,播出时间紧挨《本市新闻》节目。随着新闻播出次数的增加,《天气预报》的次数相应增加。除一般天气预报外,还应气象部门的要求,办过天气形势预报,主要对北京地区近期天气变化趋势进行预测分析。"文革"期间,《天气预报》一度停办。② 这档节目帮助人们及时了解天气状况,方便人们出行。

《卫生与健康》节目开办于 1983 年 8 月。该节目每周播出 2 次,每次 15 分钟,后改为每天 1 次,每次 10 分钟。1990 年,经济台成立后,《卫生与健康》改名为《人人健康》,成为经济台的节目。《卫生与健康》的节目方针是:向城乡人民普及医学卫生保健知识,为增进人民身体健康、保护社会劳动力服务。节目设置的栏目有:《医药学知识》《医学家谈话》《咨询门诊》《健康顾问》《医药学史话》《医学书刊介绍》《小常识》等。针对 20 世纪 80 年代"文明病"多发的趋势和老龄化日趋突出的情况,《卫生与健康》大力普及"文明病"的防治和老年防病保健知识,从 1986 年至 1990 年组织首都的一些医学专家撰写稿件,陆续举办了《心脑血管疾病防治知识》《呼吸系统疾病防治知识》《老年防病保健知识》《牙病防治知识》《微量元素与儿童健康》等十余组系列广播讲座,并播出了有关防治各种肿瘤、高血压、糖尿病等疾病的节目。这些节目收到了很好的社会效应,如"老年防病保健知识"系列广播讲座共 12 讲,播出后收到不少听众来信。老年人在信中说:你们的节目好比雪中送炭;中年人说:节目给我们提了个醒,早做保健,老来受益;青年人则表示:懂得了怎样照顾、爱护自家的老人。又如"呼吸系统疾病防治知识"系列讲座,得到了市医学会和首都一些大医院专家的积极支持,讲座播出期间,还

---

① 北京人民广播电台编:《北京人民广播电台志》,北京:中国广播电视出版社,1999 年,第 97 页。
② 北京人民广播电台编:《北京人民广播电台志》,北京:中国广播电视出版社,1999 年,第 97—98 页。

进行了有奖征答活动,光是参加征答者即达8万多人,足见节目影响之广,听众热情之高。为积极贯彻"预防为主"的卫生方针,加强大卫生观念的宣传,《卫生与健康》还举办了卫生保健知识讲座,系统地介绍了人从婴儿期到老年,从生理到心理,以及营养、运动、计划免疫与健康的关系等卫生保健知识。这个讲座共18讲,受到首都几十位专家的好评。妇科专家、著名科普工作者郎景和教授说:"您们好比办了一所没有围墙的空中卫生大学校,做了我们一生想做而力不从心的事。"①

80年代以来,北京进入老龄化社会,老龄化问题受到政府和社会的关注。北京电台联合中国老龄问题全国委员会及北京市老龄问题委员会于1984年9月17日创办《老年之友》节目。该节目每周播出3次,每次15分钟,于1993年3月停办,相关内容并入新闻台的《生活828》节目。《老年之友》以60岁以上的老年群体为主要对象,围绕"老有所养、老有所学、老有所为、老有所医、老有所乐"这一中心思想,宣传政府有关老龄问题的方针、政策;传播中华民族素有的敬老、爱老、养老的传统美德;介绍老年人发挥余热、欢度晚年的事例;讲解老年保健、老年学习等方面的知识。时任中共中央政治局委员、中国老龄问题全国委员会名誉主任聂荣臻在节目开办时题词:"办好《老年之友》,为老年人服务,做老年人知音。"《老年之友》一开办,就受到老年听众的欢迎。他们把节目主持人和编辑看作知心人,有什么心里话,碰到什么困难,都愿意写信给《老年之友》。节目开办仅一年多时间,就收到听众来信、来稿1300多件。一位听众来信说:"《老年之友》给老年人增添了活力,对心灵有过创伤和烦恼的人特别有所安慰和开导。在某些人由于生活中的坎坷而对人生感到绝望、忧烦时,是你们又点燃了希望,对生活有了信心。"②

1990年4月1日,北京电台与北京市残疾人联合会共同开办了《残疾人天地》节目。该节目每周播出2次,每次10分钟,后改为每周播出1次,每次20分钟。1994年1月,节目改名为《同在蓝天下》,每周日播出,每次30分钟。这个节目的开办为全社会增进对残疾人的关怀和理解、对推动残疾人工作的开展发挥了重要作用。这档节目宣传残疾人中间的优秀人物和先进事迹。这些宣传报道鼓舞了广大残疾人自强自立、奋发向上的精神。1993年,《残疾人天地》节目播出了介绍战斗英雄史光柱近况的文章《英雄再造辉煌》和采访史光柱的录音报道,在社会上引起了良好的反响。一位听众来信说:"我很有钱,和史光柱相比,我又感到自己贫穷。"节目还举办过"自强有为树新风""多彩的事业天地宽"等多次征文活动,向听众介绍残疾人自强不息、乐观进取的精神和为首都建设做出的贡献。

---

① 北京人民广播电台编:《北京人民广播电台志》,北京:中国广播电视出版社,1999年,第58—59页。
② 北京人民广播电台编:《北京人民广播电台志》,北京:中国广播电视出版社,1999年,第47—48页。

节目还脚踏实地为残疾人解决一些实际问题和困难。顺义区农民石先生的儿子眼睛有残疾,普通小学不接收,十几岁还未能上学。石先生听说电台有个为残疾人开办的节目,就抱着试试看的心情写信询问盲校招生的情况。该节目很快播出了市残联宣教部同志的答复。不巧,石先生没有听到,又来信询问。节目编辑特地将播出稿抄了一份寄给他。不久,石先生来信说,接到电台的信,孩子高兴得跳了起来,没想到电台真的为他解决了问题。有些残疾听众为就业、寻偶、寻医问药等问题来信,节目编辑都认真地处理、答复。①

此外,频率专业化改革前北京电台播出的众多文艺类节目囊括了器乐、歌曲、戏曲、相声、评书、诗歌朗诵、小说朗诵、话剧录音、广播剧等内容,丰富了人们的精神生活。

(二)北京电台专业台节目内容与北京居民生活质量的提高

专业台的许多节目内容是与频率专业化改革前的节目内容一脉相承的。与改革前相比,改革后的专业台节目内容更为丰富,延伸到了人们生活的细微之处,对人们进一步提高生活质量起到了更好的作用。

1.《天气预报》与专业化服务

《天气预报》节目是北京电台最受听众关注和欢迎的服务类节目之一,这一节目历史悠久,上文已介绍过它在频率专业化改革前的情况。频率专业化改革开始后,《天气预报》遍布于各专业广播的各个时段。《天气预报》的服务项目由简单地预报最高和最低气温、风力等项目逐渐增多到舒适度预报、城区各地即时温度等,制作上突出了精良,在很大程度上把"预报"变成了"及时报"。

听众陈爱亮认为:广播频率专业化使得《天气预报》的服务对象更有针对性。各专业广播在播出基本气象数据的同时,还根据自身的服务群体,专门推出了为自己量身定做的、充满专业色彩的《天气预报》。这些适应各专业广播特色的"天气预报"的针对性和服务性较强,与本专业广播的节目配合起来,使听众感到具有很强的整体感,节目的可听性有了极大的增加,更贴近了听众。如新闻广播的《新闻2007》的《天气预报》节目常根据季节的不同,加入一些应季的气象小知识和有关该气候现象的保健知识(如在3月份播出关于沙尘天气的知识),不仅增加了听众对气象科学的了解,拓展了节目的知识性,也为听众的健康保驾护航;城市管理广播的《直播气象》更是推出了城区主要地区的即时天气情况;交通广播的《交通天气预报》中的"洗车指数"也更好地为司机提供了服务。②

2. 新闻广播节目与全方位资讯

---

① 北京人民广播电台编:《北京人民广播电台志》,北京:中国广播电视出版社,1999年,第48—50页。
② 陈爱亮:《期盼老少皆宜,服务到位的〈天气预报〉》,见北京人民广播电台总编室编:《听众反映专辑》,2007年第15期。

北京新闻广播的主要任务是及时、准确、深入地宣传党的路线、方针和政策，紧密结合市委、市政府的中心工作，为听众提供政治、经济、文化等各方面的信息。[①] 新闻广播的节目就是围绕这一任务而设置的。

1994年开播的《京城人家》是一档生活服务类节目，融服务性、报道性、知识性、娱乐性和趣味性于一体。它以京城千家万户为服务对象，以京城百姓的日常生活为切入点，及时反映北京人在生活观念、生活习惯、生活情趣等方面的新动态，倡导职业道德、社会公德和家庭美德，引导人们更科学地深入生活、管理生活，提高生活质量。《京城人家》分固定栏目和常设栏目。固定栏目包括"健康城"、"美食城"、"空中精品导购屋"、"服装大世界"、"生活知识有奖抢答"、"幸运听众点歌台"和"万太太明日菜谱"等。"健康城"的内容包括寻医问药，介绍医疗、保健方面的知识，医药保健用品信息，医学、治疗专家播音室现场咨询等。"美食城"及时提供最新饮食信息，介绍饮食知识，推出名、特、优、新食品，引导人们科学、合理地进行消费，当好听众的参谋。"空中精品导购屋"使听众不出家门即可知道市场上新、特、优、精产品的信息，是沟通消费者与生产者、经营者的桥梁。"服装大世界"及时向听众提供服装款式、面料、色彩的流行趋势，推出服装新产品、新作品，提高听众的审美情趣，引导听众正确消费。《京城人家》的常设栏目有"梳妆台"、"书屋"、"专家咨询台"和"专家就在你身边"等。[②]

1996年开播的《晓晏温馨俱乐部》围绕现实社会中人们对高质量生活的追求和对精神生活的憧憬，从社会心理、伦理道德、大众意识诸方面分析人们微妙复杂的情感世界、人生观、价值观、道德观等，以专家、学者、名人、百姓的众家之言，或充满哲理，或充满经验，或高屋建瓴，或娓娓道来地阐述各自观点，给人以入耳、入心、入情、入理的精神教益和享受。其中，每周五的"喝口苦咖啡"让处在困惑、迷茫、感情低谷的听众倾吐苦衷，让专家、主持人、听众为其分析，开"药方"，使痛不欲生的听众振作起来，豁然开朗。[③]

1994年开播的《北京新闻》是新闻广播一档以贴近实际、贴近生活、贴近群众为追求目标，迅速、准确地报道发生在首都政治、经济、科教、文化、社会等各个领域重要新闻的节目。时政新闻强调权威观点与群众视角相结合，经济新闻强调宏观举措与群众利益相结合，科教新闻强调最新成果与群众生活相结合，文

[①] 白福义：《突出特色 提高质量——写在新闻台成立一周年之际》，见北京人民广播电台编：《北京人民广播电台年鉴1994》，北京：中国广播电视出版社，2000年，第100页。

[②] 北京人民广播电台编：《北京人民广播电台年鉴1994》，北京：中国广播电视出版社，2000年，第73—74页。

[③] 北京人民广播电台编：《北京人民广播电台年鉴1996》，北京：中国广播电视出版社，2001年，第73页。

化新闻强调高雅品位与群众普及相结合，社会新闻强调客观报道与引领群众相结合。①

1994年开播的《新闻热线》是一档由听众直接参与的社会性新闻节目，内容以听众讲述亲身经历的具有新闻价值的事件为主，或依据听众提供的新闻线索进行追踪报道，了解市民生活中发生的新闻，解决实际问题。②

听众张宁认为：新闻广播的新闻贴近市民生活、关注民生。例如：《北京新闻》播报关于"京通快速公交专用道"开通的新闻时，新闻广播的一路记者通过采访交管局和公交公司以通行率和公交车每分钟的流量这种官方数据来告诉听众，开通"公交专用道"给市民出行带来的便捷；另一路记者采取亲身体验八通线的方式，把前后两天的"拥挤程度"和"人流对比"很真切地告诉给听众。《新闻热线》节目播出的新闻很独家，而且这个节目非常关注市民生活。更可贵的是，这个节目为市民解决了很多身边的难事。③

2006年开播的《资讯早八点》是新闻广播立足新闻，强化实用资讯的一档新闻资讯板块节目。其宗旨是：以多种方式，迅速、及时地报道各类实用新闻资讯，如：财经资讯、生活资讯、汽车资讯、文化娱乐资讯、旅游休闲资讯等。《资讯早八点》中的"百姓生活故事"栏目深受听众的喜爱。2007年，"百姓生活故事"播出了一期节目——《约定》。《约定》讲述了这样一个故事：家住延庆的郭师傅很早就外出做生意，长年不在家。但是他的母亲一直有个心愿，就是儿子能有一份固定的工作，能生活在自己的身边。年轻的郭师傅并不理解母亲的心，因为生意忙，最长一次，他甚至半年没往家打过一个电话。突然母亲去世的噩耗传来，跪在母亲的墓前，悲伤的郭师傅想起了母亲生前对自己的嘱托：找份固定工作，踏踏实实生活。于是他舍弃了外地的生意，回到北京做起了"的哥"。故事到这儿，好像郭师傅已经完成了对母亲的约定，但这还只是开始。在做了一年多的"的哥"后，郭师傅发现了一个问题：很多生病的老人都是由朋友或者邻居陪伴去医院，问他们孩子呢？老人总是说不想耽误孩子工作。这些老人让郭师傅想起了自己的母亲。他醒悟到，自己不在家的时候，妈妈遇到什么样的难处也不会告诉自己，怕自己分心。这件事情促使他想为妈妈们做点实际的事情。于是从2006年9月份开始，他在自己的出租车上立了一块牌子，上面写着：60岁以上的母亲和残疾人免费。这之后，郭师傅的行动又影响和感动了很多坐过他车的人，忽

---

① 《北京新闻》，北京新闻广播网，http://blog.sina.com.cn/s/blog_55c92e0a010156pc.html。
② 北京人民广播电台编：《北京人民广播电台年鉴1994》，北京：中国广播电视出版社，2000年，第81页。
③ 张宁：《给新闻广播的寄语和建议》，见北京人民广播电台总编室编：《听众反映专辑》，2011年第32期。

略父母的人恍然大悟，游手好闲的人也浪子回头。《约定》播出后收到了众多听众的来信和来电，他们赞叹在我们的身边有这么一位令人感动的"的哥"师傅，他的行动催人泪下、催人奋进。①

听众宋红军认为：《资讯早八点》中的"百姓生活故事"是一个令人不能不听、不能不赞赏、不能不叹服的栏目，它的内容丰富，有人物有事件；涉猎广泛；叙述讲究，每篇都有开始、发展、高潮和结尾。它比有的短篇小说还精彩，但它又是真实的人和事，加之主持人庄兵动情的播音，引人入胜，有些故事的人物事件讲出了独他能而别人不能、独他为而一般人不愿或不为的境界，这就更加鼓舞人心、催人奋进！节目曾播过这样一个"百姓故事"：山东一位63岁的女清洁工李玉坤，她用做环卫、卖废品的钱不断资助贫困生，被学生誉为"娘""李奶奶"，但她却不图任何回报，并表示去世后把遗体捐献出去，给人生画上一个圆满的句号。河南医生蔡玉霞为照顾生病的婆婆，毅然辞去了心爱的赖以生存的工作，为让病中的婆婆能睡得舒适些，她动脑筋、想办法，在丈夫的帮助下，发明了智能床。同时，她还成立了一家护理院，让更多的老弱病残生活舒适，既创造了社会效益，又创造了一定的经济效益。这真叫好人有好报，送人玫瑰手有余香。这样的人不仅精神可嘉，而且为营造良好的社会风尚做出了榜样。还有湖南农大的黄世喜同学，不仅以惊人的毅力战胜了尿毒症，还把温暖送给更多的尿毒症病人。与此同时，他以带病的身体，用卖菜、打扫卫生等勤工俭学的方式战胜了生活中的困难。这些故事激励我们克服生活中的困难，努力创造更好的生活。②

2009年开播的《警法在线》是一档关注最新警法新闻和热点案件的新闻谈话节目。以若干个新近发生的案件为线索，邀请权威嘉宾以案说法，指导听众如何运用法律知识保护自己的合法权益，提高民众对各类违法行为的防范意识。③ 频率专业化改革前，北京电台也有法制节目。1987年3月13日，北京电台开播《法制天地》节目。节目方针是向全市人民普及法律常识，提高广大群众学法、知法、守法的自觉性，以及促进首都两个文明建设。这档节目是为了加强法制宣传、让人们遵守法律而开办的，并非为了让群众知道如何用法律保护自己，因而它并不能像《警法在线》一样对人们的生活质量的提高起到切实的促进作用。

听众张毅哲说："我很喜欢听法制节目，可以提高自己的法律意识，用法律手段来维护自己的权益，平时白天工作太忙没有时间听，但每天凌晨重播的《警法在线》节目却给了我这种学习的机会。作为新闻广播中的法制节目，《警法在

---

① 陈彦旭：《北京人民广播电台"百姓生活故事"实践与思考》，《新闻与写作》，2011年第7期。
② 宋红军：《精彩纷呈的〈新闻故事〉》，见北京人民广播电台总编室编：《听众反映专辑》，2011年第32期。
③ 《警法在线》，北京新闻广播网，http://am828.rbc.cn/2010jfzx。

线》有它自己的特色。《警法在线》节目有三个宣传词，分别是正义、真情和法理。这档节目其实就是通过选取一些案子和报道，引起听众思考、反思，进而（使听众）学到一些知识性的东西，更好地弘扬法治精神，播撒法律信仰。例如，6月24日，北京铁路运输中级法院刑庭的法官做客《警法在线》节目，结合铁路法院在刑事审判中遇到的毒品犯罪案件与主持人现场交流。法官结合具体案例，向听众介绍了毒贩五花八门的运毒方式及隐蔽手段，并提醒大家要提高警惕和甄别能力，避免成为无辜的运毒'马仔'。这期节目使我了解了一些隐蔽的运毒方式和手段，让我可以在平时的生活中更好地保护自己。"①

3. 首都生活广播节目与《吃喝玩乐大搜索》

首都生活广播根据都市人的需求和特点，全方位关注首都市民关心的热点，并为都市人的衣、食、住、行、购物、旅游、娱乐及丰富多彩的精神文化生活提供多方面的资讯服务。② 首都生活广播的节目围绕生活这一主题展开。

2005年开播的《603生活帮助热线》围绕都市人日常生活中需要帮助的居家琐事，邀请有关方面的专业人士，现场对听众的热线电话和手机短信进行知识性介绍和典型性答复。③

2006年开播的《都市生活家》以鲜活轻松的方式为都市人居家提供生活消费信息，以互动形式介绍各种商品的性能，分析市场行情，并与消费者协会联手建立消费者资讯服务平台，为消费者指点迷津，当好参谋。为做好节目的延伸服务，电台还开通了一条24小时服务的消费维权专线，接听听众在消费维权方面遇到的问题、难题，并通过行业主管部门找到解决问题的方法和途径。④

2008年开播的《购物英雄》是一档服务类真人秀节目。节目通过参与者在有奖问答中的竞争，纠正人们在生活中的错误认识和行为，了解商品的属性和使用方法，传达生活技艺。⑤

2007年开播的《生活时尚》发布与居家生活有关的实用、时尚信息，突出专家对居家生活的具体指导和帮助。⑥ 经过改版，这档节目变身为《生活进行时》。

---

① 张毅哲：《可听性强的法制节目》，见北京人民广播电台总编室编：《听众反映专辑》，2011年第32期。
② 北京人民广播电台编：《北京人民广播电台年鉴2004》，北京：中国广播电视出版社，2006年，第371页。
③ 北京人民广播电台编：《北京人民广播电台年鉴2005》，北京：中国广播电视出版社，2007年，第127页。
④ 北京人民广播电台编：《北京人民广播电台年鉴2006》，北京：中国广播电视出版社，2008年，第186页。
⑤ 北京人民广播电台编：《北京人民广播电台年鉴2008》，北京：中国广播电视出版社，2010年，第126页。
⑥ 北京人民广播电台编：《北京人民广播电台年鉴2007》，北京：中国广播电视出版社，2009年，第115页。

听众李延芳认为：首都生活广播原来的《生活时尚》经过改版，成为《生活进行时》。《生活时尚》的主要内容是根据听众提出的各种居家生活和医疗保健方面的常识性问题予以回答，贴心、实用，深受听众的喜爱。《生活进行时》保留了这项内容，并加入了更多的新鲜元素，节目更加丰富、厚重了。如果说"有问必答"完全是以听众为中心，由听众的需要决定内容，而新增设的"生活新知"板块，则是主持人凭借自己的职业敏感，主动地去搜集与生活紧密联系的各种新的研究成果、权威的调查结论，及时地传达给大家。周一和周五还会邀请美容、养生方面的专家讲解相关知识。听这个节目，听众能开拓视野，大长见识，了解到很多想象不到的知识，当生活中遇到各种琐碎的困惑时，还能得到实实在在的帮助。这样，主持人和听众之间就形成了一种良性的互动。主持人李戈和方明永远是热情洋溢、快乐风趣的，听他们主持节目就像在听两个老北京人说相声，一问一答都透着幽默机智，节目也因此呈现出轻松亲切的风格，足以感染每一个人。尤其值得称道的是，他们用自己个性化的语言来解读科学文章，其中融入了很多自己的认识和经验，详尽、透彻、耐心，即使是中老年人也能全部领会。而且，李戈在解答求医诊病类的咨询问题时也非常谨慎认真，回复科学客观，很有参考和指导意义，因此深得听众的信赖。[①]

听众陈宝全认为：首都生活广播强力推出的《生活进行时》节目，是一档大板块直播互动节目，节目强调实际、实用、幽默、轻松，突出了实用性，更加适合中老年听众，说的都是与百姓生活息息相关的内容，很有听头，颇受广大听众特别是中老年听众的喜爱和欢迎。[②]

4. 交通广播节目与出行向导

交通广播以方便群众出行、维护交通秩序、增强群众的交通意识、提高交通经济效益为目标，其节目设置自然围绕"交通"展开。[③] 这些节目从不同角度，帮助听众解决交通方面的问题。

交通广播最重要的节目恐怕要数 1997 年开播的《路况信息》和 2000 年开播的《一路畅通》了。

《路况信息》以机动车驾驶员为传播对象，以北京及周边高速公路道路状况描述、道路状况预报、道路状况分析为传播内容，以路况编辑、警官、主持人直播的形式播出，为机动车驾驶员提供出行便利。北京交通广播顺应需求，与北京市

[①] 李延芳：《议〈生活进行时〉的得与失》，见北京人民广播电台总编室编：《听众反映专辑》，2007 年第 15 期。

[②] 陈宝全：《对〈生活进行时〉节目的意见和建议》，见北京人民广播电台总编室编：《听众反映专辑》，2007 年第 15 期。

[③] 北京人民广播电台编：《北京人民广播电台年鉴1994》，北京：中国广播电视出版社，2000 年，第 81 页。

交通管理局信息中心合作开辟了路况播报平台，集中报道交管局以及各信息采集点实时反馈的路面交通信息，构成了《路况信息》节目的核心内容。① 节目及时向机动车驾驶员提供市区主要道路的通行情况，报告当时何地通畅、何地堵塞及程度和原因，为机动车驾驶员选择路线提供参考。路况信息首先注重早、中、晚高峰时间的覆盖，以提高行车效率。《路况信息》每15分钟播出一次，如遇特殊情况，随时插播。②

《一路畅通》是交通广播的标志性节目。它通过及时、准确、大密度地播报路况信息、交通信息、新闻资讯，以及邀请听众通过信息平台参与主题讨论，达到协助交管部门疏导交通、服务市民出行的目的，架起管理运营部门与出行者之间的信息高速路，充分体现交通广播专业优势。节目以信息发布为主，以歌曲音乐串连，是一档实用轻松的节目。在《一路畅通》中还会插播《警官出行提示》节目。在该节目中，交管局指挥中心（发布中心）的值班警官对实时路况信息加以整理、分析，结合大型活动、施工信息、天气特点等对市民出行进行提示、引导，体现节目的权威性、准确性。③

2002年1月1日，交通广播在北京市交管局指挥调度中心的直播室建成启用，直播新闻板块节目《一路畅通》。直播内容除保留了原有由交通民警即时发布路况信息的形式之外，还增加了122信息、值班民警每半小时轮流发布路况等形式，通过大密度播报路况信息、新闻资讯，以及邀请听众通过短信平台参与主题讨论，达到协助交管部门疏导交通、引导出行、服务听众的目的。平均每天早晚两高峰时段播发路况信息100条左右、突发事件十余条。这将有助于本市高峰时段的交通指挥及疏导。同时，交通广播还实现了24小时不间断播出，弥补了北京夜间交通疏导的空白。④ 3月1日起，《一路畅通》增设"点播路况"栏目，旨在突出交通广播特色，增强服务性。⑤

遇有雨雪、大雾、沙尘暴等恶劣天气和影响市民出行的重大突发事件发生时，北京交通广播除了为广大出行者提供最及时、最权威的路况信息外，更是想方设法为百姓提供出行引导和贴心服务。从2001年12月7日的大雪、2002年3月30日的强沙尘暴、2006年1月3日京广桥辅路路面塌陷、2011年6月23日

---

① 王玉玲：《北京交通广播：多渠道营销战略巩固品牌核心价值》，《传媒》，2012年第11期。
② 北京人民广播电台编：《北京人民广播电台年鉴1997》，北京：中国广播电视出版社，2002年，第107页。
③ 北京交通台编：《北京交通台》，北京：北京交通台，2001年。
④ 北京人民广播电台编：《北京人民广播电台年鉴2002》，北京：中国广播电视出版社，2005年，第295页。
⑤ 北京人民广播电台编：《北京人民广播电台年鉴2002》，北京：中国广播电视出版社，2005年，第153页。

特大暴雨，到 2012 年 7 月 21 日北京遭遇特大暴雨灾害，每每遇到这样考验城市应急能力的时刻，北京交通广播都会及时传递各类服务信息，进行交通疏导和情感陪伴。

2002 年 12 月 21 日，从下午三点到次日凌晨，大雪封路，北京交通陷入瘫痪，专门负责交通事故的报警台 122 被"打瘫"，市区主路上全是步行回家的行人。这一天，从下午三点到晚上九点，北京交通广播热线电话响了近 600 次，通常只开一部的热线电话一口气开通了四部。交通广播成为参与市政交通建设特殊天气应急指挥系统的唯一媒体。①

2004 年 7 月 10 日下午，北京下起了大雨。这场雨由于强度大、雨区分布集中，给北京交通带来了巨大的压力，多条路段拥堵、不少车辆都陷在了积水里。这一天的特别节目一直持续到了 23：00 以后才告结束。5 个小时的直播过程中，现场报道达到 20 多次，现场或通过电话连线采访 7 次，播发指挥中心、本台信息员及热心听众提供的路况信息 600 条。北京市交管局副局长 3 次来到交通广播设在交管局的直播间向市民通报路上的最新情况。在整个节目进行的过程中，听众发来了几千条手机短信，除了通报情况、寻求帮助的内容之外，更高度评价了交通广播的快速反应、团队的敬业精神以及在疏导交通和给困在路上的听众带去心理安慰等方面所发挥的重要作用。②

1997 年开播的《交通天气预报》及时为司机提供交通专业气象服务。除常规预报外，考虑到司机行车需要，在预报雨、雪、雾时就程度、范围、对行车的影响作尽可能详细的介绍；对雨雪后的实际情况也将依靠信息网络提供较为准确的信息，作为司机出车前的参考。③

1993 年开播的《交通新闻》是北京交通广播最早开办的新闻类节目。它一直坚持专业、实用的节目宗旨，为听众提供各类行业资讯、政策法规和出行指导。④

为了记录听众呼声，解决百姓急需，2003 年北京交通广播开通电话热线，并开办《交通新闻热线》节目，针对听众反映的热点、难点问题，由记者深入调查，并督促、协调有关部门给予解决。⑤

2000 年开播的《出门在外》重点介绍北京的公交路线、主要站点景点、航空旅行小常识以及各种路况下的行车技巧等。该节目以服务百姓出行为主要目的，

---

① 徐泓主编：《超越：北京交通广播解析》，北京：北京大学出版社，2003 年，第 11 页。
② 李秀磊：《超越与创新——解读北京交通广播成功之道》，《山东视听》，2006 年第 4 期。
③ 北京人民广播电台编：《北京人民广播电台年鉴 1997》，北京：中国广播电视出版社，2002 年，第 107 页。
④ 王玉玲：《北京交通广播：多渠道营销战略巩固品牌核心价值》，《传媒》，2012 年第 11 期。
⑤ 王玉玲：《北京交通广播：多渠道营销战略巩固品牌核心价值》，《传媒》，2012 年第 11 期。

及时解答听众在出行中所遇到的问题。①

2001年开播的《交通热线》就交通管理或交通各行业热门话题,请相关管理者、专家走进直播间,为听众答疑、提供咨询服务,与听众交流沟通。②

2001年开播的《我爱我车》侧重汽车维修、保养知识介绍,为有车一族解决驾驶中遇到的实际问题。③

2001年开播的《休闲旅游信息》介绍旅游景点、新开旅游线路、度假村增设的服务项目、宾馆、饭店的特色活动等。④

2002年开播的《1039交通服务热线》是交通广播的标志性节目,该节目通过邀请嘉宾直播的方式,解答有关汽车保养、修理方面的问题。

听众张红认为:交通广播《1039交通服务热线》从内容到形式,再到播出,堪称好节目。这个节目为服务类节目的制作和播出创造了一种新的模式,在强调专业性、知识性的同时,为了更吸引听众,让节目更为幽默,这个节目具备了专业性、知识性和服务性的特点。每期都邀请专业汽车厂的嘉宾参与节目,对各类型汽车的保养和维修进行专业的解答,这些专业人员的加盟保证了服务的专业性和权威性。而主持人经过多年的历练,耳濡目染,对机动车的相关知识也达到了专业水准。同时,主持人对北京各段公路和铁路及周边的高速公路的交通路线也了如指掌,因此能做好对道路不甚熟悉的司机的行路指南。嘉宾丰富的业务知识和主持人充足的路况知识使他们在回答问题时显得驾轻就熟、游刃有余,真正体现了"交通服务"的特色,也使得节目做到了名副其实。⑤

以上这些节目,有的报告路况或天气,有的就交通方面的问题为听众提供咨询服务,还有的介绍景点和路线,基本覆盖了市民在交通方面的需求,帮助市民解决了实际问题。

5. 体育广播节目与体育健康

北京体育广播是以体育爱好者为主要听众群、以体育宣传为主要内容的专业广播。它因北京奥运会而设立,主要任务是:报道体育新闻,传播筹办奥运信息,普及竞技、健身、健康知识,提供相应的咨询服务。因而,体育广播的节目设置以体育新闻、体育专题、赛事直播、健身健康专题为主,辅以知识类和娱乐

---

① 北京人民广播电台编:《北京人民广播电台年鉴2000》,北京:中国广播电视出版社,2003年,第86页。
② 北京交通台编:《北京交通台》,北京:北京交通台,2001年。
③ 北京交通台编:《北京交通台》,北京:北京交通台,2001年。
④ 北京交通台编:《北京交通台》,北京:北京交通台,2001年。
⑤ 张红:《点评〈1039交通服务热线〉及建议》,见北京人民广播电台总编室编:《听众反映专辑》,2007年第15期。

类节目。① 体育新闻、体育专题专栏节目占北京体育广播全天播出时间的 40％ 左右。②

听众蒲靓认为：北京体育广播是面向广大听众，及时发布体育新闻、实时转播重大赛事、引领百姓健康生活的北京地区唯一的体育专业电台。体育广播以"大体育"概念立台，为听众提供权威体育资讯，搭建全民健身健康平台。当今社会，电视传媒、网络传媒相当发达，但广播有着自己固定的群众基础，特别是体育广播，为平时看不到电视的群众提供了另一种获取消息的平台。比如，在众多的出租司机中，有极其庞大的北京国安队球迷，因有工作，他们不能看到自己喜欢的国安队的比赛。那时，他们都会收听体育广播的国安比赛的现场解说。这样，他们可以在第一时间知道国安队胜利的消息。③

2002 年开播的《激情赛场》节目是北京体育广播最具特色的节目之一。通过解说员在赛事现场或直播间对体育比赛过程的形象描述，听众能够在第一时间全程了解比赛进展情况和比赛结果，充分满足广大听众特别是体育爱好者对赛事报道的需求。《激情赛场》已经转播比赛近千场，主要包括足球、篮球、排球以及乒乓球、羽毛球、网球等项目赛事。④

2009 年开播的《星光体育》是一档综述全天体育消息的晚间体育新闻综合节目，下设"星光索引"、"星光日记"和"星光日历"三个小栏目。每天通过半个小时的时间，星光索引对全天体育新闻进行梳理整合报道，突出资讯内容，将全天的体育消息传达给听众，内容丰富，信息量大；星光日记针对当天体坛发生的事件进行点评或者抒发点滴感受；星光日历则预告第二天的赛事安排以及关注焦点。重要的国内体育比赛往往是在晚间进行，很多国际比赛由于时差则是在凌晨进行，那么，对于白天工作繁忙没有时间了解体育信息的人来说，收听《星光体育》是一个非常好的获取途径，可以将一天的体育消息整合起来收听。每天通过听众短信互动，大家可以一起畅谈体育，对于当天的比赛，抒发自己的情绪，表达自己的看法和观点。⑤

听众邢强说："我最喜欢的是《激情赛场》，该节目每每安排的都是非常重要的比赛，我经常收听该节目的直播，真是犹如身临其境，给我很大的震撼。特别

---

① 北京人民广播电台编：《北京人民广播电台年鉴 2002》，北京：中国广播电视出版社，2005 年，第 295 页。
② 《北京推出全国第一家专业体育电台》，《新闻与写作》，2002 年第 5 期。
③ 蒲靓：《体育广播——北京球迷的最爱》，见北京人民广播电台总编室编：《听众反映专辑》，2011 年第 32 期。
④ 《体育广播节目介绍:〈激情赛场〉》，微头条网，https://www.lanzipu.com/actor/list/py/s/pn/2.html。
⑤ 《关注〈星光体育〉》，北京广播网，https://news.163.com/10/0302/15/60PIHQEK000146BB.html。

是主持人专业而又不失幽默的点评,让听众既能耐下心倾听,又能从中悟出好多东西,紧张刺激的比赛又把听众的心提到嗓子眼了,真的非常吸引人。《星光体育》也是我经常关注的节目,不记得有多少个夜晚是她陪伴着我入眠的了,全天的体育资讯她都能梳理得井井有条,一项不落,着实不易。这档节目的点评也很有特色,主持人不是机械地背稿念稿,而是经常提出有自己独到见解的观点,让听众觉得非常受用。"①

体育广播虽然因竞技体育赛事——奥运会而生,但它不仅服务于日益扩大的体育爱好者,还服务于有健身需求的普通人。除了上述体育专业节目,体育广播还有2002年开播的《阳光,你好——伴你晨练》《运动生活秀》《健康绿洲》《为您健康》和《红丝带信箱》这类与运动、健康相关的节目。体育广播2007年开播的《健康冲击波》和《大家一起来——北京体育社团采风》等节目是专门为群众体育运动打造的。《健康冲击波》除告诉人们户外运动、极限运动、拓展训练的知识外,还提供有关北京市群体俱乐部、健身场馆等的信息和健身装备的知识。《大家一起来——北京体育社团采风》整合北京群体社团资源,普及大众健身和体育竞技知识。② 陈晓海副总编辑说:"首先,我们把体育台和全民健身联系起来;其次,养生健康也是我们关注的热点,大众类的医疗知识普及节目是我们奉献给听众的心意。"③健身、健康、养生节目占北京体育广播全天播出时间的30%以上。④

体育广播的健康节目着重于对市民从身心两方面进行健康指导。身体健康方面的节目有2007年开播的《健康小食谱》、《百姓健康热线》和《1025健康指南》等。心理健康方面的节目有《真情对话》和《谈心》等。《健康小食谱》告诉听众怎么吃才更科学、健康。《百姓健康热线》邀请各医院的专家到节目中回答听众的健康咨询,介绍健康生活理念、医药知识。《1025健康指南》介绍各大医院的挂号信息、流行病的防治、健康知识等。《真情对话》通过热线、网络、信件等方式,了解听众需求,即时给予听众心理健康辅导和帮助。下设"真情相对"(周一至周五播出),"活力无限"、"真情人物"(周六和周日播出)等栏目。《谈心》邀请心理专家,在午夜时分为听众减压。⑤

2009年由《奥运健康大讲堂》更名的《百姓健康大讲堂》邀请各大医院的专家

---

① 邢强:《视野独到,荟萃精彩——点评体育广播经典栏目》,见北京人民广播电台总编室编:《听众反映专辑》,2011年第32期。
② 北京人民广播电台编:《北京人民广播电台年鉴2007》,北京:中国广播电视出版社,2006年,第117页。
③ 边建等编著:《体育声儿 北京范儿》,北京:中国国际广播出版社,2013年,第152页。
④ 《北京推出全国第一家专业体育电台》,《新闻与写作》,2002年第5期。
⑤ 北京人民广播电台编:《北京人民广播电台年鉴2007》,北京:中国广播电视出版社,2006年,第117页。

社会生活探索

当主讲,为听众讲解医学知识。[1]

听众刑强说:"我经常收听的是《百姓健康大讲堂》节目。该节目立足北京,普及科学的健康卫生知识,提倡'建设健康北京,做健康北京人',立意清晰,观点独到。有几次邀请洪昭光、万承奎所做的专题讲座,更是让我得到很多知识,受到很大的启迪。"[2]

2008年开播的《饭点儿说吃——健康美食论坛》是一档既讲健康又讲美味的生活服务类节目,倡导健康饮食,弘扬传统美食文化。节目会集了一大批高级营养师和富有教学经验的专业烹饪教师为听众服务。到餐厅点菜,怎样美味营养又搭配合理;家庭烹饪,怎样保护营养又方便省事;日常采购,怎么挑选到价廉物美的商品而不上当,在节目当中都有体现。[3]

听众修敬说:"随着生活条件的改善,越来越多的人不再满足于吃饱吃好,人们希望吃得更加健康。但有些养生节目,就养生谈养生,专业性较强,在饮食和养生这两个方面缺乏沟通,围着书本说营养,节目变成了讲座,对于中老年人来说,在理解方面有些困难。美食节目呢,仅仅是教做饭,即使讲到一些营养的概念,由于厨师本身对营养知识了解不够深入,大多似是而非。相比之下,《饭点儿说吃》最大的优势就是既讲营养又讲美味。节目会集了一大批高级营养师和富有教学经验的专业烹饪教师为听众服务。节目中邀请的嘉宾都是享誉京城的业界名师大腕,他们的制作水准和从业经验都是顶尖的,所以他们对菜品质量和关键环节的把握都是很独到的,给出的指导方案也最具针对性和可操作性。以前,我一直认为营养师与厨师是比较冲突的。营养师追求健康,可能会忽略菜肴的味道,而厨师注重美味,可能会不太在意营养问题。这个节目同时安排了营养师和厨师,相互交流,以达到菜品既营养又美味的目的。按照专家给出的指导意见,制作出来的菜品味道纯正,确实能够起到丰富厨房、获得健康和美味佳肴的多重效果。节目实时开通短信互动,美食家随时可以回答听众提出的关于菜品制作方面的技术难题,方便快捷,时效性非常强。在节目的短信平台上,听众可以互相帮助。有一些主持人、嘉宾无法解答的问题,听众可以相互解决。"[4]

2002年年底,非典型肺炎开始在广东省传播流行。2003年春节长假后期,广东进入了"非典"病发高峰期。2月过后,"非典"疫情继续蔓延,4月达到了顶

---

[1] 北京人民广播电台编:《北京人民广播电台年鉴2007》,北京:中国广播电视出版社,2006年,第117页。

[2] 邢强:《视野独到,荟萃精彩——点评体育广播经典栏目》,见北京人民广播电台总编室编:《听众反映专辑》,2011年第32期。

[3] 《饭点儿说吃》,北京广播网,http://topic.rbc.cn/14/mplm/lm/2014/0512/1146714.htm。

[4] 修敬:《〈饭点儿说吃〉教我吃得更健康》,见北京人民广播电台总编室编:《听众反映专辑》,2011年第32期。

峰，人们的行动受到严格的限制，社会生活的各个方面都受到了影响。为配合治理"非典"的大环境，体育广播的《927体育世界》《体育新闻》等栏目打破常规，随时插播有关防治"非典"的内容以及全民健身的信息，动员、鼓励大家以多种方式锻炼身体。为了倡导市民更多地走到户外，亲近自然，健康生活，体育广播策划了一个系列报道，名为《登高望远——香山人物纪事》。记者的话筒对着正在爬山的普通市民，制作了《张大妈的健康快车》《采风少年心醉香山》《听音乐的登山老者》《向香山要健康》《山不在高》《童童一家的星期天》《与山的亲密接触》等四十多个报道，以广播特写的方式展现了北京市民面对疫情的坚强与乐观。

听众王明友回忆说："就在大家心情压抑，工作和生活都不大方便的节骨眼儿上，从广播里听到一个个鲜活的健身、励志小故事，使人神清气爽。从那个时候开始，我只要有空就去爬爬香山。在那个特殊的时期，是体育广播让我有了走出去的动力，（体育广播）也成了我生活中的好伙伴。"听众余洪生在收听了《香山人物纪事》后给电台写了一封信，他在信中说："这个系列报道通过众多登山爱好者的现身说法宣传了登山运动的好处，特别是通过经验介绍，让听众了解到了登山的注意事项，比如：爬山不能过量、要适度，登山要循序渐进等，这对初涉登山的人具有参考作用。此外，报道中很多朋友谈到，爬山还有促进家庭和谐、社会和谐的作用。"[1]

6. 城市服务管理广播与市政问题交流

北京城市服务管理广播是全国第一家以城市管理为宗旨和主要内容的专业广播频率。[2] 因而，城管广播的节目主要围绕"城市"这一主题进行设置。在城管广播的节目中，有几档节目集中体现了城市服务管理广播服务市民、提高市民的生活质量的功能。

2005年开播的《市民热线（录播版）》以电话录音的形式反映北京市民对城市建设与管理的问题与意见。记者选择听众提出的一些有代表性的问题追踪采访，寻求相关部门的答复，并加以适度的点评。节目中安排关乎民生的政策介绍与服务信息。2007年增设的《市民热线（直播版）》反映市民的呼声，搭建政府与市民沟通的桥梁，为北京市民提供政策咨询服务，解决实际问题。节目包括记者的深度追踪报道、主持人三方连线和职能部门解决问题的过程，还有编辑的分析

---

[1] 边建等编著：《体育声儿 北京范儿——北京体育广播十一年纪事》，北京：中国国际广播出版社，2013年，第34—35页。

[2] 北京人民广播电台编：《北京人民广播电台年鉴2007》，北京：中国广播电视出版社，2009年，第329—330页。

评论。①

2005年开播的《城市管理大家谈》为开放式谈话节目,呈现广泛的参与性和平等性。节目就群众关心的城市管理中的热点和难点开展讨论,鼓励广大市民献计献策。节目开通电话、短信、网络等多种渠道邀请听众参加,并通过讨论体现普通百姓对城市管理的热情,引导百姓以合理、有效、文明的方式参与城市管理。②

2005年开播的《城市零距离》是北京人民广播电台城市服务管理广播打造的一档新闻类直播访谈节目。节目针对北京市已经发布、实施的各类城市管理法规、政策,邀请北京市各委办局和各区县领导以及人大政协领导到城市服务管理广播的直播间向听众解释政策、答疑释惑,接受听众电话、短信或面对面的咨询。③ 节目以权威发布、快速反应、充分沟通、贴近民生等特点受到各方好评,被称为"不落幕的新闻发布会"。④ 特别是每年播出的"对话市长,共议发展""市民对话一把手"等系列节目,紧贴热点、话题重大、关注广泛、影响深远,成为独树一帜的有影响力的广播品牌。通过节目,市民在生活中遇到的问题得到了直接的解决,从而使生活质量得到了提高。

从2005年8月30日到2006年3月1日,北京市市长、副市长走进城市服务管理广播的直播间,参与《城市零距离》节目的"市长市民面对面"系列访谈,直接听取市民的意见、建议和呼声,解读城市管理的有关法规和政策。2005年8月30日,时任北京市副市长吉林身穿短袖衬衫来到直播间,以"治理拥堵,心路畅通"为主题,就本市交通治理、缓解拥堵的问题直接和市民进行交流⑤;2005年9月8日,时任北京市副市长范伯元走进直播间,以"教育创造希望"为主题,与市民就北京市的基础教育问题进行交流⑥;2005年9月22日,时任北京市副市长牛有成走进直播间,以"珍惜生命之源,共建节水城市"为主题,就北京市的

---

① 北京人民广播电台编:《北京人民广播电台年鉴2005》,北京:中国广播电视出版社,2007年,第125页;北京人民广播电台编:《北京人民广播电台年鉴2007》,北京:中国广播电视出版社,2009年,第116页。

② 北京人民广播电台编:《北京人民广播电台年鉴2005》,北京:中国广播电视出版社,2007年,第125页。

③ 北京城市服务管理广播编:《爱北京,一起来——北京城市服务管理广播开播五周年》,北京:北京城市服务管理广播,2010年,第92页。

④ 昃昱:《〈城市零距离〉——"不落幕的新闻发布会"》,《新闻思考》,2012年第3期。

⑤ 北京人民广播电台编:《北京人民广播电台年鉴2005》,北京:中国广播电视出版社,2007年,第319—320页。

⑥ 北京人民广播电台编:《北京人民广播电台年鉴2005》,北京:中国广播电视出版社,2007年,第320页。

水资源问题与市民进行交流[①]；2005年10月26日，时任北京市副市长张茅走进直播间，以"树立节约意识，倡导节约文明"为主题，就建设节约型城市与市民进行交流[②]；2005年12月22日，时任北京市副市长刘敬民走进直播间，以"我们与奥运同行"为题，就北京2008年奥运会的筹备情况和市民进行交流[③]；2005年12月30日，时任北京市副市长陆昊走进直播间，以"以人为本，安全发展"为题，就安全生产问题与市民进行交流[④]；2006年1月6日，时任北京市副市长孙安民走进直播间，以"繁荣文化事业，丰富百姓生活"为题，与市民就文化建设问题进行交流[⑤]；2006年1月12日，时任北京市常务副市长翟鸿祥冒着小雪走进直播间，以"管好公共财政，推进科学发展"为题，就本市财政工作与市民交流[⑥]。在城市服务管理广播开播一周年之际，2006年3月1日，时任北京市市长王岐山、时任市委常委宣传部部长蔡赴朝、时任市政府秘书长刘晓晨等领导来到北京城市服务服务管理广播调研，肯定了城市服务管理广播一年来的工作，对城市服务管理广播今后的工作提出具体要求和期望。[⑦] 至此，时任北京市市长、副市长，无一例外地在城市服务管理广播留下了足迹。在136天中，9位市领导陆续成为广播节目的嘉宾，72位热心听众和他们"面对面"，100多位市民通过热线和短信与他们的"父母官"对话，各媒体数百篇消息报道该系列节目的内容，北京广播网的视频页面点击率每次都在40万次左右。[⑧]

《城市零距离》搭建了一个政府和市民的沟通平台，让市领导和市民在电波中平等对话、真诚交流，讲实话，办实事，解决市民遇到的实际困难，从而提高居民的生活质量。2006年1月1日，时任北京市劳动和社会保障局局长张欣庆在《城市零距离》节目中接听市民刘慧莲的电话，了解到她身体有病、生活困难的情

---

① 北京人民广播电台编：《北京人民广播电台年鉴2005》，北京：中国广播电视出版社，2007年，第321页。

② 北京城市服务管理广播编：《爱北京，一起来——北京城市服务管理广播开播五周年》，北京：北京城市服务管理广播，2010年，第108页。

③ 北京人民广播电台编：《北京人民广播电台年鉴2005》，北京：中国广播电视出版社，2007年，第324页。

④ 北京人民广播电台编：《北京人民广播电台年鉴2005》，北京：中国广播电视出版社，2007年，第325页。

⑤ 北京人民广播电台编：《北京人民广播电台年鉴2006》，北京：中国广播电视出版社，2008年，第397页。

⑥ 北京人民广播电台编：《北京人民广播电台年鉴2006》，北京：中国广播电视出版社，2008年，第397页。

⑦ 北京人民广播电台编：《北京人民广播电台年鉴2006》，北京：中国广播电视出版社，2008年，第399页。

⑧ 北京人民广播电台编：《北京人民广播电台年鉴2006》，北京：中国广播电视出版社，2008年，第179页。

况。1月5日她所在的崇文区劳动和社会保障局的同志就到她家为其解决了问题。① 长安新城的曹先生在节目中反映了这个小区高层住宅水压不足的问题，原以为解决问题怎么也需要时间，于是就出差了。等他回来的时候，没想到问题已经解决了。邻居们告诉他，丰台区市政管委第二天就来调查情况、解决问题了。② 热心听众王先生反映："北京市副市长吉林做客城市服务管理广播《城市零距离》节目，以'治理拥堵，心路畅通'为主题，就本市交通治理、缓解拥堵的问题直接和市民交流。节目中，吉林副市长对听众的提问认真倾听并逐一解答。对市民在节目中提出的北京交通的一些具体问题，吉林副市长当即责成在场的交通委、交管局的领导马上调查解决。"网友 hxy 也反映："节目中回答、解释听众提出的问题，有些问题还能得到当场解决。"③ 70多岁的尹大爷，看着住家周边的盲道纷纷被超市据为己有，在《城市零距离》节目中向有关部门的负责同志做了反映。"当天下午两点，有关部门负责人就告诉我已同海淀商委联系了，第三天问题就解决了。像这样干群团结如一人，何愁咱北京的城管搞不好啊！"尹大爷对此非常感慨。韩女士反映宣武区德泉胡同没路灯，宣武区政府回复，这已列入市路灯处"为民办实事"的计划，年内即可竣工。她说："听这个节目，总让你有种朋友般的感觉。这样的节目，挺亲切的。"④

7. 文艺广播节目与文艺欣赏

北京文艺广播的主要任务是：宣传党的文艺理论、路线、方针、政策，传播文化信息和知识，提供欣赏和娱乐，活跃群众文化生活。⑤ 因而，文艺广播的节目在提高北京居民的精神生活质量方面贡献颇多。

1995年开播的《热门唱片欣赏会》专门介绍市场上的热门古典音乐、流行音乐及各种音乐形式的唱片，让听众在专家评价、唱片欣赏中，对唱片的内容、形式、风格、录音等各方面有所了解。⑥

1997年开播的《空中笑林》以相声、小品为主要内容，加上主持人风趣幽默的串说，寓教于乐，娱乐性、欣赏性、知识性较强。⑦

---

① 曹仁义：《〈城市零距离〉给我们的启示》，《中国广播电视学刊》，2006年第4期。
② 边建：《沟通：北京城市管理广播成长的力量》，《新闻与写作》，2006年第5期。
③ 北京人民广播电台编：《北京人民广播电台年鉴2006》，北京：中国广播电视出版社，2008年，第181页。
④ 北京人民广播电台编：《北京人民广播电台年鉴2008》，北京：中国广播电视出版社，2010年，第233页。
⑤ 北京人民广播电台编：《北京人民广播电台志补》，北京：中国广播电视出版社，2003年，第1页。
⑥ 北京人民广播电台编：《北京人民广播电台年鉴1995》，北京：中国广播电视出版社，2001年，第72页。
⑦ 北京人民广播电台编：《北京人民广播电台年鉴1997》，北京：中国广播电视出版社，2002年，第108页。

2001年开播的《中外精品文库》选取中外经典的诗歌、散文、小说作品,由有一定造诣的演员、播音员朗诵,并适当地配以优美的音乐,使人充分地享受文学带来的精神愉悦。其中的微缩小说均为世界名著,由专家进行缩编,由著名演员进行演播,可以使人在相对短的时间内领略长篇巨著的无穷魅力。[1]

2007年开播的《环球旅行家》和《旅行天下》是两档旅游类节目。《环球旅行家》以故事的形式,让听众了解世界某一地方的美食、服饰、风土、人情。《旅行天下》为听众展现美丽的世界,带领听众走进世界每一个精彩的地方,介绍最实用的旅游资讯。[2]

2008年开播的《话说天下》选取古今中外丰富的史料,通过有京味儿的播讲,展现经典的历史故事。[3]

2009年开播的《今晚我们说电影》是以电影为主要内容的午夜节目,通过谈话展开对电影资讯的介绍和新近影视作品的推荐,无论是推荐还是点评,都从个性化出发,以满足都市人的审美需要。[4]

2009年开播的《快乐天天读》是一档介绍图书出版物的直播节目,所选图书以文艺、文化类畅销书为主,以生活服务类图书为辅,兼顾经典作品。节目采用播读精选片段与介绍、赏析、评论、访谈等方式为听众介绍图书。[5]

1961年北京电台开设、1994年划归文艺广播的节目《小说连播》(从1961年至1995年名为《小说连续广播》)[6]播出优秀长篇小说。

听众叶桐认为:纵览《小说连播》在人民广播史上所播出的书目,赫赫展示了一系列经典传世之作:从古典四大名著到近代优秀长篇小说;从革命历史题材到现实主义的作品;从历史小说到世界名著;古今中外的名著融汇时代风云,包孕历史精神,塑造英雄形象,描绘社会生活,是社会发展史和革命斗争史波澜壮阔的大记录。《小说连播》将它们逐一加工播出,使其当之无愧地成为有声的史诗与无价的文库。同时,《小说连播》又以自己所具有的独特故事性、知识性、教育性、可听性、连续性和史诗性,吸引、感染、陶冶了几代人,成为广大听众的良

---

[1] 北京人民广播电台编:《北京人民广播电台年鉴2001》,北京:中国广播电视出版社,2004年,第103页。

[2] 北京人民广播电台编:《北京人民广播电台年鉴2007》,北京:中国广播电视出版社,2009年,第113页。

[3] 北京人民广播电台编:《北京人民广播电台年鉴2008》,北京:中国广播电视出版社,2010年,第124页。

[4] 北京人民广播电台编:《北京人民广播电台年鉴2009》,北京:中国广播电视出版社,2012年,第179页。

[5] 北京人民广播电台编:《北京人民广播电台年鉴2009》,北京:中国广播电视出版社,2012年,第179页。

[6] 北京人民广播电台编:《北京人民广播电台志》,北京:中国广播电视出版社,1999年,第89页。

师益友。①

  1997年开播的《闲话京城》让听众从北京的大街小巷、古老的宫殿、陵寝、寺庙、会馆、故居等具历史文化价值的实物中去了解历史，了解优秀的传统文化，体验带有浓郁地方特色的风俗，从中增长知识，开阔眼界，了解过去，展望未来。②

  听众刘花林认为：《闲话京城》做过很多北京琴书、京味评书等北京曲艺的专题，特别是"五音大鼓（北京琴书前身）"还参加了优秀节目展播，当时很多人都评论说很好。这些北京特有的曲艺特色目前都面临失传的境地，保护、传播它们对提高市民的精神生活质量具有重要意义。③

8. 音乐广播节目与音乐荟萃

  北京音乐广播的节目设置以"娱乐服务，寓教于乐，与民同乐"为宗旨。④ 这些节目贴近生活，富有时代气息，具有轻松、活泼的个性；荟萃世界精品音乐，展示流行潮流；追踪社会文化热点，传播文化信息。⑤ 与文艺广播相似，音乐广播提高了北京居民的精神生活质量。

  1997年开播的《零点乐话》通过音乐这一特殊的语言消除听众心中的烦恼和忧伤，使听众从中获得安慰和解脱。⑥

  2000年开播的《快乐哆来咪》用孩子所能接受的语言，以故事、谜语、点歌等活泼有趣的节目形式，让孩子欣赏并演唱儿童歌曲，以此来培养他们对音乐的兴趣，引导他们去探索音乐的奥秘，提高各方面的修养，在健康向上的音乐氛围中学会热爱生活。⑦

  2000年开播的《名歌金曲》荟萃了内地、港台、欧美经典流行曲，重点推出的栏目《名歌金曲之流行聚焦》，直接深入音像店、街道、学校进行采访，汇集包括网络在内的多种媒体的报道，使听众在最流行的歌曲中发现自己喜欢的声音。⑧

---

 ① 叶桐：《我与〈小说连播〉》，见北京人民广播电台总编室编：《听众反映专辑》，2011年第32期。
 ② 北京人民广播电台编：《北京人民广播电台年鉴1997》，北京：中国广播电视出版社，2002年，第108页。
 ③ 刘花林：《着力打造北京电台的京味儿》，见北京人民广播电台总编室编：《听众反映专辑》，2007年第15期。
 ④ 北京人民广播电台编：《北京人民广播电台志》，北京：中国广播电视出版社，1999年，第325页。
 ⑤ 北京人民广播电台编：《北京人民广播电台志》，北京：中国广播电视出版社，1999年，第81页。
 ⑥ 北京人民广播电台编：《北京人民广播电台年鉴1997》，北京：中国广播电视出版社，2002年，第108页。
 ⑦ 北京人民广播电台编：《北京人民广播电台年鉴2000》，北京：中国广播电视出版社，2003年，第87页。
 ⑧ 北京人民广播电台编：《北京人民广播电台年鉴2000》，北京：中国广播电视出版社，2003年，第88页。

2007年开播的《我的音乐博客》将音乐与博客嫁接，展示音乐对内心的触动，用音乐博客的方式和爱音乐的听众真情沟通，表现每个人对于音乐的理解和诠释。①

2008年开播的《国家大剧院》节目让北京的听众在第一时间了解国家大剧院丰富多彩的演出与活动，欣赏到国内外最高水准的音乐演奏，感知国际国内乐坛的最新动态，该节目为音乐爱好者们搭建起一座交流、沟通的桥梁。②

2003年开播的《974爱车音乐时间》传播有关车的一切，紧跟汽车市场，为广大爱车的朋友带来最前沿的汽车资讯。和多家汽车企业有着紧密联系，带给听众独家信息。将汽车和音乐完美地结合在一起，带给听众"运动中的音乐，时尚的生活品质"。③

1994年开播的《中国歌曲排行榜》(1994年名为《排行榜》，1995年名为《北京音乐台歌曲排行榜》)囊括时下中国内地及港台最流行的中文歌曲TOP40，通过每周推出的中国原创流行歌曲，繁荣中国流行音乐创作，满足听众对于中文流行歌曲的趋势把控和欣赏的需求。④

2005年开播的《帮帮带你听天下》使听众可以在节目中为自己的亲朋好友点歌并录下祝福的话语，同时，节目主创人员用电脑制作出虚拟主持人"帮帮"的声音，通过它超越自然人声的表现力及其效果为听众送出一份份音乐礼物，别有新意。⑤

2004年开播的《彩铃乐翻天》介绍最新最炫的彩铃，播放优美动听的歌曲和让人喷饭的笑话，带来轻松靓丽的时尚生活，放大彩铃的动听、幽默效果。⑥

2003年开播的《在流行》播放最新最流行的金曲，带来最及时的明星访谈。⑦

听众李嵘对北京音乐广播具有深厚的感情。他说："我和我的家人都非常喜欢听音乐广播的节目，特别喜欢听《974爱车音乐时间》《中国歌曲排行榜》《帮帮带你听天下》《彩铃乐翻天》《在流行》等等。《974爱车音乐时间》可以让我们听到很多好听的经典老歌，回忆起自己小时候的点点滴滴。我们也很喜欢听《彩铃乐翻天》这个节目，觉得这个节目很新鲜，也很好玩。这个节目已经成为我们工作之余的一剂调味品，每天辛勤工作了一个上午，感到很累很疲惫的11点的时候，

---

① 北京人民广播电台编：《北京人民广播电台年鉴2007》，北京：中国广播电视出版社，2009年，第113页。
② 北京人民广播电台编：《北京人民广播电台年鉴2008》，北京：中国广播电视出版社，2010年，第123页。
③ 《节目介绍》，北京音乐广播网，http://fm974.rbc.cn/jm/200901/t20090104_482858.htm。
④ 北京人民广播电台：《2011年"听评月"宣传手册》，2011年，第89—90页。
⑤ 《节目介绍》，北京音乐广播网，http://fm974.rbc.cn/jm/200901/t20090104_482858.htm。
⑥ 《节目介绍》，北京音乐广播网，http://fm974.rbc.cn/jm/200901/t20090104_482858.htm。
⑦ 《节目介绍》，北京音乐广播网，http://fm974.rbc.cn/jm/200901/t20090104_482858.htm。

会收听这个节目。由于有了《彩铃乐翻天》这个节目,我们在下午的工作才会更加有精神。以前总是等到报纸刊载,我们才能看到一些最新唱片的出版消息,歌手、音乐家的最新动态,最新的音乐演出,但是现在经主持人的精心编辑后,便可迅速地在节目中得以发布,我们便可以及时地知道明星们的消息,以及各类演出的信息。对于我们这些收听音乐节目的听众来说,是在欣赏音乐,更是在获得一种人际间的自然交流(因为广播节目为我们提供了短信互动的空间,大家可以互相交流——无论是自己的心得还是经验),从而寻求一种心灵的响应和沟通。"①

(三)小结

广播节目的内容是广播电台影响人们生活的最重要部分。频率专业化改革前后,北京电台的节目内容有很多是一脉相承的。改革后,这些内容变得更为细化,更贴近人们的生活。例如,改革前的健康节目《卫生与健康》着重于普及疾病的防治,促进人们的身体健康;而改革后体育广播的诸多健康节目不仅关注人们的身体健康,还关注人们的心理健康,《真情对话》和《谈心》节目就是典型的心理健康节目。此外,改革前的节目更加侧重于社会宣传教育,改革后的节目则更加注重服务性、互动性。几乎每个直播节目都有互动环节,听众提出的问题能够及时得到解决。例如,新闻广播的《都市夜心情》为遭遇情感问题的人答疑解惑,搭建倾诉平台;首都生活广播的《首都健康在线》节目邀请知名专家普及健康知识,解答听众问题,破除健康误区;交通广播的《1039交通服务热线》节目通过邀请嘉宾直播的方式,解答有关汽车保养、修理方面的问题。而城市服务管理广播诸如《城市零距离》《市民热线》的几个节目则把服务范围扩展到了城市建设、社会性政策和市民生活的实际问题等方面,把广播的服务性推向了高潮。

频率专业化使听众能够根据自己的需求,选择相应的专业台,集中收听相关节目,获取更多信息,从而提高客观生活质量。同时,从听众的反馈中可以了解到,他们认为广播节目解决了他们生活中遇到的问题,丰富了他们的精神生活,让他们放松身心,开阔视野,使他们的主观生活质量得到了提高。

五、结语

无论是广播的发展,还是居民生活质量的提高,都伴随着时代的前进和社会的发展。从民国时期到共和国成立以后,中国的广播事业经历了从无到有、逐步发展的过程。改革开放以后,在社会主义市场经济的浪潮中,广东开启了中国广播频率专业化改革的进程。经济的发展也使人们的客观生活质量得到了显著提高,食品的种类和数量大幅增加,交通工具也经历了从汽车的逐渐普及到民航的

---

① 李嵘:《简评音乐广播节目》,见北京人民广播电台总编室编:《听众反映专辑》,2007年第15期。

大众化的发展历程。在"经济热"的社会环境中,广播频率专业化从经济台的设立开始,逐步使广播从浓厚的政治宣传中走出来,深入群众生活,为人们提高生活质量添砖加瓦。

社会经济发展既为我们带来了诸多好处,也带来了不少问题。广播的频率专业化改革既得益于社会的发展,也提供了探索解决社会问题的平台。它既反映了人民生活质量的提高,也有助于提高人们的生活质量。交通拥堵由交通广播协助疏导;市民对民生问题的困惑由城管广播搭台解答;人们对于身心健康的追求由体育广播助力达成……专业台的出现使电台实现了由"广播"向"窄播"的转变。"窄播"就是把目光凝聚在居民生活的细小之处,凝聚在一个个具体的问题之上,着力提高居民某一方面的生活质量。而改革前的节目内容线条比较粗犷。

专业台的节目既提高了听众的客观生活质量,同时也提高了他们的主观生活质量。生活广播和爱家广播主要为人们的物质生活提供指导,而文艺广播和音乐广播则为人们提供了充足的精神食粮。这是专业台在提高人们的客观生活质量上的作为。专业台的节目为听众带来了幸福感,提高了他们的主观生活质量。

类型化广播是近年来备受关注的频率专业化发展趋势。类型化电台的节目内容单一,专门播出某一种节目内容,节目编排标准化、模块化,按照时间循环编排节目,什么时间播出什么内容,有相对固定的格式和模板,收听无需节目表,听众随时开机收听到的都是相同模块构成的所需内容。类型化广播的发展是与频率资源增多、频率定位和受众的不断细分相伴而生的,是专业化发展的又一阶段。

类型化电台可分为三大类:新闻资讯类、音乐类、特定内容类。再细分,新闻资讯类又可分为全新闻台、新闻谈话台等;音乐类则可细分为乡村音乐、舞曲、现代流行、经典摇滚、轻柔爵士等;特定内容的类型化电台多数为公益性的电台,如族群广播、教育广播、校园广播、喜剧广播、宗教广播、旅游信息广播等。类型化电台有100个以上的样式和风格,它渗透到了人们精神、工作、生活的方方面面,如老年电台、儿童电台、男性电台、女性电台、健康电台、精神病人电台、宠物电台、高速公路电台、气象电台、农业电台、渔业电台、竞赛电台、怀旧电台等。听众需要什么电台,就有什么电台;有什么类别的人群,就有什么电台。[①]

20世纪60年代至70年代,美国就已发展起新闻、谈话、音乐等多种类型化广播。其中,类型化音乐频率是产生最早,也是发展速度最快的一种。70年代后,美国的类型化音乐频率已经达到了一定的细分程度,如"当代热门摇滚"、

---

① 覃信刚:《类型化电台研究》,北京:中国广播电视出版社,2013年,第8—9页。

"专辑摇滚"等,均是当时比较流行的类型化音乐频率。如今,美国的类型化音乐频率已经将受众的细分做到了相当细化的程度,各个类型化音乐频率都有了自己独特的受众定位,如乡村音乐、爵士音乐、西班牙音乐、墨西哥地方音乐、当代基督教音乐等,几乎涵盖了所有音乐风格。① 在纽约,电台里专播古典音乐的频道共有三个,分别是第 93、96、104 频道,全天 24 小时"古典"着。② 陈丹青在《灵堂琴声》中写道:"终日作画,音响常开着。八九年冬初,是在迟午,纽约第 104 频道古典音乐台正播放肖邦。曲毕,照例的报告曲目。"③ 第 104 频道这样的古典音乐台正是一家类型化广播电台。除了古典音乐,该电台不播放其他音乐。

随着工业化和城市化进程的不断深入,中国也走向了大众社会。大众社会的特征是传统的扩展家庭结构和社区生活方式的断裂,使人们处于一种无根的、流动和孤独的城市居民境地,被剥夺了与传统社区的联系,并在大众文化产品中寻求慰藉。与此同时,中国收听广播的群体日益成熟,对个性化的追求使他们不满足于收听一种类型的节目,他们渴望更具个性的、更符合自身喜好的节目。随之而来的是对以媒介为中心的大众文化领域的不满:社会结构上相当大的异质性和标准化的媒介产品之间的明显对立。④ 显然,电视为了迎合大量异质性的观众的口味,无法满足特定人群的需求。而类型化电台的诞生便缓解了这一明显对立的状态,具有功能上的填补作用。类型化电台可以为特定听众进行特定的服务。它能满足各个阶层、各种类型听众的文化和生活需求。

北京人民广播电台在 2015 年 5 月 18 日正式开播了第一个类型化开路广播——Metro Radio。Metro Radio 的定位是北京国际都市频率,通过全天 24 小时滚动播出欧美流行音乐和时尚都市资讯,吸引喜欢新变化、追求新鲜事物、向往时尚生活的青年人。Metro Radio 借鉴欧美类型化音乐电台运作经验,全天的音乐严格按照青年人喜爱的音乐进行轮盘化播出。⑤

类型化电台使听众能够随时在一个频率获取完全符合自己需要的内容,画家作画时想听古典音乐,只要把收音机调到固定频率就可以了,不需要在某一个古典音乐节目播送完毕后再调到另一个正在播放古典音乐节目的频率。而专业化音乐电台不仅播放古典音乐,还会播放流行音乐。类型化电台这种极大的专一性无疑对民众进一步提高生活质量非常有利,它使听众可以长时间不间断地收听完全符合自己口味的内容,满足精神需求和实际需要。云南人民广播电台的类型化广

---

① 王丽:《中国大陆类型化广播发展策略研究》,武汉大学博士学位论文,2010 年,第 14 页。
② 陈丹青:《陈丹青音乐笔记》,上海:上海音乐出版社,2003 年,第 13 页。
③ 陈丹青:《陈丹青音乐笔记》,上海:上海音乐出版社,2003 年,第 3 页。
④ 覃信刚:《类型化电台研究》,北京:中国广播电视出版社,2013 年,第 12—13 页。
⑤ 《郑金诗:和而不同:融合时代下电台的经营之道》,北京广播网,www.admen.con/html/sixianghui/xuezhe/2015/0729/10082.html。

播节目每天有上千万人收听。气象资讯对听众上下班、穿衣戴帽、出行旅游给予了最快捷的帮忙,交通资讯对人们出行给予了最大的方便。更有意义的是,听众购物、上厕所都要找类型化电台,电台许多时候提供的都是一对一的服务。[①]

20世纪90年代以来,随着电视和网络的普及,人们不再像以前那样忠实于收听广播。但是,广播对人们的影响力却更甚于电视、网络等传媒,因而对人们的生活质量的影响更为强烈。

西方传播学巨匠、加拿大学者马歇尔·麦克卢汉认为,收音机有使人深刻介入的力量,这是电视所不及的。收音机的阈下深处饱和着部落号角和悠远鼓声那种响亮的回声,它是广播这种媒介的性质本身的特征,广播有力量将心灵和社会合二为一。希特勒之所以能出现在政治舞台上,和他利用广播对公众发表谈话有直接的关系。这并不是说电台在播放他的讲话时把他的思想非常有效地传达给了德国人民,他的思想是无关紧要的,电台给人提供了第一次大规模的电子内爆的经验,使重文字的西方文明的整个方向和意义逆转过来。如果电视在希特勒统治时期已经大规模问世,他一定会很快销声匿迹。广播的信息是猛烈、统一的内爆和回响。广播是一种深刻而古老的力量,它复兴的是深刻的部落关系的、血亲网络的古老经验,它是联结最悠远的岁月和早已忘却的经验的纽带。[②] 广播给人一种在集体中的感觉,使人更容易接受其所传达的内容,因而对人有更大的影响。

听众对于自己从广播中收听到的内容更加信服。广播中的新闻给人留下深刻印象;广播节目推荐的餐馆、景点更加吸引人;广播所提供的交通疏导信息更易使交通参与者心平气和;广播中的健康节目也更易使听众改变自己的生活习惯;政府官员在广播中的讲话和对政策的解读更易让市民接受;广播中的相声带来更多的欢乐;广播中的音乐带来更强烈的感受。广播中的专业台比电视中的专业台具有更强的影响力,对市民生活质量的提高帮助也更大。

广播是受众仅仅依靠听觉就可以获取全部信息的媒体,它给盲人视力,也解放了我们的眼睛。广播是可以时刻伴随我们的媒体,在我们出行时、做家务时、睡觉前都可以陪伴我们。跑步的流行反映出现代人的孤独,人们找不到可以一起从事那些双人的、集体的体育活动的伙伴,只好进行自己一人即可完成的跑步锻炼。在跑步时,听广播无疑是一个很好的选择。广播是为数不多的可以随时陪伴人们的朋友。在广播节目中,每个人都能找到自己喜欢的某一内容的节目。广播频率专业化将广播节目按内容分门别类地放入不同频率,使人们可以在众多专业台中找到一个最贴心的伙伴。她不仅可以为听众提供资讯、排忧解难、丰富生

---

① 覃信刚:《类型化电台研究》,北京:中国广播电视出版社,2013年,第330页。
② [加]马歇尔·麦克卢汉著,何道宽译:《理解媒介——论人的延伸》,北京:商务印书馆,2000年,第368—371页。

活,而且可以使听众获得实实在在的"链接",缓解孤独。

但是,尤其是在频率专业化改革之后,广播电台为了自身的经济效益,努力迎合听众的需求和品位,有时不免降低节目的格调,或是做出对播出对象进行修改的行为。例如,随着社会风气的日益开放,广播中的娱乐性节目越来越多,娱乐化倾向无孔不入,使节目内容缺乏思想性和艺术性。北京文艺广播在1997年开播的《文学博览》选取中外优秀精短文学作品播出,播出作品以小说、散文为主,入选作品为文学精品,节目编辑对一些篇幅较长的小说采取微缩办法,使听众在较短时间里对作品有大致完整的了解。[1] 入选播出的篇幅较长的作品虽然是文学精品,但它们经过微缩,已不是原作,不能完整呈现出原作的风采。除了文学作品,广播节目也难免使音乐作品遭到破坏。德国作家黑塞在《荒原狼》中写道:"收音机把世界上最美妙的音乐毫无选择地扔进各种各样的房间达十分钟之久,扔进资产阶级的沙龙,扔进阁楼,扔到闲扯的、大吃大喝、张着嘴巴打哈欠、呼吸睡觉的听众中间,它夺走了音乐的感官美,败坏了音乐,抓破它,给它涂上了黏液,然而却不能毁坏音乐的精神;与此相同,生活——即所谓的现实——毫不吝惜美妙的图画游戏,紧接着是亨德尔音乐会,音乐会上举行了报告会,介绍在中等企业中如何隐瞒账目的技巧,它把美妙的交响乐变成了令人厌恶的声音,到处都把它的技术、它那忙忙碌碌、粗野冲动和虚荣心横插到思想和现实、交响乐和耳朵之间。"[2] 广播虽然能使古典音乐的传播更为广泛,但也使听众失去了对它们的敬重之心,使音乐遭到亵渎、失去庄重的形式。此外,有些广播节目不仅缺乏对听众的引导,反而一味迎合听众的口味,传播一些低级趣味的内容。这些内容虽然使听众得到了愉悦,但这种愉悦却是低级的愉悦,甚至是危险的愉悦。听众获得了这样的愉悦,恐怕不能说他们的生活质量因此得到了提高。正如抽鸦片烟使烟鬼获得了享受,但绝不能说鸦片提高了他们的生活质量。

广播是把双刃剑。它使我们及时了解最新时事和实用消息,给我们的生活提供良好的建议,帮助我们解决实际问题,是不可多得的好助手。同时,它也使一些经典作品的严肃性遭到消解,使低级庸俗的内容乘虚而入,给被市场经济席卷的社会增添了几许浮躁的声音。

广播的发展与时代的发展息息相关,时代问题也反映在广播节目中。在改革开放和频率专业化改革深入发展的今天,如何使广播既为我们生活质量的提升服务,又较少让时代的负面情形影响我们,是值得深思的问题。

---

[1] 北京人民广播电台编:《北京人民广播电台年鉴1997》,北京:中国广播电视出版社,2002年,第108页。

[2] [德]赫尔曼·黑塞著,赵登荣、倪诚恩译:《荒原狼》,上海:上海译文出版社,2008年,第188页。

炽盛与深化

——中国社会文化史研究的五年历程(2010—2014)

梁景和 武 婵①

中国社会文化史有广义与狭义两个范畴。广义的社会文化史与国内的历史人类学、新史学、新社会史、医疗卫生史、城市史、新文化史关联紧密。而狭义的社会文化史更多指向那些以"社会文化史"为名号的学术研究。本文的旨趣主要在狭义的社会文化史,但也会涉及一些广义的社会文化史。

2010年由社会科学文献出版社出版的《中国社会文化史的理论与实践》一书,对1988年以来中国大陆社会文化史的发展历程做了系统的总结和梳理,主要是对22年以来中国社会文化史的主要研究成果、理论探索、研究基地、基本特征等问题进行了概要的分析和论述。②本书全面搜集和整理了22年以来中国社会文化史研究的论文、主要专著的书评书序、重要会议的纪要综述和研究成果的述评等。"社会文化史是一个新生学科,梁景和主编的《中国社会文化史的理论与实践》(社会科学文献出版社,2010年版)一书,记录了这一新兴学科创生及发展的历程,可以视为中国近代社会文化史学科进入成熟发展阶段的一个标志。"③有学者指出,"《中国社会文化史的理论与实践》一书,汇集了二十多年来十几位学者有关社会文化史理论方法及学科发展的文章,记录了这一新兴学科从创生、奠基到探索、发展的历程,是对中国社会文化史理论方法与学科发展的总结,可以作为中国近代社会文化史学科已走过初创阶段而进入成熟发展阶段的一个标志。"④还有学者认为,"本书(按:指《中国社会文化史的理论与实践》)相当集中地展示了近年来中国社会文化史研究取得的进展以及存在的不足,有助于我们全面、深入地把握中国社会文化史的研究现状,为广大青年学者接触、了解中国社会文化史研究提供了一个入门性的工具。"⑤

---

① 梁景和,首都师范大学历史学院教授;武婵,首都师范大学历史学院博士生。
② 梁景和主编:《中国社会文化史的理论与实践》代序,北京:社会科学文献出版社,2010年,第9—26页。
③ 王建朗:《2009—2011年中国近代史研究综述》,《近代史研究》,2013年第3期。
④ 李长莉、毕苑、李俊领:《2009—2011年的中国近代社会与文化史研究》,《河北学刊》,2012年第4期。
⑤ 余华林:《一本中国社会文化史研究的入门书》,《中华读书报》,2010年8月11日(第十版)。

2010年5月《中国社会文化史的理论与实践》的出版、2010年4月28日"中国近现代社会文化史回顾与走向"座谈会的召开[①]、2010年8月17日《社会文化史：史学研究的又一新路径》在《光明日报》的发表，标志着中国社会文化史研究已经从创生奠基阶段进入了新的成熟发展阶段。这一阶段又走过了五年，回顾过去五年的学术历程，可谓是社会文化史的一个炽盛和深化的大发展时期。

一、高频度的学术活动

这一时期的一个重要特点就是学术交流的频繁，连续召开社会文化史学术研讨会。

1.2010年9月、2012年9月、2014年9月在首都师范大学召开了第一届、第二届、第三届"中国近现代社会文化史国际学术研讨会"，来自日本、韩国、美国、中国的学者共襄盛举，推动了中国近现代社会文化史研究的进展，并促进有志于社会文化史研究的学者在这一领域不断努力，辛勤耕耘，创造佳绩。首届中国近现代社会文化史国际学术研讨会重点探讨了清末、民国及新中国成立后的妇女、婚姻、家庭和家族问题等。第二届中国近现代社会文化史国际学术研讨会重点探讨了社会文化史的理论、女性再认识、文化史反思、区域社会生活等问题。有关前两届的会议信息可参见会议综述[②]，前两届的会议论文集业已出版[③]。第三届中国近现代社会文化史国际学术研讨会重点探讨了社会文化史研究的新理念和新方法以及婚姻、恋爱、性别、性伦、礼俗、医疗、卫生、教育与司法等问题。[④] 三次会议对中国近现代社会文化史研究的发展有重要的推动作用。

2.2011年9月在首都师范大学召开了首届"'西方新文化史与中国社会文化史的理论与实践'学术研讨会"，"来自北京、天津、上海、太原等地的30余位专家学者，围绕西方新文化史与中国社会文化史的理论与实践问题，展开了全面而

---

① 毕苑：《"中国近现代社会文化史回顾与走向"座谈会综述》，梁景和主编：《社会生活探索》第二辑，北京：首都师范大学出版社，2010年，第443页。
② 吕文浩：《〈首届中国近现代社会文化史国际学术研讨会〉综述》，《近代史研究》2011年第3期；王栋亮：《〈第二届中国近现代社会文化史国际学术研讨会〉综述》，《第二届中国近现代社会文化史国际学术研讨会论文集》，北京：社会科学文献出版社，2013年，第294—301页。
③ 梁景和主编：《首届中国近现代社会文化史国际学术研讨会论文集》，北京：社会科学文献出版社，2012年；梁景和主编：《第二届中国近现代社会文化史国际学术研讨会论文集》，北京：社会科学文献出版社，2013年。
④ 武婵：《第三届中国近现代社会文化史国际学术研讨会综述》，见梁景和主编：《社会生活探索》第六辑，北京：首都师范大学出版社，2015年，第325—330页。

深入的讨论。"①会议重点讨论了社会文化史的理论与方法、多视角下的近现代社会生活、社会文化史的新领域等重要问题。②

3.2013年8月在湖北襄阳举办了由中国社科院近代史所和湖北大学主办的"第五届中国近代社会史国际学术研讨会",这个会议的主题是"社会文化与中国社会转型"问题,大会提交论文70余篇,提交的论文大部分是以社会文化作为研究视点的,"本届大会不仅为中外学者提供了增进学术交流的高端平台,而且为社会文化史的学科建设拓展了更广阔的学术发展空间"。③

4.2013年9月在首都师范大学召开了"首届全国青年学者社会文化史理论与方法学术研讨会",来自全国各地的80余位青年学者参加了会议。会议就社会文化史理论与方法的深入和反思、文化史研究的再认识、女性研究的新视野等问题展开了进一步的讨论与交流。④

5.2011年3月、2012年3月、2013年3月、2014年3月在首都师范大学分别召开了第一届、第二届、第三届、第四届"中国二十世纪婚姻·家庭·性别·性伦文化学术研讨会"。会议就社会文化史的具体领域,即婚姻、家庭、性别、性伦领域展开了广泛的交流和研讨,促进了对这一领域探索的深入。

二、多维度的研究成果

近年社会文化史的研究维度宽广,科研成果精湛丰厚。有一些文章对近年社会文化史的研究作了全方位的评介。李长莉、毕苑、李俊领撰写的《2009—2011年的中国近代社会与文化史研究》⑤,从五个方面介绍了2009年至2011年中国近代社会与文化史的研究状况,包括社会与文化史理论探索;社会阶层、社会生活与社会转型;文化制度、文化传播与文化观念;宗教与民众信仰;历史记忆与建构等。李长莉、唐仕春、李俊领撰写的《2011—2012年中国近代社会与文化史研究》⑥,从五个方面介绍了2011年至2012年中国近代社会与文化史的研究状况,包括社会与文化史研究的理论探索;社会结构、社会生活与社会转型;社会生活、女性与法律;教育与宗教信仰;文化传播与文化观念等。这两篇文章对几年

---

① 杜涛:《社会文化史研究的再出发——"西方新文化史与中国社会文化史的理论与实践"学术研讨会综述》,见梁景和主编:《社会生活探索——以婚恋文化等为中心》第四辑,北京:首都师范大学出版社,2013年,第338页。
② 梁景和主编:《西方新文化史与中国社会文化史的理论与实践——首届学术研讨会论文集》,北京:社会科学文献出版社,2014年。
③ 李俊领:《第五届中国近代社会史国际学术研讨会隆重开幕》,《社会史研究通讯》,2014年第17期。
④ 徐晨光:《首届"全国青年学者社会文化史理论与方法学术研讨会"在北京召开》,《文史学刊》,2014年第1辑。
⑤ 李长莉等:《2009—2011年的中国近代社会与文化史研究》,《河北学刊》,2012年第4期。
⑥ 李长莉等:《2009—2011年的中国近代社会与文化史研究》,《河北学刊》,2013年第2期。

来出版和发表的有关社会文化史的重要著作和论文作了全面的评述,有助于读者对学术现状的把握、认识、理解和思考。下面对部分社会文化史研究成果再作进一步的介绍。

1. 梁景和的《五四时期社会文化嬗变研究》(人民出版社,2010年版),探讨了五四时期的婚姻、家庭、女性、性伦问题,并专门对五四时期"个性主义文化观"予以重点考察,作者并非作单纯的文献解读,而是把论题引向深入,既明确了"个性主义"在人类精神进化中的核心意义,又对它在近代中国的源流演变予以揭示,归纳总结了"个性主义"的五项基本内涵:(1)自由平等和自主之权。(2)个人独立思想。(3)享受幸福,满足欲望的人生观。(4)社会责任感。(5)并非一些人眼中的绝对自由,自私自利、利己主义和为我主义。[①] 有学者撰文指出:"作者采用重构历史现场的方法,引用胡适、梁启超、蒋梦麟等人的言论,提出了'健全的个人主义＝个性主义＝个人命运和家国盛衰相互依存'这个等式。这样就有力地驳斥了某些固有的偏见,从而还原了历史真实。最后,作者给出了自己对'个性主义'的定义,即'主张和强调个人具有自由、平等、独立、自主、自信、自立、自强、自尊、自我、奉献、义务、奋斗、享受的权利。一方面每个人对自身要有上述权利的要求,另一方面要尊重他人所具有的上述权利',并在此基础上辩证地指出了个性主义与社会进步的紧密关系。"[②]

2. 刘永华在其主编的《社会文化史读本》中指出:"社会文化史不同于社会史、文化史的地方,就在于这种方法强调在具体的研究实践中应结合社会史分析和文化史诠释。也就是说,在分析社会现象时,不能忽视相关人群对这些现象的理解或这些现象之于当事人的意义,唯有如此,社会史分析才不致死板、僵硬;在诠释文化现象时,不能忽视这些现象背后的社会关系和权力关系,唯有如此,文化史诠释才不致空泛、玄虚。本书按主题分成五编:一、认同;二、神明信仰;三、宗教仪式;四、历史记忆;五、感知、空间及其他。这些主题远远没有囊括社会文化史触及的所有课题,但应该说眼下比较重要的论题,差不多都已经涵盖在这些主题之下。当然,社会文化史还应拓宽自身的'领地',因此,对其他各种主题的探讨(详见第五编引言),亦应纳入社会文化史的研究日程。为便于读者深入、全面地了解中国社会文化史的研究领域与研究进展,编者特地编辑了'延伸阅读'论著目录,并作了简要的批注。……在选编论文过程中,编者考虑到论文触及的区域和时段,注意反映当前中国社会文化史领域触及的区域、时段和广度。不难看出,就区域而言,本书所收论文,对南中国的讨论多于对华北的讨

---

① 梁景和:《五四时期社会文化嬗变研究》,北京:人民出版社,2010年,第158—161页。
② 张弛:《社会生活与观念意识互动的新视野——评〈五四时期社会文化嬗变研究〉一书》,《山西师大学报》(社会科学版),2011年第2期。

论；就时段而言，对明清的讨论多于对其他时段的讨论，这种不平衡并非出自编者的研究偏好，也不意味着这些区域和时段才是社会文化史分析的有效研究范围，而是大体反映了目前研究界的现状。同时，笔者也试图兼顾这一研究领域的代表人物及代表作。不过，不少从事社会史、文化史或统称为新史学研究的学者的成果，都没能选入本书。这并不是说他们的研究是不可取的——事实上若干论著在推动中国史学的进展上正在发挥重要的影响，而是说他们的研究路数与本书提出的选编标准不甚相符。要是选入他们的论著，一方面不尽符合本书的主题；另一方面，编者也担心这样多少有扭曲他们的研究意趣之嫌疑。"①

3. 王笛的《茶馆：成都的公共生活和微观世界，1900—1950》(社会科学文献出版社，2010年版)。王笛对于茶馆的兴趣始于20世纪80年代，他在撰写《街头文化：成都公共空间、下层民众与地方政治，1870—1930》的过程中，萌生了就茶馆写一本专著的念头。《茶馆》是新文化史和微观史在中国史研究的一个实践。茶馆可以引导读者进入城市的内部，它提供了研究下层民众活动的一个重要空间。把茶馆视为城市社会的一个"细胞"，那么在"显微镜"下对这个细胞进行分析，无疑会使我们对城市社会的认识更加具体深入。"当我们将微观视野放在民众、日常、街头、茶馆等问题时，精英、国家、政治运动等也不可避免地会纳入我们的讨论之中"，② 所以《茶馆》不仅仅是一般意义上的对茶馆的关注和研究，它更关注的是国家与社会的互动，其主旨是要探索国家是怎样逐步深入和干涉人们的日常生活的。《茶馆》通过对20世纪上半叶成都茶馆的考察，揭示民众与公共空间、街头生活与公共生活的关系，探索国家(state)在公共空间的政治话语是怎样建立起来的。《茶馆》是一部微观史、是一部叙事史，也是一部大众文化史。《茶馆》所反映的学术取向和价值值得肯定。

4. 梁景和主编的《中国近现代社会文化史论丛》的出版宗旨是把热心研究中国近现代社会文化史的部分学者的研究论著发表出来，以促进中国近现代社会文化史研究的深入开展，并希望能有高水平的社会文化史研究的成果问世。从2011年以来这套论丛已经由社会科学文献出版社出版了4本。一是杨才林的《民国社会教育研究》(2011)，指出社会教育是与家庭教育、学校教育相对应的教育形式，对个体实现社会化，对促进人的全面发展和推动社会进步有着重要的作用和价值。民国时期，80%以上的中国人是文盲，"愚、穷、弱、私"是通病，被外国人耻笑为"东亚病夫""一盘散沙"。当时的新式学校教育又存在四大弊病：制度照搬西方；受教育者大多只为做官；内容不实用，毕业即失业；对乡村增益少。

---

① 刘永华主编：《中国社会文化史读本》编后记，北京：北京大学出版社，2011年，第527—528页。
② 王迪著译：《茶馆：成都的公共生活和微观世界，1900—1950》，北京：社会科学文献出版社，2010年，中文版序，第12页。

为了培养"新民",为了"唤起民众",为了弥补学校教育的不足,政府和社会团体三十多年来,积极推进社会教育。其间开创了哪些事业?经历了怎样的曲折?成效如何?本书一一做了解答。二是黄东的《塑造顺民——华北日伪的"国家认同"建构》(2013),本书对抗战时期汉奸及其政权所致力的统治的"正当性"建构、对治下民众的"国家认同"建构进行了探索。本书从建构的旨趣、内容、方法等方面对华北伪政权的"国家认同"建构进行了客观的分析,促使人们谨慎地重新审视现代民族国家形成过程中的"敌人的价值"。三是梁景和等的《现代中国社会文化嬗变研究(1919—1949)——以婚姻·家庭·妇女·性伦·娱乐为中心》(2013),本书选取1919至1949年,以中国婚姻、家庭、女性、性伦、娱乐为社会生活领域的基本切入点,通过对人人平等、个性解放、生活幸福感等价值的关怀和探究,从而深入认识、理解这段历史时期的社会风貌和生活状态,也有助于今天人们从理性上感悟那个时代。四是李慧波的《北京市婚姻文化嬗变研究(1949—1966)》(2014),本书通过对共和国成立后十七年间北京市不同职业群体择偶模式、婚姻确立方式、婚礼仪式等方面的分析,认为该地区婚姻文化的嬗变主要体现在如下四个方面:民众从服从家庭权威向服从国家权威过渡;家庭内部权力从家长向个体成员过渡;男女两性的社会权益和婚姻权益从不平等逐渐趋向平等;人们婚姻文化观念的变迁反映了人性的自我完善过程。

5. 罗检秋的《文化新潮中的人伦礼俗(1895—1923)》(中国社会科学出版社,2013年版)。清末民初政治鼎革,文化剧变,人伦礼俗也随之发生了深刻变化。本书系统地梳理了近代精英思想与礼俗变迁的辩证关系。一方面,从孝道、贞节观念和社会礼俗等层面,多角度地研究了五四新观念的确立、社会传播及其局限;另一方面,以此时期主要文化娱乐为个案,从社会文化史视角考察了清末民初的京剧繁荣、商业化和坤角走红现象,并分析了"剧以载道"的思想转变。本书使用了大量的历史报刊材料,关注当时的新闻报道、舆论热点和社会调查,并结合时人文集、笔记、日记、回忆录、游记等文献,多角度、多层面地研究了精英思想与大众文化的交替和互动,认为文化与文化的创造者不能完全等同,精英文化的创造者并非都属社会精英,历代下层民众直接或间接地为精英文化的形成添砖加瓦;精英文化与大众文化的内容同异互见,两者既有差异性,有些内容又不能决然两分,精英文化蕴含了大众文化,反之亦然;不同文化的转化和互缘,精英文化和大众文化在某一时期畛域分明,但经过漫长的历史演变,其属性可能发生转换;两种文化与正统、异端的关系并非固定的、一成不变的,文化一旦与政治发生关系,其地位便有正统与异端之分。本书条分缕析地揭示了人伦观念转化为社会礼俗的过程。[①]

---

① 参见罗检秋《文化新潮中的人伦礼俗》一书的"内容简介"与"导论"。

6. 韩晓莉的《被改造的民间戏曲——以20世纪山西秧歌小戏为中心的社会史考察》（北京大学出版社，2012年版）以在山西乡村社会影响广泛的秧歌小戏为对象，从社会文化史的角度对百年来民间戏曲的变迁过程进行考察。秧歌小戏作为生发于民间的"草根文化"，从兴起之初就得到了民众的广泛支持，与乡村社会的良性互动成为秧歌小戏发展繁荣的动因。20世纪以来，以秧歌小戏为代表的民间戏曲经历了一次次的改造过程，从20世纪初开启民智需要的戏曲改良运动，到根据地时期作为政治动员手段的新秧歌运动；从中华人民共和国成立后"推陈出新"口号下的戏曲改革，到"文革"时的严厉打压。戏曲改造的背后是政权力量以文化为中介开展的社会动员。通过这样的文化改造，国家权力进一步渗透到乡村社会，乡村社会的公共文化空间表现出不断被政治化的趋势。在梳理时代变革下秧歌小戏变迁轨迹的同时，作者尤其注重揭示文化背后各种"关系"的调整，如民间戏曲与乡村社会的关系变化，政权力量以文化为中介向基层社会的渗透过程，以及在这一过程中国家与乡村社会的博弈融合等。这样的研究思路恰恰体现了社会文化史所强调的从社会的层面考察文化，从文化的角度理解社会的学术追求。突出文化的能动性，重视文化与社会的互动，不仅会赋予社会事象文化意义和内涵，避免研究的"碎化"，也为社会史所关注的国家与社会关系的探讨提供了新的思考空间。可以说，本书正是在社会文化史视角下，从文化整合出发理解国家与社会关系，进而探寻政治在地方社会发展路径的尝试。

7. 梁其姿的《从疠风到麻风：一种疾病的社会文化史》。本书向人们呈现了麻风病在中国长时段的历史进程，将麻风病在中国的历史置于全球史的背景下，用麻风病在中国的历史给一直以来为欧洲经验所左右的现代化叙事提供有益的替代，从而实现中西学术的对话。"梁著出版后，迅速引起学界的关注，凯博文（Arthur Kleeinman）、艾尔曼（Benjamin A. Elman）、班凯乐（Carol Benedict）、伯恩斯（Susan Burns）、许小丽（Elisabeth Hsu）等著名学者纷纷为其撰写书评，并刊登在不同领域的权威杂志上。一本疾病社会史著作在短时间内就有十余篇来自不同领域的书评是很罕见的，令人不禁将其与十多年前何伟亚的《怀柔远人》出版时所引起的轰动相比。但与何著所引起的巨大争议不同的是，梁著却获得了评论人的一致好评，即使个别评论人在某些地方持不同看法，也都基本认同，认为其具有重要价值，是医疗疾病史研究的必读书。……这些在西方学术语境下作出的评论显示，梁著是一部值得关注的疾病医疗史和社会文化史方面的力作。"[①]杨璐玮和余新忠结合已有评论，"将该书置于中国的学术背景下，对其中一些内容予以重点介绍和评论，藉此彰显该书的价值、意义以及可能存在的问题，并进而

---

① 杨璐玮、余新忠：《评梁其姿〈从疠风到麻风：一种疾病的社会文化史〉》，《历史研究》，2012年第4期。

就如何书写中国的疾病史问题作一探讨。"①

8. 梁景和主编的《婚姻·家庭·性别研究》，2012年以来已经由社会科学文献出版社出版了4辑。这套书有如下两个突出特征：一是录用研究性学术论文的篇幅长短不限，可以发表长篇论文，比如第二辑收录的《十七年"家务劳动"话语研究》一文，大约有15万字的篇幅；二是以发表20世纪婚姻、家庭、性别问题的学术论文为主，兼及其他历史时期。在已经出版的4辑当中，共收集了20篇学术论文，其中18篇研究1949年以后的社会生活，其中一篇研究2000年至2012年的婚姻问题。这样的研究具有基础性与开拓性，为未来的深入研究作了铺垫。用历史的眼光、运用历史学的方法对中华人民共和国成立以来特别是改革开放以来的社会生活进行探索，无疑具有重要的学术价值。本书的主旨在于推进中国社会文化史研究，特别是在中国婚姻、家庭、性别研究方面做些有益的工作，也可为今天和未来的生活提供借鉴和启发，鼓励人们去创造新的生活方式，因而也具有较强的现实意义。

9. 肖永明的《儒学·书院·社会——社会文化史视野中的书院》（商务印书馆，2012年版），是书院研究领域中的一部重要著作。……中国的书院与儒学有着密切的关系，如果说寺庙、道观是佛、道两家的文化符号，那么书院就是儒家的文化符号。研究唐宋以来儒学的发展演变，特别是研究理学绝对离不开书院。……将书院这一特殊的文化教育组织，放入社会大系统之中才能真正认识书院。了解书院制度的特色、地位、功能，不能局限于书院制度本身，而要将书院放入社会大背景之中。……能做到对千年以来书院的历史进行立体、宏观的研究，与肖教授在研究过程中广泛吸收社会学、文化学、传播学等多种相关学科的研究方法与理论长处是分不开的。……肖教授的大作将儒学、书院、社会三者结合，以社会文化史的视野来全方位、立体地透视千年书院，有助于我们在具体的历史脉络之中把握书院与当时社会、文化之间的关系，从而更好地了解书院的功能、作用与历史地位，对书院的认识得以更加完整和准确。该书是近年来书院研究中最为重要的理论创获之一，也是人们认识书院文化的最佳读物之一。②

10. 梁景和主编的《社会生活探索》辑刊，从2009年以来已经由首都师范大学出版社出版了7辑。这里所说的社会生活是指人们在以生产为纽带而形成的各种人际关系的基础上，为了维系生命和不断改善生存质量而进行的一切活动的总和。社会生活有广义和狭义之分。即便是狭义的社会生活也包括相当丰富的内

---

① 杨璐玮、余新忠：《评梁其姿〈从疠风到麻风：一种疾病的社会文化史〉》，《历史研究》，2012年第4期。

② 张天杰：《千年书院历史的立体透视——读〈儒学·书院·社会——社会文化史视野中的书院〉》，《湖南大学学报》（社会科学版），2013年第2期。

容，诸如衣食住行、婚姻家庭、两性伦理、休闲娱乐、生老病死等最基本的内容。本书主要研究狭义的社会生活。这套书的基本特点是从多学科的视角来探索社会生活的基本问题，诸如很多社会生活问题是伦理问题，需要从伦理学的哲学高度去诠释；社会生活的具体样法是经济的一种反映，需要从经济学的角度去研究；社会生活是社会学的研究对象，社会学的理论和方法可以直接用来进行社会生活的探索；社会生活又反映着社会政治，政治影响着社会生活，社会生活与教育和心理也存在着互动的关系，所以政治学、教育学和心理学的理论方法也同样可以用来探讨社会生活问题。社会生活的探索是运用多学科的理论方法综合探讨历史与现实问题的领域，本辑刊正是基于这样的理念，从多学科的角度来探索社会生活问题。

11. 姜进等著的《娱悦大众——民国上海女性文化解读》(上海辞书出版社，2010年版)。姜进在本书的序言中指出："女性与演艺是20世纪上海城市文化空间中两个最为活跃和显眼的部分。上海的演艺市场是一个充满活力的场所，数以百计的大小剧场影院里，日夜上演着形形色色的人间悲喜剧，吸引着成千上万的观众，营造着大都市的文化气息。女性在其中扮演着至关重要的角色。之所以如此，却是女性走出家庭、走向社会这个也许是20世纪世界范围内最重大的历史性变化，一个改变了20世纪中国社会、影响了中国人生活的重大历史性变化。"本书的写作意图在于"深入展开对上海都市大众文化的研究，在由女性主义史学、大众文化史和文化的社会史这三种视角和方法交叉构成的总体框架下，对20世纪上海都市文化和现代城市公众空间的性别和阶层问题作深入的探讨，着重考察女性对上海通俗演艺市场的介入是如何影响了这一市场的形成和发展，而女性又是如何通过参与营造这一都市的公众空间而提升了自身的社会地位和身份的。……本书的研究明确揭示出上海都市文化的现代性带有浓厚的移民性、大众性和女性化特征。"本书研究发现，"上海大众文化的女性化特征十分明显。从民国初的女子文明戏，到旦角和女演员先后在越、沪、淮等剧种中成为台柱，再到全女班越剧的兴盛，这些都是中国女子社会地位和角色变化的一个突出体现。"总之，上海"女子越剧与摩登女郎的出现、女子文明戏、少女歌舞团，以及抗战时期女性文化的兴盛共同昭示了20世纪中国女性之兴起这一普遍社会现象及其深远的文化意义。"①

12. 梁景和主编的《中国现当代社会文化访谈录》自2010年以来由首都师范大学出版社出版了5辑。这套辑刊的主要内容是共和国成立后中国普通百姓与基层知识分子的日常生活。本辑刊名曰"访谈录"而不称"口述史"，反映了编者对

---

① 姜进等：《娱悦大众——民国上海女性文化解读》序，上海：上海辞书出版社，2010年，第1—7页。

"访谈录"和"口述史"加以区分的谨慎的态度。编者曾撰文指出:"访谈录和口述史不是一个概念,不能把两者混为一谈,要严格区分二者。访谈录是对被访者的一个记录,它可以围绕一个主题进行采访,也可以围绕几个主题进行采访;它可以围绕被访者的经历进行采访,也可以围绕现实问题对被访者进行采访。可见访谈录不同于口述史。因为口述史是在对相当数量的访谈录进行研究的基础上,对一定的历史问题给予实事求是的阐述,并给予本质上的解释和对其规律的揭示。这不是访谈录所能解决的,而要靠史学工作者的研究来完成。口述历史是历史研究之后的成果,一般的采访而形成的访谈录是采访后的记录,它只是口述历史研究的资料而已。访谈录的确是生动的,口语特点突出,容易理解,形象感强,给人留下的印象鲜明。而口述历史虽说也可以在一定程度上具备上述特点,但并不要求必须如此,甚至相反,有时由于思辨和论证的需要和对深层问题的探究,可能会显得抽象和深长。"[①]本书第一辑包括三个部分:第一部分是围绕农业合作化运动在山西省保德县进行的采访;第二部分是围绕集体化时期农村医疗卫生制度在河北省深泽县进行的采访;第三部分是围绕"文革"时期家庭政治化问题进行的采访。第二辑是一本生命史访谈录,是访谈者对"文革"前农村十名大学生所做的个人生活史的访谈。第三辑是围绕1949年至1966年北京地区婚姻文化变革这一主题对各类人群(包括工人、农民、知识分子、教师、医生、军人等)进行的采访。第四辑是围绕共和国成立至改革开放前的婚姻、家庭、女性、性伦、娱乐文化变革这一主题对各类人群进行的采访。这套访谈辑刊将随着时间的推移,会越发凸显它的史料价值。第五辑包括三个部分:第一部分是围绕婚姻问题进行的采访;第二部分是围绕女性问题进行的采访;第三部分是围绕家庭问题进行的采访。[②]

三、新层面的理论探索

近年来学者们对社会文化史理论进行了进一步的探索,下面仅就以下几篇论文对其作大略介绍。

刘志琴的文章《从本土资源建树社会文化史理论》(《近代史研究》2014年第4期)是一篇重要的探索社会文化史理论的文章。文章指出,社会文化本身融通物质生活、社会习俗和精神气象,社会文化研究从上层和下层、观念与生活的互动中,揭示社会和文化的特质。生活是人类生存的基本需求,从生活日用中提升概念,是中国人的思维特征。中国传统的礼俗社会是礼俗整合的后果,礼中有俗,

---

[①] 梁景和、王胜:《关于口述史的思考》,《首都师范大学学报》,2007年第5期。
[②] 参见梁景和主编:《中国现当代社会文化访谈录》第一辑、第二辑、第三辑、第四辑、第五辑,北京:首都师范大学出版社,2010年、2012年、2013年、2014年、2016年。

俗中有礼，礼和俗相互依存，双向地增强了精英文化与民间文化的渗透。礼俗互动是中国社会文化史的特色。该文的主旨是从本土资源中来建构社会文化史的理论。梁景和的文章《生活质量：社会文化史研究的新维度》(《近代史研究》，2014年第4期)提出要把生活质量作为社会文化史研究的一个新维度，它既拓展了社会文化史研究的视角，也是史学发展的一个客观要求。文章对生活质量的概念以及生活质量的价值、内容和问题等作了全面的论述和讨论。文章特别强调研究生活质量有着诸多的方法，这些方法之间存在着内在的辩证关系，即"你中有我，我中有你"，在运用上是多维交叉同步进行的。研究生活质量的旨意是要从一个新的视阈思考社会文化的综合性问题。李长莉的文章《"碎片化"：新兴史学与方法论困境》(《近代史研究》，2012年第5期)在对微观研究、"碎片化"与新兴史学的伴生关系论述之后，进一步阐述了"碎片化"症结与新兴史学方法论困境的问题。文章最后重点论述了矫正"碎片化"的方法论路径："实证"与"建构"这一主题，并从四个方面阐述了实践这一主旨的学术路径，指出"我们需要不断探索适于新兴史学的研究方法，以推进社会史与社会文化史的深入发展"。

在2012年《晋阳学刊》第3期由左玉河主持了《突破瓶颈：中国社会文化史的理论与方法》的一组笔谈。其中包括刘志琴的《走上人文学科前沿的社会文化史》、梁景和的《关于社会文化史的几对概念》、左玉河的《着力揭示社会现象背后的文化内涵》等文章。刘志琴的文章从中国最古老、最神圣、最受尊崇的史学的发展脉络谈起，认为史学从中国最早的史书《尚书》到改革开放以来的史学发展经历了四大转向，这个转向反映了中国史学功能和特征的变迁，即历史学从以神谕为纲到以资政为纲，再到以阶级斗争为纲，直至今天的以生活为纲。刘文认为，"生活是人类的第一个历史活动，也是人类永不停息的创造业绩"，"生活处于目的性的终端，这是生产力发展的动力和目的"。而社会文化史以生活为中心，"要发掘中国另一个形形色色的民众生活，还原历史的本来面目，并以它的特色走向人文学科的前沿"。梁景和的文章是针对中国社会文化史研究进入一个新的阶段之后，社会文化史研究存在的主要问题以及在这样的一些问题意识下对社会文化史发展的一些理论思考，文章通过对社会文化史研究的几对概念的辨析进行论述。通过这样的论述希望社会文化史研究者要有一个辩证的眼光(如对常态与动态、碎片与整合、一元与多元的辩证理解)，要认识社会文化史研究的重点与主旨(如对生活与观念的研究)，要了解社会文化史研究的目的和方法(如对真实与建构的研究)，要抓住当今社会文化史研究的一个重要侧面(如对常态与动态的研究)，等等。文章通过概念辨析力图厘清一些模糊认识，以对社会文化史研究产生一些裨益。左玉河的文章认为"凡是从文化史的视角来研究历史上的社会问题，用社会学的方法来研究文化问题者，都可称为社会文化史。概括就是，对社会生活的文化学提炼和抽象；对文化现象的社会学考察和探究"。社会文化史的最基本的研究方法"就是把日常生活中衣食住行、婚丧嫁娶这些社会生活变化的情况给描绘出来，呈现出来"，然而"社会文化史研究一定要从'生活'层面上升到'文化'层面，而不能仅仅局限在描述社会'生活'现象的低浅层面。社会文化史研究的重点，是关注这些生活现象背后所孕育的'文化'含义，就是既要研究社会生活，又要研究背后隐藏的社会观念，特别关注社会生活与观念之间的互动"。

李长莉的文章《交叉视角与史学范式——中国"社会文化史"的反思与展望》（《学术月刊》，2010年4月）对中国社会文化史的兴起与发展、中国社会文化史与西方"社会文化史"的异同、中国社会文化史的趋向与存在的问题几个方面进行了提炼和概括，进而对中国社会文化史作了全面深透的回顾与反思。文章最后对中国社会文化史研究的前景与进路作了展望，提出社会文化史研究的几点趋势：其一，时代的挑战，将促进社会文化史的发展；其二，史料数据化与网络化将为社会文化史学者利用大量民间史料提供便利；其三，"社会文化史"的发展，昭示了新史学"社会文化交叉视角"范式的优势。

常建华在其文章《日常生活与社会文化史——"新文化史"观照下的中国社会文化史研究》（《史学理论研究》，2012年第1期）中阐述了西方新文化史中的日常生活研究，也论述了日常生活研究应当成为文化史、社会史、历史人类学研究的基础，认为中国社会文化史在日常生活史方面已经取得一定成绩，但在西方新文化史下反思中国社会文化史研究，应把日常生活史作为社会文化史研究的基础。

罗检秋在其文章《从"新史学"到社会文化史》（《史学史研究》，2011年第4期）中剖析了中国社会文化史和欧美"新文化史"的研究现状和问题，提出20世纪初中国"新史学"的研究取向和方法对社会文化史的研究可资借鉴。认为社会文化史可以作为一种研究视角，但尤其强调其特定的研究领域和论题，强调要在"不同群体的精神生活""社会视野中的精英文化""士庶文化的交融与歧异""精神生活的正负面关系"等方面展开深入的探索，这不但可以拓展和深化社会文化史的研究，还有助于理论的提升和思辨。

近年来，部分青年学者也在社会文化史的理论和方法等方面作了积极的探索。如黄东的《社会文化史研究须重视转型时代的现代性问题》，李慧波的《社会文化史研究方法之我见》，董怀良的《关于社会文化史研究视角"下移"的思考》，王栋亮的《试论人文史观在近代婚姻变革研究中的运用》，张弛的《电影如何成为社会文化史的研究素材》等。[①]

[①] 参见梁景和主编：《社会文化史理论与方法：首届全国青年学者学术研讨会论文集》，北京：社会科学文献出版社，2014年。

四、余论

以上从近五年来社会文化史的学术活动、学术著作和理论探索几个方面进行了阐述，反映了五年来中国社会文化史研究的现状，透视出这几年社会文化史研究的炽盛与深入的发展态势。但目前的研究仍然存在着一些显而易见的局限：其一，理论研究和实践的对接不够。在实际的社会文化史研究中，需要把理论探索与专题研究有机地结合起来。其二，学术研究的"重镇"寥寥无几。在国内应当有更多的学术团队来从事社会文化史的研究，现在看来，这样的学术团队数量还不多，这与社会文化史研究蓬勃、快速的发展现状不成正比。其三，以往谈及的资料搜集整理工作以及典范的研究专著等问题还未出现根本性的改变，需要进一步下功夫而有所建树。总之，五年来，中国社会文化史研究的成绩与问题并存，我们希望在未来的若干时间内，中国社会文化史研究能够出现更为令人兴奋和欣慰的新气象。

社会文化史研究的新起点
——第四届中国近现代社会文化史国际学术研讨会综述

敖 凯[①]

2016年9月23—25日，由中国社会文化研究会、首都师范大学社会文化史研究中心主办的"第四届中国近现代社会文化史国际学术研讨会"在北京举行。会议提交论文17篇。来自中日两国的30余位专家学者，就中国社会文化史的理论与方法、中国近现代的社会生活、思想观念、婚姻、家庭、女性等议题展开了热烈而深入的讨论。

一、社会文化史理论方法的回顾与展望

自20世纪80年代以来，社会文化史研究经过几代学人的辛勤耕耘，发展势头良好，已形成相当规模。为进一步推动该领域研究的深化、开启研究的新历程，回顾与展望30年来的学科发展具有重要意义。

首都师范大学历史学院梁景和在《社会文化史在行进》一文中，就团队重镇、理论方法、领域维度、史料文风四个方面，对于社会文化史研究的过往历程与未来趋向进行了提纲挈领式的总结与展望。指出研究中国社会文化史，特别是研究中国现当代社会文化史，要与政治史紧密结合，脱离政治视角来研讨中国社会、中国社会生活、中国社会文化史，既显得简单片面，又是单纯幼稚的。研究社会文化史的要义，最终应归于探索生活与观念的互动；研究社会文化史的方法，则要凭借真实的史料去研究客观的历史。

中国社会科学院近代史研究所李长莉撰写的《中国近代社会史三十年发展趋势及特征》，通过统计分析指出，中国近代社会史的趋势和特征体现在四个方面：一是研究成果的数量呈现长期持续大幅增长的发展趋势；二是已从一个处于附属性、边缘性的弱小分支学科，发展成为一个大的分支学科；三是社会史研究的关注重心，由革命话语延伸论题转为社会主体论题，完成了向社会本位的回归；四是在全国形成多个研究重镇和研究团队。而这些趋势和特征标志着中国近代社会史已成为一门成熟的学科。

---

① 敖凯，首都师范大学历史学院博士生。

中国社会科学院近代史研究所唐仕春提交的论文《心系整体史——中国区域社会史研究的学术定位及其反思》，以中国社会史学界既有的理论探索和论述为对象，追溯中国区域社会史兴起的过程与原委，重新检讨区域社会史与整体史、地方史的关系，指出以区域重构整体史，有助于解决宏大叙事之不足。以整体史区隔地方史有利于解决研究的碎片化，提升研究的对话空间。而探寻中国区域社会史研究的学术定位体现了学界重新书写整体史的强烈愿望。

中国社会科学院近代史研究所李俊领在《中国近代社会史研究的对象、视角与跨学科对话》一文中指出，日常生活史视角，不仅可以展现出一个以生活为中心的近代中国社会面相，而且可能揭示出更深层的社会变迁机制。日常生活可以成为历史学、社会学、哲学等学科进行对话的中心问题与公共平台。在跨学科对话中，进一步探讨日常生活可能具有的历史认识论与本体论意义，及其对当下日常生活与文明进步的启示。

二、婚姻、家庭与性别研究

婚姻、家庭和性别问题是人类社会生活的热点话题，历来受到研究者的广泛关注，也是本次会议的主要议题。

传统中国受儒家文化影响，强调男女大防、男尊女卑，使得女性在历史上的作用与地位受到忽视。有鉴于此，中国社会科学院近代史研究所刘志琴在《女性意识与炎黄文化》一文中，梳理了女性意识在社会转型时期的表现，提出研究者要从社会文化史的角度来看待女性群体，以便发现一些值得深思的现象。诸如，为什么百年来中国妇女解放的过程，女性往往用性意识的觉醒向社会的不公进行最后的冲击？在性意识思潮中女性比男性更勇敢？原因又在哪里？

龚自珍作为清代重要的思想家和诗人，其成就是如何获得的？对此，天津师范大学曹志敏另辟蹊径，从龚自珍的个人成长史来展开论述，其提交的论文《试论龚自珍诠释母爱与追寻童心的文化意蕴》，认为龚自珍一生依恋母亲，追求童心，这对其一生的个性发展与感情基调，仕途进取与诗文创作，皆产生了深远的影响。

"西力东渐"以后，随着通商口岸的日渐发展，当地人多地少的矛盾愈发凸显。由于户外游戏空间遭到极大压缩，儿童不得已在马路边玩耍，从而酿成多起交通事故。天津社会科学院张弛在《打造娱乐新天地——民国上海家庭"儿童游戏室"话语初探》一文中指出，为防范危险和不良的街头游戏可能对儿童造成的身心伤害，幼儿教育专家呼吁父母在家中开辟儿童游戏室，为子女提供安全卫生的游戏空间和健康有益的娱乐活动，并借以改善家居环境，开展家庭教育。这说明儿童在小家庭中地位的上升以及良好的居家环境和寓教于乐的家庭教育等育儿观念日渐为国人了解与接受。

自晚清至20世纪20年代,国人对家庭问题展开了诸多讨论。日本菲莉斯大学江上幸子的文章《近代中国废婚论与女性对"小家庭"之异议》,参照"近代家庭"概念讨论中国的"小家庭",以20世纪20年代上半期的女性声音为中心,考察各种对主流话语提出的不同见解和异议,并在梳理晚清以来"废家论"的基础上,重点探讨了20世纪20年代初期的"废婚论"。

"五四"运动以后,在新的性道德和婚姻伦理的指引下,许多追求恋爱自由、婚姻自由的新女性,不计名分地与有妇之夫同居,从而导致民国时期的婚外同居现象十分突出。首都师范大学历史学院余华林在《新式妇女"甘心作妾"?——民国时期婚外同居现象论析》一文中指出,这种婚外同居究竟是基于恋爱自由的新生活方式,还是另一种的纳妾,时人对此认识不一。法律条文对于她们家庭角色的定位也出现前后反复的变化,执法者也只能莫衷一是。时人对于婚外同居问题在认识和理解上的冲突,一方面反映出民国时期新旧生活方式所面临的多层夹缝和多维困境;另一方面也反映出恋爱自由与纳妾并不是界限分明的,新旧性道德和婚姻伦理的过渡之间有着内在的思想通道。

1950年《中华人民共和国婚姻法》颁布,新的《婚姻法》一方面利用西方引入的婚姻自由自主观念来取代传统的"家庭本位"婚姻观;另一方面又打破西方重视国家与家庭、公众与私人的界限,重塑男女之间的关系以及冲击嵌入在传统伦理文化中的家庭传统。首都师范大学历史学院任耀星撰写的论文《共和国初山西婚姻生活的重建:从乡村案例透析》,以山西省民政厅1949—1953年的婚姻档案为基础史料,从乡村社会丰富多样的婚姻案例切入,观察"传统家庭""婚姻当事人""基层干部"三个社会群体在面对《婚姻法》时的独特表现及心理状态。

三、近代女子教育问题研究

清末民初是中国女子教育兴起的重要时期。女子教育的出现造就了一大批德才俱佳的女性,这不仅对女性自身的解放产生重大影响,而且对社会改造也发挥着积极作用,因而受到不少研究者的青睐。本次会议有3篇相关论文。

清末时期,女学生在社会中的地位如何?对此,日本骏河台大学前山加奈子在《〈图画日报〉所呈现的晚清中国女学生之形象》一文中,通过分析《图画日报》中所反映出的各阶层的女性群像,指出这些画像并不是在某种特定思想或意图指导下提取的画面,而是现实生活中随处可见的真实写照。进而认为,女学生作为新时代的新女性,受到社会的注目,可见她们已超越传统的社会性别规范,并有意识地开始新的行动。

首都师范大学历史学院秦方撰写的文章《晚清天津女子教育与女性形象建

构——兼及方法论的一些探讨》,既对晚清天津女学和女性形象建构进行实证研究,又对性别在妇女史研究中的有效性进行初步反思。

日本立命馆大学杉本史子提交的论文《抗战时期的奈良女子高等师范学校留学生》,则根据奈良女子大学所收藏的《校史关系史料》,通过具体事例,从性别的观点来分析留学生的日常生活、心路历程,奈良女高师与"伪满"的关系以及日本女校应承担的战争责任等问题,颇有新意。

四、其他议题

首都师范大学历史学院张淼的文章《论20世纪初唯科学主义话语下的"人的神话"的观念》,重点考察了在象征着理性与客观的科学主义话语体系之下,为何能够容忍"人的神话"这一观念的长期存在,二者又是如何相互渗透,交织成一股力量左右中国近代社会的。

中国社会科学院近代史研究所吕文浩的文章《严景耀的犯罪社会学调查与研究(1927—1936)》,详细梳理了严景耀从事犯罪调查研究的基本脉络以及其相关教学、实践生涯,并分析其犯罪调查研究的学术价值。作者指出,严景耀是中国犯罪社会学的开创者,他以筚路蓝缕的精神深入调查研究中国的犯罪问题,特别强调从文化接触引起的社会变迁的视角观察犯罪问题。

日本铃鹿大学国际人间科学院细井和彦在其文章《试论杨杰对日之战略——以步兵五团制的构想为中心》中,简述了杨杰对日战略的构想,重点阐述步兵五团制的构想及其理由。文章指出,在杨氏的步兵五团构想中,一方面以"五"为军队编制的做法遵循了中国的传统,另一方面它似乎与日本的陆军编制没有关联。

首都师范大学历史学院韩晓莉在《时代变革中的职业记忆——对20世纪50年代以来晋中民间戏曲表演者的口述史研究》一文中指出,中华人民共和国成立后,从20世纪50年代"戏改"到七八十年代的改革开放,戏曲表演者的职业定位发生了从艺人到"革命的文艺工作者",再到以营利为目的的职业演员的转变,职业定位的变化造成了从业者不同的职业感受和人生经历。戏曲表演者的职业记忆反映了不同时期政权力量对民间文化、对社会生活、对个体命运的改造过程,而戏曲表演者对"戏改"的参与,对体制内身份的争取,以及他们所经历的礼遇与刁难都体现了下层民众对现实环境的认知和应对。

中国社会文化史是20世纪80年代以来在文化史、社会史发展的基础上形成的一个新的研究视角和研究领域。纵观此次会议,不但有立意新、史料新、角度新的专题论文,更有老中青三代学者汇聚一堂、交流学术、研讨互动的盛况。这不仅为社会文化史的深入研究提供了新起点,同时也是首都师范大学社会文化史研究中心在推动社会文化史研究,以及建设国内社会文化史研究重镇的又一次有益的探索与实践。